U0660008

# 大明海魂

**DAMING HAIHUN**

杨小朝◎著

人民日报出版社

图书在版编目（CIP）数据

大明海魂／杨小朝著 . —北京：人民日报出版社，
2016.9
ISBN 978－7－5115－4120－8

Ⅰ.①大… Ⅱ.①杨… Ⅲ.①海防—军事史—中国—
明代—通俗读物 Ⅳ.①E294.8－49

中国版本图书馆 CIP 数据核字（2016）第 227032 号


书　　名：**大明海魂**
著　　者：杨小朝

出 版 人：董　伟
责任编辑：谢广灼
封面设计：中联学林

出版发行：人民日报出版社
社　　址：北京金台西路 2 号
邮政编码：100733
发行热线：（010）65369527　65369846　65369509　65369510
邮购热线：（010）65369530　65363527
编辑热线：（010）65369533
网　　址：www.peopledailypress.com
经　　销：新华书店
印　　刷：北京天正元印务有限公司

开　　本：710mm×1000mm　1/16
字　　数：308 千字
印　　张：19.5
印　　次：2017 年 1 月第 1 版　　2017 年 1 月第 1 次印刷

书　　号：ISBN 978－7－5115－4120－8
定　　价：58.00 元

"官兵杀人了！"

"官兵杀人了！"

一阵阵的喊杀声，把杭州百姓从睡梦中惊醒！

天刚蒙蒙亮，城里的老老少少纷纷赶向街口。人群或三五一团，或四五一簇，焦虑地打探着，得到的结果几乎一致："新任巡抚朱纨，要杀人了！专杀通倭奸民！"

湖滨路，这段距西湖百步之遥的街面，早已聚满了身穿各色服饰的百姓，无论男女老少，将原本开阔的街市堵得严严实实，犹如菜市口……

"听说要杀很多人，凡上过双屿岛的，都要杀！还要杀全家！""而今，官匪一家，如何杀得尽？""可不是嘛，不出海，百姓的日子怎么捱？""嘘，小心说话！谁吃了熊心豹胆敢劫法场？莫再谎说！""哼，一伙勾结倭寇的海盗，还真把自个当梁山好汉了！""我倒是听说，今日要杀的钦犯来头不小，不光有朝廷命官，还有日本岛的倭寇！"

伴随着众人的议论声，一位布衣装扮的书生随声愤愤道："杀得好！新上任的巡抚老爷，就是厉害，大明朝有救了！"

人群中一位头发花白的老太太，闻声直打哆嗦，扑通一声，瘫软在地，哭天抢地道："凭什么，凭什么杀人全家，朱纨不怕遭报应？""孩子他爹呀！青天大老爷终于为咱报仇了，你在天之灵也安息了……"一位身形纤瘦的女子，坐在地上号啕大哭道。

"哎——不知这把火能烧到几时？湖滨路，这块商贾云集之地，没有一家是清白的！"语罢，旁人沉声附和道："是呀，明里暗里，湖滨路的商贾，跟双屿岛的海盗都有瓜葛，正因为有瓜葛，朱纨行事才会如此高调！"

叹息声、叫骂声和哭泣声交织成一片无边的嘈杂——决绝而悲壮！

三月三日，午时三刻！钱塘江畔，阴风怒吼，人潮涌动！

法场上，刀斧手列队肃立，肩扛鬼头大刀，刀光刺眼，令人不寒而栗。

晷针的倒影刚指向午时三刻，负责监斩的新任巡抚朱纨，身穿红色蟒袍，头戴乌纱，大手一挥，厉声喝道："时辰到，斩立决！"

"冤枉！吾儿冤枉！"躁动中忽闻一声高喊。众百姓循声望去，只见一位身穿黑色锦袍的老者，在家丁的搀扶下拨开密密麻麻的人群，大呼道："巡抚大人，吾儿冤枉！"

"大胆，何人胆敢扰乱法场？来人！轰下去！"朱纨大声呵斥道。

不等兵士上前，老者一把推开家丁，冲着朱纨大喊道："吾儿何罪？受此毒刑！吾儿上报皇恩，下恤黎民，何罪之有？"

朱纨听罢，顿时冷笑道："好一个报效朝廷，体恤黎民的奸臣贼子！尔等非但不思报国，反倒勾结倭奴，屠我子民！如此这般乱我朝纲，其罪当诛！"

"朱纨！你目无国法，草菅人命！吾儿身为朝廷命官，即便有罪，也应大理寺查办！"老者语罢，人群再次骚动，突然有人高声道："法场喊冤，按大明律法，当停刑再审！"

话音刚落，朱纨旋即将"王命旗牌"高举，厉声喝道："见王命旗牌，如圣上御驾亲临！谁人再拦，与受刑者同罪，斩立决！"叫嚷的人群霎时沉寂下来。

朱纨环视一周，挥手道："行刑！"

老者闻言，怒火攻心，打一趔趄，呼喊道："冤枉！吾儿冤枉！死吾儿一人，恐苦浙闽百姓啊！"

"刷！刷！刷！……"

刽子手，手起刀落！霎时间，一股浓烈刺鼻的血腥味扑面而来，观者无不面露惧色！

法场外，一位头戴斗笠，身穿青色长衫的神秘男子，穿梭在人群中，头上那顶斗笠又大又宽，正好遮住他的面容，唯一可以看清的只有下巴处那抹黑须。

须臾间，神秘男子身边多了位五短身材，豹子眼、薄嘴皮的家伙。二人一番言语，忽见神秘男子脸色一变，倏地亮出一把雪亮的飞刀，沉声说道："阿豹，速去集贤亭，传话给徐军师，我随后到集贤亭见王总管——"

不等神秘男子分说清楚，身旁的阿豹一把抓住神秘男子的手腕，面露难色、半眯着豹子眼，哽咽道："四哥，不可！徐军师有令，不得离你寸步！"神秘男子见状，无奈地收起那把雪亮的飞刀，痛惜道："唉！此时伤心，又有何用——"

这一幕，发生在嘉靖二十七年（公元 1548 年），三月三日，距郑和舰队最后一次下西洋，已过去了一百一十七年……

这一年，倭寇大举入侵浙闽沿海，沿海官兵抵挡不利，纷纷溃退。都御史朱纨受命出任浙闽巡抚，执掌两省军务，清剿倭患！朱纨到任伊始，便采纳谏官之言，搜捕通倭奸民，重典处之！这才发生上述一幕。

"沙沙沙、沙沙沙、沙沙——"这一日，日暮时分，西湖边原本喧嚣的集贤亭，只闻得沙漏声。

集贤亭下，一位手持骨扇、身穿道袍的中年男子，神情冷漠地看着沙漏里急泻而下的沙粒；集贤亭外，一位身形健硕、浓眉长须的大汉，若有所思地望着不远处，那一抹残阳铺洒的湖面。

不到一盏茶工夫，远处响起渐近的脚步声，二人循声看去，但见一位头戴斗笠、身穿青色长衫的神秘男子大步而来。

不等二人回应，来人上前摘下斗笠，对着集贤亭外那位长须大汉，沉声说道："王总管，想必徐军师同你都已尽知，今日法场四周，弓弩手甚多，众人难以下手！那朱纨——"正说间，神秘男子撕掉下巴处那抹黑须，露出一张面如冠玉、剑眉星目的脸庞，苦叹道，"那朱纨手握王命旗牌，谁都拦他不住！众兄弟已经……"神秘男子话到嘴边，已不忍说出。

长须大汉见状，旋即竖起浓眉，狠狠地说道："新任巡抚果然歹毒！"一阵痛惜后，长须大汉对着集贤亭下那位手持骨扇的中年男子苦叹道，"唉，都怪我！还是徐军师言之有理——"

长须大汉说犹未了，手持骨扇的中年男子已应声踱出集贤亭，上前沉声说道："王总管，再莫自责，这原本就是圈套！今日，整条街市伏兵甚多，幸亏阿豹拦住了老四他们，不然许岛主——"话到一半，手持骨扇的中年男子似乎想到了什么，突然看着神秘男子，改口问道，"老四，阿豹此时身在何处？"神秘男子剑眉微敛，目含悲悯又似痛惜道："依军师之言，阿豹跟随三哥，回双屿岛见许岛主去了——"

长须大汉闻言，浓眉一皱，沉声道："众位好汉，来生我等再做兄弟——"

※　　　※　　　※

数日后，十几艘双桅大帆船，满载着货物和几百名身份极其复杂的日本人，驶入浙江宁波双屿海域。

"双屿岛！双屿岛！双屿岛！"众人循声看去，只见茫茫沧海之上，浩渺烟波之中，出现了两座对峙而立的巨型岛屿，岛屿上峰峦耸立，连绵不绝。

帆船甲板上，一位身形肥硕、武士穿着的日本人，听到众人此起彼伏的欢呼声，一脸横肉像炸开了花，大笑道："阿哈哈，双屿岛！终于到了双屿岛！"武士身旁，一位光着膀子的独眼男子，独眼一翻，狡黠一笑道："近日，朱纨小儿让众位在宁波港吃尽了苦头，上了双屿岛，许岛主定会犒劳众位！"旁人附和道："多亏陈岛主神勇！众兄弟才有了落脚的地方。"

说话间，船至港口，一条绵延数里的天然海港，忽现于两座巨型岛屿之间。众人放眼望去，但见海港中帆樯林立，各式货船穿梭其间，各种番货堆积如山；码头两侧屋瓦鳞次，店铺林立，商客如蚁，杂彩翻飞，箫鼓声喧，十分繁盛。

目睹这一盛况，众人不禁发出感叹道："久闻双屿岛盛名，今日一见，果真名不虚传！"

却说数日前，十三艘日本贡船，在倭将顾良玉的率领下，满载着货物和六百名倭寇，到达明朝唯一开放给日本的港口——浙江宁波港。不想，日本贡使向宁波官员呈送的文书，多处不符合中日两国邦约。

一则，两国邦约十年一贡，上次贡期是嘉靖十八年，下次应是在嘉靖二十八年。"如今，早来一年。二则，船与人都有专门限制："船止三艘，人止三百，违例即以倭寇论处！"

而今，人超一倍，船多十艘。宁波官员不敢擅自做主，星夜飞报身在杭州的浙闽巡抚朱纨。原来新任巡抚朱纨，深知倭患根由，所以一面断然拒绝日本贡使的请求，命他们即时回国；一面整饬沿海官员：严保甲，革渡船，整顿海防！

果然不出朱纨所料，日本贡使并未率船回国，而是在倭将顾良玉的率领下，跟随蛇山岛岛主陈思盼，满载着十几船番货和数千把削铁如泥的倭刀，驶出浙江宁波港，改投浙江宁波港外舟山群岛一岛屿——双屿岛。

※　　　※　　　※

"咚咚""咚咚""咚咚咚"。

一大清早，巡抚衙门外响起了击鼓声。三班衙役纷纷上堂，新任巡抚朱纨来至公堂，刚一坐定，立刻抓过惊木，狠狠一拍，大喝道："何人击鼓鸣冤，速速带上前来!"

片刻工夫，一位身穿官服、面如寒冰的男子，带着一群渔民装扮的百姓进了巡抚大堂。但见领头那位老渔民，佝偻着背，额头上一道深长的伤口已经结痂，脸上一片枯黄，两眼通红，短褂上夹杂着血迹和泥渍，一双手青筋爆蓬，不停地颤抖着，其他百姓莫不这般。

不等众人开口，朱纨突然对着那位面如寒冰的朝廷命官，诧异道："一大早，项大人带众人击鼓鸣冤，不知所为何事?"项高见过朱纨，开门见山道："朱大人，这些都是双屿岛附近的渔民，因双屿贼寇接连祸害沿海百姓，故我等特来向大人请愿，望大人早日清剿双屿贼寇。"朱纨听后，向旁边几位望去，见众人这般装束，还没开口，又听项高说道："下官虽不才，但仍想以微薄之力报效朝廷，为大人分忧。"

这时，那位佝偻着背的老渔民，上前一步，俯身哽咽道："大人，前不久草民出海打鱼，恶贼陈思盼将村子一把火杀光了！听说大人要铲除双屿贼寇，草民等愿效犬马之劳!"

朱纨闻言，不解地看着项高，疑惑道："一把火'杀'光了?"项高见状，对着老渔民说道："凌老前辈莫慌，你且慢慢道来。"老渔民这才说道："草民住在临海的小渔村，村里几百户人家，世世代代都靠打鱼为生。不久前草民打鱼归来，发现村庄被大火烧成一片，村里村外横躺着很多烧死的村民。不等草民明白过来，一帮海盗吼叫着从村里冲了出来，领头的独眼恶贼陈思盼对着草民便是一刀——"老渔民说到这里，顿时捶胸顿足，怒火攻心，几乎晕厥。

旁人见状，紧忙扶起老渔民，但闻老渔民俯身痛哭道："大人，草民一家老少均遭贼寇毒手，孙女至今下落不明，生死未卜！草民虽不识文，却知善恶有报!"老渔民话犹未了，只见旁边一位年轻渔民，怒目圆睁，双手抱拳，愤愤道："对！就是大人不为草民做主，草民自己也要报仇雪恨！"众人闻言，纷纷附和道："杀尽倭奴！报仇雪恨！"

众人话音刚落，忽闻项高说道："朱大人，据下官所知，此次，屠杀村民的恶贼，正是那群罪恶滔天，劫掠东南沿海二十余州县，报复朝廷的双屿倭寇！"

朱纨疑惑道："报复朝廷？"项高应声道："有人传言说，正因朝廷厉行海禁：'严保甲，革渡船，斩杀通倭奸民！'倭寇才会如此猖獗，肆意劫掠沿海百姓！"一语未了，项高又迟疑道："还有人传言——"话到嘴边，项高看了众人一眼，又收了回去。

朱纨见状，说道："项大人，有话直说便是。"项高这才说道："还有人传言，过段时日，海盗大头领许栋将在双屿岛开什么蟠桃盛会，准备串通那群罪恶滔天、劫掠二十余州县的恶贼头领李光头和陈思盼他们，一起攻打舟山岛；更有人传言说，当地那些勾结倭寇的乡绅商贾，还要上书朝廷弹劾大人滥杀朝廷命官。"

朱纨皱眉沉思片刻，方才徐徐说道："太祖建立大明以来，东南沿海便未安稳过！而今日本岛内，战乱不断，失去土地的武士和无田耕作的农民，纷纷沦为倭寇。这帮倭寇假托通贡之名来到我朝，能商则商，能抢则抢，祸害大明百姓，甚为猖狂！"项高听到此言，遂即道："大人所言甚是！每年清明前后，那些倭奴从日本岛出发，借助东北风，沿着朝鲜海岸侵入我朝海域，勾结双屿奸民，劫掠沿海百姓，百姓实已苦不堪言，望大人早日清剿倭患！"

朱纨闻言长叹一声，痛惜道："想当年，郑公率领大明舰队，七下西洋，扬我天朝国威，何等壮哉！而今双屿贼子，狂妄猖獗，沿海百姓生灵涂炭，身陷水深火热，本官每每想到这些，真是有愧朝廷，有愧百姓啊！"项高面露悲怆之色，愤愤道："倭奴侵我疆土，屠我子民，是可忍，孰不可忍！"

"是可忍，孰不可忍！杀尽倭奴！"霎时间，众人纷纷点头，附和声不绝于耳。朱纨见众人情绪激愤，遂一脸凝重地说道："清剿双屿贼子须缜密布置，万不可草率行事打草惊蛇！清剿双屿贼寇，不知项大人有何高见？"

"大人，下官以为当务之急必须整顿海防！继续搜捕通倭奸民！"言语间，项高唤老渔民上前，自袖口抽出一块杏黄色方巾，呈上前说道，"大人，这便是凌老前辈手绘的舟山海域图。"

项高说言未毕，又转身对一旁的老渔民说道，"凌老前辈，劳烦你与大人详说一番。"老渔民迎上前，抖动着手摊开方巾，指着图上一岛，开口说道："大人，这便是双屿岛，此岛正是郑和舰队七下西洋的补给站。此岛地形险峻，东西两山对峙，南北都有水口相通，中间空旷二十余里，更是利于防守。马六甲王子和倭奴的商船，时常来此交易。"

朱纨闻言已然会意，嘴角微带苦涩道："各国贡使，假托通商之名，来此交易，则免向朝廷缴纳税银；当地乡绅商贾，来此交易，无须走洋远贩，便可得到番物，真可谓朋比为奸！"

"大人，下官已打探清楚，双屿岛那帮贼寇，以许家四兄弟为首。老大许松，老二许栋，老三许楠，老四许梓，当家的正是排行老二的许栋。据说许家四兄弟，各个心狠手辣！尤其是排行老三的许楠，长得五大三粗，自夸天生神力，相扑天下无敌！"项高顿了顿，似乎突然想到什么，接着又说道，"随着贼寇声势壮大，大海盗王直，也带上一帮亡命之徒入了伙，双屿贼寇更是猖獗狂妄！"

朱纨缓缓应声道："古人云：'治国先治吏，治吏用重典！'"接着又说道，"项大人所言事宜，我也派人打探过。几日前，我已诏令浙江总兵卢镗，想必明日即到，待我查明内情，定会有个交代。"项高称道："大人英明！"言毕，众人别去，不在话下。

※　　　※　　　※

却说浙江总兵卢镗，在宁波府奉到诏令，遂即星夜急驰，渡过钱塘江抵达杭州。时已入夜，卢镗先遣快马到巡抚衙门禀报，请示接见时刻，答复是："巡抚大人从午时就不断在问，卢将军到了没有？"

听得这话，卢镗不敢怠慢，带着满头大汗，一身征尘，风尘仆仆疾驰巡抚衙门。早有门童在辕门外等候，卢镗一下马便由小童领着从角门进入，穿过夹弄，转过屏风，来到正厅。但见家丁上前说道："卢将军，旅途劳顿，巡抚大人特命我等静候卢将军，请卢将军直接到后院书房议事。"

卢镗稍作整休，即在家丁的陪同下，三步并作两步赶到巡抚衙门的后院书房。此刻，房门兀自敞开着，夜虽已深，书房内依然烛火通明，但见一身葛布长衫的朱纨仍在提笔运气，伏案作画。

"末将来迟，望巡抚大人海涵！"朱纨闻声转过身来，见卢镗身高九尺，腰大十围，面如锅底，一双虎眼，两道粗眉，腮边一排虎须，披挂一身银色铠甲，尽显虎将之威。

"卢将军，一路舟车劳顿，着实辛苦了——"朱纨缓缓放下手中画笔，继而又称赞道，"常闻将军身不解甲，马不离鞍，今日得见，果然不虚！"

"铿锵！铿锵！铿锵！"伴随着盔甲的声响，卢镗快步上前，双手抱拳，大声回复道："为朝廷效命，听候大人差遣！"朱纨点了点头，顺手摊开桌上字画，开口说道："这幅画卢将军可喜欢？"卢镗定眼一瞧，朱纨所画乃《钟馗捉鬼图》，但见画中之物，三头八臂，身缠蟒蛇，持剑斜顾，状貌威严！卢镗心想："原来朱大人已有打算！"遂即说道："看来大人心意已决，末将自当死拼！"

朱纨会意道："卢将军果然是爽快之人，我也不便绕弯了。"继而开门见山道，"我听说宁波境内倭寇猖獗，不知卢将军是如何应对的？"卢镗回复道："大人放心，侵扰宁波府的那群流寇，已被全部斩杀！"朱纨微微点了点头，迟疑道："我听说那些倭寇并非全是日本商贩，还有浙江沿海的海盗？"卢镗发现新来的巡抚大人，竟对倭寇了如指掌，不由得面色一怔，拱手说道："侵扰宁波府的那群流寇不仅勾结海盗，还伙同海盗头目陈思盼勾结当地乡绅商贾，一起劫掠沿海岛民。"朱纨突然皱起眉头，冷冷说道："看来必须对东南沿海厉行海禁，全面堵截！"卢镗恭敬地回复道："大人所言极是！厉行海禁，迫在眉睫！"

说话间，朱纨同卢镗各自入了座，两人一番探究之后，又见朱纨道："果然不出所料，被驱离的日本商船，也进了海盗的巢穴——双屿岛！"卢镗沉声说道："是！不光倭将顾良玉率领的日本商船进了海盗巢穴，马六甲王子率领的商船也进了海盗巢穴双屿岛。"朱纨问道："卢将军，近日可曾听到些，有关双屿岛和舟山岛的传言？"卢镗转念回复道："大人，传言倒是有，但都当不得真。无非是些海盗故意散布谣言，说朝廷颁布的海禁诏令如何严酷，吓得沿海百姓纷纷驾船逃离。"

朱纨冷笑道："许栋这帮贼子的胃口真是越来越大，竟然明目张胆地蛊惑百姓，同朝廷分庭抗礼！"卢铠两道粗眉之下，虎目圆睁，愤愤道："大人明鉴！海贼这般放肆，明摆着要逼朝廷发兵！末将愿听大人差遣，清剿这帮海贼！"

朱纨摆摆手，意味深长地说道："许栋既敢指使海贼贸然出海，带领倭寇劫掠沿海百姓，自然不把官军放在眼里。昨日，听项高说道：'过段时日，海盗许栋将在双屿岛开蟠桃盛会，准备集结倭寇一起攻打舟山岛。'不过，舟山知府陈怀安一口咬定那是谣言。"

卢铠迟疑道："如此说来，这些传言不可不信，也不可全信。"朱纨沉声道："舟山岛可是东南沿海的门户，岛上的沈家门水寨，更是扼守海盗出入双屿岛的死穴！若真如项高所言，卢将军准备如何应对？"卢铠应声苦叹道："如今舟山疆域，海防松弛，战船所剩无几，卫所兵士逃亡甚多，所存兵士都是老弱病残，关键是——"

卢铠怔了怔，接着说道："关键是岛民多与盗寇有染！"朱纨愤然说道："我听说沿海走私的岛民，眼里只有许栋和番货，根本没有朝廷。一旦有人煽动岛民作乱，朝廷也难耐他们何？"卢铠直言道："大人说得极是！如今兵匪一家，当地乡绅商贾，对于官府动向更是洞若观火，恐怕——"

朱纨低头沉思片刻，悠悠说道："依将军之见，是要向舟山岛调兵遣将吗？"一旁的卢铠，虎目一凝，正色道："据舟山守备魏一恭禀报，双屿岛的海盗并非有意与朝廷为敌，只是朝廷发布的海禁诏令，逼迫舟山附近的海商沦为海盗后，他们才带领倭寇一起抢掠沿海百姓。"

言语间，卢铠从腰间掏出一个翠绿色锦囊，继而虎目一亮说道，"朱大人请看！"朱纨顺势接过锦囊，抽出里面的密函，摊开一看，顿时面露诧异道："哦——不知王直是否真心报效朝廷？"卢铠顿时摆出一脸坚定，顿了顿说道："还请大人放心，只要大人这边答应海盗……"不等卢铠说完，朱纨脸色骤然一变，将锦囊猛摔在地，厉声说道："放肆！正因尔等纵容，海贼才会如此猖獗！分明是海贼劫掠沿海百姓，才迫使朝廷厉行海禁！"朱纨冷不丁发起火来，着实令卢铠吃了一惊，卢铠忙拱手赔礼道："朱大人息怒，末将失职！"

朱纨起身望着窗外，沉寂了一阵，突然又转过身来问道："海盗王直是何许人也？""王直他——"卢铠总算应着朱纨的询问，抓到了应对的头绪，继续回复道："海盗王直，不光胆识过人，而且还带着一帮死命追随的海盗入伙双屿岛。他下面有个为首的大头目——徐惟学，此人深谙官场之术，口舌利便，精通妖术，众海盗都称他'神机军师'。王直入伙之前，曾派神机军师徐惟学说服许栋及其众头目，协助朝廷一起消灭舟山附近的流寇。不过——"朱纨忙凑上前去，沉声问道："不过什么？"卢镗闻言紧忙回复道："不过，我听附近乡绅讲，许栋的四弟许老四多与王直不和，更是反对王直同官军接触。"朱纨冷冷一笑，淡淡问道："既然有如此之利，将军为何不仔细斟酌一下，多多斡旋？"

卢镗道："大人英明，多谢大人指教。只不过许栋生性多疑，警惕性极高。朝廷几次攻打双屿岛，不仅徒劳无功，反遭海贼算计！不过——"卢镗接着又说道："不过许栋对自己的几位亲兄弟，还是非常信任，尤其是许老四！"朱纨疑惑道："哦？"卢镗继而回复道："许栋身边的许老四师出少林，善使飞刀！他年纪虽轻，但个性爽直，处事果断。许老四率领的海盗战船，始终装备最新火器。正因如此，官军在许老四手上吃过几次大亏。这个家伙还同金门岛的大头领李光头交情甚厚。不过要论耍奸诈，玩心计，许老四要比王直差很多。"

朱纨沉思良久，长叹一声道："双屿之贼寇，确是如棘在背！项高之虑亦如此。"卢镗定定地看着朱纨，说道："前段时日，末将刚见过舟山守备魏一恭，思前想后，必须扼守住沈家门水寨，只是翁山城没有多少兵力。"朱纨打断道："绕了一圈，卢将军还是想从别处调兵？"卢镗道："只是——"

朱纨道："只是什么？"卢镗道："只是不知沈家门水寨能守多久？毕竟这些海盗同当地乡绅商贾多有瓜葛！不知大人是否听到传言，勾结倭寇的那些乡绅商贾，正要上书朝廷弹劾大人，恐大人……"卢镗说犹未了，朱纨突然冷冷地讲道："这点我已深知，卢将军只需坚守住沈家门水寨，静观其变！"

好半晌卢镗才小心翼翼地问道："大人真要……必须先稳住舟山知府陈怀安……调兵吗？检阅水军？"朱纨突然耳语道："——过段时日，贼寇要在天妃宫祭拜妈祖娘娘，在太极宫开蟠桃盛会——"卢镗应声道："——大桑山我不是很熟，不过附近渔民每年都会到双屿岛祭拜妈祖娘娘——"朱纨道："许栋和王直定会——双屿门水寨——检阅水军——准备妥当，一同前往舟山岛，会会那个吃里爬外的舟山知府陈怀安——"言语间，朱纨的声音又低了，靠近卢镗秘密耳语起来，直到三更时分，方才结束。

第二天，朝廷便发告谕："近日舟山疆域，倭寇猖獗，民不聊生。为庇护黎民百姓，清剿海贼，我朝自五月五日起开始巡海。凡二桅以上大船，自行到府衙造册入籍。"这份告谕，遂即通过王直传到了大头领许栋手里。一时间，新任巡抚朱纨厉行海禁的消息不胫而走，很快引发朝野热议。

※　　　※　　　※

三日后，一艘双桅官式大船经宁波港驶入舟山海域，船首悬挂浙闽总督官旗，忽闻船上兵士道："禀报巡抚大人，前面正是舟山岛！"

原来这座舟山岛，就在浙江宁波港外，双屿岛以东六十海里，因该岛矗立海中，形如巨舟，故得此名。

"舟山岛——"朱纨站在甲板上，循声向东望去，茫茫沧海之上，淼淼烟波之中，一座舟形岛屿赫然眼前。

此刻，卢镗身穿铠甲，手持利剑，站在大船哨塔上，喊道："沈家门水寨，战舰集结完毕，请大人检阅！"

朱纨登上哨塔，放眼望去，一条长约十里、宽约半里的海港内，烟波浩渺，一列列战船往来穿梭，井然有序！

不多时，东方水域出现几簇黑影，黑影越来越近，瞥得见几十艘小型靶船，径直驶入沈家门海域。船上兵士料得靶船靠近时，齐齐呐了声喊，都跳下水去了。

"轰轰轰……"随着十二声炮响，百余艘楼船护着十几艘大福船从水面驶来，但见大福船头，配备头炮一门；船身两侧，各有千斤火炮三门；船上装有火铳三门，迅雷炮二十门，喷筒六十个，弩箭五百支，火药弩十张，火箭五百支，火砖二百块。载有指挥将领十人，水手二十人，兵士百余人，皆摇旗呐喊。

"咚、咚、咚……"令旗一挥，数百门火炮同时射向靶船，一时间，沈家门海域水花四起，水柱冲天，炮声响彻云霄，在沈家门海域久久回荡。

"啊！——"突然，一群兵士连滚带爬地蹿出船舱，疾声大呼道："炮弹炸膛了！死人了！"朱纨见状，无心再看，转身对卢镗怒声道："把按察使找来！"便离船登岸，去了沈家门水军营寨。

少时，卢铠走进水军营帐，身后跟着一位七尺壮汉，身穿铁甲，头戴铁盔，只因面部被硝烟所染，辨不仔细容颜。虽是这般狼狈模样，但气势丝毫不减，脚下生风般走到朱纨面前，单膝跪地抱拳说道："末将魏一恭，参见大人！"

朱纨闻声转过身来，对眼前之人怒目而视，随之又转了回去，低喝一声道："来人，拖出去斩了！"卢铠见状，忙上前一步，单膝跪地道："大人息怒，纵使魏一恭有过错，也罪不至死！"

一语未了，营帐外一声高喊道："巡抚大人，冤枉！"朱纨闻声走出营帐，但见两个魁梧大汉，跪倒在地，数十兵士环立一旁，不等朱纨询问，便闻跪着一人道："末将张汉。"另一人道："末将张四维。"两人又齐声道："见过巡抚大人。"朱纨见二人生的虎相，知是两员猛将，冷声问道："你二人有何话要说？"

张汉率先说道："末将，前来领罪！"朱纨双眼冷光，质问道："何罪之有？"另一跪地之人张四维道："这次检阅水军，正是末将之罪，与魏将军无关，大人要剐要杀，末将绝不皱一下眉头。"朱纨听得脸色更加阴沉，道："即使如此，你二人入帐一起领罪！"说罢，朱纨猛一甩袖，转身走向营帐。

"大人，冤枉呀！冤枉呀，大人！"朱纨正要踏步入帐，忽闻一声凄呼，朱纨回头一看，却见张四维身后一兵士，跪行向前，口中连声大呼："冤枉！"那兵士跪行至张汉、张四维处，口中喊道："大人冤枉！"

朱纨转身上前，狠狠盯住跪在地上的张汉三人，不等朱纨说话，旁边又有军士跪倒，大呼道："大人要杀，连我等一并杀了！"须臾间，喊冤之声不绝，兵士接连跪倒在地，远远看去黑压压的一片。

朱纨见兵士纷纷叫屈，怒喝道："尔等有何冤屈，速速说来！"

张汉愤然说道："大人，舟山知府仗着朝中有人，侵吞军饷！"言语间，张汉又指着跪着的兵士，说道："将士们六个月未领饷了，家中老小早已食不果腹，衣不遮体！如此，何以安军心？"

朱纨闻言，倒吸了口凉气，反问道："有此等事？"张四维遂即愤慨道："舟山知府陈怀安，为了多吃空饷，向朝廷虚报兵数。舟山城，连城中百姓妇孺不过五万，将不过数员，舟山知府陈怀安却虚报兵士百万，战将百人。"张四维顿了顿，又道："对那些'苦于饥馑，迫于贪残，不能聊生，逃亡相踵'的兵士，官府非但不加阻止，反引以为利，甚至故意惩罚兵士，逼他们逃跑，这既可贪污军饷，又可向逃亡士兵索取贿赂。"

此番话一出，朱纨脸色更加阴沉，震怒道："乱臣贼子，侵吞军饷！武将惧死！兵士惜命！长此以往，国将不国！"

张汉又道："末将所言，俱是实情！唯恐大人用兵之时，打开卫所兵册，本以为是百万之师，不想，卫所兵士十存一二，粮饷挪作他用！"

众将士遂即附和道："请大人明察！"

朱纨已知事态严重，为安军心，便说道："军饷关乎国本，本官现已知情，定会严查！圣上已下告谕，三日之内，军饷便至营寨。"众兵士听朱纨一番话，不安之心方才平复。朱纨又对张汉、张四维二人说道："本官重申军令，凡操练时间，擅出兵营者，以军法论处，令你二人速速回营，安顿三军，不得有误！"

张汉闻言，迟疑道："那魏将军？"朱纨道："本官自会定夺！"说罢，进了营帐。

众将士得令，纷纷起身离去，不在话下。

※　　　※　　　※

却说朱纨进了营帐，见卢镗、魏一恭二位将军一直跪在帐中，忙上前扶起卢镗，说道："卢将军，起来说话便是。"卢镗见魏一恭仍跪在一旁，沉默片刻道："大人，魏一恭虽有罪，但事出有因！更何况，此时正乃用人之际，望大人饶他性命，令他戴罪立功！末将愿以项上人头担保！"

"戴罪立功——"朱纨沉思良久，一脸疲惫的看着魏一恭，叹了口气道："罢了罢了，起来说话吧。"魏一恭应声缓缓站起，说道："大人理应晓得，舟山海防松弛，战船所剩无几，所存兵士都是老弱病残——"说到嘴边，欲言又止道："倭寇真若来犯，恐——"

卢镗在一旁会意道："魏将军所言，正是末将所虑：而今，文官贪财！武将惧死！兵士惜命！谁能御敌？"魏一恭突然愤愤道："平日里那些道貌岸然的富绅商贾，非但不思报国，反而勾结贼寇，劫掠沿海百姓！而今舟山水军战舰十存一二，全不见当年之气概！"朱纨闻声苦叹道："去外国盗易，去中国盗难；去中国濒海之盗犹易，去中国衣冠之盗犹难！"

卢镗和魏一恭闻言，异口同声道："清剿倭患，愿听大人差遣！末将定不负大人重托！"朱纨闻言，略思片刻，顿时眼睛一亮，看着魏一恭说道："魏将军坚守舟山水域多载，对双屿贼寇了如指掌，想必定有良策？"

魏一恭起身，指着身旁桌案上纸笔，说道："大人，末将可否借用一下笔墨纸砚？""请便！"在朱纨不解的应诺声中，魏一恭径自走到桌案旁，顺手从笔架上拿起一支笔，蘸足墨汁，在纸上飞快地画起舟山海域的草图来。"大人，请看——这里是杭州府，这是宁波府，那便是舟山岛。"朱纨始终屏声敛息地听着，生怕错过什么。"啪！"一滴墨汁突然跌落在魏一恭手绘的草图上，很快在舟山岛左下方扩散成一团扎眼的污渍。

不等朱纨言语，魏一恭指着刚刚散开的墨汁，说道："大人请看！这便是贼寇盘踞的双屿岛。"朱纨应声道："我倒是听卢将军讲，此岛地形险峻，易守难攻，尤其是岛上的双屿山炮台，号称'天下第一奇关'！"魏一恭道："大人说的双屿山炮台，的确易守难攻！此前，末将清剿多次，都未能攻克。不过，双屿岛的东南屏障双屿门水寨，也不可小觑！"朱纨道："照将军所言，必须要攻下炮台和水寨？"魏一恭道："大人明鉴！只有拔掉'双屿山炮台和双屿门水寨'这两颗虎牙，才能抓住贼寇的死穴！"

朱纨道："可否从双屿港偷袭倭寇？"魏一恭道："虽说此岛南北水路俱通，但其间礁石磷砺、暗流涌动，孤悬于双屿港中的贺家山更是一夫当关，万夫莫开。恐怕——"朱纨道："可否引蛇出洞，在舟山海域设伏？"魏一恭摇头道："双屿岛附近海盗经常出没，很难设伏！"

朱纨似乎看出了魏一恭的心思，暗自道："提到伏击，世人只想到深沟陡崖，天底下哪有那么多深沟陡崖？没有它，仗还是要打！"遂即说道："双屿岛上，贼寇的部署我不十分明白，紧要处将军一定要把握妥当！来，魏将军，你我再说道说道舟山海域。"魏一恭遂即指着草图上的舟山岛，如实说道："此乃舟山城——"朱纨皱眉望了一眼魏一恭，疑惑道："舟山城？"

魏一恭点点头，说道："这座舟山城可大有来头，相传春秋时吴国灭了越国，即将越王勾践困因在此。如今已是我水师哨船的主要营寨。"魏一恭又指着沈家门海域，说道，"大人且看，舟山本岛东南侧，这条长约十里，宽约半里的航道，正是扼守东来海道的咽喉。不过，海贼耳目甚多，照以往来看——朱纨闻言轻叹道："家贼难防！那沈家门水寨呢？是否会被攻破？"

"这个——"魏一恭抱了抱拳，接着说道："按卢将军的部署，沈家门水寨和翁山城只能保其一！换言之，大人更应该提防海贼突袭翁山城！比起沈家门水寨，末将更担心翁山城！不过眼下，还不用担心。"朱纨闻言皱了皱眉，顺着魏一恭的目光，望着沈家门海域迟疑道："唔——"魏一恭继而说道："王直若能答应朝廷，清剿流寇，翁山城就不足为虑。当下清剿倭寇不难，难在兵备粮饷！只是——"朱纨道："但说无妨。"魏一恭道："只是旧军'兵无节制，士不附心，军令不行！'若能招募敢死之士，征调双桅渔船，末将定能死守住舟山岛！"朱纨道："魏将军忠心可鉴，本官即刻命你招募新军，征调双桅民船，发榜通缉双屿贼寇！"魏一恭应诺退下。

很快，便有通缉榜文现于翁山城人烟凑集处、市井热闹处，但见文中写道："双屿贼寇，残害百姓，夺民生计，罪不可恕，人人得而诛之！若有私藏在家者，包庇暗通者，与贼首同罪！有探得消息，首告到官者，赏钱一千贯。"榜文中几副人头，正是双屿岛岛主许栋、金门岛岛主李光头、蛇山岛岛主陈思盼和倭将顾良玉等人。

自此，魏一恭奉朱纨之令，率众将士厉兵秣马，整日在沈家门水域整顿军务，操练舰船。各营寨添造战船、火器、铠甲、枪刀、弓箭、牌弩、旗帜，不在话下。

※　　　※　　　※

翌日清晨，众将陪同朱纨视察海防部署。

"嘶！"不远处突然驰来一匹马。驾马的差役见朱纨车马，立即下马跪前行礼道："见过巡抚大人！"

朱纨反问道："你是何人？"差役回复道："在下是舟山知府差役，特来禀报巡抚大人，陈大人和众位乡绅恭候朱大人和项大人赴宴！"项高道："朱大人已知晓，你禀报一声便是。"差役复上马而去。朱纨随即对着众将冷冷说道："早听闻舟山知府仗着朝中有人，整日寻酒作欢，不问兵士疾苦，不顾百姓安危！项大人这便同我一起同往，会会这个胆大妄为的陈知府，杀杀他的威风！"

项高在旁应声道："下官隐隐耳闻，舟山知府陈怀安，少时屡试不中，连个秀才都未考上，仗着朝中有人，居然做官做到了知府，平日里鱼肉百姓，如今连魏将军的军饷都敢克扣！"言罢，二人前去赴宴。

大约一盏茶功夫，轿子穿过一座厚实牢固的城楼，经过一段熙熙攘攘的街市，在一座酒楼前停住。迎接的众官员乡绅早已等候多时。舟山知府陈怀安，亲自为朱纨挑起轿帘。朱纨下轿抬头，仔细打量了一番。但见这家酒楼一溜九间门脸，三层楼阁，楼阁四周插满各色酒旗，檐下周遭挂着大红灯笼，大门正上方一块大匾，龙飞凤舞地书着"贵宾楼"三个金色大字。

陈怀安俯身凑近朱纨，讪笑道："大人贵体，亲临舟山，下官今日特为大人接风洗尘。"

朱纨并未言语，在众人的簇拥下进了酒楼，来到二楼，在上位坐了。项高和各大乡绅、达官贵人依次坐下。店家奉上茶水。陈怀安抢一步，把一只盖碗呈到朱纨面前。接着山珍海味端上桌来，如水晶肴蹄、清蒸蟹粉狮子头、金陵丸子、白汁圆菜、黄泥煨鸡、清炖鸡孚、凤尾虾、三套鸭、无锡肉骨头、梁溪脆鳝、沛县狗肉……这一摆便是十几桌，看的项高惧了颜色。朱纨面色铁青，一动不动地坐着。

陈怀安见状，忙为朱纨斟上美酒，说道："巡抚大人亲临舟山岛，是我等之荣幸，也是舟山百姓之福祉，我等敬巡抚大人一杯，祝巡抚大人事事顺意！"众人起身敬向朱纨。

项高见如此铺张奢侈，又想起军中缺粮多日，兵士苦不堪言，心中顿生气火，但还是忍住了，陪同众人一饮而尽。

朱纨并未搭理，气氛"嗖"地冷了下来。陈怀安脸部瞬间抽搐一下，遂即笑道："众位不必客气，小设宴席，不成敬意，大家尽可畅饮，本官再敬项大人一杯。"陈怀安又一饮而尽。众人都一一饮了酒。朱纨一语不发，面无表情，静坐桌前，突然说道："陈知府，说说海防情况，本官听听。"陈怀安一愣，讪讪笑道："舟山物华天宝，人杰地灵——"

不等陈怀安说完，朱纨瞥了一眼，打断道："拣不好的说！"

"这个……"陈怀安沉吟道,"前段时日,沿江州县报告,福建的匪徒流窜到浙江境内,扰乱百姓……""这个本官知晓了。"陈怀安又道:"还有,舟山岛民来报,资水暴涨,威胁到百姓。""哦?能避免水灾吗?""下官已派人督查,加固河堤,严加防范。""还有别处?"陈怀安顿了顿,道:"只此几处,灾情严重,再无别处。"朱纨不语。

众人也不敢言语,陈怀安见朱纨沉下脸来,故作讪笑道:"大人,您品尝这菜。"

"罢了!"朱纨冷笑道,"有百姓置身危难中,我三军将士食不果腹,衣不遮体,尔等却在此酒肉相欢,于心何忍?"

众人惊愕,不敢妄言。

陈怀安心里忐忑,不知朱纨何意,遂招手唤来手下,耳语几句。少时,手下搬一木箱,置于桌前。陈怀安打开箱子,嬉笑道:"这是我等的一点心意,不成敬意,还望朱大人笑纳。"朱纨依旧一语不发。众人不解,诚惶诚恐。陈怀安笑意全无,不知所措,又唤来手下,耳语几句。

少顷,手下怀里又抱一红木大箱,置于桌上。陈怀安双手颤抖,小心翼翼打开箱子,尽是奇珍异宝,颤巍巍说道:"大人……不知大人……"话刚出口,只见朱纨拍桌而起,又"哗啦"将酒桌掀翻在地。众人愕然。朱纨怒道:"将士们征战沙场,冲锋杀敌,弹尽粮绝,食不果腹。百姓遭贼寇侵扰,妻离子散,民不聊生,尔等却在此酒肉相欢——"

言语间,朱纨又从箱里抓起一把珍珠挂链,愤愤道:"而今海防告急,粮草短缺,国库告危,尔等不思报效朝廷,反而拿着俸禄恣意妄为!"说罢,将珍珠项链朝桌上猛然摔去,刹那间,珍珠四溅,散落一地。说完,不等众人反应过来,朱纨已拂袖而去。

陈怀安踉跄一步,紧忙拦住正欲起身离去的项高,面带惧色,颤巍巍道:"项兄可否在朱大人面前美言几句,放我等一马?"

项高面如寒冰,愤愤道:"放尔等一马?哼!平日里侵吞粮饷、鱼肉百姓之时,可曾想放他们一马?"

陈怀安闻言,面容忽然僵住,冷声道:"识时务者为俊杰,项兄即便不为我等着想,也应该为社稷着想,我等若是有个三长两短,恐怕这浙闽百姓——"话到嘴边,陈怀安话锋一转道:"俗话说,兔子急了还咬人,难不成逼我等上书朝廷——"

不等陈怀安分说清楚，项高突然怒斥道："好！好一帮识时务之徒。本官只懂得，文不畏谏，武不畏战！如此，乃国之大幸！"众人犹如惊弓之鸟，面面相觑，全无主意。项高愤然而去，不在话下。

※　　　※　　　※

粮草备足，水军操练有度。这日，沈家门水域风和日丽。朱纨在卢镗、项高等人的陪同下登上哨塔，放眼望去，数百战船，旗幡飘扬，遮天蔽日。

舟山百姓闻听消息，也纷纷赶来观看。一时间，舟山水域人山人海。家住附近的老渔民手持木杖，见此景象激动地说道："这一天终于要到了！"老渔民话刚说完，只听一声号角，礼炮齐鸣，九响冲天。

魏一恭立于高台，双手持旗，一挥，五十艘巡视船徐徐驶进水域，紧接着百艘冲锋舰快速驶入水域，再挥，百艘中型护航舰成半包围式驶入，三挥，百艘楠木大福舰旌旗翻卷、白帆铮铮，缓缓驶入护航舰围圈中。身后是应接不暇的各式战船，数量千余，布阵有序，或成掎角之势，或一字排开。

放眼望去，浩浩水域被战船覆盖得密不透风，犹如座座山丘连绵不绝。战船布阵就绪，魏一恭双手举旗，水面上突然冒出星罗棋布的标靶。右旗一落，炮声阵阵，弹无虚发，弹弹命中。

紧接着魏一恭令船只摆开阵势。先是大福船的"八卦玄幻阵"，只见八艘大福船迅疾呈八角展开，远远看去，形似八卦连角。见得大福船顺势开动，首尾相连，对围困船只无丝毫可乘之机。突然又有八艘大福船呈同样形状，外包而成，与内侧大福船逆向而行，宛如两条首尾相连的巨型水蚺，将围困船只陷于玄幻缥缈境地。

大福船演练完毕，先后散开，巡航舰驶入，六艘巡航舰首尾相连，呈一字展开，行动快如闪电，仿佛一条水龙，行云流水，又如一条巨型蜈蚣，令人不寒而栗。巡航舰快速驶入又快速驶出，神出鬼没，如影如幻。紧接着缓慢驶来一艘中型战舰，船舰平舷而设，奇怪的是舰上无人把守，只留观望台一座。正待众人不解之时，忽见船舷四周冒出数十人头颅，个个身披黑衣，

018.

嘴叼匕首，船舰行不多远，只见水手动作轻如飞燕，登舰而上，只片刻工夫便拿下了观台。朱纨观之，朗声说道："倭奴侵我疆土，屠我子民，甚是猖獗！愿众将士不负皇恩，率我虎狼之师，斩尽倭奴！壮我河山！"

众将士听罢，"哗"的一声跪下，齐声大呼道："杀尽倭奴！誓死守卫舟山岛！"

"壮我河山！杀尽倭奴！"

"文臣不贪财，武将不惧死！誓与舟山共存亡！"

"壮我河山！杀尽倭奴！"

"文臣不贪财，武将不惧死！誓与舟山共存亡！"

一阵阵的喊杀声，突然响彻云霄，回荡在舟山海域……

众人望去，但见卢镗亲率百艘战舰，迎风破浪驶入沈家门海域，舰上水军排列有序，气势如虹，将士身披轻甲，颈围红巾，头戴铁盔，手持长矛，兵械严整，斗志昂扬。看得老渔民老泪纵横，看得众百姓热血膨胀、义愤填膺。

魏一恭道："大人请看——"引朱纨等人看去，"大人请看，最前面的是鹰船，两头尖翘，不辨首尾，进退如飞，机动性强。四周用茅竹密钉以掩护，竹间留铳眼。常冲入敌阵，与沙船配合。"魏一恭又指向后面一排船，说道，"那是连环舟，铁环相连，前船有大倒须钉多个，上载火球、神烟、神沙、毒火，并有火铳，后船载乘士兵。战时顺风直驶敌阵，前船钉于敌船上，并点燃各种火器，同时解脱铁环，后船返航。后船既返，前船烈焰旋起，敌船遂焚。火龙船，分三层。以生牛皮为护，上有铳眼，中置刀板，钉板，下伏士兵。两侧有飞轮，四名水手。先伪败于敌，诱敌登船，开动机关，使敌从上层落入中层刀板钉板中。还有蜈蚣船，赤龙舟，苍山船……战船二十余种。"魏一恭最后才指向中间的大船道，"大人再看，中间高大如城，三桅林立的是福建所造的福船，皆为楠木所制，坚不可摧，发射火炮，无船不破！"

朱纨听罢，频频点头，铿锵有力道："得此三军，何患倭患不除！"

暮色渐合，霞光万道，沈家门水域此刻显得格外惊艳。

惊艳中忽现几十艘双桅大福船缓缓驶来，迎头一船立着一位将领，头戴铁盔，兽甲前后护身，身披红帔，红帔迎风飘飘，远远望去，英姿飒爽。其身后是数千名彪悍壮士，赤膀露臂，手持钩镰枪。朱纨惊道："可是广西狼兵？"魏一恭道："禀大人，正是瓦氏夫人率领的狼兵！"朱纨道："早闻广西狼兵英勇善战，今日一见，名不虚传！"

众人望去，但见领头将领持剑冲天，狼兵手持钩镰枪，振臂高呼，喊声震天，闻者无不惊颤！

※　　　※　　　※

话说每年端午前后，沿海渔民都会上双屿岛祭拜天妃宫的"妈祖娘娘"。天妃宫背倚双屿岛东峰——大桑山，由三座精致的石牌楼和五进宏伟的大殿组成，四周苍天古木相映，翠竹成荫，殿内香烟缭绕，木鱼钟磬之声，整日不绝于耳。

祭拜当日，五鼓时分，附近乡绅商贾，与海盗大头领许栋齐聚大桑山上。彼时许栋头戴七宝冠，身穿红锦百花袍，后列珠翠，群妾如锦屏一般，围绕左右。

伴随着东升的旭日，众人簇拥着许栋拾级而上，穿过山脚的朝天门，见一高大的石雕牌楼，楼上挂着四个金字匾额，写着："天朝仪凤。"牌楼上有一副对联道：

> 凤翅展双屿，天下咸欣瑞兆。
>
> 龙须扬东海，人间尽得沾恩。

众人看罢，过了牌楼，行至天妃宫前。此刻，大殿前方一个高约数丈的巨型香炉，正散发着袅袅轻烟。少时，众人绕过香炉，已到大雄宝殿前，只见大殿的牌匾上写着四个鎏金大字："天恩浩荡。"大殿石柱左右一副金字对联道：

> 海不扬波，稳渡星槎道途；
>
> 民皆乐业，遍歌母德恩业。

众人看过，已是巳时。众目之下，神机军师徐惟学，头顶金鹰星冠，身披紫霞道袍，脚踩莲花木屐，登上祭祀高台，手舞一柄松文古定剑，放声喝道："祭祀开始！"随即鼓声震天，严鼓三通，打了一百零八下，接着又是八十一声礼炮，伴随着礼炮声，"嘿哟——嘿哟——"的声音从远处传来，循声望去，但见十六名精壮大汉，抬着巨大的妈祖神像朝祭祀台赶来，众人见到神像纷纷拜倒在地。早有数十侍者等在祭祀台前，排列两行唱起《迎神曲》，曲曰："神之来兮，驾龙螭兮，神故乡兮，水之湄兮，告洁虔兮，奉盥兮，神其恰兮，民受禧兮。"

侍者安座好妈祖神像，大头领许栋开始带领众人登上祭祀高台敬酒。神机军师徐惟学喝声道："一敬酒！"大头领许栋率众人齐声道："出入平安！"神机军师徐惟学喝声道："再敬酒！"大头领许栋率众人齐声道："鱼虾满仓！"神机军师徐惟学喝声道："三敬酒！"大头领许栋率众人齐声道："波平浪静！"

喝完三碗酒，徐惟学又喝道："上贡品。"待侍者摆上五谷、山珍、三牲等供品后，许栋又开始率领众人向妈祖娘娘上香。上香完毕，众人遂即面朝大海诵起祭文，文曰："茫茫大海，生命之源，大海恩我，殷殷可鉴，天降我后，赐我百祥……"

巳时一过，神机军师徐惟学喝声道："送神！"十八个精壮大汉又将妈祖神像"嘿哟，嘿哟"地抬走，意为"出丁"。一时间礼炮齐鸣，气氛异常热闹。遂即又有数十侍者站立两旁唱起《送神曲》，曲曰："礼既成兮，神其行兮，举驾旌兮，升玉京兮，海宇清兮，岛屿明兮，邀详祯兮，永和平兮。"

送走神像，神机军师徐惟学放声喝道："礼成！"盛大的祭祀活动方才圆满结束。

※　　　※　　　※

却说祭祀礼毕，众嘉宾在大总管王直的陪同下，漫步于双屿岛东峰大桑山上，一路上说说笑笑，览胜观奇。正在喧哄之际，忽闻旁人大呼道："快看！快看！山下有一群战马！"人群一阵骚动，众人寻声望去，但见山边尘土飞扬，十几匹战马像风一样，疾驰在大桑山下一条平直的栈道上。

王直闻言，浓眉一扬，手捋长须，笑着调侃道："许岛主素来惜马如命，老四又喜欢策马驰骋，两人如今凑到一起更是意气相投。这不！为了恭迎四海宾客，许岛主特命我等，将这条栈道修整了一番。"

众嘉宾听罢，定眼一瞧，但见身穿白银铠甲的许老四催马扬鞭，领着十几名黑衣黑马的骑士飞奔而来。几百步开外，身穿黄金铠甲的许栋，骑着汗血宝马一路驰骋，片刻时间，便飞驰到队伍最前方，一声长嘶，停在了天妃宫外的莲池边！众人快步迎上前去，纷纷赞叹道："许岛主真是英雄不减当年！"许栋飞身下马，拱手笑道："哪里，哪里，真是劳烦众位大驾光临蟠桃盛宴。"

众人方才看清，许栋所骑的宝马浑身上下黑到透，没有一丝杂色，不由得惊叹道："好一匹千里追风马，好马！"许栋听了很高兴，冲着众人大笑道："多亏诸位相助，双屿岛上才有了这条可供驰骋的栈道，要不，真是糟践了这些宝贝。"

少时，众嘉宾拜别许栋，便即在俊仆、优童的搀扶下，坐上了早已静候在栈道旁的迎宾轿，顺着大桑山下平阔的栈道一路向东，赶往蟠桃盛宴的主会场——太极宫。

原来这太极宫位于双屿岛东南部，依山而建、临海而立，前后三进大殿，由山门殿、正殿和玄武殿组成，共有楼、堂、阁、室一百多间。

此刻，太极宫内外车水马龙，张灯结彩，吹拉弹唱，好不热闹。来往宾客络绎不绝，婢女小厮穿行其间，忙碌异常。大殿外迎客的许栋，始终保持着谦和的微笑，招呼着五湖四海的宾客；大殿内几位乡绅装扮的宾客凑在一起，一面看着热闹，一面喋喋不休地谈论着新任巡抚朱纨的事迹，像在发泄他们心中对厉行海禁的恐惧和不满。

但闻宁波府的刘老爷同当地几位乡绅调侃道："我已派人打探清楚，新来的朱巡抚，曾在四川任过兵备史，在广东做过布政使，朝中有人！""是呀，要不怎么这么快，升任浙江巡抚，掌管浙江、福建两省军务。""我倒是听说，此人深得内阁首辅夏言的信任，前途无量啊！""不过，也有人说，朱纨刚愎自用，往往独断专行！""是这么个理，当今首辅夏言相信他，皇上自然信任他，要不怎么会手握'王命旗牌'，执掌'便宜行事'的大权。""不知金门岛的李光头会不会来，李光头可是朝廷的死对头。""可不是嘛，文官五品以下，武官四品以下，朱纨都可以先斩后奏，手握生杀大权。"

"新入伙的大总管王直，还真是了得，竟能投其所好，在这孤岛上整出这么些……""我倒是听闻，跟随王直一起入伙的那位神机军师，精通六丁六甲之术，手段多着哪。""可不是么，要不今日的双屿岛上，怎会有这番盛况空前，庄重神秘的祭拜活动？""是哪一位神机军师？""莫非是人称'赛诸葛'的徐惟学？"

"今年的蟠桃盛宴似乎冷清很多，怎不见舟山知府陈怀安？""王老爷，你这不是明知故问吗？如今这般情形，可不比以往，新任巡抚的三把火正烧着哪。""哎！苦命的贤侄，惨遭朱纨毒手，我定要为侄儿讨回公道！""诸位放心，就是拼了这把老骨头，我都要上书弹劾朱纨，看朱纨这把火能烧到几时！"

众人你一言，我一语，旁人很难听出个名堂，只是频频点头附和。倒是大殿外，水池边零星开着的几朵兰花，显得淡泊清幽。

※　　　※　　　※

午时初刻，一切准备就绪，大殿内一列列整齐排放的香木矮桌，摆满了酒肉果食，只等众宾客入座。转瞬间，一个五短身材，豹子眼、薄嘴皮的家伙，快如闪电般窜到许栋身边，低声耳语道："许岛主，马六甲王子和附近的乡绅商贾都到齐了，蛇山岛岛主陈思盼和倭将顾良玉也到了，就差金门岛岛主李光头没有入席。"许栋环视一周，微微侧过脸，突然沉声道："阿豹，怎不见老四？李光头——"

正说间，忽闻殿外一人哈哈大笑道："老四呀，老三近日不在，你又开始戏弄我了——"众人寻声看去，但见大笑之人头戴角盔，身穿灰色兽皮袄，留着浓密的大胡子，一双闪烁着精光的眼睛，透着杀气。不出片刻，大殿内一阵骚动，便见一身白银铠甲、英气逼人的许老四紧随其后，阔步而来。

此二人刚步入大殿，大笑之人遂即摘掉角盔，露出标志性的"光头"，不等众人言语，他又将角盔高高抛起，"咣——"的一声角盔落在许栋的座位旁。众人还没有从惊奇中反应过来，又见光头大汉抛出如此堪称完美的弧线，遂即连连咂舌道："妙，妙，妙——"。

在众人的惊呼声中，光头大汉双手抱拳，对着许栋咧嘴大笑道："许岛主，兄弟来迟，愿自罚三杯！"许栋忙上前迎住，拱手笑道："哪有？哪有？

刚刚好！刚刚好！李岛主光临寒舍，真是蓬荜生辉啊，快请进！快请进！"李光头在小厮们的簇拥下一面入座，一面大笑道："许岛主真是客气！"

众人说话间，一位光着膀子的独眼男子和一个身形肥硕的日本武士，从人群中结伴而出，对着李光头哈哈大笑道："啊哈哈，好久不见，李岛主大驾，真是稀客呀！"

李光头先暗自一笑，起身回复道："哈哈哈，今日蟠桃盛宴，在下只是凑个热闹，陈岛主和顾将军才是稀客，快来这边一起喝酒。"

李光头话犹未了，忽闻日本武士应声大笑道："啊哈哈，在下可算不得稀客，真要说稀罕——"话到一半，他突然轻拍着自己座位旁一位唇红齿白、面如团粉的男子，朗声说道："还是这位马六甲的白马王子稀罕！"说罢，众人都已入了座。

※　　　※　　　※

许栋见众嘉宾悉数登场，遂在大总管王直的陪同下走到大殿中央，端起酒杯面露悦色，放声说道："感谢！感谢今日在座兄弟！大驾光临蟠桃盛宴，我先敬众位一杯。"话音刚落，大殿外几十门一字排开的礼炮，一起作响，声震寰宇。

伴随着礼炮声，众人端起酒杯大呼道："喝！——干！——干！——喝！"众人刚一饮而尽，一群婀娜多姿手捧蟠桃的妙龄少女，流水般把鲜美多汁的蟠桃送上席来。众人开始互相祝酒，酒香弥漫整座大殿，气氛更显热闹。

正当众人觥筹交错，推杯换盏之际，十几位年轻曼妙的女子，穿着轻薄的粉色纱衣，在大殿中央伴着管弦丝竹之乐翩翩起舞，领舞那位是个二十出头的绝色女子，看似随心而舞，却浑然天成，每一个舞姿无不展现出她那完美的曲线与迷人的温柔。

一曲既罢，喝彩声震殿响起，接连有人对着那位领舞的女子呐喊道："雯儿姑娘，再舞一曲！"

"啊哈哈，此曲只应天上有！"

"雯儿姑娘，真乃天仙下凡呐！"

......

欢呼声、哨子声、怪叫声此起彼伏。

大总管王直更是满脸堆笑，频频举杯向众人祝酒。伴随着众人的欢叫声，那位领舞的雯儿姑娘走马灯般穿梭于酒桌间，为众嘉宾添酒助兴。

很快轮到许老四祝酒。雯儿姑娘刚行至许老四身旁，众人突然哄闹道：

"四爷，抱一个！"

"啊哈哈，老四，亲一下！"

......

欢呼声、哨子声、怪叫声再次震殿响起。

雯儿姑娘见状，一面羞涩地凝视着许老四那张面如冠玉的脸庞，一面为许老四添满酒。不想，许老四并未如众人所愿，只是在众人的哨子声中，端起酒杯转身说道："众位大哥！众位兄弟！我先干为敬，敬众位一杯！"说罢一饮而尽，亮了杯底。之后，不知哪位大喊道："我等一起敬许岛主！"但见所有人站起身，齐齐回敬许栋，掀起一派宾主尽欢的气氛。

酒过三巡，倭将顾良玉，揉了揉大肚皮，似笑非笑道："许岛主，不知道今年的蟠桃大会，有没有请新来的弼马温？"光着膀子的陈思盼，独眼一翻，狡黠一笑，故作狐疑道："是啊，据说王母娘娘当初开蟠桃盛宴，就因忘了喊孙人圣，才让孙大圣偷吃了蟠桃。"许栋看着倭将顾良玉，呵呵大笑道："孙猴子毕竟是孙猴子，如果真敢来偷吃蟠桃，怎么也翻不出众位大仙的手心。"

言语间，许栋又扭过头，看着前俯后仰、哈哈大笑的李光头继续打趣道："李老弟，你说呢？"李光头闻言，半晌才停住笑，放声道："是！是！许岛主说的对！让朱纨小儿有来无回，咱们双屿山肯定可以再压他五百年！"李光头嘲弄的话语顿时引得众人阵阵哄笑，场面更加热闹。

正当众宾客调侃之时，倭将顾良玉淡淡一笑，忽然又说道："许岛主既要攻打舟山岛，可要速战速决！而今，新任巡抚朱纨整日出榜招募兵士，许岛主可要以防万一呀！"许栋缓了缓神，坦然道："哦，这个我已有所察觉，众位放心，我都做好了部署。"坐在一旁的王直马上会意地接过话茬儿，放下刚刚一饮而尽的酒杯，手持长须，傲然说道："我听打探的兄弟讲，这个姓朱的书生，也只是纸上谈兵罢了，说不准很快就被咱们的火炮吓跑了！"众人闻之，大笑不已。

大笑声中，许栋冲着众宾客点了点头，自信地说道："是的！咱们双屿岛众将云集，又有诸位鼎力相助，定能攻下舟山岛！"许栋身旁那位头戴紫云盔、身穿烫金甲，正襟危坐的马六甲王子，突然面带忧色道："不过，我听说岛上的翁山城和沈家门水寨，朝廷早已派了重兵驻守。"李光头接着说道："我听说，姓朱的近日在沈家门海域，大张旗鼓检阅水军，誓要死守舟山岛！许兄，沈家门可是你我的门户！"李光头这么一讲，气氛"嗖"地冷了下来，众人已然各怀心思。

此刻，许栋心下虽是诧异，脸上却波澜不惊地说道："无妨！我等誓要攻下舟山岛！如若不能，舟山岛便是我的葬身之地！"言语间，酒宴的气氛愈发凝重，众人的目光似乎都汇聚到了许栋那里，但闻许栋接着说道："如果诸位果真感到不便，可同李岛主到金门岛避避风头。等我斩杀了姓朱的书生，再在舟山岛给诸位接风！"

倭将顾良玉先是一怔，遂即摸着大肚皮强装笑脸道："哪有，哪有啊？许岛主多虑了。朱纨小儿带领的虾兵再厉害，也就那几艘破船而已。而今咱们双屿岛众将云集，又有金门岛的李岛主和蛇山岛的陈岛主倾力相助，定能克敌制胜，攻破舟山岛，活捉朱纨小儿！"

许老四闻言不由得眉头一皱，突然亮出一把雪亮的飞刀，一面自斟自饮，一面自叹自责道："都怪我上次大意，让贼兵从刀口溜掉了！"说罢，"啪"地将酒杯重重一顿，不想洒了一地。这引起了王直的注意，王直忙打声哈哈道："老四切莫自责，这次若不是你'围魏救赵'——攻打宁波府，贼兵也不会那么快败退。"

众人闻言也都附和道："是呀，王总管说得极是！上次许老弟可是立了大功——"许老四待旁人添满酒，端起酒杯缓缓地走到大殿中央，剑眉紧锁，扫视一圈道："谢谢各位赏识我许老四，这次我不光要擒杀卢镗，一雪前耻，还要带领众兄弟，攻破舟山岛，斩杀姓朱的书生！"一时之间，众人纷纷称快。

太极宫里里外外，从午时开始，直至暮色降临，仍是一派歌舞升平的景象。尤其是围坐在李光头和陈思盼身旁的小头目，读书知礼者少，粗鲁野蛮的居多，几杯酒下肚，便开始瞎起哄，不是谈论女人，就是吹嘘以往的丰功伟绩，声音大得能把大殿震塌。

但闻李光头大笑道："在下听说，陈岛主前段时日又抢了位美人儿，那美人儿既能写还能画，吹弹歌舞样样精！若能汤着她身儿，人人情愿一个死！"李光头话犹未了，陈思盼忙在一旁，半眯着独眼打岔道："李岛主说哪的话？在下只是带着岛上弟兄，杀光了一村勾结朝廷的渔民，给朱纨小儿一点颜色！看谁还敢勾结官军，招惹咱家兄弟？"

李光头哈哈大笑道："常言说得好，风水轮流转！嘉靖小儿只知炼丹修仙，厉行什么狗屁海禁！若还敢来招惹咱们，我定轰下皇帝小儿的狗头，给许岛主坐上去！"许栋闻言，一时大笑不止，起身端起酒杯一饮而下，大笑道："来，大家共饮此杯！"众人闻言，皆举杯一饮而尽。

"阿哈哈，喝酒！来喝酒！许岛主，你我不醉不归，喝酒！"原来这顾良玉，酒量向来不济，几坛酒下肚，便挺着大肚皮，在大殿中寻人拼酒。当下，酩酊大醉的顾良玉，更是黏着许栋不放，接连嚷嚷道："啊哈哈，许岛主，喝酒！喝酒！你我不醉不归，不醉不归！"大总管王直见状，忙上前搭讪道："来！喝酒！顾将军果真神勇！你我不醉不归。"多亏王直机敏，陪着顾良玉大饮几杯，才搀扶着他离开了大殿。

许栋趁王直送客的空儿，摇摇摆摆地赶到众位乡绅桌前，发现众乡绅仍在推杯换盏，说着朝野的新闻，也有可信的，也有可疑的。大头领许栋遂即说道："朝廷近日也有一件新闻，这事却是实的。"宁波府的刘老爷忙道："何事？"许栋道："近日，新上任的内阁首辅严嵩，在朝堂之上公然弹劾同为内阁首辅的夏言。"舟山县的王乡绅惊道："可是在朝中一直主张海禁的内阁首辅夏言？"许栋道："正是支持朱纨厉行海禁的内阁首辅夏言！"

杭州府的李乡绅应声道："果有这个事。据说夏言自恃内阁首辅，对自己引荐的老乡严嵩傲慢无礼，常以门客视之，二人早已水火不容。近来，夏言又因拒穿道冠法服，招致皇上不满。我等若得严嵩相助，一起上书朝廷弹劾夏言和朱纨，二人性命必将危矣！"王乡绅道："如此说来，老夫即刻上书朝廷，铲除奸党，重振大明朝纲！"众位乡绅闻言，纷纷附和道："重振朝纲，铲除奸党！"

众人话音刚落，许栋遂即朗声说道："有劳众位！但愿王老爷早日能为那些，惨遭朱纨毒手的兄弟昭雪申冤！"王乡绅忙摆手说道："许岛主哪里的话，扯远了，扯远了，大家还得靠许岛主相助，舟山百姓——"

不等王乡绅说完，李乡绅突然上前一步，说道："是呀！是呀！奸党横行霸道太久，舟山百姓日盼夜盼，都希望有许岛主这么一位大英雄，出来整治一番！"李乡绅身边的刘老爷也凑了过来，满脸堆笑的说道："是呀，妇孺都想着许岛主重返舟山岛，造福舟山百姓！将那些狗官统统赶走！"许栋忙道："不！不！众位可能误会了，我等只想着赶走朱纨小儿！双屿岛的兄弟并不想与朝廷为敌，往后大家还盼着朝廷给口饭吃。"

王乡绅频频点头，突然哭笑道："若是人人都如许岛主这般胸怀天下，大明中兴有望矣！大明中兴有望矣！"王乡绅的哭笑声，引得众人连声附和道："王老爷说得极是！说的极是！有许岛主这般的盖世英雄，真乃百姓之福，社稷之福，大明之福呀！"许栋忙道："来，诸位干一杯——喝酒！喝酒！今日只喝酒！"


※　　　※　　　※


华灯初上，双屿岛在万千篝火的映照下，美轮美奂恍如仙境。倘若泛舟海上遥望双屿岛，那万家渔火宛如天上星河璀璨夺目，天妃宫和太极宫正是天河中两颗最大的明珠。

此刻，不胜酒力的马六甲王子和众位乡绅相继离场。李光头、陈思盼二位岛主也已醉得不省人事，唯有许老四在酒香四溢的大殿内，一杯接着一杯往嘴里灌酒，旁人很难分辨清，他，是醉？是醒？

"呦……整日舞枪弄棒的四爷，何时变得如此风雅？竟同太白学士一般——月下独酌？"女子清灵的话语，忽地飘入许老四耳中，许老四转头一看，但见她一袭白色长裙，笑吟吟地踱步殿中，肤光胜雪，双目犹似一泓清水，在许老四脸上转了几转，这女子容貌秀丽之极，当真如明珠生晕，美玉莹光，眉目间有一股隐隐的清气。

许老四心头一颤，暗自道："二嫂怎会在此？"正思量间，许老四定眼一瞧，竟是大殿领舞的雯儿姑娘，方才放下心来。但闻许老四似醉非醉起身打趣道："仙子过奖了！在下正欲把酒问月，邀太白学士在此舞上一曲，还望仙子指点一二！"雯儿展颜一笑道："莫再贫嘴，狂舞就是！"许老四回复道："仙子舞姿飘逸醉人，在下怎可在此出丑？"

顷刻之间，雯儿脸上泛起一抹红霞，妩媚无比地看着许老四俊朗非凡的脸庞，急切道："此话当真？四哥，雯儿知道你喜欢什么，就连这件白色——"话到嘴边，雯儿突然用那双葱白的玉手拎起长裙，继续说道："就连这件白色长裙，都是雯儿穿给四哥看的，你不会是——"

话到嘴边雯儿迟疑了片刻，方才害羞道："四哥，你不会是嘲弄雯儿吧？今日大殿献舞，雯儿看四哥多次！为何四哥都顾左右而言他，不加理睬？"许老四挠了挠头，张口诧异道："有——有吗？"雯儿脸一红，嗔怪道："怎会没有！今日大殿之上，雯儿特为四哥献舞，四哥怎会不知？"许老四闻言，故作严肃道："赎罪！赎罪！定是四哥疏忽了雯儿，改日——"

雯儿蓦然收起嬉笑的神态，打断道："讨厌！你又开始了！你心里到底有没有雯儿？"许老四闻言一愣，开口说道："雯儿，四哥心里怎会没你？四哥——"不等许老四分说清楚，雯儿突然不悦道："你谎说！你口口声声说要吃斋念佛，要上普陀山做和尚，你分明是骗雯儿，佛祖才不收你这样的酒肉弟子！你分明是放不下二嫂，你心里只有二嫂！只有她！可二嫂已是二哥的女人——"

"放肆！"许老四大吼一声，打断了雯儿凄伤的话语。伴随着许老四的呵斥声，雯儿掩袖而泣，头也不回地冲出了大殿。

雯儿刚走，许老四凄然一笑，又开始一杯接着一杯，享受着醉酒后的释然。摇曳的篝火把他的脸庞，照得忽明忽暗，身影被不断跃动的火光打在大殿的石壁上，伴随着盈耳的涛声幽幽晃动，许老四心里又出现了一个人影：她墨发轻扬，一袭白色长裙，立于礁石之上，静静地眺望着远方，在夕阳的余晖中，如同一朵清幽的兰花。

须臾间，身穿黑色紧身长衫的阿豹，如一道影子，闪电般窜到许老四身边，一面给意犹未尽的许老四添酒，一面眯着豹子眼，在许老四耳边嘀咕道："四哥，许岛主命你和王总管去老地方议事。"话刚说完，不等许老四反应，阿豹又闪电般消失在原地。

※　　　※　　　※

过了大约一炷香工夫，王直在神机军师徐惟学的陪同下，和许老四相继出现在太极宫旁的览胜苑——一座方圆百顷的园林。

此刻，这里没有喧嚣，只有浓荫遮蔽的小径和阵阵涛声涤荡出的宁静。不等王直言语，许老四已运足气力推开密林山石间，一扇极其隐蔽的石门，并沉声说道："王总管，地道黑，大家酒后当心。"说罢，三人借着室壁上幽暗的烛光，拾阶而下，走到台阶尽头左转，顺着一条平阔的通道继续行进两丈，穿过一个拱形的石门，遂即见到一间密室。密室不大，火光略显幽暗，除了正中摆放了一方石桌，四个石凳，别无他物。

静坐在石桌旁的许栋，待众人入座，并未过多寒暄，开门见山对着王直、徐惟学二人说道："老四刚从南澳岛归来，先说双屿岛这边。"王直闻声看了一眼徐惟学，徐惟学会意地点了点头，收起手中骨扇，遂即从道袍中抽出一张舟山海域的草图，摊开在石桌上，指着宁波府东南方向的双屿岛说道："最近几日，翁山城和双屿门水寨都有朝廷告谕：'自五月五日起，官军开始巡海。'据时间推算，也就三五日后的事。"一旁的许老四冷着脸说道："正如徐军师所言，来时我也听到一些朱纨厉行海禁的风声。不过，我倒是觉得，这个姓朱的书生，也就是虚张声势耍耍花架子！"

王直低头沉思片刻道："前段时日，我和水寨兄弟也是老四这么想的，可最近翁山城和沈家门，朝廷都有重兵驻守，看来这次——"王直说犹未了，许老四忙问道："领将可是卢镗？"王直很是肯定地说道："正是此人！"许栋悠悠说道："我已不止一次耳闻这个家伙！的确是来者不善，多亏险要处都是自家兄弟！"王直扭过头看着身边的许栋，说道："即便朱纨新来乍到，不足畏惧，但那个卢镗，万万不可小觑！"许栋应声道："哦——"

王直接着又说道："我上次和卢镗交过手，那个家伙的确胆识过人，竟敢冒充侍卫，同舟山守备魏一恭，一起上双屿岛打探消息。"许老四听到这里，捏紧了拳头，似乎很愤怒！突然问道："王总管，你说的卢镗，可是那位身长九尺，空手夺刀的黑脸大汉？"王直眼中闪过一丝黯然和痛惜，沉声说道："正是那个黑脸大汉！上次魏一恭到双屿岛，相求许岛主一起清剿宁波境内的流寇。我等过后才知，卢镗也跟着魏一恭混上了岛。"王直继而又说道："听说此人乃将门出身，熟知兵法，老谋深算。"

许栋顿了一下，说道："不管是朱纨，还是卢镗，只要我等齐心协力，定能攻破翁山城，拿下舟山岛，给兄弟们报仇！再说了，这批新到的几十艘番货，可是李光头和陈思盼的命根子，他们定会加派人手接应。"听许栋这么一说，许老四一脸的愤愤，说道："要说接应，李岛主倒是没啥说的！陈岛主——"许老四话锋突然一转，继续说道："蛇山岛的陈思盼那是个见色忘义，比蛇蝎还毒百倍的家伙，定是靠不住！"

神机军师徐惟学闻言，轻摇骨扇道："朱纨上任以来，双屿耳目接连被杀，就连名望朝野的乡绅，都未躲过劫难。而今，双屿在明，朱纨在暗，树大肯定招风！许岛主即便前去攻打舟山岛，咱们双屿岛也不可不防！我听说，姓朱的近日在沈家门检阅水军，专门上请朝廷，调来了福建的福清兵。当务之急，需速速打探清楚，那帮福清兵的部署才是！"许老四附和道："徐军师所言极是！"

王直并未言语，起身在密室内踱了几步，回头顿了一顿，神色复杂地看了一眼许栋，方才开口道："不怕被贼偷，就怕贼惦记！如今这般情形，虽能给官军一点颜色，但总该不是长远之计！前段时日，我已派人将密信送达卢镗手中，想必朱纨——"

不等王直分说清楚，许老四剑眉一横，攥着拳头愤愤道："怕官军做甚？王总管莫再长他人志气，火自家威风！今晚我便带帮弟兄，探探朱纨虚实！"许栋阴沉一笑，目光闪烁着，缓缓说道："不急！我自有主意！等王总管护送这批番货，安全到了李光头的金门岛，我等再从长计议。"

说到这里，许老四似乎想到什么难解的事，看着许栋迟疑片刻，接着问道："听徐军师言，多日前，已传令大哥和三哥，速回双屿岛复命？"许栋冷笑道："过段时日，正是沈家门一年一度的祭海大典，听说朱纨也会到场，所以我打算让老三他们凑凑热闹。"许老四皮笑肉不笑道："巡抚大人都亲自主持祭海大典，我等更该捧捧场——"王直附和道："许岛主耳目众多，是该将计就计，给新来的巡抚大人一点见面礼！"许栋闻言，大笑道："好主意！妙！想必朱纨收到这份大礼后，海禁诏令就成了一纸空文——"

碧空如洗，明月高悬，几人商议至深夜，心中顾虑尽去，方才散去。

话说蟠桃盛会多日方休，众乡绅归去时的场面，自不细说。

且说岛内大小头目因连日用尽心力，真是人人力倦，各各神疲，又将岛上一应陈设动用之物，收拾了多日方完。

王直身为大总管，最是事多任重，里外操办，别人或可偷安躲静，唯他不能；二则本性要强，不肯落下褒贬，事必躬亲，即便身子疲乏也死撑着，同无事的人一般。巨细之处，许栋自是看在眼里，在众人面前提及，常赞不绝口道："有了王总管，真是如虎添翼！"

许老四平日里最是闲暇无事。偏这日一早，许老四盥洗完毕，着了一身青色长衫，意欲拜别许栋，动身前往南澳岛，忽见小喽啰到来相请，说道："李岛主和顾将军相请四爷赴太极宫议事。"许老四道："回复李岛主，稍后便到。"小喽啰去了。没多时，又有小喽啰相请道："徐军师相请四爷到双屿门水寨议事。"许老四唤上前问道："相议何事？为何不见阿豹前来通报？"小喽啰道："近日，三爷从南澳岛带回新式火器，在双屿门水寨操练，徐军师询问数人，不见阿豹踪迹，故命我等前来报知四爷。"许老四道："回复徐军师，稍后便到。"小喽啰应诺而去，不在话下。

话分两头，各叙一半。却说蟠桃盛会，阿豹最是贪杯，一连多日，酒后饭，饭后酒，已然将分内之事抛到九霄云外。

这日一早，阿豹拎着酒壶，一步三摇晃地徘徊在双屿门水寨旁，但见寨中舰船一字排着，约有数百艘。寨中海盗，有在舰船上带刀巡视的，有在营寨旁操练火器的，也有在哨楼上瞭望的。

阿豹正要进水寨，忽闻水寨外的小喽啰哼唱道："……吹弹歌舞样样精，常把西湖比西子，就是西子比她还不如……"阿豹听着好奇，循声而去，又听到两句，哼唱是："……有福汤着香儿身，情愿一个死……"

阿豹听了，倒也十分欢喜，只管往前走，抬头发现营寨外，不远处泊着一艘四桅大帆船，威风凛凛。舱板上不时有小喽啰走来走去。

阿豹这才靠近细听，只听小喽啰哼唱道："小娘中，谁似得凌仙姑的标致。又会写，又会画，又会做诗，吹弹歌舞样样精。常把西湖比西子，就是西子比她还不如。哪个有福的汤着她身儿，也情愿一个死啊！"

此刻，阿豹酒意虽浓，心里自是明了，一面掂量道："这'凌仙姑'和'凌香儿'倒是何方神圣？"一面暗自骂道："这群厮！倒是自在，不好生看着水寨，却在这里躲静撒野！"不曾多想，阿豹登船而上。小喽啰们见是阿豹，即住了口，喊道："见过豹爷。"阿豹不曾理会，径直晃向船舱。

不想，看守在舱外的几个小喽啰拦住道："豹爷，陈岛主吩咐，没他允许，谁也不能进去。"阿豹为之一怔，这才瞄到挂在舱口的大红灯笼和飘在舱外的红色锦缎。"呃呃——"阿豹正要开口说话，一个酒嗝打了出来。"豹爷，陈岛主吩咐，谁都不能进去！"舱外，一个脑门烙疤，看似为首的海盗，看着醉不成样的阿豹，再次拦上前说道。

阿豹拎着酒壶，一面倒酒，一面对着脑门烙疤的海盗嚷嚷道："刀疤，不认识爷爷我了？"刀疤虽是一脸横肉，却小心翼翼道："哪能不识得豹爷，只是陈岛主有令，望豹爷不要为难小的们。"

"哦，谁？谁说爷要进去了？爷爷只是来听听小曲！呃——"阿豹狠狠打了一个酒嗝，又醉醺醺地问道："说！谁在舱内唱小曲！""豹爷，刚刚是小的们闹着玩，瞎唱的——"刀疤回复道。

阿豹眯着小眼，正要离开，忽又掉头调笑道："当真是自个唱的？可不能哄爷。""是！是！是小的们自己瞎唱的，这是附近出海渔民编的一只《挂枝儿》，这曲儿单道那凌仙姑的好。等豹爷酒醒了，我等多抓几个渔民，专门唱给豹爷听——"其间一个口舌便利、身形消瘦的小喽啰分说道。

"啪"的一声，阿豹一个大耳刮子扇向小喽啰，破口大骂道："什么？说爷喝多了？尔等哪只眼珠子看到爷爷我——喝多了！""放屁！谁让你多嘴，豹爷怎会喝多？"刀疤一声令喝，几个小喽啰相互瞧了瞧，顿时有些不知所措起来。

阿豹见状，突然摔掉酒杯，拎起那个身形消瘦的小喽啰，不耐烦地问道："凌仙姑？凌香儿？她——她们到底是谁？舱里藏着什么？速速道来！再不如实说来，有你好受的！"阿豹这番言语，当真威吓住了手中的小喽啰，但见他战战兢兢道："凌——凌仙姑，她的乳名便是香儿，因她一心向佛，邻里称奇，尊她为仙姑。"

"不行！既然这么说，这会儿，爷偏要进去听！"阿豹欲夺门而入。一旁的刀疤并未因此而有丝毫松懈，死死挡在舱外沉声重复道："陈岛主有吩咐，谁都不能进！"

阿豹一听真有女人，小眼珠一转，一面对着眼前的刀疤应承了几声："好！好！好！"一面又用命令的口气对身旁的小喽啰说道："爷爷我就不进去了，既说是尔等自个唱的，这会儿就唱给爷听！唱不好，爷就进去躺着，慢慢听尔等唱！"阿豹顺势倒在舱外，自斟自饮道。

几个小喽啰见状，只好哼哼道："小娘中，谁似得凌仙姑的标致。又会写，又会画，又会做诗，吹弹歌舞样样精。常把西湖比西子，就是西子比她还不如。"

"放屁！刚刚是这么唱的吗？尔等是要糊弄老子吗？"阿豹狠狠摔掉酒壶，鼓着小眼睛破口大骂道。刀疤肯定道："豹爷，小的们刚刚真是这么唱的。"

"呃！"阿豹打着酒嗝，欲夺门而入道："还不说实话！即便老子眼睛瞎了，耳朵还不聋！刚刚……刚刚是怎么唱的？真是这么唱的？"

刀疤无奈道："不就是——哪个有福的，也情愿一个死！我唱给豹爷听！"语罢，刀疤唱道："哪个有福的汤着她身儿，也情愿一个死！"

这"死"字刚出口，船舱内突然传出一阵女子嘤嘤嗡嗡的哭泣声。不等刀疤等人反应过来，阿豹一个前跨，冲向船舱。

"嘭"的一声，舱门被撞开，阿豹神魂未定，隐约间瞥见卧榻之上躺一女子，但见她面孔清丽，肌肤细白，一对玉足赤裸并拢，玲珑可爱，如瑶池金莲，芬芳醉人。见得这般美人儿，阿豹顿时呆住了，如同丢了三魂七魄，喃喃自语道："仙姑，神仙——"

刀疤和几个小喽啰见状，忙从舱外一左一右扑上前，抱住阿豹，大喊道："豹爷不可！若是她出了差池，陈岛主定会砍掉我等的脑袋。"阿豹酒兴未解，瞪着豹子眼，破口大骂道："滚一边去，爷爷我想要的，死瞎子孝敬爷爷都来不及。"阿豹借着酒力，一个扭腰，已将几个小喽啰摔在一边。

正当阿豹和众人纠缠之际，"哐"的一声巨响，许老四夺门而入。不等阿豹回神，已听得许老四骂道："混账！"小喽啰见是许老四，忙单膝下跪道："四爷——"阿豹闻声，兽性顿无，顾不得整理衣冠已跪倒在地，口中念叨道："四哥，我——"不等阿豹分说清楚，许老四上前一个巴掌掴在阿豹脑门上，剑眉一竖，呵斥道："混账东西！众人寻你多时，竟在此撒野！"

阿豹挨过巴掌，倒是清醒了几分，这才惊恐道："刚刚吃酒昏了头，做了有辱四哥的事，四哥赎罪！"许老四将舱内众人看了一圈，指着床榻边嘤嘤啼哭的女子，大声质问阿豹："这是要做甚？"阿豹吞吐道："这个……"许老四看向几个小喽啰，几个小喽啰面面相觑，亦不敢言语。许老四剑眉一横，大怒道："大胆！再不如实讲来，立刻掐断尔等脖子！"几个小喽啰闻言，战战兢兢道："四……爷饶命！四爷饶命！是陈岛主让小的们看守在这里，看守凌香儿，没陈岛主允许，谁都不能碰她。"许老四喃喃道："陈岛主……陈思盼……"阿豹见机，紧忙说道："陈思盼也真会——"

不等阿豹说完，许老四突然脸一黑，对着阿豹怒斥道："混账东西！还不滚开？再不滚开，打断你的腿！"片刻间，许老四瞅向一旁的刀疤说道，"你讲！"刀疤慌忙指着床榻上的女子说道："不关小的事，是陈岛主说的，说她是世间珍宝，要献给顾将军。"

许老四闻言，踱步上前，见女子双手被捆，双眼紧闭，秀美如花的脸颊上挂着泪痕，显得楚楚可怜。"咳咳……咳！"许老四正要为她松绑，女子突然发出一阵剧烈的咳嗽声。"方才惊扰了姑娘，我这就——"许老四扶起咳声不断的女子，开口说道。

"呸！"不等许老四分说清楚，女子猛睁开眼，将一口痰啐在许老四那张俊朗非凡的脸庞上。这突如其来的举动着实惊呆了在场的小喽啰，众人心想："四爷何等身份，岂容人这般侮辱！""好大的胆子！敢对四爷撒泼！"站在舱口的阿豹目睹这一切，大吼一声闯入船舱，扑打着冲向女子，舱内顿时炸开了锅。许老四见状，一脚踹开阿豹，冷冷地冲着众人说道："全都滚开！"

语罢，许老四从袖口取出一块锦帕，静静地拭去自己脸上的痰渍，并沉声说道："委屈姑娘了，我这就给姑娘松了绑。""放开我！我杀了你！"不想，绳索刚被解开，女子一个巴掌便打向了许老四。幸好许老四眼疾手快，抓住了她纤弱的手臂。

"畜生！放开我！"任凭女子踢打、谩骂，许老四始终紧紧地抓住她的手腕，盯着她那双因愤怒似要喷出火的双眸，虽然她满眼痛恨、仇怨，却依旧无法掩饰她的绝色容貌。

不多时，许老四见女子气力渐消，挣扎不起，似若晕厥过去，方才对阿豹说道："在舱外好生看守，若动她一个手指头，就剁了你！我去了便回！"

说罢，许老四离船登岸，不在话下。

※　　　※　　　※

"爷爷生在天地间，不怕朝廷不怕官；双屿撒下罗天网，乌龟王八罩里边。爷爷生在天地间，不求富贵不做官；双屿岛上过一世，好吃好喝赛神仙！"

话说许老四叮咛完阿豹，遂离船登岸，一路哼着小曲，赶往太极宫的后殿——玄武殿。原来这玄武殿和双屿门水寨不过一箭之地，二者互为掎角之势、互守互卫，正是双屿岛的东南屏障。尤其这玄武殿，全是巨石砌就，三面环山，一面临海，坚不可摧。殿外那两道遍布堡垒和炮台的厚重围墙，更是将玄武殿围得铁桶一般。

"啊哈哈，可找到你了——"许老四行不多远，忽被一个嘻嘻哈哈、身形肥硕的家伙拦住了去路。许老四定眼一瞥，来人正是自己要找的倭将顾良玉。但见他敞开着前胸，将宽大的丝袍随意披在身上，露出里面麦芽色的胸脯，与长袍同质地的寝裤，松松垮垮地束在浑圆的肚皮下，让人担心，只要他稍加动弹，那条长裤就会滑落。

许老四心里寻思道："这厮近日在岛上倒是快活，红光满面揩了不少油水，就是不见长点个头！莫非日本岛内，人人这般？矮子才能做将军？"正想之际，倭将顾良玉一撒腰间武士刀，身子微微前倾道："啊哈哈，许老弟这是上哪快活呢？"许老四故作诧异道："顾将军这是问我吗？大清早，兄弟们传话，说顾将军在玄武殿寻我，这会儿怎么反问起我了？"顾良玉恍然大悟道："哦，对！大家是找许老弟有事商议，有很要紧的事商议！"

言语间，顾良玉指着双屿门水寨的方向说道："老弟先请，众位在玄武殿等老弟多时了。我去水寨那边寻徐军师商议完事，随后便到玄武殿。"不等顾良玉走开，许老四一把抓住他的臂膀，忙道："别啊！你可不能走，我可是专程来找将军你呐！"顾良玉一脸横肉像炸开了花，哈哈大笑道："啊哈哈，好说！既然兄弟说了，咱说走便走！"言罢，二人一路说说笑笑去了玄武殿。

却说许老四跟随顾良玉刚走到玄武殿外，便听得殿内吆五喝六之声不绝。

进了大殿，只见平日里镇守玄武殿的四大金刚和十八罗汉，个个赤膊露肉簇拥在殿内高台上猜拳行令，许老四冷冷一笑当下方知，众人邀他并无紧要之事。

此刻，李光头袒胸露肉，被一群酥胸半裸、丰满白皙的美人簇拥着。美人的纤纤玉指轻抚在李光头健硕的身肌上，犹如调琴弄瑟。

如梦如幻，一群身材曼妙的女子在飘满酒香的大殿中，围着篝火载歌载舞，舞动的红裙胜似一团团烈火；如痴如醉，李光头刚健的身躯，在火光的烘烤中闪闪发亮，卧如一尊金佛。

嬉笑间，一只芊芊玉手妖娆而来，缓缓探入"金佛"口中。这只嫩白的玉手，像是施了魔法，李光头的眼神顷刻间变得迷离起来！他贪婪的舌尖，顺着诱人的小手探寻着，生怕错过什么。入口的琼浆玉液不时溢出嘴角，那份贪欲随着玉手的摆动疯狂膨胀，最后寻得的竟是一颗梅子。

坐在李光头对面的陈思盼，微闭着那只独眼，慵懒地斜卧在软榻上，天晓得这位独眼海贼的单眼世界，是怎样一般光景，虽说黑色眼罩遮住了他一半心境，可另一只眼睛照样可以，鲜亮得盯准佳肴海吃海喝；同在软榻上的还有一位妩媚到极点的女人，她趴伏在陈思盼宽阔的肩膀上，身上仅穿了件抹胸长裙，嫩白的小手不时探进陈思盼的衣衫，游动着……

此刻，陈思盼的嘴角满是油迹，一块焦黄酥嫩的鸡翅刚进入他的口中，倏忽间，就传出鸡骨断裂的声响。见顾良玉、许老四二人进来，陈思盼拍桌一跃而起，没站得住脚。或许酒多入肠的缘故，陈思盼虽打了个趔趄，却丝毫不减他的嗓音，大喊道："还是顾将军厉害，把真神请来了！"调侃间，陈思盼已走到许老四和顾良玉跟前，拍着许老四的肩膀，独眼圆睁道，"老弟啊，众人可都等你呢，没有你，这酒还喝个屁！"

李光头见状，起身推开身边的美人，顾不得合拢衣服，一个前跃，站起身来，手中提着酒坛，晃晃悠悠地晃到了众人跟前，酒坛"哐"一声墩在桌上，顺手搭在许老四肩头，大声嚷嚷道："老弟，不给面子，去了哪儿？大伙都等你呢！"

许老四忙还礼道："小弟不知误了各位的盛情，赎罪——"不等许老四说完，陈思盼打岔道："罚酒！"李光头摇头晃脑也道："对！罚酒！"许老四忙道："该罚！"正说之际，一坛酒越过顾良玉头顶，直直飞向许老四。许老四右手一撑，擎住酒坛，接着便是一口大饮。

李光头见状，哈哈大叫道："好！"说话间，李光头一手提酒大喝一口，一手摊开许老四肩头，想要抱住身旁的顾良玉，不料，却抱了个空。李光头醉酒微醺般佯怒道："你个乖乖，顾老弟，你咋恁矮？哪个婆娘敢给你？"说罢，各自入了座。

虽说李光头行事，向来心直口快，加上喝了些酒，自是少了分寸，但顾良玉堂堂一名将军，怎受得这般取笑，刚入了座，便扭了扭肥胖的身子，对着李光头似笑非笑道："久闻李岛主神勇盖世，相扑天下无敌！何不露两手，让我等开开眼——"不等顾良玉分说清楚，李光头突然哈哈大笑道："过奖！过奖！顾老弟人长得矮，嘴倒像娘们似的甜。"

此话一出，众人大笑不止，唯有顾良玉身后的贴身护卫——金刚，火气冲冲，怒视李光头。李光头自是没放眼里，又讥讽道："顾老弟，看好你家狗，若是咬到人，打断他狗腿，俺可赔不起！"

李光头一语未了，忽闻许老四打断道："扯远了！扯远了！大家同饮一杯，今日不醉不归！"顾良玉提起一坛酒，佯装没有听到李光头的话语，对着众人面不改色道："喝！大家喝酒！"此刻，场面颇有几分尴尬，眼见此阕将翻，不想，陈思盼突然叫嚷道："顾将军岂是窝懦之辈，早闻顾将军武艺了得，若非日本岛国有眼无珠，将军岂会大才难遇？更不会被朱纨小儿逼到这般地步！"

顾良玉听罢，微微作笑道："陈岛主过奖！"李光头自是听出了陈思盼夸诩之意，借着酒劲，又骂骂咧咧道："大才个屁！将熊熊一窝，弹丸小国，能出什么将才？全是怂娘娘的一个！"李光头一语未了，顾良玉身后的巨型大汉金刚难再容忍，一个大步跨了出去，气势汹汹地冲李光头叫嚷道："不容你辱我主人！秽我国度！"

不等李光头搭话，陈思盼紧忙看着金刚说道："早闻日本岛相扑闻名，据说这位壮士，至今未遇敌手！何不让我等见识一下身手？"

话音刚落，众人齐发声喊，便见十数人簇拥着金刚，大摇大摆排开人群，登上殿堂高台。金刚先解了搭膊，除了巾帻，虚笼着蜀锦袄，喝了一声参神喏，受了两口神水，脱下锦袄，露出一身肥肉来。来争跤的众人见金刚身长一丈，腰大数围，铁面钢须，又一身肥肉，先就怯了三分，一时竟无人上场。

台下顾良玉见无人上台争跤，得意地说道："都说双屿岛上多豪杰，今儿怎没人敢上台？"陈思盼也瞪起独眼，旁敲侧击道："那是！要说这相扑摔跤，金刚当得天下第一！要说好汉，除了咱们李岛主，哪路英雄能有这般本事？"

李光头听不得顾良玉的冷嘲热讽，又被陈思盼这一番怂恿，按捺不住心中怒火，匆匆脱了衣衫，露出健硕肌体，跳上高台，对着金刚大喊一声："看扑！"

四臂交叉，二人颇像林中偶遇的大黑熊，势头足足。正待二人难分伯仲之时，却见金刚瞅准势头，突然一个下蹲，猛将李光头举于头顶，顺势掀下高台，惹得顾良玉好一阵喝彩。李光头挣扎起身，抚摸两把光头，灰溜溜挤出了人群。众好汉愤愤不平，登台挑战，却一一被金刚掀下高台。

顾良玉见众人不敌，甚是得意！一时无人登台争跤，场面颇有几分清冷，陈思盼遂即嚷嚷道："众位兄弟，还有哪位争跤赌金银？"见众人面面相觑，无人登台，陈思盼又称叹道："金刚果然不凡，难得日本岛上，有如此将才。恭喜顾将军！贺喜顾将军！"顾良玉应礼起身道："陈岛主过奖！"说话间，顾良玉又转向众人，似笑非笑道："金刚若有冒犯之处，望众位兄弟多多包涵。"顾良玉一语既罢，陈思盼遂即面向金刚，再次高喊："金刚争跤天下第——"

"慢！"忽闻一声高喝，顿时震住了玄武殿，场面一片宁静。但见一人一跃而起，长臂双展，脚踏人背，直奔到台上来。众人见是许老四，顿时欢呼雀跃，助威道："嘛！嘛！嘛！嘛！"玄武殿霎时恢复了生气。

顾良玉见许老四登台，自是欢喜，暗自道："若是金刚胜了他，自是人人可敬；若是输与他，也无碍颜面，许老四毕竟非等闲之辈！"想到此，顾良玉倒是盼着两人快快打扑。

李光头听众人叫喊，再次挤进人群，涌到高台前，见是许老四，随即使人将许老四叫下高台。许老四刚到李光头面前，便闻李光头大吼道："兄弟，万万不可逞强！我已命人相请老三前来助阵，想必马上就到！这相扑可不比舞刀弄枪！更不比你那神出鬼没、刀刀封喉的飞刀！那金刚约有千百斤气力，纵你有百般本事，恐也傍他不动。"

许老四会意道："李岛主说得极是！对付眼前这肥厮，我若是真靠气力，定拿他不住！不过方才观他打扑，我心里已有结果。"李光头急切道："你休要瞒我！我看金刚能将你吞进肚里！"许老四淡然说道："李岛主不必担心，我自有手段叫众人大笑一场!"言罢,许老四再次走向高台,要与金刚一决高下。

陈思盼见许老四欲登台争跤,遂即站在一旁半眯着独眼调侃道:"许老弟,此番赌得多少金银?"不等许老四开口,一旁的顾良玉道:"金银乃俗物,有辱许老弟身份。"许老四道:"那顾将军欲同在下赌甚?"顾良玉笑道:"许老弟登台这是肯给在下面子,若再奢求什么,旁人岂不说我贪得无厌?"许老四冷冷一笑道:"那就与顾将军下一无名赌约。"说罢,一个急跃,许老四已上了高台。

金刚亦步亦趋紧跟上高台,脱下鞋,赤了双脚,蹲在高台一边,解了腿护膝,跳将起来,吐个架子,众人都看呆了。许老四见状,甩掉青色长衫,露出矫健身材。金刚看了,心里倒有五分怯他。

此刻,两边吩咐已了,叫声:"看扑!"这个相扑,一来一往,最要说得分明。说时迟,那时疾,正如空中星移电掣相似,些儿迟慢不得。

当时许老四做一块儿蹲在右边,金刚先在左边立个门户,只不动弹。初时,高台上各占一半,中间心里合交。许老四见金刚只瞅他下三面,看看逼过右边来,许老四心里暗自道:"这家伙必来弄我下三面。你看我不消动手,先耍弄这厮一番。"许老四看金刚逼将入来,虚将左脚卖个破绽,叫一声:"不要来!"

金刚却待奔他,被许老四从金刚左胁下穿将过去。金刚性起,急转身又来拿许老四,被许老四虚跃一跃,又在右胁下钻过去。金刚转身终是不便,三换换得脚步乱了。

许老四却抢将入去。用右手扭住金刚,探左手插入金刚交裆,用肩胛顶住他胸脯,把金刚直托将起来,头重脚轻,借力便旋四五旋,旋到高台边,叫一声:"下去!"把金刚头在下脚在上,直撺下高台来。四五尺的高台,加上许老四用力一扔,摔得金刚半天动弹不得。

"好!"

"好! 神力啊!"

"四爷威猛!"

……

众人见许老四赢了金刚,不由纷纷喝起彩来。李光头最欢快!

许老四捡了衣裳，套了鞋，跳下台。顾良玉走上前行礼，说道："许老弟果然身手了得，在下佩服！来，你我共饮一碗。"说罢，顾良玉提起桌上酒坛，灌满两碗酒，同许老四一饮而尽。陈思盼见状，哈哈大笑一声，举着酒碗走上前来，恭维道："许老弟真是让我等大开眼界，人这般俊朗，武功也这般了得。双屿岛真是卧虎藏龙啊！敬许老弟一杯。"许老四瞥一眼陈思盼，却对顾良玉道："喝酒！"

酒酣之时，忽闻陈思盼哼着小曲道："小娘中，谁似得凌仙姑的标致。又会写，又会画，又会做诗，吹弹歌舞样样精。常把西湖比西子，就是西子比她还不如。"曲罢，提一坛酒，邀身旁的顾良玉同饮。顾良玉注视一眼陈思盼，立刻意会，笑哈哈轻叹道："哪个有福的汤着她身儿，也情愿一个死啊！"吃了一口酒，便起身辞别众人，出了玄武殿。

嘈杂声中，另有人接唱道："爷爷不会读诗书，只在双屿岛上住；虽然生得泼皮身，杀贼原来不杀人。爷爷生在天地间，不怕朝廷不怕官；双屿撒下罗天网，乌龟王八罩里边。爷爷生在天地间，不求富贵不做官；双屿岛上过一世，好吃好喝赛神仙！"

众人吃酒尽兴，起身晃晃悠悠，各自归去。玄武殿内只剩许老四一人饮酒，数名小喽啰近身伺候着。

不多时，殿外飘来一袭身影，脚步欤欤。许老四闻声，暗自道："都退去了，何人来此？"心虽这样想着，却依旧一碗酒连着一碗酒喝着。小喽啰见状，紧忙附身行礼道："项姑娘——"那女子轻轻挥一挥手，淡淡说道："你们下去吧，我同四爷有话说。"小喽啰应声退出了大殿。那女子径直上前，给许老四倒了一碗酒，端在许老四面前。

许老四定睛一看，眼前之人不是旁人，正是再熟悉不过的身影——雯儿。醉眼迷离中，雯儿一身白色长裙清雅脱俗，如瀑的秀发散发着淡淡的香气，沁人心脾。绝色容颜下，白皙的玉颈和端酒的玉手隔衣而连，通体一个活脱脱的美人儿。许老四竟似看得痴呆，听雯儿笑语道："四哥，敬你一杯。"许老四方才回过神，接过碗吃了酒，又好奇地问道："你怎么来了？"雯儿又给许老四盛了一碗酒，接话道："四哥，你怎么又在此喝闷酒？"

许老四并未搭言，只自顾自吃酒。雯儿见状，径自倒了一碗酒，轻轻依附在许老四身旁，一双传神的眼眸，定定地看着许老四那张俊朗非凡的脸庞，羞涩道："雯儿敬四哥一碗！"许老四疑惑道："敬——敬我吗？"

雯儿脸一红，莞尔一笑道："前些日子，若非四哥帮衬，恐雯儿都见不着四哥了？"许老四苦笑道："那你为何还留在此？"雯儿满眼柔情得注视着许老四，目光柔软而尖锐，直逼许老四那双看似迷离的双眼。许老四吃了碗酒，嗟叹道："倭盗之地，岂是你一女子容身之所？"

雯儿忽而大声道："不！你不同旁人！"又放低了声音，对许老四柔声说道："不——四哥，你不同他人，这——"不等雯儿分说清楚，许老四一面添酒，一面摇头轻叹道："你不该留下！"雯儿轻声问道："四哥，你是不是讨厌雯儿？"许老四诧异道："四哥心疼雯儿都来不及，怎么会讨厌雯儿？"雯儿娇嗔一声道："哼，四哥只知道喝酒，心里哪有雯儿？"许老四瞥一眼雯儿，摇摇头，苦笑一声，不再搭话，撇了碗，竟提起酒坛咕咚咕咚喝了起来。

雯儿紧忙抢下酒坛，劝阻道："四哥心中烦闷不如同雯儿说，莫再这般喝酒，糟践了身子。"许老四起身，踱步殿中。雯儿见状，紧跟在旁亦步亦趋道："听说，四哥不久便要回南澳岛？"许老四道："用不了多少时日。"雯儿又问道："雯儿还听说许船主欲要四哥……"话到一半，雯儿又迟疑道："欲要四哥从南澳岛带兵偷袭舟山岛，不知是否准备妥当？"许老四心中一惊，猛地转身看着雯儿，诧异道："你还听说了什么？"

雯儿忽然低下头，细语道："雯儿只是听许岛主酒后这么说，许岛主还让雯儿多关心四哥，四哥真的……"许老四声音忽而变得冷硬，打断道："不该你过问的就不要多言！"

话刚出口，许老四便觉得言重了，忙道："时候不早了，你早些回去罢。"雯儿忽而死死盯住许老四那双迷离的双眼问道："四哥，你心里果真只有雯儿？"许老四闻声只道一句："你不懂！"便又折身坐下喝酒。

雯儿立在原地，思索片刻，突然俯身抱住自斟自饮的许老四，含情脉脉道："四哥，雯儿不要离开你！即便你对二嫂千般思念，她已是许岛主的女人，四哥不如带雯儿一同离开这里，哪怕天涯海角……""胡闹！"许老四猛然呵斥一声，唬了雯儿一惊，继而缓缓推开雯儿，沉声说道："此事以后莫再提，你走吧……"

雯儿闷闷起身刚行至殿口，忽而转过身对许老四悲泣道："雯儿不要离开四哥，雯儿会一直等四哥！"言罢，掩袖而泣，出了玄武殿。

　　　　　　※　　　　　※　　　　　※

　　却说许老四离船登岸后，阿豹一直伏在舱口，守护着舱内的香儿，不敢有半点松懈。

　　"小娘中，谁似得凌仙姑的标致。又会写，又会画，又会做诗，吹弹歌舞样样精。常把西湖比西子，就是西子比她还不如。哪个有福的汤着她身儿，也情愿一个死——"

　　当下，刀疤带着一群小喽啰，正在舱外喝酒寻欢，忽闻醉意微醺的顾良玉，从双屿门水寨边踏歌而来。

　　"顾将军神武啊——"刀疤一面上前搭腔，一面指着守在舱口的阿豹，一脸怪笑地附在顾良玉耳边，低声如此如此，这般这般地说了一通。顾良玉听罢，连连点头，一脸淫笑道："啊哈哈，难得陈岛主有如此美意，在下自然不好推辞。"言罢，顾良玉醉醺醺地迈向船舱。

　　阿豹见状，忙冲上前拦住醉意微醺的顾良玉，疾呼道："顾将军，不能进——"不等阿豹说完，顾良玉猛地将阿豹推到一旁，怒吼道："滚开！死奴才！这里哪有你说话的份？"

　　"不能进去！不能进——死刀疤，放开爷爷！"阿豹欲作势死拼，拦住身形肥硕的顾良玉，不想！却被一旁的刀疤和那帮小喽啰拦在一旁。"死刀疤！四爷赶到，非取了尔等狗命！"任凭阿豹死命挣扎、威吓，都无法阻拦顾良玉靠近船舱。

　　"啊哈哈，香儿——""畜生——滚开！"少顷，舱内便传出了顾良玉的淫笑声和香儿凄厉的咒骂声。

　　此刻，顾良玉袒胸露肉，虚喘着肥硕的身子，宛如一头剃光毛的大白猪，将娇美的香儿围困于舱内。香儿神色惊恐，赤裸着雪白的玉足，拼命躲避着步步紧逼的顾良玉。顾良玉见状，更觉得香儿楚楚动人、秀色美艳，便瞧准个机会，一个猛扑冲了过去，将香儿紧紧拥入怀里，口中嘻哈淫笑道："美人！我的美人！"

　　伴着香儿的哭泣声，顾良玉将满是酒气的大长嘴，忽而啃添香儿樱桃般的香唇，忽而啃添香儿白嫩的脸颊，甚至滑落在脸颊上羞辱的泪花，最后他

043.

竟将大长嘴贴在香儿雪白的玉颈上，羞得香儿几乎昏睡而去。

不知何时，顾良玉那双粗大的魔爪，又在香儿娇美细滑的玉体上放肆地游走抓摸，但见香儿眉额紧蹙，眼里泪花四溢，无助地哭泣道："畜生！放开——住手！"可任凭香儿如何挣扎，都无济于事，反倒更加激起了顾良玉狂躁的兽欲。

"呜呜！畜生！""美人儿！骂得好——啊哈哈！"伴随着香儿的哭喊声和顾良玉的淫笑声，顾良玉双臂轻轻一挥，便将香儿拖倒在软榻上，随手一扯，"呲"一声，香儿胸前的衣衫便被撕扯了下来。香儿满目惊恐，却被顾良玉压在身下，双脚动弹不得，只得挥动双臂挣扎，一面悲哭，一面怒骂道："呜呜！畜生！不得好死！放手！"香儿越挣扎，顾良玉越疯了般撕扯着香儿的衣衫。

"啊哈哈，好香的美人儿……""呜呜！畜生！"顾良玉将香儿身上的衣衫抓在手里嗅了嗅，再次伴着香儿的哭泣声，掰开香儿护于胸口的玉臂，眼睛紧紧盯着香儿，淫笑道："啊哈哈，女人！漂亮女人！"说罢，便一头陷了下去……香儿动弹不得，只能哭喊道："畜生……"眼泪似断线的珠子，不住地滑落下来。

正在此时，"啪"一记响亮的耳光，狠狠抽打在顾良玉那张肥硕的脑门上。伴随着这一声脆响，顾良玉一脸笑容，霎时僵在脸上，瞬而变成惊诧，再转为怒火道："敢打本将军？"顾良玉错愕间，香儿慌忙拉起破碎的衣襟，又惊、又怕、又愤怒的双眸，死死盯着顾良玉，躲向一边。

正当二人僵持之际，"哐"的一声巨响，舱门突被许老四一个箭步踹开，阿豹紧随其后闪入船舱，但见香儿手持灯盏，被逼在船舱角落，如雪似玉的肌肤在秀发的遮掩下若隐若现，婉如一只受惊的脱兔。顾良玉袒胸露肉，见许老四闯了进来，甚是诧异，又因方才在玄武殿饮了些许酒，微醺醺地问道："啊哈哈，许老弟也赶来凑热闹了？"许老四看着香儿愠怒的双眸，不觉暗自怜惜道："果真不是一般女子——"正思量间，许老四对着顾良玉话锋一转道："双屿美色，不计其数，任顾将军挑选，还不满意？"

顾良玉笑道："许老弟当知陈岛主的美意！得此艳遇，胜却三千佳丽，不如你我一并享用，享受这世间珍宴——"不等顾良玉分说清楚，许老四已快步上前，将香儿护于身后，沉着脸对顾良玉说道："顾将军可以玩赏任何一个女人，唯独她不可！"

顾良玉听罢，见许老四一脸正色，非戏要之言，待了片刻，略显僵硬地对着许老四笑道："啊哈哈，这——整日吃斋念佛的大圣人，该不是要抢在下的女人吧？若真如此，许老弟的一世英名，算是毁于一旦了！"

一语未了，只听舱外一阵脚步响，刀疤忙不迭地进入船舱说道："陈岛主来了！"话犹未了，一群海盗鱼贯而入进入船舱，跟在最后的陈思盼，先是眯着独眼对顾良玉打了声哈哈道："误会！误会！"然后又转身对许老四打哈哈道："误会！误会！改日让兄弟们多抢些女人！"陈思盼说言未了，忽见香儿手持灯盏冲上前来，口中诅骂道："你这独眼魔头！杀我家人，不得好死！""休再多言！"许老四大喝一声，打断了香儿的诅骂声，顺势将她拦在身后。

陈思盼见状，倏地腾身而起，应声大笑道："哈哈，骂得痛快！顾将军肯定喜欢！"众人错愕之间，忽闻顾良玉在一旁，腆着大肚皮附和道："啊哈哈，喜欢！喜欢！倔强点儿更好！谢谢陈岛主此番盛情！"

顾良玉话音刚落，陈思盼突然独眼圆瞪，带着一股邪笑，对着许老四身后的香儿说道："是！是老子杀了你家人！老子杀了，又有何妨？只要顾将军喜欢，别说小小的渔村，就算杀光整座杭州城，也没人敢动老子一根寒毛？"

陈思盼说犹未了，许老四却冷冷说道："今日，恐要误了陈岛主的美意！"陈思盼闻言，一面对着刀疤使眼色，一面对着许老四搭腔道："怎么会呢？今日许老弟酒后玩笑，大家自是明了。我这便让刀疤扶着许老弟，咱们一起快活去。"

许老四始终阴沉着脸，冷声应道："陈岛主不怕我的刀也醉了？"说话间，许老四已将凑身上前的刀疤撂倒在地，突然亮出一把雪亮的飞刀，瞅着正欲上前的众喽啰，呵斥道："都滚开！这刀可不长眼！"一时间，众喽啰面面相觑不敢上前，场面颇有几分尴尬。

少顷，陈思盼方才缓过神来，抽搐着独眼道："许老弟即便不给在下面子，顾将军的面子，许老弟应该给吧！"许老四道："二位酒后莫再言语，再讲就是不给在下面子。"顾良玉听罢，暗自寻思道："老四向来性直嘴快，刚刚相扑已输于许老四，那个人情他定会索要！今日，何不做个顺水人情？"遂即强挤欢颜道："两位美意在下心领了，在下有事不能耽搁，他日有幸再会，有幸再会。"

说罢，顾良玉悻悻离开了船舱。陈思盼虽面带善色，却已是僵硬，只道一句告辞，也退去了。许老四待顾良玉、陈思盼二人远去，急命阿豹叫了一顶轿子，护送香儿离开，不在话下。

※　　　※　　　※

话说许老四再次离船登岸，行不过半里路程，转眼已到双屿门水寨大营。

此刻，水寨大营外，旌旗飘飘，哨楼高耸，众海盗手持钢刀，刀光闪闪；水寨大营内，徐惟学身披道袍，手持骨扇，正坐在桌案旁，全神贯注、屏气凝神地注视着桌上器物。

"军师好兴致哪！又在这里偷安躲静占卜问卦，操练你的六丁六甲阵法。说来也蹊跷，军师上岛以后，怎从未见军师上太极宫喝酒凑兴？难道是酒不——"不等许老四分说清楚，徐惟学已收起手中骨扇，上前打断道："老四，你又说笑了，在下向来滴酒不沾——"言语间，徐惟学将许老四迎到营帐内，用骨扇指着桌上器物，继续说道："老四，你再细看这些。"

许老四踱步上前附身近看，见桌上器物多是山石轮廓，山石旁放有各式营房、战舰，颇似双屿岛，遂恍然大悟道："哈！徐军师，这不是双屿岛吗？"徐惟学道："正是！"许老四称奇道："军师真乃神人！幸亏双屿岛有军师的神法庇佑！"称颂间，许老四又疑惑道："徐军师，水寨中怎不见我三哥身影？"徐惟学道："老三等不及你，许岛主又令旁人传他到揽胜阁，想必这会——"不等徐惟学分说清楚，许老四已然会意道："我这便去寻他！"

见许老四要走，徐惟学紧忙拦住道："老四，且慢！"继而欲言又止道："老四，有件事——不知当问不当问？"许老四突然大笑道："哈哈，什么时候，神机军师也开始绕弯了？有话直说就是！"

徐惟学沉思片刻，方才问道："老四，发往各处的飞鸽传书可都办妥当了吗？"许老四淡然一笑道："呵呵，我还以为啥天大的事，军师怎搞得如此神秘？放心就是！数日前我已命雯儿亲自飞鸽传书给各山头和水寨的头目，绝不会有任何差池。"

徐惟学诧异道："怎么？又是雯儿？"过了片刻，许老四才缓过神来，不解道："怎么？徐军师连雯儿都信不过？"徐惟学迟疑道："你我不是说了吗？即便冤枉了雯儿，也得谨慎行事！这段时日，双屿耳目接连被杀，你我需一万个小心才是！"听徐惟学这么一说，许老四大笑一声道："徐军师多心了，要说陈思盼那个家伙，在下信你！要说雯儿那丫头，在下万万不信！倒是许岛主同王总管那边，军师多费心才是！"

徐惟学沉思片刻，若有所指道："王总管有仁有德，对朝廷素怀归顺之心，但朱纨忽而厉行海禁，忽而检阅水军，实难看出招抚之意！近来，双屿耳目接连报说，朱纨调兵遣将，多是有变！而今，朱纨要防！陈思盼要防！许岛主还得你来劝！"

许老四闻言，剑眉一横，无奈道："军师所言极是！只是许岛主，不听我劝！"徐惟学轻摇骨扇，眉骨深锁，怅然道："事，成也在此，败也在此！我倒有一计，但——"许老四忙问何计？徐惟学附耳道："过段时日，便是沈家门一年一度的祭海大典，须如此如此，这般这般。"许老四闻言，瞅着桌上器物，剑眉轻扬道："此计甚妙！有陈怀安里应外合，朱纨小儿必死无疑！"说毕，许老四作辞起身。

徐惟学送出营帐，向许老四行礼道："保重！就此别过！"许老四回礼道："徐军师，后会有期！"说罢，遣了一匹快马，直奔揽胜阁。

原来大头领许栋，平日素喜舞文弄墨、观海听涛，故而采纳大总管王直之言，在双屿港北口一块临海的巨石上，用红木搭了座亭子，命曰：揽胜阁。并在一旁的山石上篆刻下"晨揽日，晚观海，幽幽似化外之地，呦呦有鸟鸣其中。"的诗句。

当下，清风徐徐，浪声滔滔。

许老四刚行至绿竹环绕的揽胜阁下，不见许老三身影，正要策马离去，忽而传来一声童音："叔父——"许老四循声看去，见一孩童一面摇着手中长笛，一面踩着礁石蹒跚而来。

许龙翻身下马，迎上前一把将孩童拥入怀中。且说这孩童名唤许龙，四五岁幼龄，乃双屿岛主许栋之子，生得白净可人，聪慧伶俐，最是许老四所爱。叔侄许久不见，一见面便亲热个没够。但见许老四抱起许龙，笑道："我的龙儿，想死叔父了。"孩童许龙一面咯咯作笑，一面用小手抓摸着许老四俊朗的脸颊，更是令许老四爱不释手。

许老四再看去，数十步开外的礁石上站立着一位妇人，远看那妇人，着一身白色长裙，适逢海风轻抚，裙带飘飘，真真似仙女下凡；再上前看时，见这妇人目含秋水，眉黛如山，小口樱桃，丰艳胜人。如此风韵女子，如花如月之貌，竟叫许老四看得呆了。这妇人不是旁人，乃双屿岛主许栋之妻，孩童许龙之母。

许龙转身喊了声："娘……"那妇人魂魄神游归体，折身之处见是许老四，便道："见过叔叔。"许老四刚待许龙攀下肩头，便对那妇人道："蟠桃盛宴怎不见二嫂和龙儿？"

那妇人不急不忙道："哦——我近来有些不适。"继而用洁白玉手将额前秀发拢到一边，看着许老四淡淡说道："我可没有你二哥那般雅兴，忽而在大桑山上览胜观奇，忽而又在太极宫开蟠桃盛宴。我只想有一处落脚之地，一个人静一静。"说罢，自顾自地扭头面向大海。

许老四也看向那翻涌的海，大海深处是一线缥缈尽头，旁人看去，乏乏无景，然二人看着，却似这浪拍礁石，似那层层堆积的涟漪。二人沉默片刻，许老四见海风渐渐大了，便道："风大了，二嫂何不带龙儿上揽胜阁？"

那妇人轻声道："世间庙堂太多，唯有此处远离尘器，可以放心观海、静心听涛。"言语间，那妇人忽然用冰冷的眼神看着许老四那张俊朗非凡的脸庞，接着说道："哪像你们？抢了雯儿和我还不够！又抢别的女人——"

不等妇人说完，许老四突然打断道："是不是雯儿说了什么？"那妇人叹了口气，缓缓说道："雯儿能说什么，她倒是整日担心你再回普陀山做你的和尚。"许老四微微一怔，既而浅浅一笑，平静地说道："是！给兄弟们报了仇，我是想皈依佛门，上普陀山做一个与世无争的和尚。再说，二哥如今有了王直他们，留下我也——"不等许老四分说清楚，那妇人突然自言自语，轻声不悦道："走吧，都走吧，都走了大家都清静。"

许老四道："看来二嫂还是——"话到嘴边，许老四又收了回去，忙道："二嫂可知二哥现在何处？"那妇人答道："当下，他应同你三哥在双屿港操演火器。"二人正说间，那孩童再次攀上了许老四的肩头，嚷嚷道："叔父带龙儿抓水蛇。"许老四指着许龙手中的长笛，爽朗一笑道："好！等龙儿学会了笛子，叔父就带龙儿抓水蛇。"许龙诡笑道："才不要，我要叔父带龙儿用飞刀抓水蛇。"许老四一听乐道："叔父教龙儿耍的飞刀可曾忘记？"许龙嘟囔一声道："才没有，龙儿以后还要跟叔父做和尚，学叔父的和尚飞刀——"

那妇人闻言，禁不住莞尔一笑，接着又问道："叔叔什么时候动身回南澳岛？听说，新来的巡抚特别厉害。"许老四真没想到，一向不问世事的二嫂，也打探起官军的动向来，遂答道："不急，再过一些时日。"言语间，许老四一面将许龙抛向高空，一面对着那妇人故作轻松地说道："哈哈，无论谁再厉害，往后还得在这个混世魔王手下混——"那妇人打断道："又胡说了，他还是个娃娃。"

许龙鼓着小嘴说道："龙儿早都不是娃娃了，龙儿是男子汉！叔父什么时候带龙儿出海打鱼？娘最近又不让龙儿出海了，龙儿都快闷死了。"不等许老四开口，那妇人忙说道："就知道乱跑，叔父还有正事，赶紧下来！"妇人的话似乎也提醒了许老四，许老四放下许龙，哈哈一笑说道："好——好——不说了，二嫂也多保重，这次离开双屿岛多些时日才能回来，嫂子也多多准备！"

说罢，许老四举手作别，策马扬鞭，顺着双屿港一路向南寻去。

谁想，许老四行不多远，经一山口，忽闻山上齐呐一声喊，奔出无数海盗来，都用黑煤涂面，拥着一个蒙面大汉，此人身高丈二，手持囫囵乾坤锤，拦住去路，大喊道："要性命的，留下买路钱来！"话音刚落，蒙面大汉舞动双锤，对着许老四，飕地照面砸去，早见许老四飞身腾起，翻身卜马，大叫一声："好！"

蒙面大汉见许老四并无怯意，又大吼一声，如醉酒狂狼般举锤砸去！不想，许老四眼快手疾，把身一闪，抢入去，似弄风猛虎般揞住双锤，大喝道："三哥！莫再耍闹！""哈哈，四弟！"说话间，蒙面大汉扯掉面纱，露出青面红须，放声说道："四弟！好身手！你我再战一回！"许老四应声道："二哥寻我多时，你我择日再战！快快随我去见二哥！"

原来这许老三，平日里素喜争勇斗狠！自诩天生神力，相扑天下无敌！早些时候，许老三陪同众人，在双屿港操演新式火器，得来小喽啰传报："李岛主争跤受辱，金刚气焰嚣张，望三爷前去灭其威风！"许老三闻报，领了海盗数众，匆匆赶往太极宫，行不多时，又闻小喽啰传报："四爷已大胜金刚！"相继又得到消息，许老四已来寻他。许老三暗想，多日不见四弟，不如与他耍闹一番，于是乔装打扮，隐于林中。谁想只交手数招，便被许老四识破。

当下，许老三陪同许老四继续南行，但见双屿港中帆樯林立，各式船舰穿梭其间；码头两侧屋舍成排，各种番货堆积如山。过别之处，人声鼎沸，喧闹如市。

此刻许栋在王直等人的陪同下，立于战船甲板之上，虎视着双屿港。不多时，许松来报："二弟，大小舰船，旌旗战具，一一齐备；诸将唤集，各个听令！"许栋一声令下。忽闻双屿港内传出一声嘹亮号响，只见水旱二路，俱分五色旗号，皆有一员猛将亲率。令毕，双屿港内发擂三通"轰——轰——轰"，炮声震耳欲聋，响彻天宇。各队战船，分门而出。海盗在船上，踊跃施勇，刺枪使刀。前后左右各路，旗幡不杂。又有小船百十余只，往来巡警催促。

许栋立在甲板上，观之大喜，以为此次战事，势在必得，却反问王直道："此次操演，不知王总管意下如何？"王直满眼放光，拍手赞道："双屿将士，猛比三军，天下无敌！"许松听罢，大笑不止。忽而身后传来一声："二哥！"许栋转身看去，见是老四和老三走上前来，笑道："你二人来得正好，说说方才的水军操演。"许老三抢先道："唬得朱纨小儿直尿裤子！"许老四也喜道："二哥操持有方，实乃扬我军威，此次攻克舟山岛，易如反掌！"许栋容颜大悦，边走边道："舱内说话。"

谈笑间，众人下了甲板，进入船舱。"果然威猛！"不等众人言语，已传出许老四的惊诧声。此刻，许老三扶一庞然大物，虎目睥睨一笑，对着众人道："单这尊雷霆炮，就可一炮击毁贼兵战船！"王直闻言，哈哈大笑道："这般利器，恐怕朱纨小儿想都不曾想！"许栋应声道："我已吩咐各寨兄弟严加防守，如今我双屿岛粮草丰裕、兵将精干，随时迎接朱纨小儿！"许老四点头称道："二哥想得周全，有了此等威物，够朱纨小儿吃一壶！"许老三哈哈大笑道："朱纨小儿要么窝在巢里，乖乖做他的巡抚老爷，若是惹了咱们，兄弟定给他苦头吃！"

王直笑道："并非我双屿岛有意要与官军交战，若是朱纨能够与我等议和，他做他的巡抚，咱做咱的买卖，岂不是两全其美。"许老四不乐道："今日也要议和，明日也要议和，却冷了弟兄们的心！"许老三睁圆怪眼，也大叫道："议和，议和，议甚鸟和！"只一脚，把舱内正中搁置的桌子踢起，颠做粉碎。许栋大喝道："三弟休得无礼！"

许松见状，紧忙在一旁劝说道："老三、老四如此说来，才是误了王总管的心，王总管说的议和，只是缓兵之计，佯装而已！实为众兄弟考虑，如何冷了众兄弟的心？你二位当给王总管赔礼才是。"许老三、许老四二人闻言，方才明了道："王总管见谅！"众人话犹未了，王直在一旁打趣道："不敢当，真是不敢当，都是自家兄弟！只怪奸逆之臣，祸乱朝纲！嘉靖小儿只知炼丹修仙，不顾百姓死活！但愿我等早日攻克舟山岛，替众兄弟报仇雪恨！"

言罢，船舱里只闻得众人谈笑声，不在话下。

※　　　　※　　　　※

休说众人斗酒高歌赌金银，却说蟠桃盛宴后，许栋、王直二人恐官军剿寇生变，接连差人将金宝、锦囊送达朝廷手中，佯装归顺之意；一面命耳目继续打探朱纨虚实，以便见机行事早做打算。

原来朱纨上任伊始，便得项高谏言，严保甲，革渡船，整顿海防！又得卢镗献策，厉行海禁，整肃吏弊！检阅水军后，朱纨更是晓夜催促，督造舰船，出榜招募敢勇水手军士，厉兵秣马。

不觉临近中秋，海盗耳目探得消息："中秋过后，朝廷欲传唤各国贡使，发布'片板不得下海'的诏令！"遂星夜赶回双屿岛，报说此事。

王直听得朱纨已上报朝廷，传唤各国贡使，在东南沿海全面厉行海禁，当下便同徐惟学商议道："不想朱纨变本加厉，竟发布'片板不得下海'的诏令！近日，倭将顾良玉和其他几位贡使闻得风声，更是叫苦不迭。"徐惟学道："仁兄勿忧，事既如此，只有一件急计，不得不行了！"王直忙问何计？徐惟学附耳道："祭海大典，须如此如此，这般这般。"

二人言语间，忽见许栋匆忙赶来道："中秋过后，朝廷必将厉行海禁！听说已发布'片板不得下海！'的诏令，而今上百艘番货停泊在双屿港，我等怎生是好？"王直忙附耳道："如此说来，朝廷并无招抚之心！幸亏徐军师已定一计，说如此如此。"许栋闻之，大喜道："如此甚妙！"遂将岛内大小头目预先调拨已定。自此之后，不时使人探听官军消息。

荏苒光阴，中秋节至，舟山岛沈家门海域，迎来一年一度的"祭海大典"。

是日清晨，朱纨冠带出堂，放炮开门，众将礼毕。朱纨上轿，赴沈家门海域，随后卢镗、魏一恭、张汉与众将跟随，一路往沈家门海域来，十分威武。及到了沈家门，放起三门大炮，朱纨到观礼亭下轿，朝南坐定，众将下见，卫所兵丁，各按队伍，排列数行。

一艘艘海船分列岸边，整装待发，船上水缸林立，满载鱼贝虾蟹。朱纨下令，祭拜海神，一声号炮，众人欢腾。

伴随号炮声，光着膀子的船工拉长嗓音高呼道："放生咯——"

须臾，数百艘海船穿过沈家门水域，驶入海港深处。待船只齐并停靠，水手纷纷高举水缸，又呼一声："放生咯——"遂即将鱼贝虾蟹倒入海中。

沈家门港岸上下十余里间，珠翠罗绮满目，车马塞途，上至富绅，下至黎民，无不面朝大海感恩神灵，跪拜祈福。

祭拜礼毕，百姓载歌载舞，欢呼雀跃，不在话下。

※　　　※　　　※

是日深夜，祭海大典已毕，朱纨突然拨军遣将，命总兵卢镗率领大军，直至双屿港南北出海口守住厮杀，伺机攻占东西二岛间那条新修栈道；副将刘恩随行策应，偷袭双屿岛西峰双屿山炮台；备倭指挥张汉、张四维领兵偷袭双屿岛东峰双屿门水寨。议事完毕，众将各自领命登船。

原来双屿岛自古四面八方，茫茫荡荡，尽是滔滔烟水，贯通岛屿之间的双屿港，更是礁石磷砺，暗流涌动。随着贸易繁盛，海盗先在西峰修筑了号称"天下第一奇关"的双屿山炮台，又在东峰大桑山下组建了"雄霸东南沿海"的双屿门水寨。

当下，沈家门海域大雾弥漫，白茫茫一片，只一轮圆月悬挂在空。朱纨在卢镗的陪同下，登上中军头舰。舰上立两面大红绣旗，上书十四个金字道："翻江倒海掀巨浪，定国安邦荡贼寇。"随着令旗一挥，沈家门海域擂鼓鸣金。水师三万余人，大小战舰六百余艘皆已扬帆起锚，飞云卷雾，驶向双屿海域。

话分两头，不说双屿岛上，许栋邀众人中秋吃肉赏菊，纵酒高歌。单说许栋依徐惟学之言，中秋之夜，即命王直、徐惟学亲率数百艘大小战舰，浩浩荡荡地从双屿岛出发，护送几十艘贡船向沈家门方向进发。

是夜，平风静浪，圆月悬空，双屿海域，如横素练。海盗中间驶一大船，上竖"许"字旗号。船上弓弩千张，火炮八尊。王直腰悬长剑，坐于大船之上，左右侍御者数百人，皆锦衣绣袄，荷戈执戟。海盗大小头目，各依次而坐。

王直西观双屿之境，山色如画，东观舟山，四顾宽阔，心中欢喜，对众人说道："我等自入双屿以来，雄霸东南，扬威海外！为大明除凶去害，与民生计。那朱纨却不识时务，厉行海禁，断我等生路。此日，双屿水师浩荡，更赖众头领用命，如神助也！何患功不成耶？待我等攻克舟山岛，斩杀朱纨小儿，与诸位共享富贵，以乐太平！"众人笑谈间，倭将顾良玉在一旁，大腹便便附和道："愿得王总管早奏凯歌！我等皆赖王总管福荫。"

王直大喜，命左右行酒。酒酣之时，王直邀指东方，激昂说道："朱纨小儿违逆天命，大动干戈！而今，双屿岛兵精将广，顺应天意，定可荡平舟山岛！"徐惟学见状，紧忙附在王直耳边耳语道："王总管，勿再多言，恐有泄露！"王直并未在意徐惟学的顾虑，又指着舟山岛方向大笑道："朱纨蝼蚁之力，欲撼泰山，真乃匹夫之勇，庶子之愚耶！"

众人闻言纷纷称道，举酒祝贺。王直饮酒一杯，再举一杯酒，起身立于船头，大手一挥，高呼一声道："吾自比曹操，朱纨敢称周郎乎？"遂即慷慨激昂，高声唱道：

"对酒当歌，人生几何：譬如朝露，去日苦多。慨当以慷，忧思难忘；何以解忧，唯有杜康。青青子衿，悠悠我心；但为君故，沉吟至今。呦呦鹿鸣，食野之苹；我有嘉宾，鼓瑟吹笙。皎皎如月，何时可掇？忧从中来，不可断绝！越陌度阡，枉用相存；契阔谈宴，心念旧恩。月明星稀，乌鹊南飞；绕树三匝，无枝可依。山不厌高，水不厌深；周公吐哺，天下归心。"

歌罢，众人附和，共皆欢笑。不多时，海风忽起，众人皆已醉酒，便各自安寝，唯独王直跟跟跄跄地徘徊在甲板上。徐惟学见王直孤人独饮，遂上前扶住道："王总管，这酒绝不可再喝！外面风大，你我一同进舱里去。"

"呃——军师呀，不知何故，近日发生一切，我怎觉得恍如隔世？"徐惟学扶住王直，又闻王直似醉非醉，有一句，没一句，打着酒嗝继续说道，

"呃——不久前，朱纨小儿还拉拢许岛主，说甚——嗷，为了黎民百姓共同绞杀流寇！而今却信誓旦旦厉行海禁，检阅水军，督造舰船！呃——朱纨小儿，不可不防！"徐惟学忧心忡忡道："是！众人都有同感——"不等徐惟学说完，王直突然打着酒嗝大笑道："呃——哈哈——军师呀，不管怎样，咱兄弟已先朱纨小儿一步，过了今晚——呃——过了今晚，等这批番货到了金门岛，兄弟们想怎么喝，我就陪他们怎么喝——"

徐惟学道："是！是！今晚不可再喝——""哈哈，呃——军师呀，你又来了——"王直突然打断徐惟学的话，继续言语道："哈哈，你整日谈玄论道，不解人世风情也就罢了，而今怎么反劝我了？你可知酒里乾坤大，壶中——壶中日月长——"直至深夜，王直才在徐惟学的陪同下进了船舱，迷迷糊糊躺下。

且说王直刚躺下不多时，便闻舱外响起了零碎的脚步声，不等他回过神来，舱门突然"吱呀"一声被推开。王直心里一怔，却见徐惟学兴冲冲赶进舱来，沉声说道："王总管，恐防有变！不知朱纨唱的哪出戏，情形似乎不同以往——"王直猛然坐起身来，转头朝舱外看去，只见海上一片亮光，心中疑惑道："难道天已放亮？"

言语间，王直快步走出船舱，放眼向岸边望去，着实一惊！但见平静的海面上出现了几十艘高大的舰船，每艘舰船两侧都装有炮口。不过，更令他震惊的是，沈家门东南海域，隐隐约约似乎藏有大片舰船，黑影幢幢，竟有"黑云压城城欲摧"之势。

正当众人满腹狐疑之际，王直眼神蓦然一惊，大叫道："不好！有诈！快！准备——"不等众人反应，"砰——""砰——砰砰——"一连串炮击发出的雷鸣声，在海上陡然响起，数十艘军船、上千门火炮同时发作，一颗颗炮弹划出的火光，流星般射向王直率领的战船，仅仅片刻工夫，沈家门海域便燃起熊熊烈火，战船乱成一片，很多船只被直接击沉，大批海盗被巨浪掀入海里。霎时间，惨叫声、痛骂声、哭喊声和战船的撞击声混成一团，沸腾的海面犹如一口炸开的油锅。

此般惨烈的场景，只看得王直目眦欲裂，但听"唰"的一声，王直拔出腰间长剑，咬牙切齿，一字一字怒吼道："朱纨小儿，吾不杀你，难解心头之恨！"遂率舰队向沈家门方向拼死突围。

原来官军精锐，多半攻打双屿岛。当下，留守沈家门的水军舰船，很难抵挡住海盗的坚船利炮，纷纷起火，渐渐不支。

紧要关头，副总兵魏一恭率援军赶到，从岸上猛发虎蹲炮，又从高处倾放喷火筒，炮鼓齐鸣，矢石交下，柴火乱投，风急火烈，整个沈家门海域顿时炮声轰隆，爆炸声、呐喊声、击鼓声，响彻一片。顷刻间，海盗十几艘货船烈火熊熊，浓烟滚滚。官军驾船逼近倭舰，纷纷跃上敌船，短兵肉搏。两军舰只互相穿插，虎掷龙拿，犬牙交错，打得难解难分。

却说王直率领众海盗，仗着坚船利炮一路死战，刚冲出沈家门，不等片刻喘息，舱外突然传出阿豹的哭丧声："双屿岛，双屿岛被偷袭了——"

"什么？贼兵偷袭了双屿岛？"不等阿豹说完，王直猛地从石凳上跃起，冲出船舱，在众人的簇拥下，登上甲板上的高台，凭栏远眺道。正当众人被王直的举动唬得惊慌未定之时，王直突然捶胸顿足，大呼道："不好，我等中计矣！"虽说王直的举动着实让众人感到惊悚，不过一边的徐惟学似乎想到了什么，忙道："如今这般情形，翁山城定未留下多少兵马，不如乘机一鼓作气，折回沈家门，攻破翁山城，斩杀朱纨！"

话音刚落，闻讯赶到的顾良玉，暗暗叹息道："那姓朱的一定有备而来，即使翁山城守军不多，但绝不是我等急切间便可拿下的。万一耽搁了时机，被官军合围，我等便很难脱身。如今之际，只有勇往直前，尽快与许老四会师，或许还能转败为胜。"王直沉声说道："翁山城可是有名的坚城，各个关隘皆有重兵把守。平日里，便算我等全力攻城，也没多大胜算，更何况岛主此刻危矣？快！传我命令，杀回双屿岛！"一旁的徐惟学忙道："王总管，万万不可！万万不可呀！这里海道狭窄，一旦回援，恐有不测！"王直沉声说道："养兵千日，用兵一时！许岛主平日待我等不薄，此刻正是报恩之时！岂可辜负许岛主？"

倭将顾良玉看着悲愤不已的王直，大呼道："王总管，徐军师说的极是！我等万万不可自乱阵脚！"王直忙道："徐军师，你护送众位贡使同许老四汇合，我带众位兄弟杀回双屿岛！哪怕粉身碎骨，我等也要搭救许岛主！"

徐惟学见王直心意已决，忙道："翁山城守军虽多，但绝非我军敌手！魏一恭虽威猛，却分身乏术，余者皆不足虑。我等何不折回沈家门，一面佯攻翁山城，一面集中舰船杀回双屿岛？"旁边的顾良玉只好应声道："军师言之有理！我愿率众攻打翁山城，策应王总管突围！"王直遂即愤愤说道："今，事已事已至此，就依军师之策！"说罢，众头领各自领命，杀向沈家门水寨。

※　　　※　　　※

不说王直率众欲杀回双屿岛。且说许老三正在双屿岛东峰，双屿山旁对酒当歌，赏玩中秋，忽闻小喽啰报知道："三爷，不好！官军攻上了港口！"

原来官军八百水师精锐，在总兵卢镗率领下攻上岛时，见岛上海盗，多东倒西歪、勾肩搭背，醉倒在地。当下，便以迅雷闪电之势，攻占了双屿港南口。

许老三听得，急命小喽啰放起炮来。那山前山后，山上山下，数十小头目，听得炮响，都拖枪拽棒，聚起七八百小喽啰，一齐都到双屿山旁。只见许老三头戴一字巾，身披朱红甲，上穿青锦袄，下着抹绿靴，腰系皮搭，前后铁甲掩心，手持囫囵乾坤锤。小喽啰牵过那匹火炭赤马，许老三上了马，擎了锤，前面摆着三四十壮健的大头目，后面列着八九十机敏的小头目，众小喽啰都跟在后头，一齐呐喊，顺着栈道直杀向双屿港南口。

那卢镗引了人马，飞奔到双屿山下，便将官军摆开。许老三看时，见卢镗头戴干红凹面巾，身披裹金生铁甲，上穿一领红衲袄，脚穿一对吊墩靴，腰系七尺攒线膊，坐骑一匹高头白马，手中横着丈八点钢枪。众人呐声喊，二人就马上相见。许老三在马上看着卢镗，怪眼圆睁，怒喝道："速来受死！"

卢镗喝道："汝等杀人放火，勾结倭寇，犯着弥天大罪，统统该杀！"

言罢，卢镗提枪刺向许老三，许老三也拍马来战卢镗。两马相交，但见：一来一往，一上一下。一来一往，有如深水戏珠龙；一上一下，却似半岩争食虎。卢镗挺着长枪，望许老三前心雨点般搠将来。许老三用双锤左拨右砸，迎面而去，两个又斗了三十来合。

正斗到浓深处，卢镗一枪，望许老三软胁搠来，许老三一锤，望卢镗前心砸去。两人各把身躯一闪，两般军器，都从胁下而来。许老三挟住卢镗枪杆，卢镗扭住许老三锤柄；两个都在马上，你扯我拽，挟住腰胯，用力相争。卢镗的马，后蹄先塌下栈道旁，水里去了，许老三连人和马，也拽下水里

056.

去了。

两个在水中扭做一块，那两匹马溅起水来，一人一身水。许老三弃了手中的锤，挟住卢铠的枪杆，卢铠也撒了他的枪杆，双手按住许老三两条臂。你揪我扯，两个都滚下水去。两人在水中都滚没了军器，头上戴的盔没了，身上衣甲飘零，两个只把空拳来在水中厮打，一递一拳，正在水深里，又拖上浅水里继续厮打纠缠。正待卢铠同许老三解拆不开之际，岸上一彪官军赶到，活捉了许老三。

许老三被擒，官军士气，一时大振！朱纨急命副将刘恩一鼓作气，强攻双屿山炮台，本想给海盗致命一击。不料，副将刘恩亲率官军刚到双屿山下，便闻双屿山上炮响连天，转瞬间，山头冲下数百海盗火兵。

但见他们个个身穿绛衣，手执火器，前后拥出有八十辆火车，车上都满装芦苇干柴，灌以鱼油，上铺引火之物，各用青布单遮盖；海盗火兵背上，各拴铁葫芦一个，内藏硫黄焰硝，五色烟药，一齐点着，飞抢出来。人近人倒，马过马伤，兵士惨呼连连，纷纷溃退。

眼看官军死伤惨重却没有寸进，朱纨勃然大怒道："擅自后退者，立斩！"忽闻溃败下来的兵士，哭丧道："大人，不是我等怕死，只是海贼火器实在厉害，刚刚冲杀去的将士，都没了！"朱纨狠狠地瞪着众人，愤愤道："狡辩！分明是尔等怕死，不肯死战！"

众兵士闻言，纷纷大呼道："大人，并非我等贪生怕死，不肯死战，只因海盗火器厉害，将士们猝不及防，这才乱了阵脚。"副将刘恩眼看那些幸存下来的兵士，包扎完伤口又准备再战，突然跪倒在朱纨面前，痛哭道："大人，不能再冲了！将士们从不怕死，只是贼寇的火炮太——"刘恩身旁的兵士颤声说道："不成了……将士们都要死光了——"。

※　　　※　　　※

却说刘恩率众多次围攻双屿山炮台，却屡屡受挫，久攻不下。正当刘恩心口火烧火燎，士气大跌之际。忽然，山顶上杀声震天，一阵又一阵的擂鼓鸣金声，轰然乍起，数百海盗手持长枪、弓箭和大刀，猛冲向朱纨。

危急时刻，朱纨纵身跃上一块高石，拔出长剑厉声喝道："众将听令！放箭！——""簌、簌、簌！"数百支羽箭呼啸着扑向山头。"噗—嗬—啊—膨—啪—"伴随着数百支利箭中靶后的声响，大半海盗栽倒在地。即便如此，身后的海盗仍然面无惧色，手握长刀继续冲将下来。紧要关头，副将刘恩亲率八百名敢死之士，手持盾牌，冒着炮石箭雨奋力死战，终于杀退了来战之敌。

双屿岛西峰，双屿山炮台，两军对垒，厮杀正紧时，张汉、张四维二将已率官军精锐一路厮杀，兵临双屿岛东峰大桑山下，围攻太极宫。

再说许栋自蟠桃盛宴之后，一向不曾出海，不觉炎威已过，又早秋凉，中秋节近。许栋便命人在太极宫大设筵席，会同众头目同赏菊花，唤做"赏菊之会"。但有出海的海盗头目，不论远近，都招回双屿岛赴筵。至日，肉山酒海，先行给各山头和各水寨的小头目等，令他们各自去打团儿吃酒。

此刻，玄武殿上遍插菊花，李光头、陈思盼和马六甲王子各依次而坐，分头把盏。前两边筛锣击鼓，大吹大擂，语笑喧哗，觥筹交错，众头领开怀痛饮。唯有四大金刚，个个黑脸涂面，镇守大殿左右。

正当众人觥筹交错、推杯换盏之际，十几位年轻曼妙的女子，在雯儿的带领下，伴着管弦丝竹之乐翩翩起舞。玄武殿内顿时歌舞升平，笑语欢声不绝于耳。

一曲既罢，喝彩声震殿响起。许栋一时乘着酒兴，命人取纸笔来，作《满江红》一词。写毕，命雯儿单唱这首词，道是：

喜遇中秋，更佳酿今朝新熟。见碧水丹山，黄芦苦竹。头上怎教添白发，须边不可无黄菊。愿樽前长叙、弟兄情如金玉。振朝纲，御边幅；除奸党，军威肃。忠心愿平倭，保民安国。日月常悬忠烈胆，风尘障却奸邪目。望天王……

不等此曲唱罢，忽听殿外有人惊呼道："不好了！不好了！官军杀来了！"许栋及众人同时一惊。那飞报而来之人跌跌撞撞地蹿了进来。陈思盼从椅中直跳起来，颤声道："官军杀……杀……"陈思盼惊出一身冷汗，竟唬得口舌不清。李光头、马六甲王子二人亦应声起立，欲出门探个究竟。许栋紧忙阻止道："三位莫急，待我看看！"遂即喝来众人，拽条长梯，上墙打一看时，只见黑压压一片官军，围得太极宫似铁桶一般。外面火把光中，照见钢刀利刃，火炮硬弩，摆得似密林一般。官军领将张汉、张四维持剑叫道："活捉许栋！活捉许栋！"

"呔！——"李光头大叫一声，腾空跃起，喊道，"许岛主勿忧！待我斩尽贼兵！杀出宫门——"不等李光头分说清楚，陈思盼紧忙扯住李光头臂膀，口中惶恐说道："李岛主，万万不可！万万不可！为今之计，莫起干戈，速速议和才是！"

"没错！陈岛主言之有理！官军势众，守此孤岛，亦徒劳耳！"马六甲王子在一旁连连点头附和道。李光头闻言，怒目圆睁，一声暴喝道："怕死鼠辈！胜负未分！怎可自灭威风？"

许栋见状，紧忙下梯说道："众位勿忧，在下自有主意！只要我等坚守在玄武殿内，老三迟早会带人围歼掉这股自不量力的官军。再说，官军缺兵少将，而今倾巢而出攻我双屿岛，必将顾此失彼！此般情形，徐军师早有所料！数月前，我已命老四上南澳岛调兵遣将，想必此刻，老四同王直他们已攻入翁山城，手刃了朱纨小儿！"

正谈论间，忽听宫外炮响连天，喊声震地，小喽啰进报道："许……岛主，不好了！双屿山炮台马上不保！卢镗亲率官军，趁三爷不备，攻占双屿港南口，抓走了三爷！"李光头上前，雷声说道："许岛主，待我率人取他朱纨狗头！救回老三！"许栋冲身旁小喽啰喝道："来人哪！王总管……"话到嘴边，许栋忽想起王直，已率众去攻打沈家门，略一沉思，转身对陈思盼和马六甲王子说道："你二人暂且待在宫中，这玄武殿全是巨石砌就，只要众位坚守不出，官军也奈何不了！我带李岛主从密洞增援双屿山炮台，去了就回！"言罢，许栋遂即点就殿中机敏头目，厉声喝道："十八罗汉听令！"

原来这十八罗汉，个个办事干练，一直是许栋的心腹。十八罗汉闻知官军攻打双屿岛，王总管又人影不见，早在一旁听候许栋差遣。一听许栋诏令，十八罗汉当即步入大殿，但闻许栋高声道："尔等速速跟随李岛主，增援双屿山炮台！斩杀朱纨小儿！"十八罗汉得令，一个个摩拳擦掌，跟随许栋和李光头奔密室而去。

大约四更至五更间，李光头带领十八罗汉，从西峰左翼陆续赶到双屿山炮台。在火炮的掩护下，李光头亲率十八罗汉再次集结众海盗，不断向官军反扑，很快逼退了双屿山的正面官军。刘恩见状，紧忙奔赴朱纨身边，疾呼道："朱纨大人，此刻海贼众多！又有李光头这般亡命之徒助阵，万万不能再战……"

不等刘恩分说清楚，朱纨厉声痛斥道："混账！再言撤退，军法严惩！"刘恩道："朱大人，海贼援军已到，兵士死守无益，一旦王直回援双屿岛，众将士定会全覆于双屿山。"朱纨怒道："传我令，众将士务必死战！临阵退缩，扰乱军心，一律军法处置！"朱纨一语未了，忽闻山上李光头大喝道："山下兄弟听着，爷爷今日只杀朱纨小儿！兄弟们，跟朱纨小儿拼了！"片刻间，山顶战鼓齐鸣，杀声震天："斩杀朱纨！斩杀朱纨！斩杀朱纨！"

※　　　※　　　※

却说海盗在李光头的带领下，逐波冲杀，势如潮涌，官军只能退守隘口，步步相持。突然，有一队海盗在十八罗汉的率领下冲入阵前，但见为首的十八罗汉，个个赤膊露肉、面涂黑煤，大声疾呼道："朱纨小儿，快快受死！"朱纨蓦然觉得左臂一丝冰凉，"唰！"一道黑影从岩石后窜出，举刀对准朱纨劈头便砍，朱纨眼睛一闭，暗道："吾命危矣！"半晌却不见刀落下来，心中奇怪，睁眼看时，身边已多了一位身穿铠甲的狼兵。

原来朱纨到任之初，便听闻广西狼兵军纪森严，比起官军流兵，勇猛百倍！故上请朝廷，调来了瓦氏夫人领导的广西狼兵，清剿倭寇。当下，正是身边这位巾帼英雄、狼兵首领——瓦氏夫人，杀死了刚刚行刺朱纨的海盗。

瓦氏夫人带领的狼兵一到，官军便稳住了阵脚。临近天明，海盗更番迫近，官军抵死搏斗，反复冲杀，双方战线犬牙相错，厮杀甚是惨烈。

正当官军和海盗交错厮杀之时，双屿岛上空突然乌云压顶，电闪雷鸣，顷刻间暴雨如注。一时间，海盗火器威力大减，双方开始拼死肉搏，场景变得更为惨烈！放眼望去，上山的隘口和栈道四周，成片的尸体堆积如山，在雨水的冲刷下，殷红的血水顺着山岩的缝隙和栈道，一直向外流淌着，双屿山俨然成了人间地狱。

此刻，朱纨手持长剑，遥望山顶，发现一群海盗蜂拥而下围住官军，竟无半点惧色，遂轻叹道："双屿岛之流寇，真是彪悍威猛！"瓦氏夫人见西峰左翼官军，人数虽占优势，但刀法相差太多，数次想在一旁放箭助阵，又恐误伤官军，连忙呼喝一声，带着狼兵赶往西峰左翼，一面相助刘恩压住阵脚，一面带领狼兵与海盗挥刀死斗。来来回回数次冲刺，瓦氏夫人率领的狼兵方才杀退了从左翼突围的海盗。

正在此时，一阵呐喊之声传来，却是之前追击海盗的卢铠带兵赶到，他这支上千人的官军一到，西峰左翼更是稳固，顿时便将海盗团团围堵在双屿山头。虽说朱纨身负剑伤，但他仍然不顾众人反对，拼命擂击战鼓，激励将士忘死杀敌！

拂晓时分，在官军和狼兵的轮番冲杀下，退守在双屿山头的海盗渐渐招架不住，朱纨见卢铠同瓦氏夫人正要亲率兵士全歼山头海盗，遂即跃上一块山石，冲着山头放声喊道："李光头何在？"

不多时，山头闪出一人，即便身处绝境，那人依旧将腰板挺得笔直。但见他手握大刀冲着山下大声喝道："朱纨小儿，爷爷在此！"朱纨探着头，眯缝眼睛，上下打量着说话之人，但见他脸上血迹斑斑，身上全是划痕和刀口，其状甚是惨烈。

朱纨确认此人定是李光头，方才说道："李光头，尔等勾结倭寇，残害大明子民，如今已无退路！还不束手就擒，更待何时？"李光头一面瞅着山下瓦氏夫人身旁那群搭箭拉弦、蓄势待发，似已杀红眼的狼兵，一面看着身旁伤痕累累的海盗，冷冷地说道："朱纨小儿，爷爷生来，从不知投降为甚！老子若是放下刀，你能饶过这些兄弟？爷爷怎信你的鬼话？"卢铠喊道："李光头，你已没有退路，还敢狡辩！"

卢铠话音刚落，兵士们忽然大呼道："活捉李光头！活捉李光头！"瓦氏夫人见李光头似有屈服之意，忙在一旁大喊道："李头领，尔等大势已去，已无退路！只要尔等投降，朱大人定会恕尔等不死！"朱纨遂即道："李头领，识时务者为俊杰！本官劝你速速弃暗投明束手就擒，莫再累及无辜！"

李光头怒吼一声道："呔！爷爷就是死！也轮不到你朱纨小儿假仁假义说长道短！爷爷扬威四海——""蠢贼！死到临头，还敢放肆！"不等李光头说完，瓦氏夫人大笑一声，继续嘲讽道："不知悔改的蠢贼！尔等违逆天命，为恶四方，已遭天谴！还不快快受死！"

李光头闻言亦是哈哈大笑，长叹一声，悲呼道："天要灭我李光头！李光头不服！李光头不服！爷爷驰骋东南数十载，造福沿海岛民，谁人不怕？谁人不晓？不想！而今却栽在奸逆小人之手！爷爷不服啊！"李光头带着最后的悲呼声，纵身一跃跌入山谷。

众海盗见状，已知死守不住，纷纷扔下武器。朱纨见众海盗扔了武器，方才松了口气，对着卢镗说道："卢将军，一定要增派人手看押李光头！他可是——"朱纨说犹未了，只见卢镗道："大人，李光头已跳崖跌死！"

※　　　※　　　※

暂不说官军攻破双屿山炮台，生擒许老三，逼死李光头。却说海盗大头领许栋，经密洞折身回到太极宫，忽闻宫中人声鼎沸，不见陈思盼身影！

原来这许栋走不多时，那陈思盼便假扮渔民，打开玄武殿大门投降了官军。须臾间，官军如潮水涌入玄武殿。当下，镇守玄武殿的数百海盗，在四大金刚的率领下誓死不降，但怎挡得住官军那般骁勇！只见官军疯了般东奔西突，所向披靡！四大金刚和众海盗招架不住，被杀得血染宫门，尸积如山。

见官军如潮水般涌入宫中，许栋忙上马迎战，许栋一杆枪，神出鬼没，一连几枪，挑死十余官军，无人可敌！官军忙报张汉，张汉飞马上前，正遇许栋。张汉举枪来刺，许栋无心恋战，提枪杀出宫门而走。张汉拍马追赶道："草贼哪里走？"照背面一枪刺来，许栋回马，也是一枪刺去。大战八九回，张汉哪里战得过，竟败下阵来。许栋不追，竟回马奔向双屿岛东峰大桑山上，那张汉又赶上来。这许栋的马是千里追风马，张汉如何就追得上？

谁想，扼守双屿门水寨的许松，因不知官军虚实，未敢轻举妄动，只命海盗守军收缩防御，将战船集结在双屿岛水寨内。孰料，官兵攻破太极宫后，一鼓作气从山间小路杀入，一下抄了守军后路，使得整个双屿门水寨成了无险可守之地。

紧要关头，陈思盼带领残兵败将，一路跌跌撞撞逃至双屿门水寨，见整个水寨大势已去、命悬一线，遂即假意呐喊一声："朱纨来了！"沿路放起一把火来，跳海夺路而逃，吓得众喽啰，撇了家伙，落荒乱窜，彼此各不相顾。有被乱石打翻的，有被大浪掀翻的，也有跌而复起起而复跌的，乱成一团。

062.

当下，官军尾随而至，将火炮、火枪、火箭一起打放，瞬息间，水寨内大小战舰，一艘接着一艘，腾起冲天火光，那些坚固的战舰不是从中间断为两截，便是给炸得四分五裂。大抵也因劫数，双屿水寨船舰，多锁钩相连，不能分离。于是接二连三，牵五挂四，将整个水寨烧得如火焰山一般。彼时虽有海盗来救，那火已成了势，如何救得下？大多海盗被乱军冲突，相互践踏，身受重伤，跌破了头，一命呜呼！

此刻，许栋退守在大桑山上，眼看着水寨里上百艘船舰顷刻间化为火海，顿感胸口剧痛，心肺欲裂，悲声大呼道："天不助我——"

突然间，一群海盗掩护着马六甲王子，跌跌撞撞地奔到大桑山上，气急败坏地赶到许栋身旁，大声呼喊道："许……许岛主不好……不好啦！有奸细！陈思盼那个大奸细放火烧船，那些兄弟……兄弟们，都给朱纨讨了命去啦！"许栋伸手抓住马六甲王子身边一个小头目，惊问道："你说甚？"小头目颤声说道："死……了，都死了！"许栋猛得拎起小头目，摇晃了几下怒喝道："啥都死了？"小头目战战兢兢道："兄……兄弟们，都被死瞎子陈思盼害……害死了。"许栋听众人说"都被死瞎子陈思盼害死了"，这不祥之言入耳，说不出的厌闷烦恶，似有一股气血从胸口涌出。

众人正错愕间，忽又听得大桑山下人声嘈杂，有海盗大呼道："岛主，许岛主何在？快快禀报许岛主！朱纨杀疯了！"也有海盗疾呼道："这朱纨如此厉害，那……那怎么办？"

许栋大声道："爷爷在此！甚事？"两个海盗小头目领着一群小喽啰闻声奔上山来。为首一个小头目，哭丧道："许岛……许岛主，双屿……双屿山炮台没了，跟随李岛主的十八罗汉，一个也没……回来，李岛主也死了。"许栋先前听得人声，料到双屿山炮台会有不测，但先前派去的十八罗汉全是虎将，况且又有李光头助阵，岂有全军覆没之理，忙说道："什么？不可能！肯定是李岛主带领他们躲在山上。"那小头目继续摇头哭丧道："全……全都死了……"许栋和马六甲王子齐声惊问道："全都死了？"那小头目一脸惊恐之色，颤声哭丧道："全……都死了，李头领的尸体都摔……呜呜……"

许栋陡然间听得这等情景，双手禁不住剧烈颤抖，膝盖酸软，几乎站不直身子，再次悲呼道："为……为……为……"一股鲜血从许栋胸口接连涌入口中，他又接连咽下数次，逼得他说不出话来。只听得马六甲王子在一旁痛惜道："唉，该不会……该不会许大哥也给朱纨索了命去？"

过不多时，又有海盗头目带着一群小喽啰赶上山来，许栋虽未发现许松，然而料想那也是转眼之间的事。他见王直、老四的援军一直未到，心下更是烦恼，直到此刻，官军在卢镗等人的率领下陆续已到大桑山下。许栋回过头来，向着山上天妃宫牌楼上，那块刻着"天恩浩荡"的金字招牌凝望半晌，心想："双屿岛弟兄，在东海扬威数十载，想不到今日要败在朱纨小儿手里。"

许栋思量间，忽听得山下马蹄声响，一匹马缓缓行来，马背上横卧着一人。许栋心中料到了三分，纵身过去，果见马背上横卧着一具死尸，正是大哥许松，自是海盗小头目将大哥尸首放在马上，这马识得归途，自行回来。

许栋长叹一声，眼泪如断线的珠子滚滚而下，落在许松身上，抱着他的尸身，走进厅去，说道："大哥，我若不为你报仇，誓不为人……"

当务之急，许栋非但没有突围登船，反而带领几百海盗，继续死守在大桑山上。谁想，那些官军像发了疯一样，拼命挥刀搏杀，一时间，海盗惨呼连连，血肉四溅，被官兵逼得步步后退。众人虽明白许栋的意图，等待许老四、王直援军赶到，里应外合，给官军致命一击！可为了以防万一，众人还是苦劝道："许岛主，此时王总管还未赶到！不如许岛主先带弟兄们下山，我等在此死守。"许栋愤愤道："要走！尔等先走！爷爷非给朱纨点颜色！"此刻，面对百倍于海盗的官军精锐，海盗除了被动挨打，已无退敌之策。

就在许栋率领众海盗拼命搏杀之时，山下突然跑上一人，一跤摔倒在许栋面前，颤颤巍巍道："不……不好了！"

许栋看清来人，不由得心中一突，一种不祥之感油然而生，急切说道："阿豹，发生了何事？"

"前日夜里，舟山海域，狂风大浪，不利战舰行驶！四爷执意驶入，众人苦劝不住！所有战舰，遭遇海啸，皆沉海底！"阿豹抬起头，悲痛欲绝的哀号道："四……爷，四爷接连遭遇伏击，也没了！呜呜！肯定有奸细——"

"什……什么？"许栋双眼一花，身子险些从山上滑落，嘴里喃喃道："怎会如此？怎会如此？竟然这般！"

"对！王总管、徐军师怎不搭救？"众人心急如焚，一起哭丧道。

许栋大怒道："谎说！为何单就你回了，王总管、徐军师怎不搭救老四？"许栋急不可耐，一脚踢在阿豹胸口，又红着双眼喝问道："老四哪？我要老四来!"

这一脚险些将阿豹踢晕在地，阿豹翻了翻白眼，吃力地咳了两声，说道："四……爷，四爷没了——王总管不听徐军师苦劝，执意要救岛主你，也遭遇伏击，也……没了！呜呜呜！"

原来当日深夜，王直发现中计，遂命全部战舰折回沈家门海域，试图最后一搏！谁想，王直率领海盗战舰，再次驶入沈家门海域，只见茫茫荡荡，海面尽是悬浮的祭品——全牛、全猪、全羊、全鸡和全鸭等，密密麻麻相连十余里水面。

正行之间，忽听得岸边一声炮响，四面八方钻出千百只火船来，海面如飞蝗一般。火船借助风势，直冲海盗舰船。那船上海盗，先有五分惧怯，看了这等情形，尽皆慌了。怎禁得悬浮于海面的祭品——牛羊猪、鸡鸭鹅等，内脏皆被官军掏空，里面都是硫黄、烟硝和放火的药头。瞬息间，火逐风飞，烈焰冲天，一片火海，将整个沈家门海域照得通红。

王直急回船时，原来经过的浅港，都被官军用小船装载的柴草，和砍伐的林木填塞断了。大半海盗见战舰竟不能动，纷纷弃船而走。官军见海盗阵脚乱了，以"蜈蚣船"充当先锋，盯准海盗旗舰轮番猛烈攻击，中弹起火的旗舰在巨大的爆炸声中断为两截，带着王直迅速坠入海底。

众海盗见王直率领的旗舰坠入海中不知去向，顿时斗志全消，纷纷溃逃。一时间，溺水而死者，无法计数！倭将顾良玉自持倭刀，立在船头上与官军拼死交锋，不想几个回合，就被官军拖下水，活捉上岸。

当下，众人听此噩耗，似受了一个个晴天霹雳，悲愤不止！接连痛哭道："呜呜呜！王总管——"

"呜呜呜！四爷——"

"呜呜呜！老四——"

"呜呜呜！王总管——"

……

正当众海盗号啕之际，忽听大桑山下，金鼓震天，军声鼎沸！鼓声响处，官军在卢镗等人的率领下，将火炮、火枪、火箭一起打向山头，一瞬间，大火竟起，烈焰飞天，将天妃宫烧得四分五裂。

"老四——我来了！"不等众人反应，许栋在悲呼声中冲入天妃宫。

"许岛主——"伴随着海盗的悲呼声，火光冲天的天妃宫，不时回荡出许栋的喊声："朱纨小儿，爷爷等你——"

是夜三更，风雨大作，雷电交加，喊杀之声，传数十里，海盗大小头目见大势已去，倾巢而出，欲做殊死一搏。不料，官军在都御史朱纨的督战下，奋勇拼杀，将贼寇打得大败，俘斩溺死者数千人。

战事稍息，暗藏在天妃宫旁的雯儿踱步而出，见岛上死尸如山，顿感一阵眩晕。海风携带着浓浓血腥扑面而来，令人窒息。她战战兢兢地跨过死尸，眼神无光，如同行走着的活死人一般。

不远处，战火袅袅，硝烟弥漫。她冷冷地在四处探寻着什么，忽而听得战马嘶鸣由远而近传来，远远看去，见马上跳下数人，其间一人满面悦色呼道："妹妹……"雯儿知是失散多年的哥哥项高。

雯儿心中掠过一丝愉悦，脸上却冷冰冰，环顾周边零散躺着的尸首，不曾想暗中通信官军，却酿此屠杀。她慢慢走近崖边，身后再次传来项高呼喊声："妹妹……"雯儿轻抿嘴唇，心中暗暗哭道："哥哥……"却面向大海，撕心裂肺喊道："四哥，是雯儿负了你！"一个纵身跳下崖去了……


※　　　※　　　※


话说东方有座神山，乃炎黄始祖盘古之心所化，名曰黄山。此山生得出奇，上接天宇，下陷深渊，吸天地灵气，聚日月精华，草木峥嵘，千峰竞秀，美幻无比，可谓气冠山群。

这山之峰生得奇怪，鬼斧神工的造化，或峻嶒陡峻，或平缓坦荡，或壁立千仞，或犬牙交错，或随意雕琢，无一不奇；这山之石也生得怪乎，或坐如卧佛，或立如巨柱，或走岩攀峰，或孤芳自赏，或簇或散，无一不怪；这山妙的是那霞云，或飘忽山峰之间，或闪烁怪石之上，或重重叠叠，或浓或淡，恍若仙境。

这山的南麓是一面峭壁，峭壁前横挂一帘瀑布。这瀑布声势嚣张，从三千尺处飞落直下，声大如雷，贯入一泓清潭。这清潭妙趣横生，方圆百里，浩浩渺渺，时而平和宁静，时而波澜起伏，时而水天一色，时而黑云压顶；

静时如婴孩沉睡，动时如雷霆万钧，亮时如明镜铺天，暗时如混沌未分；高处俯视，晶莹碧透，烟雾浩渺，乍看精妙，细看无奇。

光阴过隙，不知过了多少年月。一日，一采药人上山采药，不慎跌落山崖，身负重伤，幸被潭水所救，捡回一条性命。采药人见这潭水非同寻常，喜不自胜，又见此地灵光宝气，便在此修了房舍，携来妻室，安了定所。

采药人得天赐仙潭，救死扶伤，恩泽乡邻，一传十，十传百，慕名而来者趋之若鹜。转眼又恍过了数载，采药人已家业殷实，人丁兴旺，拆房建府，名曰：刘府。

时光荏苒，又不知过了多少年月，这刘府已是徽州城的医德世家，且说掌门的刘一手，六岁就在父亲的身边苦读医书药典，二十岁便在徽州城小北街挂牌行医。自始至终，凭借高尚的医德和起死回生之术，在方圆百里被百姓尊称为"神仙太公"。

说来也奇，无论怎样的疑难杂症，经刘一手一剂汤药，都可痊愈。说来也怪，老刘家世代单传，唯独到了刘一手这一代，两个老婆一连生了五个儿子。除了抱养的大儿子"学忠"，其他五个"学"子辈的儿子，从老二到老六，分别叫"学仁""学义""学礼""学智""学信"。

说来更怪，刘一手年轻时，误以为妻子不能生育，抱养了大儿子"学忠"，接着又在老太太的催促下，娶了二房。结果不久之后，大老婆就生下了老三"学义"和老五"学智"；二老婆生下了老二"学仁"、老四"学礼"和老六"学信"。

星月流转，岁月无痕，刘一手的六个儿子相继完婚生子。这之后，刘府内又发生了一桩罕事。府上除了老三刘学义无儿无女，其他几个生的全是丫头。刘一手以"家"为子辈，给大儿子的女儿起名家怡，二儿子的女儿起名家佳和家男，四儿子的女儿起名家敏，五儿子的女儿起名家璐和家静，六儿子的女儿起名家琦。自后，府上再无生个一儿半女。自古便是子承父业，这府上无男子，眼看后继无人，要断了香火，刘府上上下下只能寄望在老三身上，每日供香念佛，祈愿老三婆姨能续上香火，也不负先祖在天之灵。谁想，老三婆姨的肚子始终不见动静，愁得老三整日眉头不展，试了刘老爷多副药剂，都无济于事。老三四处遍寻偏方，也不见应验。府上几位婆姨先前还体谅三婆姨，可久而久之，自是冷淡了些许，见了面，也不免挤兑几句。老三婆姨有苦说不出，只能忍气吞声。

为了求得一孙，延续香脉，折腾得老三两天一小补，三天一大补。每次行房事，老三都钻进自家婆姨的怀里叫苦不迭道："我的小祖宗，你行个好哩，这次你可一定要出来。"

谁料，上天偏不成人之美！这日，老三婆姨刚同老三行完房事，便埋怨道："当家的，你那玩意儿到底中不中用？"老三嗔怪道："怎恁是我不中用，明明是你的肚囊不成气候，倒是怨在了我的头上。"先前因为此事，老三婆姨背后没少受刘府的闲言碎语；而今，自家相公也当面嫌弃她，一时委屈，掩袖哭泣，一面诉苦道："自进你刘家，做牛当马，日夜操劳。这倒也罢了，只要老爷子心里舒坦。可如今，不争气的肚子，闹得老爷子心里也不痛快，哥哥嫂嫂、弟弟弟媳见了面，也不给好脸色看。我是作了哪辈子的孽，叫我受这等的苦。现在可好，你也嫌弃了我，全不念我们同枕共眠旧恩情，你妄作了良心，叫我好苦！"

老三听自家婆姨这么一番数落，心肠倒软了下来，替自家婆姨拭去了泪，心疼道："我也是心急昏了头，老爷子已近花甲，府上都盼着你能生个带把儿的，好续刘家的香火。"

老三婆姨嗔怪道："天不赐子，我也无法。我一弱女子，每日同你行云雨之事，已是本分，岂能要我变一个出来？"

老三道："说哪里的话，你我择日再去菩萨面前许个愿，兴许应了你我。"两人絮絮叨叨唠些家常，不在话下。

翌日，刚打过五更，刘府几十号仆人皆着了衣，点亮廊灯。伙房烧火准备早膳；园丁清扫庭院；仆人收拾厅堂；下人给主子倒尿……上上下下，交忙不迭。各家的婆姨也着了衣，束了妆容，又替自家的相公更衣洗漱，侍奉早膳。待自家相公忙活去了，婆姨遵照刘府家规，奉香火叩拜了先祖，再去拜见老爷子，向老爷子请了安，道了万福。

礼节行毕，刘家婆姨围坐一团，闲聊一番。刘家老五婆姨年纪小，嘴碎，说话自是少了分寸，见了老三婆姨，有心没心地说道："咦，三嫂，咋起得这般早，你怎忘了分内之事？"老三婆姨听五婆姨一句话，知是在调笑自己，便挤出一抹笑容道："怎敢忘了？这不，你三哥因公事忙去了，我一个人也不顶用。"四婆姨接着话茬儿道："你说三哥也是的，再忙的公事岂能比传宗接代的事大？要是咱刘家断了香火，可是三哥和嫂嫂的罪过，你们担待得起吗？"六婆姨年纪最轻，生得玲珑娇小，只顾坐在床榻上，未敢言语，听个只言片语，兀自想着昨夜同自家相公交欢之事，不禁心起波澜，脸色绯红。老三婆姨听罢，心中不悦，叫苦道："妹妹休要埋怨，我心中如火烧眉，可菩萨不怜悯，不肯赐个一儿半女，我也无法。"五婆姨睥睨一双丹凤眼，细细瞅着三婆姨，似想起了什么，掩袖一笑。众人不解其意，四婆姨问道："妹妹，你暗自笑甚？"五婆姨口似含了金子，欲吐又舍不得，且又暗笑了一番，叫三婆姨心里直打嘀咕，坐立不住，只得小心翼翼地问道："五妹妹可是笑我吗？"五婆姨抬手轻轻挥去，屏住了笑，道："莫说妹妹口无遮拦，三嫂久不见生育，三哥身体又无恙，该不是你二人跪拜之时，错了方位，菩萨不肯应？"五婆姨话音刚落，众人大笑不止，三婆姨也忍俊不禁，笑道："五妹妹竟说笑了，莫不成，你教我些跪拜之势，好叫菩萨应了我。"在旁的人听得二人言语，更是笑得合不拢嘴。六婆姨脸色更是涨得通红，捧了茶，掩盖了羞答答的脸。

"什么喜事？大清早的这般闹腾？"忽闻门外一声朗笑，紧接着，一双大脚跨门而入。此人生得宽脸亮额，柳叶眉，双脸杏眼，着一身轻罗绣花裙。另一个则一身朴实无华，颈带一串檀香大佛珠，手捻一圈紫檀金刚，模样生得平常。众婆姨见二人进的门，忙起身行礼，拜道："见过大嫂二嫂。"二人一前一后入了座。大嫂收了念珠，捧了茶，抿了一口，问道："妹妹们方才说了些什么，叫嫂子耳根子也悦一悦。"三婆姨担心众妹妹又拿这事奚落，忙道："妹妹们开些玩笑罢了，莫要听她们胡说。"二嫂道："越发是没大没小了，竟然拿三妹妹说笑，不怕惹了太岁，红了耳根子？"三婆姨唬了一惊，忙道："使不得，使不得，说笑罢了，说笑罢了。"四嫂问道："老爷子近日可有吩咐？"大嫂道："浙闽一带闹瘟疫，老爷子决定明日起程，前去行医。妹妹们帮忙收拾些家当，准备些药丹。下面丫鬟小厮手脚不利落，你们且去准备准备。"

众人应声退去，大嫂忽然又道："三妹妹，你留下来，我有话要说。"三婆姨不知何事，兀自坐着不动弹。待妹妹们都去了，大嫂拉过三婆姨的手，关切地问道："妹妹肚子可有动静？"三婆姨摇摇头。大嫂又问道："老爷子配的药方子可是吃过了？"三婆姨道："吃过了。"大嫂打量了一番三婆姨，关切道："若是妹妹们说了你些什么，且莫挂在心上，刘家的香脉全寄托在妹妹你身上，各位妹妹们也是着急。"三婆姨道："妹妹知道。"大嫂又道："改日你我再去庙里拜一拜，兴许菩萨大发慈悲，应了你。若能生个男童，定是府上一大喜事。"三婆姨感激道："有劳大嫂了。"大嫂接着说道："你府上之事，交予他人就是，妹妹切莫操劳。"三婆姨起身拜谢道："妹妹谢过嫂嫂。"二人正说之时，有丫鬟进来，道："大奶奶，老爷子请您。"大嫂别过三婆姨，径直去了药房。

刘一手正在药房吩咐着下人，打磨药草。老大婆姨朗声道："老爷子唤我么？"老爷子见老大婆姨过来，放下手中的药草，走到药台，取出三剂药，对老大婆姨道："这是我给三媳妇新配的药方。"老大婆姨道："交给我就是了——老爷什么时候起身？"刘一手弓着腰，捏一把凹槽里的药末，对下人说："再擦细碎些！"转身对老大婆姨道："明日一早就动身，东西都收拾妥当了么？"老大婆姨道："二妹妹已经吩咐下人准备了。老爷这次要去多久？"刘一手道："听闻浙闽瘟疫严重，少则一月，多则数月。"接着欲言又止道："府上之事——老三媳妇——"老大婆姨忙道："老爷子放心就是，我定会催促三媳妇每日用药——"

"咳咳咳……"两人被一阵咳嗽声打断。来人乃是邻城的顾金事，着一身绿色锦袍，戴一只黑色四楞方檐圆帽，虽是穿的绫罗绸缎，却是一副苦瓜面容。刘一手忙上前迎住，问道："顾金事，别来无恙？"顾金事唤刘一手一旁说话，道："不知是偶感了风寒还是怎的，咳嗽不止，你看——"顾金事将脖子朝天一扬，见他耳根子底下窝了个蛇蛋模样的疙瘩，道："不知害了什么病，无端由结了这样一颗果实，如何是好？"刘一手细打量了那疙瘩一番，问道："疼否？"顾金事道："无疼之感。"刘一手轻轻按压那疙瘩，又问道："疼吗？"顾金事道："不疼。"刘一手又问了些相关联系，请顾金事入了座，又吩咐老大婆姨些细碎事情。老大婆姨径自忙去了。刘一手同顾金事对立而坐，替顾金事号脉问诊。

过了不久，刘一手又仔细打量一番顾金事那蛇蛋疙瘩，眉头紧蹙，略有心事。顾金事担心问道："害的什么病？"刘一手道："淋巴处起了个瘤子。"顾金事一脸疑惑，不解问道："可治否？"刘一手道："这瘤子又名曰鼠疮，任何药方只能治标不治本，恐怕……"顾金事一听慌了神，央求道："刘神医医术高明，人称赛华佗，岂能容这病害送了我的性命。"说罢，顾金事起身朝刘一手拜了拜。刘一手捻须静思片刻，道："我给你配上一剂药，再熬几副膏药，每日热敷。万不可延误！"顾金事又是一拜道："敬遵了！"

说这药剂配的什么，膏药敷的什么，刘一手藏匿了秘方，无人知晓，也不在话下。

※　　　※　　　※

翌日，天刚破晓，刘一手便辞别家眷，携了行囊，离开徽州城郭，直奔浙闽沿海而去。这一去，便是一月有余。谁知，这次归来，刘老爷竟携来一个垂死男童。见这孩童约莫四五岁年龄，着一身破烂衣衫，衣衫上沾染着斑斑血迹。恐也是害了重疾，已是奄奄一息。只因这孩童生得眉目清秀、白净可人，着实叫人怜惜。

刘一手不敢耽搁，即刻着手医治。几位婆姨遵刘一手吩咐，脱去了孩童衣衫，擦拭孩童的身子。刘一手从包裹里取出银针，捻火烛里烧一烧，缓缓刺进孩童的穴位，又取出同样细长的银针，扎在不同的穴位。少时，孩童的额头开始冒出豆大的汗珠，嘴唇微微颤动。众人附在一旁焦灼等候，不敢言语。

"取一枚还魂丹来！"二婆姨听候刘一手吩咐，径自取来了一枚药丸，兼着熬的汤药，灌进了孩童口中，又从金盆里取出温热的湿巾，擦拭了孩童额上的汗珠。约莫过了半个时辰，刘一手摘掉了孩童身上的银针，起身就圆桌旁坐下。

"爹，这个孩子还有救吗？"刘学义轻声问道。刘一手探头回望一眼孩童，叹了口气，捋一把胡须道："若是这个孩子染了瘟疫，恐怕是活不到现在。照此情景来看，也是凶多吉少啊。"老大婆姨心性柔弱，听此一言，不禁感慨道："可怜的孩子。"众婆姨听了，也倍加觉得伤感，不禁都隐隐啜泣。二婆姨见此情形，安慰众婆姨道："妹妹们休要担忧，老爷子医术高明，方才又给他吃了一枚还魂丹，想必无恙。"众婆姨听了，也就作罢。

四婆姨问道："老爷子，这孩子打哪里来的？怎作践成了这样子？"众婆姨也好生奇怪，平白无故，老爷子从哪里得来一个孩童？刘一手见众婆姨求问心切，又似隐晦，只道："回来途中拾得，见尚有一丝气象，遂携了回来，看看能不能保全他的性命。"五婆姨插话道："观这孩童眉清目秀、气宇非凡，想必定是官宦人家的，怎能落个这么地步？"二婆姨接着话茬道："爹爹快同我等说说浙闽瘟疫境况如何？"众婆姨也异口同声央求。刘一手只叹了口气，神情激动，说道："苦也！浙闽百姓身处水火之中，民不聊生，哀鸿遍野。"刘一手难再说下去，已经是老泪纵横。旁人闻得，也跟着隐隐抽泣。正值众人情怀感伤之时，忽闻一声咳嗽，又闻一声喊叫："娘……娘……"众人喜出望外，凑了上去。刘一手拿来孩童左手号脉，少时，乐道："喜也！"随即吩咐二婆姨端来汤药灌喂。那孩童才平静下来，仍是昏迷不醒。

这时，刘一手大孙女刘家怡跑进厢房来，喊道："娘，爷爷，我也要看。"喊着挤进人群里，细细打量着床榻上躺着的男童，心中暗暗道："好俊俏的面庞，不知是哪户人家的公子哥。"随即问道："他是生是死？"刘一手拉大孙女到身旁，道："乖孙女，那童儿当然是活着了，只是害了病，休养一些日子便好。家佳、家男她们呢？"刘家怡细声细语道："妹妹们只顾着玩耍，不肯前来。"老大婆姨遂差了一丫鬟寻她们去了。不觉天色已晚，刘一手吩咐众人歇息去，留下老大婆姨陪守男童。刘家怡不肯睡去，闹着也留了下来。

时经二更，老大婆姨背靠床帮，昏昏欲睡。刘家怡却丝毫没有睡意，趴在床沿守着男童。少时，刘家怡见男童手指弹动，继而又见男童缓缓睁开了双眼，起身欢喜道："你醒了！"男童睁开眼睛，不等明白身处何地，却只瞥见了一清秀容颜，正是刘家怡，想要问个根由，只觉得喉咙干涩难忍，遂轻声道："水……"刘家怡喜不自胜，转身倒水去了。大婆姨听见动静，也从昏睡中醒了过来，欢悦道："孩子，你终于醒了！"这时，刘家怡已捧了茶水，喂男童喝了。男童缓缓精神，问道："这是哪里？我娘呢？"刘家怡抢话道："这是我家，不曾见过令堂和令尊。你从哪里来？叫什么名字？"老大婆姨盯了一眼刘家怡，示意她不要多问。

男童不曾回答，上下打量一番家怡，见这女子一身红袖花衫花裙，扎俩垂耳细辫，抹额刘海，浑身上下极为精致。又细看了大婆姨，虽是一身质朴着扮，却左右两手腕俱戴了金镯子，发髻也插一金簪，只那脖子套一圈佛珠，便知这妇人是向善之人。再打量一番刘府厢房，见雕栏玉砌、张灯结彩，知是一大户人家。老大婆姨忙唤女儿通禀老爷子，前来替男童诊脉。谁知这刘家怡一时起兴，除了老爷子，连同刘府上上下下全叫了个遍。一时间，刘府热闹翻涌，全赶来看个境况。刘一手帮男童诊了脉，喜道："休养些时日，病可痊愈。"众人听了，皆是欢喜。又吩咐丫鬟熬了汤药，吃了一剂。刘一手对男童道："你身体还未痊愈，要多休养些时日。众人都退去吧，明日再做商议。"众人应声都退了去，留下一个嬷嬷和两个丫鬟陪守。

男童喝了汤药，又因身体乏力，不知不觉竟昏睡了过去。待醒来时已是翌日晌午，小厮们已经置好了酒菜，备好了衣裳。嬷嬷们帮衬着替男童穿好了新裤裙，又灌喂了汤药。男童身体未愈，只得起身侧靠，不敢大动干戈。少时，刘家孙女们齐齐奔了过来，叫嚷着嬉闹着。嬷嬷们唏嘘她们小点声，恐惊着了害病的男童。大孙女刘家怡坐在床沿，其他妹妹立在一旁，也似看个稀罕般瞅着男童。

刘家怡关切问道："你病好些了吗？"男童道："好多了，这是哪里？"刘家怡道："你在我家，以后就住这里，同我等一起玩耍。"刘学仁的大女儿家佳问道："你打哪里来的？叫什么名字？"男童似忘记了似的，摇摇头，轻声说："记不清了。"刘学仁的二女儿嚷道："莫不是你失忆了，竟连自己住哪里，叫什么名字都忘记了？还是不愿告知实情？"男童怔怔看着她们，都好个伶牙俐嘴，又这般不通情达理，叫男童心里直叫委屈。刘家怡看男童神情苦涩，笑道："不知道便不用回答了，我叫刘家怡，日后唤我家怡姐姐便是。"刘家怡又指着身后两位道："这是我二叔的女儿，家佳和家男。那是我四叔的女儿，家敏。"正待介绍刘学智的女儿时，众婆姨陪同着刘一手进了厢房。家怡和妹妹们起身向老爷子和众婆姨请了安。刘一手替男童号过脉，又问了些寒暖病情之事，新补了几剂药方，吩咐丫鬟酌办去了。

"爷爷，弟弟的病情好些了吗？什么时候可以一同玩耍？"刘家怡急切地问道。刘一手慈笑满面，手持长须，说道："很快弟弟就可以同你们一起玩耍了，今日可曾上了早课？"刘家怡全然不在乎，道："去过了。"径直走到男童身边，安慰道："你好些养病，待你病好了，我教你识字，你上学几年？"男童摇摇头。刘家怡追问道："读的什么书？"男童又摇摇头。刘家怡道："不妨事，只要你肯努力习读，《三字经》《论语》什么的，都难不住你。"男童天真地点点头，心中暗想："这姐姐好生善良，全然不同其他姐妹。"不经交涉，已经心中亲近了许多。老四婆姨突然插话问道："老爷子，这孩童唤作什么？

总不能没名没姓，像个野孩子什么话！"大婆姨也道："是这么一说，老爷子，既然这孩子有缘来到府上，定是菩萨降的恩赐，不如应了这美事，你给唤个名字什的，日后也好方便。"

刘一手略思片刻，想如今已入古稀，才求得一孙，这孩童生得灵秀，如掌上明珠般叫人喜爱，随即道："就叫家宝吧。"众人口中嘘嘘念叨着"家宝"，都称赞老爷子起得好。二婆姨又道："吩咐丫鬟给宝儿收拾一处厢房住着。"三婆姨突然打断大婆姨的话，忙道："还收拾什么屋子，我家厢房大，里间空着哩，叫宝儿同我睡了，岂不方便。"众人自是明白三婆姨的意思，也都不再争执，都同意了。刘一手叮嘱三婆姨道："孩子身体虚弱，尚需调养，你和老三费神照看。"三婆姨喜上眉梢，咧嘴笑道："放心吧，老爷子，我和相公定会同亲骨肉般对待。"众人絮叨了些家长里短，谈及浙闽瘟疫，不禁又引发了愁感，索性不提那事，径自说笑去了，不再后续。

不觉又是三五日左右的光景，家宝大病初愈，家怡姊妹们寻来找他玩耍，却被老三婆姨婉拒说，病未痊愈，仍需休养。老三婆姨心里自有盘算，这家宝无亲无故，请到自家房中，沾沾贵气，或许能怀个种。若菩萨不开眼，家宝在自家，日子久了，必然亲爹亲娘地依赖。刘家祖业向来传男不传女，看老爷子的心意，是认准了家宝做刘家的孙子。到时候论亲论故的，也数自己，还怕日后没好日子过活？当下又遵了老爷子的嘱托，家宝不得有任何闪失。念这家宝好不容易才从鬼门关捡回一条性命来，如今虽是病情好转，要是同家怡她们玩闹，惹出个祸端来，老爷子怪罪下来，如何担待得起。况且自家又没生过孩子，见家宝脸色日渐红润，元气恢复，模样更是俊俏，对家宝喜爱有加，真同自家孩子般，吃的穿的都挑好的满足。虽是如此，家宝玩心急切，又盼着见到家怡姐姐，却被老三婆姨整日关在厢房里，如同牢笼般难熬。

逢一日，老三婆姨同府上其他婆姨打理家务去了。家宝趁机偷偷溜出厢房，进了宅院，谁料这刘府大得如宫廷般，东南西北不见出头。家宝只顾沿着廊房随性行走，一面走，一面看，一面暗暗叹道："好气派！这般大户人间，从未见过。"家宝下了廊阶，眼前是一汪池沼，池沼里荷叶悠悠，隐约见金鱼龟鳖游动。池沼周边假山环绕，假山脚部延伸一条石径。家宝顺着石径朝里走去，忽见一圆形门廊，廊额题写：沁园。未等家宝进入园中，但闻得扑鼻香气，待进入园中，更是叹为观止。这沁园大如迷宫，中央又是一汪池沼，池沼上方搭着一架彩虹桥，桥的中间落一座水亭，水亭飞脚四起，炫彩壁画。匾额赫然四个大字：天地通灵。两侧取楹联：一园罗万象，登阶囊乾坤。周遭假山也生得出奇，仿佛水中长出来般，鬼斧神工般的精妙。侧旁是通往各处的长廊。家宝不禁唏嘘道："恐一日也走不完这园林！"又径直登上彩虹桥，入亭而立，放眼四望，不禁叹道："这仙境怎落在了人间？"

停留片刻，家宝便沿阶而下，遇见丫鬟小厮，随即避开，行不多远，遇一条通幽小道。家宝不慎闯入，谁知这小道曲曲折折，不知尽头。家宝想退身而去，却也识不得来路。惶惶间，似误入了一片竹林。心里不免又暗暗道："这刘府通幽处，非一般人家所能及。"竹林清幽，只是少了管弦之乐。再进几步，石径四通八达，汇聚一座露天石亭，亭内立一条石，却不见字样。亭五角横开，也不见名什么。离亭十步开外，一片空地，铺坐一桌石台，台上一个石桌，陪衬四个石凳。家宝觉得饶有趣味，又似梦中见过，便放任了步子，游走其中。

家宝玩得尽兴，全然不知夕阳已西斜。说这老三婆姨置办完家事已近黄昏，回到厢房却不见了家宝，四处寻去无果，暗想自个儿闯了祸端，心里着了慌，通禀了老爷子。刘一手急忙唤刘府上上下下，连刘府的小孙女们也加入寻找中。前到药堂，后至沁园，翻天覆地找了个遍，也没有找到家宝。急得老三婆姨哭大抢地地喊："家宝，我的小祖宗嘞，你在哪儿？"刘府众人也齐齐地喊叫，仍然不见家宝人影。刘一手甩开小厮们的搀扶，责骂道："搀我做什么，还不快去找！"一面又担忧道："坏咯！坏咯！"

药堂的人回来禀告没有找到；炼丹药方的人禀告没有发现家宝；绣楼戏楼的人禀告也没有见到踪迹。刘一手唤来老三婆姨，嗔怪道："一个大活人你看不住，要是宝儿有个闪失，我拿你是问！"老三婆姨也自责道："老爷子别动气，都怪我疏忽大意了。"大嫂在一旁劝慰道："莫再自责了，赶快寻去吧，若是再耽搁，真怕出了什么事情。阿弥陀佛，菩萨保佑。"刘一手吩咐自家公子各领一帮丫鬟小厮，挨个处寻找。自个儿在婆姨们的照料中前往沁园寻去。要说这沁园真似个迷宫，叠山理水，一处接一处；亭榭楼阁，一座挨一座；石廊小径，一条通一条；素墙黛瓦，一扇隔一扇。皇宫后庭犹不及，天宇楼阁逊三分。这般大的园林，岂有那么容易寻个孩童？

家宝全然不知道外面到处都在寻他，只顾着玩耍，觉得身子疲乏，就寻了一条石阶，躺下睡去了。恍恍惚惚似来到了一座岛上，此岛四面环海，涛声阵阵。家宝看见岛顶有一座亭子，就沿着山路爬了上去，这亭子来历不明，却能纵观四海。正待家宝疑惑的时候，忽然听到山下喊杀声震天，继而看到无数官兵手舞旌旗，提着大刀朝山上奔来。家宝吃了一惊，正不知所措的时候，却隐隐约约听见一妇人叫唤："龙儿，龙儿，快过来。"家宝回身看见一模糊人影，正挥手唤自己过去。看不清那妇人容颜，听不清那妇人声音，只是记忆里有过相识。家宝朝妇人奔了过去，待要问个明白的时候，却见官兵已追杀上来。那妇人二话不说，携了家宝便跑。无奈被官兵追到一悬崖边，无路可退。那妇人道："随娘跳下去吧！"不等家宝答应，牵了家宝的手纵身一跃跳下了山崖。家宝一惊，喊了一声："啊……"不料猛然坐起，发现竟是一个梦境。家宝暗想："这梦怎似经历过般，这么真实。方才喊道龙儿是何人？那妇人又是何人？"家宝越想越不得其解，正郁郁寡欢的时候，忽然听到阵阵呼喊声，细细辨别，却道是在呼喊自个儿。家宝知道刘府的人来寻自己了，应了声："我在这里。"径直朝声音处奔去。

这个时候，天色已经完全暗了下来。刘府上下举了火把，提了灯笼，寻到此处。老三婆姨看见家宝，一个箭步冲了过去，抱在怀里，呼喊道："我的小祖宗嘞，你怎么跑这里来了，叫婶娘好找！"上下打量一番家宝，见家宝安然无恙，便安心道："快随我见老爷子去。"不敢怠慢，老三婆姨携家宝到刘一手面前，喜道："老爷子，宝儿找到了。"刘一手也一把将家宝抱入怀中，心疼道："宝儿，让爷爷担心死了。"老大婆姨也欣慰道："找到就好，菩萨保佑！"四婆姨却道："三嫂，你怎么看得娃娃？这日后还怎么安心把孩子放在你那里？"五婆姨也煽风点火道："可不是，先前你执意要让家宝住你家，妹妹是信得过三嫂，今儿个出了这样的事，叫我等日后怎么个放心？"三婆姨自知闯了祸端，也不敢言语，低头任凭众婆姨责怪。二婆姨听不下去，说道："都少说两句，现在家宝找到了，我等也可安个心了。都回去吧，吩咐丫鬟们备些糕点到厢房，孩子恐是饿坏了。"众人见家宝找到了，心也落停了，纷纷退身回去，各自安置去了。

路上，三婆姨问了些家宝寒暖的事，又问："宝儿，怎么今天跑这里玩耍来了？"家宝道："整日待在房间，闷得慌，出来寻婶婶，不知怎的，就寻到这里来了，又找不见回去的路，在林子里迷失了。"三婆姨心疼道："苦了我家宝儿，日后万不可独自一人出来玩耍，这刘府大得很，须丫鬟、嬷嬷领着。再者，沁园林中也去不得，那是府上的禁地。晓得了？"家宝听不懂什么是禁地，随意地点点头。三婆姨又问道："饿坏了吧？"家宝嗯了声。三婆姨笑道："已经给宝儿备了糕点。"家宝回头望了望人群，没有发现家怡，心头隐隐失落，就问三婆姨道："姐姐们呢？"三婆姨道："约莫回去了罢，明日你再同姐姐们玩耍。"

回到厅堂，丫鬟们早已经备好了丰盛的饭菜，鸡鸭鱼肉样样不缺。家宝刚入座，抓起一只鸡腿，似饿狼般虎吞起来。一旁的刘一手乐道："宝儿慢慢吃，一桌子菜全是你的。"家宝口中啃着一只鸡腿，又放手撕掉一只鸭翅。三婆姨担心家宝噎着，起身盛了一碗八宝汤，叫道："宝儿不急，喝一口粥，再吃肉。"家宝不依，仍然啃着鸡腿。三婆姨只好放下汤碗，拿起筷子，每道菜夹一样放在家宝碗里，唯恐家宝吃不饱。说这刘家宝年纪虽幼，饭食却大，顶得一个成人饭量。刘一手慈容看着家宝，一脸乐呵呵的笑。大婆姨对刘一手喜道："今日真是有惊无险，日后需给宝儿身边安排个丫鬟，也好照应着。"不等刘一手开口，二婆姨笑道："昨日正好新来了一个丫鬟，乳名翠翠，年方十五，手脚勤快，心地善良，不如唤她留在宝儿身边。"刘一手道："你妥办便是。"二婆姨起身吩咐去了。片刻工夫即回到厅堂，手中捧着一本子，笑道："我已经吩咐妥了，这是这个月的账本，老爷子过过目。"刘一手一心在家宝身上，哪肯腾出工夫看账本，只道一句："罢了，你妥办了即可。"二婆姨不好说什么，收了本子。

不多时，只见进来一个丫鬟，生得眉清目秀、伶俐乖觉，原是老三婆姨新买的贴身丫头，唤名翠翠，径直走到前，向大婆姨和二婆姨请了安，又向刘一手道了万福，再拜了三婆姨，退身听候差遣。刘一手见这姑娘长得白净，是个利落的人，也就放了心。家宝吃了一整只鸡和鸭，扒拉了三碗米饭，又喝了几口八宝汤，便叫道："三婶，我困了。"三婆姨唤翠翠服侍家宝回了厢房。刘一手也因闹腾了一天，身子早已难耐不住，在丫鬟的搀扶下回厢房歇息去了。大婆姨吩咐丫鬟小厮收拾了残羹冷炙，唤三婆姨到隔壁房内叙话。

两人就榻上坐了，大婆姨突然笑道："你说这宝儿真是淘气，闹得府上劳神费劲。"三婆姨却轻轻叹道："都是我的不是，粗心大意了。日后长了记性，万不敢再离开宝儿半步。"大婆姨安慰道："妹妹休要责怪自己，岂是你的错？

这宝儿虽说是捡来的，可是你也看出来，老爷子是认准了宝儿。咱府上无福，生不出个男子。府上日后传宗接代，甚者祖宗留下的基业，没有男人怎么能行？"三婆姨应承道："嫂子说得在理，若真是耽搁了传宗接代，我等可成了罪人！"大婆姨道："谁说不是！宝儿年龄尚小，妹妹眼下又无一儿半女，交由你照看，一来可以沾沾男子阳气，二来宝儿随了你，日后就是亲娘的喊叫。亲上加亲，也是一桩美事。"三婆姨感激道："嫂子深明大义，庇荫恩情，妹妹记在心里。"大婆姨又似突然记起什么，对三婆姨耳语了一番。三婆姨点头理会，笑道："宝儿年纪还小，日后慢慢自会适应，逼迫不得。"大婆姨也乐道："你自个儿琢磨便是，盼着宝儿能给咱府上带来福音。"两人又絮叨一番，各自歇息去了，不在话下。

※　　　　※　　　　※

却说家宝进了刘府，如宝贝一般备受众人爱护。单单这刘一手，更是喜爱如命。凡是能推就推的事一概推掉了，只把心思一并用在家宝身上，携着家宝每日赋闲玩耍。家宝病情痊愈，性情活泼，也是十分淘气。翠翠单个人照应不来，只累得每日精疲力竭，又不好抱怨，也说不得，只能忍气吞声。三婆姨自上次祸端了结后，再没有出什么差错，府上哥哥嫂嫂、弟弟弟妹也无不尊敬着，全然不是以往态度。这府上上下下也不敢对家宝说个不是，做个不依，全看着老爷子的面子依着家宝的意愿，即便是老爷子的孙女们也从来没有受到过这般待遇。家宝是个无心的孩童，见没有了管制约束，更加放肆无羁，骑在丫鬟小厮们的头上拉屎撒尿都不觉得过分。

要说受气的最是照看家宝的翠翠了，当下，估计又是受了什么委屈，正在走廊里隐隐抽泣，偏被老三刘学义撞了个正着。刘学义生得一表人才，又因权责府上药材运营，时常走南闯北，久经商场，自是风韵翩翩，倜傥潇洒。得了空闲，回来归省，偶遇翠翠在廊下哭泣，上前便问道："发生了什么事？"翠翠见来了人，拂袖擦了泪，抬头看时，也正巧碰着刘学义炯炯双目。翠翠方适情窦初开，见这般俊俏面庞，心好一阵鹿撞，绯红了脸颊。刘学义虽是见多识广、阅人无数，见翠翠这般清秀面容也是府上不多见的，心中自然喜爱几分，随即问道："你叫什么？为何不曾在府上见过你？"翠翠请了安，低头细语道："奴家乳名翠翠，刚买来在府上做丫鬟，侍奉宝儿公子。"刘学义道："为何在此哭泣？"翠翠一时语塞，委屈难挨，又哭将起来。刘学义心生怜惜，安慰道："你且慢慢说来，受了什么委屈，我替你做主！"翠翠抬头看了一眼刘学义，不觉如受雷电，汗毛陡起，浑身酥软，忽而低头羞赧道："也没什么了不得的事，兴许怪我娇弱，不曾受得苦，因宝儿公子无意弄伤了脖子，也没什么大碍。"刘学义一步抢到翠翠面前，逼得翠翠没了呼吸。翠翠径自瞪大了眼睛，不知所以。刘学义撩起翠翠衣领，看到一条细长血痕，怒道："放肆！这般顽童，岂能没有管教。"说罢，大步寻去。翠翠怕再惹出什么祸端，紧跟随身后，边喊道："三爷莫生气，小事化了，莫怪罪了宝儿公子。"

家宝正在院子里独自玩耍，被刘学义一把拎起来，还没有闹明白怎么回事，屁股上已挨了两巴掌。刘学义教训道："好个顽童，看你还敢放肆！"家宝疼得哭将起来，喊道："你坏！我去告诉爷爷去！"说罢，哭着寻爷爷去了。翠翠怕惹出是非，担忧道："三爷何必为了一个卑贱女子，伤了同宝儿公子的和气。"刘学义安慰道："这般顽劣，今日若不教训教训，日后还了得。"翠翠身子微微一侧，行礼道："翠翠谢过三爷。"起身，送来一双含情脉脉桃花眼，正欲与刘学义再叙些他话，不料只听到一声责骂："好个不知歹劣的相公，你为何毒打宝儿？"刘学义见自家婆姨骂咧咧过来，上前迎住道："怎舍得毒打？不过手摸了宝儿屁股，却惹来你这般动怒！"老三婆姨又道："别说打了宝儿屁股，就是摸也须小心了手的气力。"刘学义冷哼一声，道："我爱打就打，顽劣孩童，不打不成器。"老三婆姨哭腔道："你小声点儿，旁人听了好似你我虐待宝儿一样，你不要同我说了，老爷子唤你过去。"刘学义道："叫我做什么？"老三婆姨道："还不是刚才的事，待会儿见了老爷子，万不可再动怒，好声向宝儿道歉。"刘学义又冷哼一声，随老三婆姨见老爷子去了。

家宝受了委屈，正躺在刘一手怀里哭着闹腾。刘学义进了厅堂，正欲向老爷子请安，却被刘一手一根拐杖打了过来。刘学义没有躲闪，拐杖狠狠夯在刘学义肩上。刘一手责骂道："好个兔崽子，成气候了！什么时候轮到你打宝儿了！"老三婆姨见丈夫被打，赶紧劝慰道："老爷子别动怒，相公只是轻轻摸了下宝儿的屁股，不曾用力。"刘一手怒道："摸也不行！"老三婆姨立刻道："是，是，老爷子说的是。"家宝突然哭着喊："我要三叔赔不是！"刘一手哄道："好好好，爷爷让他赔不是。"提起拐杖对刘学义道："快给宝儿赔不是！"刘学义哪里肯屈身道歉，再次冷哼一声，道："小小孩童，被你们溺爱如此，日后怎个管教？"刘一手见状，又抢来一拐杖，责怪道："还有理了不成！"老三婆姨心神焦灼，对家宝道："三婶给你赔不是……"家宝又哭闹道："我不要三婶赔不是！我就要三叔道歉！"众人拗不过，刘学义为了顾全老爷子，又在自家婆姨再三请求下，赔了不是才算了事。

恰时，大婆姨和二婆姨也听到了风声，赶过来探个究竟，问了些个情况，晓得事情已经过去，大婆姨才说道："老三，生意可做得顺畅？"刘学义道："承蒙嫂嫂关切，大哥经营有方，又有四弟帮衬，一切顺畅。"大嫂道："那便是好，商帮路途遥远，听你大哥说匪寇山贼居多，万万小心为上。"刘学义道："我医药商帮，做的都是正经买卖，且护镖走路的都是好手，不妨事。"二婆姨接过话茬道："姐姐说的在理，小心驶得万年船，买卖可少做了，性命是最紧要的。"刘学义久经商场，自是知道些厉害，便听从了嫂嫂，又问道："二嫂，二哥的丹药研究的如何？"二婆姨道："不甚明了，你见了他问他便是，只晓得他前些日子又进了一趟山，刨些个白色的东西，挖了些药草，正烧炉研制。"刘学义道："恐又是些稀奇古怪的药方子。二哥的灵丹妙药，各方需求紧着催赶，千万莫断了。"二婆姨道："我说与他便是。"又见家宝躺在老爷子怀里，孤单无聊，笑道："宝儿，你姐姐们上学去了，你一个人怪寂寞的，随你翠翠姐姐玩耍去吧。"家宝突然喊道："姐姐坏，我不要跟她玩耍。"刘一手心疼孙子，紧忙说道："宝儿乖，那就不和姐姐玩耍，随你性子。"大婆姨对三婆姨道："既然宝儿不喜欢翠翠，再给他换个丫鬟罢。"三婆姨道："依姐姐就是，只是还要劳烦姐姐在府上寻一个。"二婆姨道："放心吧，交给我就是了。这次一定给宝儿寻个水灵懂事的，莫再惹我家宝儿，跑来闹老爷子烦。"又瞧一眼刘学义，道："看我这记性，倒是忘记了重要事，这老六走了也没个音信，叫六妹妹好生牵挂。知道三弟从帮中回来，六妹妹定要托我问个话。三弟，可是你六弟忙得抽不开身？怎么连自家婆姨也不思恋？"刘学义道："六弟刚到帮中，大小事宜皆要亲力亲为，又因药商事务繁忙，实属脱不了身。这次回来，也是托我定要看望弟妹母女二人是否安康，捎个音信回去。"二婆姨道："如此这般，倒是不怪罪他了，且告诉他，闲暇之余，捎封书信，了却妹妹牵挂深情，也未尝不可！"刘学义道："回到商帮一定告知六弟。”

家宝一心想着见到家怡姐姐，全然不在乎旁人说了什么，闻得姐姐在私塾上学，便央求刘一手道：“爷爷，我也想上学。”刘一手笑道：“宝儿年龄尚小，等宝儿长大了，爷爷给你请个先生。”家宝不依，哭闹着要上学。刘一手无奈，只好哄骗道：“宝儿乖，爷爷给你买糖葫芦吃。”家宝一听，转悲为喜，喊道：“吃糖葫芦喽！”扯拽着刘一手便朝府外走。二婆姨紧忙道：“请个下人随着。”厅堂方才消停了。二婆姨乐道：“这宝儿虽然年小，尚且知道学习，日后用功读书，取个科第名次，也荣耀了府上列祖列宗。”三婆姨道：“那道是一桩好事，咱府上世代为医，若是出个状元郎，岂不显赫了整座徽州城！”刘学义一心牵着翠翠，说了些不紧要的话，又借故寻二哥去，便出了厅堂，剩下几个婆姨唠些家长里短的话。

刘一手携家宝出了刘府，进了徽州城繁华街巷。单说徽州城，每条街上都有不同特色的商铺，斗山街的陈家茶庄，以经营茶叶为主；中和街的王家布庄；新南街的李家，把持着徽县的当铺；大北街的赵家，祖上便是开烧锅的；小北街的刘家药铺，最是济世救人。每个商铺的东家，各自经营着各自的生意，互不相干。

家宝初来乍到，见这徽州城，闾檐辐辏、万瓦甃鳞、城隅濠股，略无隙地。茶庄酒肆更是鳞次栉比。青瓦素墙，高屋建瓴，一波起伏一波。吆喝呐喊，敲锣打鼓，也是一声翻涌一声。这般繁盛景象，喜的家宝东奔西跑。幸好有小厮们随着，不然单凭刘一手年老体弱，怎经得起这个折腾。

“卖糖葫芦……糖葫芦……”家宝听见叫卖，缠着刘一手道：“爷爷，糖葫芦！”刘一手令小厮买来糖葫芦。家宝一面吃着，一面戏耍街上琳琅满目的稀奇玩意儿。突然人群中飘然而来一名道士，这道士长得圆脸溜须，唇阔口方，拢发弄髻，混元巾束，穿了一身青色道袍，右手持拂尘，左手擒纸幡，挡住刘一手去路，问道：“客官，可否算上一卦？”小厮们知是江湖骗子，扰了老爷子，一个个上前就推搡道士，呵斥道：“快滚开！”刘一手不理道士，径直前走。谁知那道士喊道：“算一算知天命，卜一卜洞乾坤，小公子头戴金光，生得灵秀，日后定有贵人相助。”刘一手不听则罢，这一听便止住脚步，喊了小厮，吩咐道：“赏他些银两，打发去了。”小厮从怀中掏出几两碎银子，丢给道士，喊道：“快走快走！”道士却不加理睬，又道：“小公子佛光耀身，脚踏祥云，非凡人也。"刘一手又唤小厮赏他十两银子。道士睥睨一视，不予纳受，径直走到刘一手面前，从怀中掏出一卷黄色绸缎，道："我这里有一件宝物，见与小公子有缘，就赠予小公子。"

刘一手接过黄绢，展开看得一把飞刀，银光灼眼，五寸长余。刘一手暗暗一惊，双手颤抖，紧忙问道："敢问仙道何人？"道士不语，大笑一声，留下一句："生在闺中金銮内，怎奈错栖屋檐下。是龙终须归入海，万般溺爱留不住。"便扬长而去。刘一手见这疯癫道士远去，径自呆看手中之物，再看家宝，不觉心凉神暗。家宝见爷爷手中托着一物，叫嚷道："爷爷，我要！我要！"刘一手方回过神，忙将手中之物藏于怀中，笑道："宝儿乖，爷爷给宝儿买糖葫芦吃。"家宝心急吃糖葫芦，不再吵闹。

没走几步，又适逢临街当铺李东家和布庄王东家，彼此行了礼数，道了万福，说些客气的话，又谦让一番，携同去了北桥头的桂花香客栈小叙。

客栈伙计见贵人造访，忙上前招呼道："几位爷，楼上请。"恰巧，秦贡士和斗山街的陈富人也在，几人便围坐一桌，沏茶叙话。众人见刘一手身边孩童，皆已知晓根由，但是嘴上却客气道："恭喜刘神医，贺喜刘神医，喜得一宝。"刘一手作揖回礼道："谢过各位，且吃茶。"秦贡士吃了一盏茶，偶然瞥见墙上行云一行字迹：以茶立德，以茶陶情，以茶会友，以茶敬宾。不禁叹道："说得好！说得妙啊！这正是我徽州茶魂所在。"众人吟罢，也皆叹称得好。布庄王东家触景生情，感慨道："民间传一歌谣'前世不修，生在徽州，十三四岁，往外一丢'，都说我徽州商人是心硬的冷血负心汉，三年一归，新婚离别，习以故常，岂不知皆由清贫生计所致，走南闯北的，哪一个不依恋家眷？"陈富人赞同道："人唤我'陈百万'，殊不知我这浩浩家当全是拿命拼得，这鬼门关我时不时要走一遭。即使如此，也未敢恣意挥霍，仍旧叮嘱后人勤俭持家，才可成就一方富绅。"典当李东家也道："粤商、晋商、浙苏两商，同我徽商合称五大商帮。贸易往来，不曾争执，皆以诚待人、以信接物，义理兼顾，方能自始而终。"陈富人道："商海风云变化，九死一生。先前浙闽沿海海盗猖獗，谈之色变，今日幸亏得以清剿，使得沿海贸易生计暂缓平和。"突然又压低声音道："只是，这海禁使得不妥，断了我一大半的生意。如今双屿倭寇被剿，浙闽沿海看守更是森严，恐要断了海上贸易了。"众人听罢，皆回头小觑，示意陈富人隔墙有耳，口下留意。

说者无心，听者有意。刘一手虽说一面低头逗着家宝玩耍，耳根子却丝毫不敢轻慢，众位官人乡绅的话字字句句听得仔细。

众人捧了茶，吃了一碗。王东家又倒一碗茶，敬了刘一手道："素闻刘神医威名远扬，前些日子我布庄走帮，途中遇到些山贼，抢走了我一桩生意，伤了我几个帮中兄弟。如今又要走一帮，恐途中再遇不测，所以恳请刘神医相助。"刘一手道："我与镇远镖局的何帮主是旧相识，可以请他帮你走一趟。"王东家喜道："能够得何帮主一臂之力，实在是荣幸，来，敬刘神医一碗，以表谢意，走完这趟镖，再表谢意。"刘一手道："王东家客气了。"李东家又道："看过今日的新闻吗？"陈富人道："写的什么？"李东家道："北方鞑虏再次侵犯我疆土，边疆告急。"陈富人一拍桌子："可恨！"刘一手道："我等虽是手无寸铁之夫，但天下兴亡，匹夫有责。正是我等报效之时，应慷慨解囊，捐赠物资，以助朝廷微薄之力。"众人皆表示同意，待商榷一二，于明日会和徽州府，各尽其能，援助边疆。

吃过茶，众人又小叙一些杂事，见天色已晚，便起身道别，各自回家去了，不再后续。

※　　　※　　　※

家宝一连数日不见家怡身影，心中大为不快，稍有不顺，便大闹刘府。刘家宝一闹腾，刘府上下就不得安宁。先前老三刘学义还会教训几句，如今这般情景，也懒得管教，任凭家宝恣意闹去了。

这一日，家怡姊妹提早从学堂回来，老大婆姨正和众婆姨在厅堂叙话，见家怡回来，问道："下学了？"家怡闷闷不乐，嗯了声，其他姊妹也一脸苦闷，不曾多言。二婆姨取了家佳和家男的包囊，问道："今日为何这般早回？该不是惹了先生被遣了回来？"家怡吃了一口茶，抓了一把果子吃了几个，便道："才不是呢！今日书院来了官兵，禁了书院，封了敕条，还把先生赶走了。"众人为之一惊，四婆姨骂咧道："怎个意思？天煞的官兵！禁了书院，日后如何习读？"恰巧三婆姨带着家宝玩耍归来，听到话音，赶忙道："好好的，怎么就禁了书院？"说话间，拽了一把藤椅坐下。

家宝日日盼，夜夜念，想着和家怡她们一起耍闹。今日，好容易瞅着家怡她们空闲，欢喜叫道："姐姐！"家怡回身见了家宝，抓起一把干果，笑道："想姐姐了？给，吃些干果。"家宝并未接，却说道："姐姐这就陪我玩。"嬉笑间，家怡已唤上家佳、家男、家敏、家璐和家静，携了家宝的手出了厅堂。

大婆姨吃了一口茶，轻叹道："不上学也罢，老爷常说，男子有德便是才，女子无才便是德。家怡她们若能调教好家宝，老爷子他肯定会开心。"四婆姨也乐道："说这宝儿也怪，每次见了家怡便安分了。"三婆姨道："宝儿天天念叨姐姐们，恐也是一个人闷坏了。"四婆姨突然笑道："这宝儿也真是一个活宝儿，要是不闹腾，我反而觉得府上冷清。"二婆姨也笑道："说的是，宝儿生得灵性，淘气乃是天分，若真是斯斯文文，我倒是有些不适。况且自古英雄侠客，少时哪有不淘气的？灵性的人都是接地气，都是些不安分的主。"三婆姨听众婆姨夸赞家宝，不觉脸上添了光彩，虽说家宝不是她亲生的，如今这干系比亲娘还亲！不禁喜上眉梢，乐道："是府上列祖列宗恩德感化了菩萨，这才降临宝儿来。"五婆姨附和道："可不是嘛，几日前跟随老爷子的几个小厮都说，有一神秘道士说宝儿非同凡人，日后定有作为。"众婆姨点头称是。三婆姨又道："今日怎不见六妹妹过来闲叙？"二婆姨道："昨日染上了风寒，身体乏累，在房中歇息着呢。"三婆姨道："六妹妹房里的奶娘呢？"二婆姨道："前天告了病假，尚未回来。"四婆姨道："苦了六妹妹了，吃过午茶，我等去看看，莫让妹妹觉得我等冷清了她。"言罢，众婆姨吃完了茶，起身前往西院看望六婆姨去了。

此刻，家宝跟随姐姐们在院子里嬉闹一出戏，名曰"百鸟朝凤"。家怡饰演皇上，家宝饰演皇妃，家佳和家男她们饰演丫鬟。丫鬟要恭恭敬敬侍奉皇上和皇妃，不得说一个"不"字。饰演了几回，家男不乐意，要同家宝换位置，家宝玩得尽兴，哪里肯。两个人便因此争执起来，家宝同家男同岁，又生性顽劣，上前便将家男推倒在地。家男坐在地上哭将起来。姐姐家佳看妹妹受了欺负，便上去打抱不平。家怡作为姐姐紧忙上来劝架，一时间好好的一出戏被打得七零八落。家男和家佳上婆姨那里告状了，家敏、家璐她们年龄尚小，见姐姐们散了，也觉得无趣，自个儿玩耍去了。家怡带着家宝来到自己的厢房，说要玩骨牌。见家宝不会，家怡索性展开笔墨纸砚，画起画来。家宝看不懂，也不敢做些什么动作，只顾立在一旁静静看着。家怡见家宝看得认真，笑道："宝儿，可曾画过？"家宝摇摇头，说道："不曾画过，姐姐画得真好看。"

说这家怡乃是刘府的长孙女，深得刘一手疼爱。这刘府后继无子嗣，刘一手便将家怡送往书院习读，跟随先生熟悉个一二字。家怡生性好学，琴棋书画样样精通，又曾受过唐寅点化，画风更是了得。这不，才完毕一幅字画，便抚琴一首。家宝听不懂音乐，单觉得声音悦耳，倍感舒服，竟听得入了迷，对家怡姐姐也是仰慕不已。

二人在厢房里玩耍一阵子，又觉得乏味无趣。家怡便携了家宝，来到沁园。此次前来，家宝更觉得沁园美得不同以往。进入沁园，被一带翠嶂挡在前面，往前一望，只见白石崚嶒，或如鬼怪，或如猛兽，纵横拱立，上面苔藓成斑，藤萝掩映。家怡携家宝沿小肠石径朝里走，进入石洞，见佳木葱茏，奇花炳灼，一带清流，从花木深处曲折泄于石隙之间。再进数步，皆平坦宽豁，两边飞楼插空，雕甍绣槛，半隐半露于山坳树木之间。两人越过彩虹桥，又出亭过池，绕过千百竿翠竹林，转过山坡，穿花渡柳，抚石依泉，入蔷薇园，出芭蕉坞，又是一路或清堂茅舍，或堆石为垣，或幽尼寺塔，或长廊曲洞。再行不多远，则见一座崇阁巍峨，层楼高起，面面琳宫合抱，青松拂檐，玉栏绕砌，金辉兽面兽头。

家怡突然说道："见过这座大殿，乃是府上的藏书阁，日后你若习读，便可来这里。"家宝惊呼道："好气派！岂不是藏了很多书？"家怡笑道："那是当然，多的宝儿数不过来。"家宝天真地问道："那要读多久才能读完？"家怡道："一辈子也读不完，人说十年寒窗苦读考取功名，日后你也天天待在这里，求取功名。"家宝一听，不乐道："日日习读，多么枯燥乏味。考取功名什么的，我才不稀罕。"家怡笑道："小小孩童，岂是你能说稀罕就稀罕，不稀罕就不稀罕。"家宝道："那姐姐读书习字为了啥？"家怡想了想，道："不为什么。"家宝好奇再次问道："不为什么是为了什么？"逗得家怡大笑，道："好个宝儿，倒问得姐姐不知如何回答了。"

二人说笑着进了竹林。家宝见此番情景，激动道："姐姐，我曾来过这里。"家怡惊讶道："胡说，你几时来过？"家宝道："上次因误入这里，被爷爷好找。"家怡才想起上次家宝闹失踪，扑哧一笑道："说来也是缘分，这里我经常来，有时候一个人，有时候带着家佳她们来玩耍。这里安静惬意，是府上不可多得的去处。"说罢从袖口中掏出一只玉箫，寻了一石凳坐下，吹奏一曲。家宝蹲在家怡面前，双手托腮，凝神聆听，一曲作罢，家宝喜的不能自己，喊道："姐姐吹奏得真好听。"家怡笑道："这首曲子叫《蝶恋花》，只要弟弟喜欢，姐姐日后经常吹给你听。"家宝看着家怡手中的玉箫，喜道："姐姐我要看。"家宝取过箫，爱不释手。家怡道："喜欢吗，姐姐送你了。"家宝紧忙还了回去，嘟嘴道："我不要，若是我要了，姐姐就没有办法给我吹曲了了。"

家怡好像突然想起什么，说道："姐姐带你去一个神秘的地方。"家宝一听，饶有兴趣地问道："去哪里？"家怡故作打掩护道："去了你就知道了。"家宝跟在家怡身后，喊道："我要拉手。"家怡拉过家宝，径直向竹林深处走去。

谁知这竹林远不止如此，密林深处藏有文章。行不多远，忽闻水声潺潺，细看去，见一石洞，名曰：灵光洞。洞上罗薜倒垂，遮掩了洞口，洞的右侧树了一座条石头，石头上刻了两个朱红大字，名曰：禁地。家宝奇怪地问道："姐姐这是什么地方？"家怡示意家宝小点声，道："这是府上禁地！"家宝放低声音，道："什么是禁地？"家怡道："禁地就是不允许他人来此！"家宝又道："这个地方是用来做什么？"家怡道："我也不曾进去过，听说洞里有一座仙潭，可治百病，府上的药方子皆用这仙潭之水。除了二叔等人，旁人一概不得进去。"家宝却没有被唬住，道："姐姐既然没有进去过，不如今日了却了这个憾事。"家怡看看家宝，又瞅瞅灵光洞，道："不过宝儿要对天发誓，出去后绝不告诉别人。"家宝信誓旦旦地说道："宝儿发誓，全听姐姐的话。"

二人小心翼翼盘开垂蔓，家怡在前，家宝紧随其后，扶墙而进。行不几步，隐约瞥见光亮，再进几步，竟是一间石室，中央高立一座炼丹炉，周边墙壁雕刻着一幅幅人体脏器图，附了字迹，家怡只识得"阴阳轮回"几个字。石室正方有一书阁，家怡看去，见是《黄帝内经》《神农本草经》《本草纲目》之类的，还有一些不知名的画本，家怡翻阅几页，见图上男女皆裸体形态，不堪入目。家怡也是渐通人事，见此不禁绯红了脸，连忙合上。

家宝在一旁问道："姐姐，阁上的都是些什么书？可是用来考取功名的？"家怡一听更是飞红了脸，紧忙说道："我也不晓得是什么书！"石室除此外，再无他物。两人看罢，未曾发现什么仙潭，也觉得无趣，便出了石洞，见天色已晚，不敢逗留，径直出了竹林。

两人紧赶慢赶，天色还是渐渐暗了下来。绕过曲廊，行至一处院落，花木皆无，只是些异草铺陈，几块儿假山石，几株芭蕉海棠。院落只一处房舍，房舍内亮着灯火。家怡和家宝走近房舍，听得房内"咿呀"呻唤。两人见房门虚掩，不禁好奇探头看去，只见榻上一男一女裸体而卧。家怡一眼便看清裸体男子正是三叔，见他蹲跪在女子下户，不知做些什么，又见女子双腿高挑，压在三叔两肩，口中发出一阵阵似痛苦般又似愉悦般的呻吟。

"姐……"家宝一言正欲呼出，却被家怡一把捂住了口。二人冒冒失失，慌里慌张逃了去。二人不知跑了多久，见一没人角落，方才落定喘气。家宝将方才一幕看得一清二楚，却是个不明白事理的朦胧孩童，便好奇问道："姐姐，刚才那两个人在做什么？"姐姐立刻又涨红了脸，支吾道："没……没干什么……只是……只是在做游戏。"家宝又问道："什么游戏，竟需脱光了衣服玩耍？"家怡双手捧脸，一时不知说什么好。家宝见姐姐如此状态，追问道："姐姐快告诉我！他们耍的什么游戏？好玩吗？"家怡似笑非笑，欲哭又哭不出来。家宝见姐姐不说话，两眼水汪汪，误以为家怡生了气，便安慰道："姐姐，不如你我也玩耍那个游戏吧。"家怡一听，紧忙捂了家宝的嘴，瞅一眼四处无人，唬道："以后不许这般胡说！"家宝吃了一惊，忙自己捂了嘴，呆呆地盯着家怡，一语不发。家怡见刚才的话唬住了宝儿，心生怜爱，拉起家宝的手，安慰道："好弟弟，那是大人们玩的游戏，日后莫再提他！"家宝点点头。家怡又道："今晚看见的情景，莫要对任何人提及！晓得吗？"家宝如听到了命令一般，只得点头称是。姐弟两人不敢停留太久，待神情稳定，便回厢房向婆姨们请安去了。

待吃过晚茶，婆姨们都有些困倦，再没有絮叨些什么，各自回去安歇了。家宝毫无困意，听刘一手讲了一两个故事，便按捺不住性子，来到厢房找家怡玩耍。家怡正在镜前整理妆容，预备洗漱了睡去，却见家宝过来，笑道："宝儿不睡觉，过来做什么？"家宝径自坐在榻上，道："睡不着，来找姐姐叙叙话。"家怡放下胭脂，坐在家宝身边，牵宝儿的手笑道："今儿个还玩得不够尽兴？"家宝道："就是思恋姐姐，眼里脑里都是姐姐，卧在榻上，枕边也是姐姐。叫宝儿怎么睡去？"家怡听了好一阵子笑，道："我的乖宝儿，若是这般，要是姐姐不在，你岂不无法过活？"家宝道："真真是的，若是没了姐姐在，这府上也没有什么可留恋的了。"家怡嗔怪道："胡说，爷爷、婶婶们都疼爱你，怎是没有留恋的呢。往后也别顾着只依赖我一个人，家佳家男姐姐都是你的姐姐，且莫生疏了。"家宝道："她们都没有姐姐好，总是欺负我。"家怡道："疼爱你还来不及，怎会欺负你，应是你淘气惹了她们。"家宝道："我的好姐姐，我怎敢惹姐姐们，倒是她们欺负是真的。"家怡下榻，唤来丫鬟给家宝准备了一碗热茶，道："吃了茶便回去吧，明日再来寻我玩耍。"家宝道："姐姐可吹奏一曲给我听？"家怡笑道："夜深人静，吹了反而叫人心生凄凉，改日姐姐再吹给宝儿听。"家宝一脸闷闷不乐。家怡看家宝赌气，忙劝慰道："好宝儿，姐姐给你讲故事如何？"家宝立刻精神起来，也顾不得吃茶，端正了身子听家怡说故事。

灯光红晕娇懒，如一缕仙道霞光，光晕里是家怡水秀的容颜，竟叫家宝看得痴迷了。听罢一则，不禁嚷道："我要姐姐一辈子给我讲故事。"家怡笑道："我的好宝儿，姐姐给你讲一辈子故事。"两人说些宽慰的话，家宝才依依不舍地回了厢房睡去了。

※　　　※　　　※

春去秋来，不觉中秋节至，徽州城内繁花似锦，热闹非常。单说这刘府也是张灯结彩，珠光乾坤，奢华无比。府上各处，帐舞蟠龙，帘飞彩凤，金银焕彩。石栏门廊，皆系水晶玻璃各色风灯，如银光雪朗；无花诸树，皆用通草绸绫纸绢依势做成，粘于枝上。

当下刘府众公子也都歇了生意，归来团聚。先祭拜了列祖列宗，再吃过了团圆饭，又携幼扶老，前往沁园看戏。刘一手最爱这浓厚的徽州腔戏，亲自点了一出《七擒孟获》，后由众婆姨凭自喜好，各点一出，有《昭君出塞》《贵妃醉酒》《水淹七军》，弟兄子侄，互为献酬，姊妹婢妾，共享笑语。独有那家宝见这繁华田地，只略坐了一坐，便走开寻家怡去了。

家怡正在厢房同家佳妹妹们一同玩纸牌，见家宝过来，笑道："宝儿怎不看戏过来了？"将纸牌交给丫鬟替自个儿打着，径自拿了条寝衣披在家宝身上，又道："天气凉，来也不找嬷嬷陪着？"家宝道："我偷偷跑过来的，嬷嬷不晓得，还在看戏。"家男没好气地道："哟，小魔王又来捣乱来了！"家宝气恼，嘟嚷道："谁是小魔王，你才是小魔王。"家怡道："莫要再斗嘴了，都安生些，好好耍你们的牌。"又问家宝道："戏唱到哪一出了？"家宝道："不晓得，来时台上'哇哇呀呀'几个蒙面大汉正在厮杀，看不出是哪一出。"家怡笑道："应是《英雄义》了。"家宝问道："姐姐怎么不去看戏？"家怡道："打打杀杀，有什么好看的，不似找个清静的地方，耍耍牌，省得耳边聒噪。"

两人又叙一些话，家宝突然打哈欠一番。家怡道："怎么困倦了？"家宝道："白天玩得疲乏，现在精神有些恍惚。"家怡道："你暂且睡我这里吧，待姊姊们回来领你。"说着替家宝展开被褥，小心服侍家宝躺下，掩了被褥，正欲离开，家宝突然道："姐姐不走，陪着宝儿。"家怡又坐在床沿，笑道："姐姐不走，安心睡吧。"家宝一闭眼，径自睡去了。家怡看宝儿唇红齿白，小脸肥嘟，好生喜欢，忍不住偷偷捏了上去，只见家宝侧了个身，唬得家怡忙收了手，暗自笑道："好个淘气的宝儿。"

且说刘一手看戏看得尽兴，却见小厮上前通禀，顾金事已在前堂候着。刘一手来到前堂，见过顾金事，说了些客气话，又道："顾金事，先前病可有好些？"顾金事再拜了拜，道："此次前来特意道谢，幸得刘神医医术高明，才除了顽疾。又逢中秋佳节，备了些薄礼，不成敬意。"刘一手道："顾金事客气了，明日我再配些方子，按时服用，以除根疾。"顾金事再谢过，心里暗忖："这刘府德高望重，又得天朝圣恩，若是能够攀个姻缘，结成亲家，岂不是亲上加亲，皆大欢喜。"于是又道："顾某这次前来还有一事相商。"刘一手道："顾金事不必顾虑，但说无妨。"顾金事笑道："府上有一犬子，年方十五，上承祖德，下洁自身，若是能够与贵府结为亲家，乃是我顾某的万幸。"刘一手也早闻顾府生的一俊郎，且才貌双全，又知书达理，如今见顾金事提及，也正好应了意愿，便道："早闻令郎才学横溢，相貌俊郎。今我有一长孙女，年方十岁，老夫平生疼爱有加，承蒙顾金事看得起我刘府，自是不敢推脱。待儿女少长些，请个婆姨，做个媒妁之言，应了这桩美事。"顾金事见刘一手爽口答应，敬一杯茶喜道："刘神医，哦，不不，亲家，日后咱可是一门子亲，不说两家话，吃茶。"刘一手回敬了茶，两人说笑几句。刘一手请了顾金事看戏。这刘家怡的婚事就算定了下来，且待时令一到，男婚女嫁。

戏罢已是人声悄寂，家宝睡得正酣，却被丫鬟唤醒，吵闹了一阵，才回了睡去。半夜里恍惚中被尿憋醒，喊道："爷爷，我要尿尿。"不等丫鬟过来侍奉，却见刘学义和三婆姨拿了尿壶过来，一脸嬉笑。三婆姨道："宝儿，乖，婶婶给你接尿。"家宝闹道："我不要婶婶，我要爷爷！我要爷爷！"刘学义斥道："大晚上的，爷爷早睡了。"家宝继续哭闹道："我不嘛！我不嘛！我就要爷爷！"三婆姨又是赔笑又是好说道："宝儿乖，明天再找爷爷玩，婶婶给你接尿。明天家怡姐姐陪你玩。"家宝听到家怡姐姐，也不再闹腾，径自泄了尿，躺回床上睡去了。刘学义和三婆姨小心翼翼地端着尿壶，喜笑颜开，仿佛得了圣水般。三婆姨疑惑道："也不知二哥说的是否灵验？"刘学义道："管他个灵验不灵验，不试试怎么知道。"

这刘学义和三婆姨究竟在倒腾什么鬼？如此这般，一日接一日。叫丫鬟见了也稀罕，不禁私底下议论："最近奶奶行为古怪，以往夜里都是咱们服侍宝公子，如今竟然亲自服侍。"另一个道："怕是怨咱们服侍不周，这宝公子浑身是个宝，放在口中担心化着，捧在手里恐摔着，这样不是，那样不是，如今亲自照看，明摆着嫌弃了咱们。"又一个道："不服侍也好，叫咱们夜里也能睡个囫囵觉。"几个人正说着，忽然听到一声咳嗽，见翠翠挑着灯火走了过来。众人忙住了口。翠翠不打一眼她们，径自没个人似的走了过去。前脚刚走，几个人便后脚议论了："瞧她那得意样儿，有什么好得意的，不就是得了三爷的宠，还真把自个儿当奶奶了。"另一个道："可不是，还不是同我等一样的下等身份，指望攀高枝，鸡化凤，真是白日做梦。也不瞧瞧自个儿的模样。"又一个道："说的真真是，丫鬟终究是丫鬟的命，可别指望一步登天，到头来落个没门没脸，三爷是怎样的人！刘府是怎样的府邸！咱们进得来选作丫鬟已是天大的恩赐，还奢求得个什么名分？"

翠翠没有走远，一股风儿把丫鬟们刚才的话吹到了耳边。翠翠冷哼一声，暗自道："嘴碎的小儿，待我先替三爷生个儿子，看你们还怎么风言风语。"说着路过刘学义宅邸，见里面悄无声息，想必都睡去了。暗自站了一会儿，又眼前幻现一番情景，自己已穿了嫁衣，八抬大轿抬进了府门，那些嫉恨的丫鬟个个躬身哈腰服侍着，叫着一声声"奶奶"。翠翠想着笑了声，且又自道："若是能够为三爷生个儿子，不定将我做了正房。即便不做正房，做了妾也无妨，也不枉我生得这般俏丽颜色，把身儿给了三爷。"想着以后登峰造极、幻化成凤的日子，愈加自鸣得意，便学着奶奶模样走了。

一袭黑夜笼罩，各说枕边话。这四婆姨自打家宝跟了三婆姨，心里就一直不快，又不好在众婆姨面前说个什么，只得每次见面说说笑笑，像个没事儿人似的。可是回到厢房，又不能安寝，不免要对老四刘学礼絮叨。刘学礼常年跟随老三刘学义经商药材，每每弄得人困马乏，见自家婆姨絮叨没完，不耐烦道："你要是这般不顺心，明儿直接找老爷子说明了，唤家宝到咱房内住。岂不了事了。"四婆姨一听急了，叫道："说个什么话？姐姐们怎么看我，三姐姐背地里怎么说我？我还是个人吗？"刘学礼道："既然这样，便安安分分睡觉。"四婆姨道："睡觉！你就知道睡觉！你不晓得我心里的苦嘞。这家宝随了老三，日后还有咱们好日子过吗？你没有看到老爷子对家宝的好，那真叫一个掌心宝。这对家宝好，自然就对老三们好，府上什么好的都给老三，咱们家敏有什么？再者说了，这女儿将来就是泼出去的水，以后当家的还不是家宝。老三岂不是骑上你的头了。"刘学礼懒懒地说道："都是自家兄弟，何必计较那么多？说得个多少，又不是流到了外人田里。"四婆姨见刘学礼毫没进取之心，委屈地哭了声，道："好不争气的相公，常人说亲兄弟明着账。大哥统管徽州城各大药铺，二哥掌管着府上丹药研炼，三哥权责药材市场跑帮，你和五弟六弟呢？只是一个跑腿打杂的？人家都各自心里好生明白着呢，你呢？每日每夜累得不说，最后图了个什么？"刘学礼不服气道："各自经营其责，相安无事，岂不更好？为了争名夺利，最后闹个鸡犬不宁，你乐意？"四婆姨见自家相公不理解一番苦意，真是气不打一处来，拽了被褥，侧身隐隐抽泣。刘学礼见自家婆姨好生胡闹，也不加理会，也侧了身睡去了。

　　这老五刘学智宅邸倒是没见个动静，膝下已经有了两个女儿，家璐和家静。五婆姨对于家宝随了老三婆姨，先前还是不大乐意，不过日子久了，倒也觉得没什么。提及老六刘学信，小女家琦才刚咿呀学步，六婆姨又生得花容月貌，两夫妻恩爱如初，久别重逢，都这时辰了还在云雨淫爱，怎会有个工夫闲谈些无关事宜，更别说日后的缥缈远景。

　　日上竿头，月落西山，不觉又是几日。徽州城内繁华如常，刘府境况也似昨个。说这家宝越发依赖家怡，两姊妹情深，别同他人。家宝少长，也是越发淘气，若不是家怡多加劝告，早已将刘府翻腾个底朝天。众婆姨也说不得，丫鬟小厮更不敢吱声。自上次学堂被查封，家怡等姊妹休学在家，多是无趣。刘一手择日请了个私塾先生，学堂设在沁园内，续了学业。家宝见家怡都上了学，吵着闹着也要上学，刘一手便也将家宝安置在了学堂。谁知这家宝怎是一个习读的料，在学堂不曾待个半日，便不安分起来。趁先生闭目念词，径自在纸上画了只乌龟，捻起来给家男看。家男一看气得咬牙切齿，抓起一支笔砸向家宝。家宝一个闪身，没有砸到，反而回身冲家男做个鬼脸，扭个屁股挑衅。家男气得哭了。

先生闻声，怒道："谁在下面喧哗？"众人一时不作声了。待先生又朗诵诗文，正巧飞来一只素蛾落在家宝的书桌上，家宝一个猛扑抓在了手里，回身朝家男扔去。家男吓了冷不丁，"啊"的一声叫，惊了众人，也惹恼了先生。先生拿上戒尺，走到家男跟前，怒斥道："伸手来！"家男辩解道："分明是家宝捣乱，为何惩罚我？"先生问道："家宝，可是你在做鬼？"家宝道："学生不曾捣乱。"家佳也帮忙澄清道："就是家宝学堂上捣鬼，不专心习读，扰了学堂。我等都可以做证。"家宝道："你们谎人，见我好欺负。有什么证据证明？"家男道："当然有。"便去寻那蛾子，谁知不见了那蛾子，一时急的说不出话来。家宝笑道："哼！看吧，就是诬陷我了。装什么好人？"家男气急败坏，怎肯吃这个亏，道："好个没教养的野小子，仗着爷爷宠爱，岂是没了天了，今儿我倒要教训教训你。"说着，也不顾先生，抱了一书匣子抢了去，家宝一闪，却是打在了家宝书桌上，撞到了磁砚水壶，溅了一书墨水。家宝如何依得？叫嚷道："小妇养的，动了兵器了！"扯了书匣子砸向家男，家男未来得及闪躲，直直挨了一匣子，倒没有伤到，却是火冒三丈，踢了桌子，就扑向家宝。家佳见妹妹受欺负，也径自冲了上去。家敏本是只顾着看了，听见家佳喊道："愣着做甚？还不快来帮忙！"也冲了上去。家璐和家静年纪尚小，见姐姐们打架，唬得哭了。还没等先生劝架，三人早厮打在了一起。大姐家怡上去劝架，哪能劝得住，越发打得厉害。家宝虽是男子，却是敌众我寡，招架不住，仍喊道："让你骂我野小子！"家男追骂道："骂你怎的？外来的野种？没爹没娘的野种！"家宝怎受得了这谣诼，越发狂纵难制了，胡乱一通踢打，把学堂闹得天翻地覆。教书先生知是这些闹儿都是刘府的千金公子哥，哪敢动个手制止，只唬道："莫再闹了，再闹我就要戒尺严惩了！"家宝一等人正打得不可开交，哪儿还顾得这个。家怡见劝架不住，只得跑去告知爷爷。

刘一手和众婆姨闻声匆忙赶来，才劝住了架。一番闹腾，学堂不像学堂，学生不像学生。气得先生言不能表，只道一句："刘老爷，告辞了。"刘一手见留不住先生，只得任凭他去了。回来看着鼻青脸肿的家宝，好一声叹息，又不舍得责骂，上前查看一番，问道："宝儿，受伤没有？"二婆姨和四婆姨也见自家的丫头被打得头发蓬乱、衣衫不整，好生心疼，问寒问暖。四婆姨性子急，一面拉着自家姑娘，一面对家宝斥道："好个宝儿，不安心读书，竟然放肆在学堂闹腾，还动手打人——老爷子，你可得好好管教管教他。"家宝不服气道："是她们先动手打我的。她们人多势众，欺负我一个人。倒是应该好好管教管教她们才是。"家男嚷道："你别诬赖人，问问大伙儿，谁先捣鬼的，谁先动的手。"家宝见抵不过，也不作声，只哭一声扑到刘一手怀里。刘一手心疼，哪儿还敢责怪，只得问家怡道："家怡，谁先动的手？"家怡看看家宝，又看看家佳家男，再瞅瞅众婆姨，暗想道："若是说实话，宝儿必脱不了干系，受皮肉之苦。若是不说实情，家佳家男恐是恨死我了，日后姊妹情分也是尴尬。"转念一想说道："都是做姐姐的不好，没有仔细照看好弟弟妹妹们，爷爷要责罚就责罚我吧。"家宝虽然在哭闹，但是耳朵听得仔细，见家怡姐姐这么一说，不觉羞愧，也道："是我起的头，爷爷责罚宝儿吧，不干姐姐的事。"家佳家男见姐姐替自个儿受罚，心里也过意不去，又见家宝主动认错，也就不再似先前较真，纷纷说道："都是我等闹了学堂，气走了先生，爷爷连我等一并罚了！"刘一手见此番境况，怎好个责罚？便说道："今日之事，见你们有心悔改，爷爷就不再追究，若是再有下次，爷爷定不留情。"说完令众人散了，二婆姨吩咐丫鬟小厮们把学堂收拾了，又照老爷子嘱托，再请了先生。

※　　　※　　　※

家宝大闹了学堂，知自己闯下了祸根，更是见家怡姐姐自此后不加理睬，便不敢再恣意妄为，烈性收敛了许多，倒是在学堂认真细读了几日，眼下又坐不住了，恐再惹出个事端，索性不再去学堂。刘一手自知家宝年纪尚幼，生性顽劣，叫他怎肯安分习读，不如留在身边照看，一来免了再生事端，二来添这么一个宝儿在身边闹腾，日子倒是有趣。人常说，老小孩儿，老小孩儿，童叟做伴，岂不是一件快活之事。

此后数日，不论刘一手抓药看病，还是赋闲游玩，家宝都如影随形。说起这看病抓药，家宝小小年纪，却是喜好，逢刘一手给病人问诊，家宝就陪在一旁细看着，时不时问个所以，探个究竟，难得不耍他那烈性子。也说这家宝天生灵气，有过目不忘之本领，凡看过的药方、略过的医治，全可铭记于心。久而久之，家宝倒在刘一手身边做个好帮衬，选个药材，配制个药方，全不在话下。不过若是捧来《本草纲目》《伤寒杂病论》之类的药谱给家宝看，真是折杀了"这小小药童"，生性好动的家宝，不读则罢，读则不超过半个时辰，准附在书桌上睡去。刘一手只好作罢，取药材一一说解，名曰什么，有何特性，攻治何病，如何配制，能详则详，能简则简。说来也怪，家宝看不得书本，却对此颇有兴趣，皆能牢记于心。

一晃又是数月，这日，刘一手正在药堂配药方，忽见丫鬟匆匆赶来，禀告道："不好了，三奶奶晕倒了。"刘一手撇下药臼，紧忙前往老三宅邸，见过三婆姨，诊了脉，却喜笑颜开，乐道："喜也！喜也！"众人不解，刘一手又笑道："三媳妇已有了身孕。"刘府上下顿时欢声一片。

大婆姨捻一次佛珠，口中念叨："阿弥陀佛，菩萨保佑。"二婆姨拉了三婆姨的手，笑道："我说什么来着，菩萨应了不是，感觉身子好些么，打紧么？"不等三婆姨回答，又唤来丫鬟，熬了一碗八宝银耳羹，亲自服侍三婆姨喝了。四婆姨和五婆姨心中虽然不大乐意，却也是一件喜事，奉承几句，说些宽慰的话。四婆姨侧向刘一手，神秘地问道："老爷子，这三姐姐怀的是男孩儿还是女孩儿？"二婆姨抢道："一定是个男子了！我等没个本事，续府上香火。菩萨念府上世代普恩施惠，又念妹妹心善仁慈，这次准是了。"刘一手心里当然也是盼着生个小子，口上却道："男孩儿女孩儿岂不是一样，都是心头肉。岂能偏疼了谁不成？"五婆姨听了，笑道："老爷子说的可不是，这几年，我等没有生个男子，老爷子也不是没有亏待了我等。"众人点头称是。四婆姨又道："谁想竟然有这等奇事！若真是三姐姐生个男子，倒要央求老爷子让家宝随了我住，也如了我等愿望。"五婆姨也紧忙说道："老爷子刚才可说不能偏袒了谁，真如姐姐们所说，我家老五也是有份儿。"六婆姨在一旁逗家琦开心，众婆姨的话听着了也似没听着，也不加争论，全没当个事儿。五婆姨瞅见了，扯扯六婆姨衣袖，示了个眼色，问道："六妹妹心里怎个想法？"

六婆姨脸色绯红，轻诺一声道："姐姐们定夺，妹妹听了就是。"

众婆姨正说着，家怡同家佳、家男下学回来了，身后紧随家敏、家璐和家静。二婆姨见了问道："今日上学可曾闹腾？"家男瞅一眼家宝，笑道："没有了人捣乱，何曾再闹腾？"家宝晓得是在指责自己，又瞄一眼家怡，也不敢胡乱辨别什么，只默默不作声。家怡她们一一向三婆姨请了安，待知道三婶婶怀了身孕，又说要生个弟弟，不禁喜形于色，个个盼着弟弟早些降世。

刘一手唤来丫鬟去寻老三刘学义回来，家怡紧忙道："我去便是了，这样的喜事我要亲自告诉叔叔。"说着，已经出了门。家宝趁没人看管，也悄悄溜出了门，喊道："姐姐等我。"家怡见家宝跟了出来，止步问道："宝儿出来做什么？"家宝顿了顿，问道："姐姐是不是不疼我了？"家怡扑哧一笑，问道："好端端的，姐姐为什么不疼你呢？"家宝道："前几日找姐姐玩耍，姐姐都不曾理睬，恐是因上次闹了学堂生了气了。"家怡道："上次事关重大，因那事把先生都气走了，姐姐虽然替宝儿掩盖了过去，但是宝儿心里须要明白，不可再次胡闹，不然以后姐姐便再不护佑你了。"家宝紧忙道："宝儿以后再不胡闹了，姐姐莫要冷落了我，日后姐姐让我做什么我便做什么。绝不说一个不字，若是说了叫天劈死我！"家怡嗔怪道："说什么胡话，若是你以后改了，姐姐自然疼爱你，若是你还是先前般顽固调皮，姐姐日后再不理你。"家宝道："姐姐说的我都记在心里了。"家怡拉了家宝的手，笑道："这才是姐姐的好宝儿。姐姐没在的这段时日，都去哪里玩耍了？"家宝道："不曾玩耍，跟随了爷爷学习医术。"家怡一听，乐道："宝儿真乖，苦吗？"家宝道："苦倒是不苦，只是每日思念姐姐苦。"家怡掩口而笑，道："几日不见，嘴倒是学甜了。"姐弟两人冰释前嫌，和好如初，暂且不提。

说这三婆姨怀了身孕，刘府上下好生照料，真真似个菩萨般侍奉。刘学义也辞了事务，归来亲自照看三婆姨，端茶送水，无微不至。那翠翠不见颜色，自顾自使了性子找刘学义要个说法，又拿同刘学义偷腥为把柄，作个要挟。刘学义见翠翠百般纠缠，恐孽行败露，遂寻了个机会把翠翠赶出了刘府。细则暂且不提。时值年底，三婆姨竟生下了一双胞胎儿子，紫云祥瑞，喜降刘府，好个造化。满月之日，刘府大摆筵席，举府同庆。亲朋挚友，贵宾稀客皆来道喜贺礼。刘府上下热闹非凡。这刘一手老来得孙，如获珍宝，左抱一个右抱一个，喜得合不拢嘴。二婆姨接过一个，笑道："也让二娘沾沾喜。"

这二婆姨抱了，四婆姨和五婆姨也不落下，一个个抱在怀里，舍不得放下。六婆姨拉着家琦，也不好上前淘个什么，只在一旁乐笑。

刘府的男人们交忙不迭地应酬各方贵宾，只有家宝一等人在厢房里玩耍。家宝没有见过这样的场面，好奇地问道："姐姐，府上今日为何这般热闹？"家怡道："府上打宝儿来之前，便一直没有男婴，三婶好不容易才生了一双男儿，了却了爷爷多年的心愿，岂不是一件大喜事？"家宝追问道："为何不曾生男儿，却只生女儿？"逗得家佳她们也笑了。家怡道："好个宝儿，这叫姐姐如何回答？生男生女岂是你我说了算的？"家男道："唉，这以后某个人可要失宠咯。"家宝问道："谁人要失宠了？"家男道："某个小魔王呗。"家宝听着是说自己，紧忙问道："为何？"家男慢条斯理道："你想，先前府上没有男子，你来了，爷爷就视你如珍宝，而今，三婶生了男娃，岂不是你定要被冷落了。"

家宝眼珠子一转，想也是，不禁心中不悦，在一旁独自生闷气。家怡见到，笑道："住了口罢，莫要再吓唬宝儿了。宝儿乖，姐姐们都是吓唬你的，莫当真了。"家宝嘟囔嘴，泪眼汪汪，道："姐姐，你是不是也会冷落了我，不要我了？"家怡见家宝哭了，搂在怀里，哄道："我的好宝儿，姐姐怎么舍得不要你呢，你永远都是姐姐的乖宝儿。"家宝又哭道："那爷爷会不会不要我？"家怡道："爷爷疼爱你还来不及，怎么会不要你，我们都不会不要你。"家宝止住哭，冲家男喊道："姐姐说爷爷不会不要我，你骗人！"家怡瞪一眼家男。家男朝家宝做了个鬼脸，不再言语。

这三婆姨生了双胞胎，算是给刘府立了一大功劳，地位身份自然也是不同以往，不单单刘学义百依百顺，刘府上上下下也敬遵了三婆姨的意愿，照做不二。四婆姨和五婆姨看在眼里，嫉妒在心里，便和二婆姨商议，叫家宝同她们住。二婆姨说给了刘一手，刘一手自然应允了。但家宝已经在三婆姨房里住了那么久，早已习惯，怎肯搬去同四婆姨住。四婆姨千骗万哄也无济于事，想起家宝同家怡亲近，便找家怡劝说家宝，却吃了家怡一通闭门羹，最后只得央求老爷子劝说。经过刘一手百般劝说，家宝才同意住在四婆姨房里。

这一住就是几个月，也不见四婆姨肚子动静。四婆姨好生奇怪，便唆使刘学礼暗地里问问老三怎么个情况。刘学礼遵照四婆姨的话问了三哥刘学义。

刘学义将二哥刘学信如何配的方子如何服用一五一十告诉了老四。老四照三哥说的方子也配了几剂，但是四婆姨喝了肚子还是没有动静，无奈只得直接找二哥刘学仁问个究竟。老二刘学仁故作神秘道："中药讲究引子，配给你的药剂是没有问题。但是没有引子，也是毫无用处。"刘学礼问道："引子？什么引子？"刘学礼见二哥吞吞吐吐似有隐瞒，又央求道："我的好二哥，快快告诉四弟罢，不然你四弟妹同我没完！"刘学仁才说道："告诉你也无妨，这药引子就是圣水。"刘学礼一脸诧异，道："二哥休要糊弄我，哪来的圣水？那仙潭不过是祖上传闻罢了，若是真有圣水，还何苦熬到现在？"刘学仁听罢笑一声，道："四弟误解了，我说的那圣水是童子尿也。"刘学礼恍然大悟道："童子尿……宝儿……呀呀呀，我怎么没有想到。"

老四如获至宝，告知了四婆姨。四婆姨对家宝的好真是胜过了亲儿子。刘一手见四婆姨对家宝呵护有加，也就放了心。可这三婆姨心里明白得很，又见四婆姨这么久了，肚子也没闹出个动静，不禁愈发得意，又仗着在府上百般受敬戴，说话自是少了分寸，府上大小事务也交给下人和其他婆姨操办，自己过着清闲日子。

众婆姨看在眼里，恨在心里，却又不好说出口，四婆姨只得在私底下跟五婆姨絮叨："看看三姐姐如今多神气，走路都不打眼儿瞧你我。自从生下了男娃，咱府上上下下全都唯她是从，还说老爷子不偏祖谁，那都是哄咱们的。"五婆姨也叹道："谁说不是呢，也怪咱们没有本事，生不出个男娃，如今又能怪谁呢？"斜眼瞥一下四婆姨，忽而笑道："家宝如今同姐姐住了，不知姐姐肚子可有动静？"四婆姨虽说是得了药方子，却也不好告诉五婆姨，恐臆造出个风吹草动，倒弄得府上不得安宁，遂说道："不曾有动静，看来也是哄人的招数，改日我也去拜拜菩萨，兴许也应了咱。"五婆姨心里直打嘀咕，却说道："改日我同姐姐一并去了，若是日后姐姐也生了男娃，我也好跟随着沾沾甜头。姐姐日后多照应着妹妹，如今这府上只剩下咱俩相依为命，其他人都依赖不得。"四婆姨道："妹妹放心，姐姐心里明白着。"正说着，丫鬟匆匆赶了过来，喊道："奶奶，你快回去看看罢，宝公子又在闹腾了。"四婆姨叹了口气，苦笑道："你说咱是造了哪辈子的孽，为了生个娃，竟把这罪儿委屈受了。"五婆姨安慰道："苦了姐姐了，这宝儿秉性淘气，你多忍耐些、担待些，老爷子那边也好交代。"四婆姨别了五婆姨，径自同丫鬟回了厢房。

说这四婆姨为了求得"圣水",生怕家宝在外面浪费了,千叮咛万嘱咐家宝在厢房里玩耍,丫鬟看管着。家宝生性好动,如今倒似在个囚笼般,自个儿出不去,旁人也见不得,怎会守个安分。四婆姨远远便听得厢房内瓷器摔裂声,紧步赶去,见厢房内狼狈不堪,茶器花瓶碎了一地。四婆姨气也不是,不气也不是,只能没好气地劝道:"我的小祖宗嘞,谁惹你这么大气,摔个瓶儿罐儿的?它们又没有得罪你。"家宝手指四婆姨,喊道:"是婶婶得罪了宝儿!"四婆姨笑道:"胡说,婶婶几时得罪你了?"家宝闷气坐在板凳上,喊道:"婶婶不让宝儿出去玩耍!"四婆姨道:"婶婶不是担心你磕着碰着,爷爷见了心疼。宝儿怎不理会婶婶一番苦心呢。"家宝道:"你骗人!"四婆姨道:"婶婶怎会骗宝儿呢。如今婶婶回来,婶婶陪你去玩耍。"家宝一听拔腿便朝门外跑,却被四婆姨一把拉住,说道:"尿了才允许去。"家宝委屈道:"宝儿不想尿。"四婆姨道:"不尿不让去玩。"家宝只得生憋硬憋尿在壶坛里一点点。四婆姨才放家宝在园子里玩耍一阵子,吩咐丫鬟抱着尿坛子随时候着,生怕漏了浪费了,被人捡了去。

功夫不负有心人,四婆姨费尽了气力,百般周折,终于生了一个男娃。三婆姨知道秘方泄露了出去,对刘学义好一顿数落,骂道:"没良心的,我千算万算,日日拜菩萨,到最后功劳全被你得了。"事已至此,也无法,只得由她们去了。二婆姨和五婆姨见了更信了这邪,抢着要家宝同自己住。五婆姨在先,二婆姨又是府上掌事的,怎好为了生个孩子同五婆姨闹的不愉快,随了五婆姨愿。五婆姨不晓得里面的猫腻,所以也是苦等了许久不见动静。老二刘学仁打哪晓得"圣水"的奥秘,告知了二婆姨,二婆姨同自家相公一合计,便隔三岔五地引家宝来房里玩耍,好吃好喝的送上,好玩的也全应了。前些日子,家宝见二叔玩骰子,一时兴趣,便央求二叔教他。这一来二去,家宝同老二刘学仁混熟了,"圣水"得来也全不费工夫。竟也奇了,二婆姨不久也怀了身孕,产下一男子。五婆姨才晓得其中端倪,找老爷子哭闹了一次,骂天骂地,哭爹哭娘,老爷子才出面,要来了药方子。五婆姨喜不自胜,却也是对众婆姨怀恨在心,尤其是四婆姨,明知道秘方需要"圣水",却从未告知,这不明摆着不想叫自己如愿。这暗地里虽是生恨,表面还是"姐姐"的爱称。这众婆姨越发生疏,钩心斗角暂且不提。说这五婆姨果真也如了愿,怀了孩子。六婆姨不等家宝来住,竟自生了一个男婴。

一时间刘府人丁兴旺，子孙满堂，也是一件奇事。徽州城里人人传诵刘神医德善济世，救死扶伤，感动了菩萨，喜降祥瑞，恩惠刘府。

可东边日出，西边雨。刘府众婆姨相继得子后，只各顾着照看自家宝儿，心中那杆秤自是偏向一边，谁还把家宝当宝儿。家宝蹲在庭院里，看着偌大个刘府，忙里忙外，却倍感失落，心也凉了半截子，不禁暗自苦想："好个炎凉世态，冷暖人心，没有的时候，待我如宝，有的时候，弃我如敝屣。若真是有个叫花子，或者陌路过客随便携我走了，恐也是没得一个人惦念。哎，苦命的宝儿，没人疼来没人爱，爷爷不要我了，家怡姐姐也不要我了，谁都不要我了……"家宝正想得苦闷，忽瞥见门外几个孩童追逐玩耍。家宝百无聊赖，追着身影出了刘府。

刚出刘府，街上喧哗便即刻将家宝淹没在了人流人海中。家宝来回穿梭，似风中柳絮，东一出西一突，再挤进人群，见一伙耍杂卖艺人士，一人横躺在一条长凳上，袒胸露乳，上压一块石板。身边之人手抢一把巨锤，左手唾一口唾沫星子，换作右手再唾一口，抢起巨锤砸在石板上。石板应声碎裂。惹得观客阵阵叫好。再看去又一个人持一把长枪，枪柄戳地，枪尖刺喉，见那人运气一股，双腿马步，屁股一撅，双掌握拳，"哈"一声，见那长枪木柄弯曲，却不见那枪尖刺破喉咙。家宝看得惊呆，不禁叫一声好。其他几处也莫不这般精彩。武艺献罢，一人撑了铜钵向观客要赏钱。家宝自知身无银两，一个转身挤出了人群。

再走几步，仍是一片喧嚣之地。家宝见五六个孩童正在一片空地踢球戏耍，便趁兴奔去。家宝见那球缝制得极其精妙，倍觉亲切。那球也似跟家宝亲，径自滚到了家宝的脚下。家宝一个飞踢，却不偏不正打在一个孩童的脸上。休要小看家宝年幼，却比同龄孩童身强气壮，这一踢如何了得。见那孩童被球打了个仰翻，流了鼻血，哇哇哭叫。家宝不知如何是好，只顾站着看了。其他几个孩童见状，哪儿肯饶过家宝，围拢过来要揍家宝。家宝怎是个受欺负的主儿？只轻轻一拎，一个孩童倒地，又一个反推，一个孩童倒地，那剩下的见斗不过家宝，转身回去叫救兵去了。

不多时，便见那几个孩童簇拥一个高一头的少年奔来。那少年生得面相丑恶，家宝暗想定是不善之茬。果真，那少年走到家宝面前，叫嚣道："哪儿来的野孩子？"家宝怒道："你才是野孩子，我乃是刘府刘公子！"那少年忽而大笑道："原来是刘府捡来的野孩子！敢在此地撒野，还不滚回你的杭州去！"家宝气得鼻孔直喘粗气，双手握拳，"啊——"一声顶头撞了过去。殊不知强中更有强中手，家宝哪里是少年的对手。不经折腾，家宝便被少年掀翻在地。同行的孩童一窝蜂涌了过来，对家宝便是一通脚踢。孩童边踢边骂道："没人要的野孩子！滚回你的杭州去！"有人来制止，这群孩童才住了手，各自散去。

家宝忍痛站起来，顾不得拍打身上的灰尘，哭着跑回了刘府。刘府上下依旧忙里忙外，没人注意到家宝。家宝径自跑进爷爷的房内，见爷爷不在房中，一个人便坐在床榻上闷声抽泣。窗外是嘈杂的人声，有说有笑。家宝狠狠擦了一把眼泪，跳下床榻，寻来一个包裹，随意装了些家什，忽而瞥见书架上一个精致的匣子。家宝搬来板凳，取下匣子，打开一看，竟是先前在街上碰到的那个道士送的宝物。家宝偷偷看看门外，见无人造访，便小心翼翼地打开黄色绸缎，取出那银光飞刀。家宝左右翻看，见飞刀一柄面雕刻有"许"字，另一面刻有浪纹，刀刃锋利无比。飞刀掂在手里，沉甸甸的，约有数斤重。家宝暗想："果真个好宝物，怎似曾在哪里见过。"管不得那么多，家宝将宝物收起，塞进了包裹，回身看一眼房中，走到案前，提笔写道：苦命的宝儿，寻爹娘去了。

家宝提了包裹，走出房门，也不见先前个仆人丫鬟前来问安，约莫是在几位姨娘和婶婶房中伺候着。家宝不禁怅然道："哎，我去了。"刚至府邸门口，却不想迎面撞来家怡。家怡见家宝灰头土脸，衣衫沾满尘土，待看到家宝背了包裹，惊讶问道："宝儿这是怎么了？去哪里？"一面又扯下家宝身上的包裹。家宝心中万分委屈，终于逢见个知心的人儿，再按捺不住，扑进家怡怀里大哭起来。家怡不知所以，也不好细问，抱家宝在怀中。待家宝心情稳定些，再带家宝到自家厢房沐浴更衣，家宝才将发生的事一箩筐斗给了家怡。家怡听罢哭笑不得，只得劝慰道："我的好宝儿，真是拿你没办法，日后休要再做傻事。府上的人疼爱你的很，怎么会不要你了呢？莫要听他人闲言碎语。"家宝嗔怪道："姨娘婶婶自从生了弟弟，便不如以前对宝儿好，渐渐冷落了宝儿。"家怡拉家宝的手儿到跟前，安慰道："你还有姐姐和爷爷，是不是？"家宝问道："姐姐，我爹娘真的在杭州吗？我为什么会在这里？宝儿真的是被捡来的野孩子吗？"家怡一愣，随即说道："胡说！这里便是你的家，你的爹娘去了很远的地方，等你长大了，你的爹娘就会回来了。"家宝转过身，满眼放光，盯着家怡问道："姐姐不骗我？"

家怡听了心里苦，却笑道："姐姐怎么会骗你，以后不许再胡闹了！"家宝点点头，走到包裹前，转身对家怡神秘道："姐姐，宝儿给你看一件宝物。"家怡问道："什么宝物？"说着起身来看。

家宝打开包裹，取出飞刀，递给家怡看。家怡捧在手里，细细端详一阵，忽而惊讶道："宝儿从哪里得来？"家宝便将如何遇得道士，如何获得宝物一五一十告知了家怡。家怡听罢更是吃惊，放下飞刀，径自去厢房内翻找一阵，少时，取了一檀木盒子出来。家怡打开木盒，盒中竟也是一把飞刀。家宝将两把飞刀放在一起，惊讶道："竟是一模一样！"家怡也一脸疑惑，盯着两把飞刀揣摩。家宝问道："为何一把飞刀刻着'刘'字，一把刻着'许'字？"家怡摇摇头。家宝追问道："姐姐你那把飞刀如何得来？"家怡道："这把飞刀乃家父所赠，传言府邸遭遇非难之时，得这把飞刀所救。"家宝、家怡盯着两把飞刀好一阵子看，忽然家怡对家宝说道："快快收起罢，莫叫外人看了，宝儿速速回去将飞刀放回原处，飞刀之事不得同他人提及，可晓得？"家宝似懂非懂点点头，收拾了包裹，同家怡再叙了些家常，回了爷爷房中，将飞刀放回了原处。待刘一手回来，对飞刀之事只字未提，只诉苦到今日在外如何如何受了欺负，姨娘婶婶又如何冷落自己。

刘一手心疼家宝，便决定唤家宝同自己住，平日里携了家宝逛逛园子、玩玩鸟、钓钓鱼，日子倒也快活。只是刘府几位公子爱子心切，疏了生意上的事，且都交给下人打理了。老大刘学忠既要照料各大药铺经营，又要分管药材市场，分身乏术，近日，又有一趟药材需要跑帮，便唤来几位弟弟狠狠训斥一番。权责跑帮的刘学义舍不得妻子，借口道自家婆姨身体不适，出不了远门，劳烦大哥代劳。刘学忠气不打一处来，却也无法，看看其他弟弟，又都没有跑帮经验，交给旁人也不放心，不得已应允了，把药铺上的事交给老三和老四打理，亲自领了那批药草，北上跑帮去了，谁知这一去再无音信。刘府山下数次派人打探消息，都无果，后来有人传言刘学忠跑帮行至一穷乡僻壤处，被山贼擒了去，害了性命。一传十，十传百，渐渐地也便都当真了。老大婆姨每日以泪洗面，心劳成疾，身子渐渐不支，卧病在床，留下女儿家怡侍奉照料。

家宝也渐渐通了人事，晓得姐姐的苦，也不似先前那般淘气，没事便去陪姐姐叙话玩耍。同是天涯沦落人，姐弟感情更是一日深似一日。草长莺飞，冬去春来，一晃又是几年，家宝越发长得俊郎潇洒，含几分玩世不恭般风流。家怡也越发灵秀，出水芙蓉般亭亭玉立。一日，家怡忽然跑来寻家宝，两人亲热一番，唠唠家常，家怡突然掩袖而泣。家宝急道："姐姐为何哭了？却是受了什么委屈？"家怡闭口不言，只是哭了一阵，两眼含情，执手看着家宝，哭道："宝儿，我的好宝儿。"说罢，从怀里掏出那只吹奏的玉箫，交给家宝，又从袖囊掏出一把飞刀，递给家宝，道："这玉箫乃姐姐平生最爱，送宝儿了；这飞刀乃家父所赠，如今家父生死未卜，也送宝儿做防身用了。"未等家宝弄个明白，家怡又哭道："好生照看自己，姐姐会想你的。"说罢，家怡抽身离去。

家宝一手紧握玉箫，一手拿捏飞刀，脑子却被家怡方才的话掏个空空，要问个明白时，已不见了家怡。

适逢冬春交际，家宝不幸身感风寒，卧床不起。忽一日听的外面吹拉弹唱，鞭炮齐鸣，好不热闹，心中暗想："不知谁家婚娶，倒是害了病，凑不了热闹看一看。"转念又一想："怎这几日不见姐姐来探望，恐也是感了风寒，卧病在家。待我好些，先去探望，她恐是如我这般等急了，如我这般思念心切。"说罢抽出枕边那只玉箫，吹奏一曲"蝶恋花"。不禁想起姐姐，思念益浓，愈发难耐了，只盼着病快着好些。

谁道那婚娶的正是顾金事之子，娶的便是刘一手的大孙女家怡。男大当婚女大当嫁，应是一件美事，却也是一件离别之苦。母女相别，免不了别离情殇，哭哭泣泣。好不容易劝住了，家怡上了新安江停泊的迎亲船，回身展望，不见家宝，见船驶离，忽而朝岸边喊道："好生照看宝儿……"余音荡荡，随着迎亲船消失在了渔梁坝。

家宝不等身体痊愈，已是急不可耐，前去寻家怡，却得知家怡前几日已经出嫁了。家宝疯了般冲到渔梁坝，却是烟波浩渺，已不见伊人。家宝呆呆地看着远方，远方：欲落不落晚日黄，归雁写遍遥天长。数声渔箫起何处，孤舟下濑如龙骧。漠漠烟横溪万顷，鸦背斜阳驻余景，扣舷歌断频花风，残酒半销幽梦醒。家宝面无表情，竟似痴傻，忽而凄喊一句："姐姐……"气火攻心，不禁口喷鲜血，晕厥在地。正是：乱红碎影罗衣单，晓风残月夜孤寒。黯乡魂系飞花雪，伤离情寄北雁传。

家宝自家怡姐姐出嫁后，大病一场，患上了心疾，整日闷闷不乐，神情恍惚。婶娘如今得了子，也全然失去了往日般疼爱，各顾各生计去了。伯叔常年在外操持生意，也无暇顾及园中，只有爷爷疼爱如初，思想起来不甚凄楚。闲暇之余，逢路游荡，逢景生情，彼时彼刻，那时那人，已然物是人非。由是一而二，二而三，追思起来，不禁想起《庄子》上的话，虚无缥缈，人生在世，难免风流云散。情发一处时，拿来玉箫吹奏一曲，嗟叹几声，说那落花花无意，流水水无情。家宝不觉多了自个儿活在这世上，倒不如那草木石头，无知无觉，心中也干净。若早知这般光景，倒不如当时那风寒重些，死了了无牵挂。说起那风寒病，家宝每每愤恨在心，千怨万恨都不该害病在那时，竟是与姐姐最后一面也没能见着。且苟延残喘，聊以度日，还管得那风月秋华。

谁料这冷清不单此一处，大婆姨自老大刘学忠没了音信后，茶不思饭不想，也是害病在身，如今唯一依托的女儿家怡也远嫁他方，只剩空房寡人，思念日切，竟也成了疾，病情日益严重，身子一日不如一日。这日家宝闲来无事，竟自散步到了大婆姨房舍，见大婆姨门前冷清，便进来请安。屋内潮湿阴冷，凄凉酥骨。丫鬟见家宝进来，道了万福。家宝轻声问道："大娘身子如何？"丫鬟未语先哭。家宝料事不妥，径自走到大婆姨病榻，见大婆姨一身素装，笔挺躺着，竟似个死人般。家宝轻喊了声："姨娘，宝儿来看你了。"大婆姨睁眼看了一眼家宝，似笑非笑，又闭了眼睛。家宝问丫鬟道："大娘病成这样，怎不寻大夫医治？"丫鬟道："寻过了，大夫说奶奶患的是心疾，一般药剂治不好，只配了几付养神药喝着。"家宝一听心疾，竟似自己般，不觉一阵哀恸心酸，流下眼泪来，又恐大婆姨看见，忙拭去了泪，问道："这样几日了？"丫鬟道："自家怡小姐出嫁后，奶奶思念心苦，茶不思饭不想，只知拭泪叹气，诵经念佛。不想到病一日重一日，整日说些胡话，神情也似呆滞了。"说着，丫鬟又哭了几把泪。家宝又道："其他婶娘可曾来探望过。"丫鬟道："前几日来过一次，哭了几场，又回去了，再没来过。"

两人正说着，忽而见大婆姨坐起身，红光满面，精神矍铄，笑道："我姑娘要回来了，快给我拿新衣裳来，我相公在外面唤我，莫叫他等急了。"家宝和丫鬟唬了一跳，知是大婆姨回光返照。大婆姨说完"扑腾"一声，直挺挺躺下不动弹了。家宝紧忙叫丫鬟通知刘老爷及众婆姨。家宝一人伏在大婆姨病榻，痛哭流涕。众人闻声都赶来了，见大婆姨已经咽了气，那长一辈的想他素日孝顺，平一辈的想他素日和睦亲密，下一辈的想他素日慈爱，以及家中仆从老小想他素日怜爱惜贱，莫不悲号痛哭。众婆姨一面痛哭，一面替大婆姨换上冥衣。二婆姨吩咐去请钦天监阴阳司来择日，又唤来小厮单请了众禅僧超度亡灵。刘府老二到老六几位爷闻声也纷纷赶来，换上吉服，酌办丧事。二婆姨留下众人在屋里忙活，自个儿出来吩咐事宜，巨细之处，无不周到，又把仆人小厮集结来，一拨儿去请人客，一拨儿去酌办丧事用物，一拨儿去请家怡回来奔丧，理事分派，有条不紊。待吩咐得差不多了，又回到屋里哭了一场，只等三日后入殓出殡。

谁知大婆姨丧事正值操办的第二日，刘府便被突如其来的锦衣府番役围个水泄不通。刘府上下吓得个个面如土色，不知所以。徽州知府带领一帮府役进来，刘一手上前跪接。知府用两手扶起，哀叹道："不知老先生府上正值哀丧，请节哀顺变。"刘一手拜了拜道："承蒙知府大人恩典，老朽不敢当。不知今日大人到此却是为何？"知府道："无事不敢轻造，有奉旨办事。"随向众人喊道："有旨意！"众人纷纷跪了。知府念道："刘府进贡丹药，致使圣上龙体欠安，特来缉拿刘学仁归案查办，钦此。"说罢，叠一声："来人，将刘学仁拿下！"刘一手因年过古稀，身子孱弱，又见此事，不禁急火攻心，一个后仰晕厥过去。众人紧忙扶老爷子安寝。二婆姨灌喂了汤药，吃了一颗还魂丹。刘一手才慢慢苏醒过来。知府见刘一手苏醒，劝慰道："事已至此，老先生请保重身体。"刘一手道："多谢大人关切，恕不能起身答话。"知府道："老先生躺着说话便是。"刘一手道："我刘府世代供奉圣上丹药，不敢有丝毫疏忽，却不知因何故龙体欠安？"知府道："本官也是奉旨办事，具体事则待本官查清楚，一定奉告老先生。"刘一手道："有劳大人了。老朽誓死不忘恩情。"知府道："老先生严重了。老先生心慈人善，救死扶伤，德高望重，人人敬仰。本官一定会请明圣上，宽宥恕罪。"刘一手含泪乞恩，忙说道："尔等还站着干什么？还不叩谢大人。"众人忙跪谢。知府请众人起身，说了些宽慰的话，打道回府了。

二婆姨见自家相公被抓起来，担心事态严重，不禁哭嚷道："这是遭了什么孽啊，叫我相公好苦！若是相公出个差池，我也不活了！"三婆姨听了忙劝道："姐姐莫要伤心，哭坏了身子，方才大人也说了，会在圣上面前替二哥求情。我等静候消息，莫要自己乱了阵脚。"四婆姨和五婆姨也忙劝着。三婆姨又自言自语道："唉，咱府上招了什么鬼孽？大姐姐的魂灵还未安置妥，二哥竟然又被抓了去，菩萨也不开眼，枉了府上普恩济世的恩情。"众人听了莫不伤感，想那昔日繁华热闹，如今光景不禁令人缠绵悱恻，皆又哭了一场。刘一手叹道："人常说伴君如伴虎，我刘家世代行医，敬遵祖训，不敢轻薄疏忽，谁想最后还是未能逃过此劫。"众人听了，更是伤感，泣泣啜啜，满屋子凄清。

晌午时辰，派去请家怡的下人回来报道："家怡小姐因怀有身孕，路途遥远颠簸，不宜出行，一来恐动了胎气，二来担心白事冲撞了喜事。待孩子临盆，再来守灵祭拜。"二婆姨叹道："真是作孽啊，可怜的姐姐，平生戒斋念佛，一心向善，临死也未能见到女儿，如今连个送终的人也没有？"说得众人哀恸。家宝闻声，哭道："我同姐姐感情深厚，视如亲姐姐般，如今姐姐既然因故不能前来吊孝，我便替了姐姐披麻戴孝，给姨娘送终罢。"众人一听，觉得妥办，遂替家宝换上子孝，守了灵位。

前来奔丧的客人络绎不绝，一来是府上的亲朋好友，二来是慕名造访的远客近邻。二婆姨忍受着自家相公被捕剧痛，张罗接待着人客。家宝在灵堂内，逢一拨儿人客哭一次，若是触到情感深处，便哭个不止。众人不解其意，忙拉了劝住。时至夜深人静，家宝也不敢睡去，恐燃着的香火焚灭，断了姨娘轮回的路子，一直待第三日大婆姨入殓出殡。一路上家宝哭昏过几次，皆被众人唤醒，直至大婆姨的丧事完毕。

一连几天，刘府上下皆沉浸在悲痛中。这一日，府上派去打探二爷的家丁慌里慌张地跑来报道："不好了，不好了，出事了！"刘一手正在厅堂吃茶，众人闻声都围了过来。刘一手道："莫慌！探的什么消息？"家丁"扑通"一声跪在地上，哭道："老爷不好了，二爷他……他……"二婆姨紧忙问道："我相公他怎么了？你个小厮快说！"家丁又哭道："二爷明日午时将被问斩。"说罢泣不成声。二婆姨一听瘫软倒地，晕厥了过去。众人忙扶二婆姨躺在床上，叫来丫鬟灌喂了汤药。刘一手颤巍巍地道："消息确实？"家丁道：

"消息确实，还有……还有……"刘一手怒道："还有什么？"家丁道："外面传言，宝儿公子乃是双屿海贼余孽，圣上已发出告谕，要查抄刘府，缉拿宝公子……"刘一手听罢，呼一声："天啊……"口吐鲜血，不省人事。

众人交忙不迭，紧忙把老爷子安置在榻上，灌入一颗还魂丹。少时，刘一手才缓缓睁开眼睛，看着家宝，道："我的宝儿，爷爷没能照看好你。——快！快去请何帮主！"家仆领了命，快马加鞭，前往镇远镖局。刘一手浊泪横流，对家宝道："男儿志在四方，爷爷有句话要叮嘱宝儿，宁以国家生死已，不为荣华落猖盗。宝儿切记。"家宝点头哭道："宝儿记住了！"刘一手吩咐三婆姨替家宝收拾行头，又取来房中那藏刀木匣，对家宝道："这宝物乃仙道所赠，可救宝儿于危难时。"家宝接了匣子，见爷爷面容憔悴，色泽枯白，不觉大恸。刘一手知气数将尽，对家眷作临别遗言，交代大小事宜，不觉一股晚风寒，惹来满屋子凄楚楚。

不多时，何帮主赶来。刘一手叫众人退了去，唤何帮主到床榻前说了如此如此、这般这般，又道："自来伴君如伴虎，府上遭次劫难，也是定数，老夫唯一割舍不下的便是年幼的宝儿。宝儿生世坎坷，自幼饱受苦难，哎……"说着，又流了两眼浊泪。何帮主劝慰道："天命难违，前辈不必感伤。"刘一手道："仙道曾叮嘱，能保宝儿之地，唯长安武学院。"何帮主道："武学院乃朝廷重地，如何进得去？"刘一手颤巍巍起身，何帮主上前来扶。刘一手从枕下取出一份信函，交给何帮主，道："这有密函一封，可保宝儿无恙。"何帮主揣了信函。刘一手道："定要交那徐斌之手，方可成全宝儿。"何帮主道："敬遵前辈所言。"刘一手叹一声道："望何帮主不负老夫所托，老夫就是死也瞑目了。何帮主道："老前辈放心，在下万死不辞。"刘一手又唤众人进来，叮嘱宝儿道："宝儿，快来拜见何师父。"家宝跪地拜了三拜。刘一手又道："日后万事要敬听何师父教诲！"家宝喏了声。三婆姨将收拾好的行头交给家宝，哭道："宝儿，日后要自己照顾好自己。"众人听罢也忙说些宽慰的话，莫不流了眼泪。刘一手道："宝儿且去罢。"家宝挥泪拜别了爷爷及众人，跨上马随何帮主抄小路逃去。

不知奔了几时，家宝勒马回望，刘府灯火闪烁，人言依稀可辨，不禁失声道："爷爷……姐姐……"

别了刘府，何帮主同家宝二人策马一路飞奔，直至歙县。行至歙县已是深夜。何帮主引家宝停在一处馆舍。馆舍前已有人在等候。不等人马靠近，那些人径自围了过来，声声喊道："何帮主！"遂扶何帮主下了马，再将家宝抱下马，说话间，众人进了馆舍。馆舍内停着数辆马车。因天色昏暗，看不清马车上载着什么货物。只听得一人说道："都已安排妥当，明日即可起程。"何帮主便叫众人歇息了去，又带家宝进了一间房内，交代了些事宜，也径自去了。

家宝独自坐在床榻上，上下打量一番房舍。房舍内灯火昏暗，并无奢华装饰，只有几张桌凳，极为简陋，再摸这床褥，粗布敝席，发出一股霉臭味儿。家宝回想起昔日在刘府的奢华生活，万人宠，千人爱，此时却沦落在这个人生地不熟的地方，不禁思念起爷爷和姐姐来，只苦道再不能回去。情到伤心处，哭了一场，又因一路颠簸，身体劳累疲乏，哭着哭着也自睡去了。

不知睡了几时，朦胧中听见门外人言嘈杂，随后听有人推门而入，喊道："宝儿，起床吃饭，该起程了。"家宝睡意蒙眬，被那人托拉到屋外。家宝见天尚未大亮，混弄吃了几口，便上了马车，随着队伍出发了。

家宝睡意正浓，还没等弄明白去往何处，竟不知不觉在马上又睡了去。待再醒来时，却听见车轮"噜噜"，飞马嘶鸣。忽而又听见飞来的歌谣："你在东时我在西，你无男子我无妻。我无妻时犹闲可，你无夫时好孤凄。"

家宝扶车轩坐起来探望，不禁吃了一惊，见眼前驼队车马浩浩荡荡，旌旗长卷，红黑相间旗上标一"何"字。再见这随行之人，穿着颜色皆似那旗帜般，或牵了驮马的，或扛了旗帜，或挎了朴刀，或骑在驼马上，一眼扫去，人言稠杂，少则有几百号人。又看这押运的货物，有驼马驮的，有车马载的，有袋裹的……家宝正欲问个境况，见一马儿飞奔过来，马上之人好生俊逸，生得一弯美髯，炯目皓齿，也着一身红黑相间袍，披一袭黑色霞帔，手持一杆红缨长枪。这人见家宝醒来，先是一声爽朗大笑，接着便是一声铿锵之音，道："哈，小子睡醒了。"家宝听见这般唤叫，不乐意道："谁是小子，我乃是堂堂刘府刘公子。"随行之人耳闻家宝之言，皆笑嗤一声。那马上之人也笑道："好大的口气，在这里可没有什么公子少爷，一视同仁！"说着，又驶来一匹马儿，那马上之人正是何帮主。家宝先前没有细看，如今仔细辨去，也好生威猛，见他也着一身红黑相间袍，腰挎一朴刀，生得浓眉大眼，虬髯厚唇，一面肃颜，不怒而威。家宝忙道："见过师父。"何帮主道："宝儿免了，这是你柳天雄柳师父。"家宝朝柳天雄拜了一拜，叫道："柳师父。"柳天雄紧忙摆手道："哟哟，使不得，你可是刘府刘公子！"说罢径自一阵朗笑。何帮主也笑道："天雄，这娃交给你了，好生看着。"说罢，驾马朝队伍前奔去。

柳天雄叫人牵了一头驴过来，对家宝说道："这家伙以后就是你的坐骑，细心照料，若是这家伙闹出什么病害，最后苦的是你自己。"家宝跳下马车，径自骑上驴背，笑道："放心吧，柳师父，我定会像个宝儿对待它。"家宝回身望了一眼，又道："柳师父，咱们这是去哪儿？离刘府可曾远了？"柳天雄颜色一变，厉声道："走南闯北，日后不要再提你那什么刘府了，全忘了，听到没有？"家宝闻着一声，如晴天霹雳，不禁深感酸楚，流下眼泪来。柳天雄见家宝这副模样，怒道："大丈夫，哭什么哭！把眼泪抹了！"家宝委屈，也不敢再顶嘴，径自抹了泪。柳天雄又道："从今往后，这马帮便是你的家，把你在刘府养尊处优的毛病全改了，哼！这里吃不完的苦！这一路上，跋山涉水，豺狼虎豹，苦得很呢！别给老子添乱，听到没有！若是犯了错，老子照罚不误！"

家宝一声不敢发，只听柳天雄发落，心里却暗想道："好个慈面歹心，没招你惹你，却把我这般一通数落。"又想着行程刚开始，日后漫漫长路得熬到什么时候，不觉心已凉了半截。

正暗自想着，忽而觉得肚中饥饿，便问道："柳师父，宝儿饿了。"不想柳天雄冷冷一声："忍着！"家宝见讨不了好，便不再言语。柳天雄又道一句："小心跟着马帮，不许乱跑。"说罢朝马帮后面奔去。家宝长叙一口气，自言自语道："终于走了。好个厌烦的家伙！"且自骑了驴跟着马帮走。

走不多远，家宝感觉无趣，见身旁一位护镖者，模样清秀，约莫年纪不大，便问道："小哥，你唤什么？"那小兄弟道："小名祖上姓陈，因家中排行老三，人都叫我陈三。"家宝道："见你年纪同我相仿，不因在家中念书，为何做着辛苦活计。"陈三道："因家中贫苦，没钱念书，底下还有一个妹妹，年纪尚小。生计窘迫，不得已才出来跟帮押镖。"家宝道："苦了小哥了，帮中除却何师父和柳师父外，再没有认识的人，想来这一路无趣，不如你同我做个玩伴，也了却了这一路寂寞。"陈三儿道："如此倒是好，只是这帮中有严厉规定，走帮之时，不能分心走耍。不然被柳镖头发现了，会被责罚的。"家宝道："那柳师父真是可恨，方才莫名训斥了我一顿。"陈三笑道："柳镖头向来如此，他说走镖是拿着性命做的生意，冒失不得，出个差池，便要人头落地。"家宝不以为然道："别听柳师父吓唬你，我才不信。"陈三道："信不信也由不得你，我听人说，这徽杭之路，路途遥远，艰难险峻，常有云豹猛兽出没，又有山贼当道，难比登天。这些岂能是唬人的？若不是听说苏杭有天堂，遍地是黄金，我才不敢冒死做了护镖。"家宝一听，苦叫一句："悔也，早知如此，便不跟来了。"又问道，"小哥可知道这车上马上载的什么货物？"陈三道："徽州万家押送的茶叶和胡家的盐。"家宝心想道："准是了，难怪方才闻到一股浓浓的茶香。"又问道："此次出发，几时能到杭州？"陈三道："少则一个月，多则数月。"家宝听罢，暗暗叫苦，更觉得没了天日。正想着，见那陈三问道："你贵为刘府公子，为何也随了帮队？这一路艰辛，岂是你一个公子哥受得了？"家宝因这一句，触到伤心处，不言语。陈三见家宝面露难色，也不好再问。

家宝抹一把驴毛，叹道："驴儿，驴儿，你若知我心，便支吾一声。"见那驴没动静，不禁叹道："也是一个跟柳师父一般狠心的家伙。"谁知那驴听罢，竟"啊呜啊呜"叫唤一声，家宝笑道："说你不成，骂你才应。"又见一护镖飞马过来，一面喊道："帮主有令，前面绩溪城歇马整顿，择日起程。"家宝同陈三说道："终于可以吃饭了，要饿昏了过去。"陈三不语，径自笑一声。

帮队行不多时，见街道人流渐密，声喧嘈杂，家宝知已到了绩溪县，放眼望去，也是穷乡僻壤，全不似那徽州城。街巷往来商人频繁，也是这般驼马车载，随行数众。但看这一身花花绿绿绫罗绸缎的行头，家宝便猜出这些都是些当地富绅，又看见包子铺热气蒸腾的包子刚出炉，不禁咽口涎水，直直看了一会儿，见帮队在一处馆舍停歇，慌忙下了驴，径自找吃的去了。

何帮主令人安顿好车马，便吩咐厨子准备饭食，留一帮人看守车马，另一帮人前去馆舍歇脚。馆主端来茶水，倒给众人吃。那负责随行的陈家和胡家的，也不知是主子还是仆人，也径自找了一处坐下，吃了茶。

柳天雄安顿好驼队，见家宝到处跑，喝住道："小子，哪儿去？"家宝不敢说找吃的，转念道："看有没有我能帮上忙的。"柳天雄笑道："不训不成器，瞎跑个什么。"随唤来厨子，叫道："冯师傅，过来。"冯厨子扛了家什，围着一件灰色厨裙，笑道："镖头，你唤我什么事？"柳天雄指着家宝道："叫这小子给你搭把手，累活儿重活儿尽管使，别轻巧了他。"冯厨子见家宝身板虽是硬朗，却是细皮嫩肉，怎敢使得，忙道："使不得使不得，宝公子干不了我这活计。"柳天雄怒道："什么宝公子！听我的！小子，听你冯师傅叫唤，若是淘气，我可不客气。"家宝嘟嘟嘴，不情愿跟冯厨子到后院。

冯厨子也不敢违抗镖头命令，只苦叫家宝做些什么，想了一想，便道："宝儿，捡一些轻巧活计做吧。"家宝寻了些柴草，来到灶前烧火。冯师傅一面淘米做饭，洗刷碗盏。家宝从小娇惯，这般事如何做得？草柴火把又湿，又烧不着，一起灭了，急得家宝用力一吹，被灰眯了眼睛。冯师傅见了，紧忙腾出手来看，又替家宝吹了眼灰，道："宝儿取些干柴来罢。"家宝又取了干柴。刚要放下，却打了个趔趄。冯厨子唬了一惊，紧忙问道："宝儿怎么了？"家宝似失了魂道："肚中甚是饥饿。"冯厨子紧忙从包裹里取出一张大饼，递给家宝道："给，吃吧。"家宝接了饼狼吞虎咽地吃起来。冯厨子好生心疼，忙道："宝儿，慢慢吃。"又倒了一碗茶端给家宝，笑道："日后若是饿了，便偷偷告诉冯师傅，师傅给你吃的。"家宝饥饿难耐，只顾着吃，也腾不出嘴儿道声谢。冯厨子留下家宝吃，自己准备饭食，一面又叹道："苦命的孩子，苦命的徽州僻壤，少小离家老大回，什么时候有个尽头……"

约莫半个时辰工夫，饭食准备妥当了，冯厨子先盛了一碗粥，又拿一张饼，叫家宝径自吃了，才叫家宝通知帮主开饭。

时值南方寒冬季，大伙儿围了火堆，吵吵嚷嚷，一面吃饭，一面各叙闲话。家宝同何帮主和柳天雄坐一处。何帮主问道："宝儿，可曾习惯？"家宝看看柳天雄，道："不习惯又能怎样？反正刘府是回不去了。"柳天雄突然嚷道："臭小子，忘记我告诉过你什么了？"家宝烘烤暖手，不再答话。

何帮主拍着家宝的肩膀道："我徽州男儿都是顶天立地的好汉，上得了刀山下得了火海，我同柳师父似你这般大的时候，已经走南闯北多年，十七岁时便开始带领邦队各处走镖。商场如战场，虽无金戈铁马，却有不得处时，也是性命堪忧，我同你柳师父几次差点送了命。走镖时，食过野草，逢穴而栖，不论刮风下雨，日夜兼程。以后的日子苦着呢，宝儿可要做好吃苦的准备。"家宝道："弟子知道了。"柳天雄见家宝不大食饭，训道："怎个？这饭没有刘府的香，咽不下肚子？吃了这顿，下顿还不知到什么时候吃。"家宝不敢说自己已经吃过了，只顾胡乱扒拉几口。

何帮主突然冲帮队喊道："小毛儿，行个令，叫大家乐一乐。"忽见人群里一身材消瘦的人站起来，拿着筷子，敲一声碗，说道："火焰虫，低低飞，写封信，到徽州。一劝爷娘别牵挂，二劝哥嫂不要愁。一日三餐锅焦饭，一餐两个腌菜头。面孔烟抹黑，两手乌溜溜。日子过得好可怜！可怜！可怜！好儿不低头！今朝吃得苦中苦，好的日子在后头！出了头，当老板，赚大钱，回家做屋又买田！"家宝听不懂说些什么，只见众人听得津津有味。行令完毕，众人也尽了兴，各忙各的去了。家宝无趣，寻来陈三玩耍一阵子。

不觉天色已晚，家宝同柳天雄住一处房舍。柳天雄且叫家宝给他倒了碗茶吃。两人没话，家宝径自卧榻睡去，柳天雄突然叫道："小子，白日师父训了你几句，心里是不是嫉恨师父？"家宝道："怎敢？师父训的是！"柳天雄听出来家宝满口怨气，不禁笑道："师父是盼着你有出息，别跟小姑子似的哭哭啼啼。明日咱们便要起程登上'徽杭古道'，这路途遥远，倒也不失趣味，你小子好心学着。"家宝听罢，兴趣陡涨，也忘了先前同柳天雄之间的间隙，好奇问道："是何妙处？"柳天雄道："要翻越三四座岭，走崖壁，涉山谷，飞禽走兽，野味儿珍泉，应有尽有。"家宝道："师父，给弟子讲讲你经历过的有趣的事吧。"柳天雄道："师父经历的事多如繁星，如何说得完！倒说这有趣之事，不如择日师父教你耍飞刀，如何？"家宝喜不自禁问道："柳师傅竟也会耍飞刀？"柳天雄冷哼一声道："怎个，难不成除了师父我，你还见过别人耍？"家宝一听，知自己多嘴失言，便不再吭声。

柳天雄叹道："要说别人耍飞刀，为师我只敬重一个人！只可惜……"家宝追问道："是何人？"柳天雄道："说了你也不认得。以后听师父的话，保证把师父的毕生绝学传授给你。"家宝紧忙拜谢。柳天雄再道："宝儿将来志向如何？"家宝想了想，道："想成为师父这样的大人物。"柳天雄被逗得哈哈大笑，说道："师父可不是什么大人物。那大人物都是位居高官，或者统率千军万马，驰骋沙场，保家卫国的英雄。师父不过是为了生计，苟延活着吧。"家宝问道："如何才能统领千军万马？"柳天雄道："习武苦读，考取功名。"家宝听着听着不禁陷入了幻境中。柳天雄见家宝不应声，以为睡去了，也不再答话，刚闭上眼睛，忽而听见家宝喊道："我要统领千军万马！"柳天雄暗自笑了，睡去了。家宝胡乱想了一阵子，做了个英雄梦，又转念到明日的行程，路上趣事，便也沉睡过去。

刚睡去不久，便隐约听见门外人言错杂。柳天雄起身将要开门，便见何帮主推门而入。柳天雄问道："外面发生了什么事？"何帮主道："天下了冬雨，你且同我去看看。"看见家宝也醒了过来，又道："宝儿，在屋里好生待着。"何帮主同柳天雄紧忙去查看运送物资。护镖的人已经展开雨布，交忙遮掩。何帮主同柳天雄也踏入雨中，抢救货物。

家宝好奇，径自出了门，一股彻骨寒风袭来，家宝打个冷战，又见雪雨越下越大。伙计忙着朝屋内搬运货物，来不及搬运的都用雨布遮掩住。再有伙计，牵了骆驼和马往马棚走去。家宝想起了那驴还在雨中，也顾不得什么，径自闯入雨中，便觉有万支箭从天而降，"噼里啪啦"打得身子疼痛难忍。家宝见那驴拴在柱子上来回打圈，上去解开绳索，牵入马厩中去，回来时已是遍体淋湿，索性跑去帮忙遮掩货物。柳天雄见了怒喊道："小子你来做甚？还不快回去！"家宝也喊道："帮忙！"柳天雄也没再理会。

雪雨越下越大，好不容易才将剩余的货物遮盖完毕，何帮主担心雨水冲刷了箱子底部，唤伙计铲了泥土将货物围个圈堵严实，才放心喊道："大伙儿辛苦了，且回去歇息！"又叫来伙夫，叮嘱道："煮了茶给大伙儿吃！"交代完毕才同柳天雄、家宝回了房舍。

各自换了衣衫。何帮主担心家宝，又拿条被褥给家宝裹上。少时，伙夫端来了茶和火盆。各自又吃了茶，何帮主和柳天雄围着火盆烘烤衣物。家宝独自坐在床上。何帮主道："幸亏发现得及时，不然茶叶和盐淋湿了，这趟镖全白忙活了。"柳天雄道："白日还太阳高照，谁知这天儿说变就变。"何帮主道："现在适逢冬雨季，咱们要提防着。"转身又对家宝道："宝儿，冷吗？"家宝摇摇头道："不冷。"何帮主道："都是大人做的事，你个小孩子瞎去掺和什么？"家宝道："我去牵我那驴儿，谁知淋湿了衣衫，索性打个副手。况且柳师父告诉我，我是马帮一员，应该尽一份力。"何帮主和柳天雄笑了声。柳天雄道："算你还有个良心，为师没有白疼你。"家宝暗想："不训我便是万福了，何来疼我？"又看着窗外，再瞅瞅两位师父，想到这番不易，不觉一阵心酸。待寒意褪去，已是三更，想着明日还要赶路，各叙了些话，都睡去了。

天刚微亮，雨水已歇。何帮主同柳天雄早已收拾妥当，正在视察货物。见货物完好无损，何帮主又令伙计把驼马喂足，再令厨子准备早饭，少时即可动身。

马夫牵来喂好的驼马，系上铃铛，套上鞍，绑上轩。护镖等人检查一番各自的器械，捆上货箱。何帮主立在院中喊道："都检查仔细了，别落下。"家宝在厨房帮冯师傅烧火，不禁问道："帮中每日都这般辛苦吗？"冯厨子听了笑道："这算什么辛苦活计？自古徽州人不得天宠，脚踩三分瘠，头顶七分贫，都是根扎在苦土里，生长在苦壤中，咱徽州人士祖祖辈辈都是苦着过来的，苦是咱徽州人的魂。"家宝不甚明白道理，只句句听得"苦"字，心中暗暗叹气。冯厨子又道："宝儿日后要学会苦中作乐，这是咱祖先留下的智慧。"家宝吃了一惊，道："如何苦中作乐？"冯厨子摘下围裙，笑道："日后宝儿自会悟了。"说罢端来一碗姜汤，道："宝儿喝了这碗姜汤，昨夜淋了雨，恐害上风寒。"家宝应声喏，一饮而尽，便同冯厨子招呼大伙儿吃饭。饭毕，何帮主率领邦队向"江南第一关"进发了。

※　　　※　　　※

"前世不修，生在徽州；十三四岁，往外一丢。前世不修今世修，苏杭不生生徽州；十三四岁年少时，告别亲人跑码头。前世不修来世修，转世还要生徽州；十三四岁年少时，顺着前辈足迹走。徽州徽州梦徽州，转世还要生徽州；举头望月数星斗，句句乡音阵阵愁。徽州徽州好徽州，做个女人空房守；举头望月怜星斗，夜思夫君泪沾袖。前世不修来世修，转世还要嫁徽州；书香门第也富贵，忠烈孝节美名留。前世不修来世修，转世还要嫁徽州；多少辛酸多少泪，悲欢荣辱也轮流……"

这一路上驼铃荡荡，歌谣飘飘，也不乏无趣，只是这穷乡僻壤，山路陡坡。邦队走大路尚能行的赶些时间，穿小径则需小心翼翼，周边不是杂草丛生，便是或沟壑，或峭壁。每走一步且需提心吊胆，时刻提防。

经过龙川，又路过北村，地势越发高峻，绕过伏岭，下鱼川，帮队已行至古道客栈。何帮主令帮队暂作休整。

家宝初来乍到，每过一处，都觉得新奇有趣，一路只顾着看风景，也倒不觉得苦，见帮队停下来，径自牵了驴，走到柳天雄身旁，道："师父，当下走到哪里了？"柳天雄吃了一碗茶，道："古道口，看那——"家宝顺柳天雄手指方向望去，见一座巍峨高山，直耸云天，挡了去路。

这山望不见山脚，只能瞥见山腰云雾缭绕，胜似空中仙山，悬在群山环绕之中，不禁让家宝倒吸一口凉气，问道："咱们可要从那山上经过？"柳天雄道："怎么？怕了？"家宝道："我才不怕！"说罢又望了那山一眼。柳天雄道："那座山号称江南第一险！名曰'逍遥山'。山处有道关口，是通往杭州的必经之路，又称江南第一关。"家宝顿时感觉冷风袭人，轻问了句："可有别的路子走？"柳天雄道："有是有，不过另一条路径相去百余里，曲折幽回，等到达杭州，茶叶都发霉了。"家宝暗自道："苦了，看来是必攀这天险。"忽见何帮主走了过来，对柳天雄道："看这天气，恐又是要下雪雨，如何是好？"柳天雄望一眼东边，见雨雾聚拢，真似一场风雨要来，但见他说道："时日尚早，若是等雨过后，又恐耽搁一日，只怕这货物耽误不得。"何帮主浓眉紧缩，略思片刻，道："不如让兄弟们趁早遮了货物，以防突然遭遇风雨，免得到时候慌了手脚。"柳天雄点头同意，随即令众帮兄弟拴牢包裹，雨布全遮掩了马车，绳索勒紧。一帮驼马在先，中间走马车，后面是人马。待一切准备妥当，便责令队伍出发。何帮主让家宝紧跟身边，照看前面帮运。柳天雄打后，看守后面队伍。

车马行不多远，山势忽而变得陡峭，路上遍地是脱落的岩石，愈发难走。众人下了马，牵马徐行。

穿过关口，拾阶而上，道路愈加狭窄，仅能容一辆马车的宽度。何帮主勒马回身喊道："弟兄们，隘口难行，注意安全！"说罢又差遣一人牵了家宝的坐骑。何帮主一手牵了马，一手携了家宝。忽而听到身后柳天雄喊道："大哥，前面有什么境况，及时告知。"

远远望去，一条曲折小径似一条灰色绳索挂在山崖之腰。这绳索上，有一寸小黑影在晃荡前行，绳索下是不见底的万丈深渊。帮队继续攀沿，山势越加陡峭。山高路窄，人马只得一步一步朝前挪，快不得，慌不得，更朝下看不得。何帮主虽是有多年跑帮经验，路过这"江南第一险"仍旧心有余悸。那风儿在档口"呼呼"嘶吼，刮得人马立脚不住，杀得眼睛生疼。眼看那乌云要压过来，何帮主暗想："若待会儿风暴雨刮来，岂不是更加难走。"遂转身喊道："弟兄们，暴风雨就要来了，大家加快行进。"又唤家宝躲到身后去，并叮嘱道："宝儿，千万不可朝崖下看。"家宝紧紧跟在何帮主身后，贴着崖壁，丝毫不敢松懈。

不多时那风儿又更加狂了，肆无忌惮地在耳边怒吼，又因前阵子刚下了一场冬雨，岩石松弛，脚下湿滑，每走一步都需极其谨慎。那踩着的松散岩石，"哗啦"掉下山崖，闻不见声响。何帮主放心不下，再冲后面喊道："弟兄们，万万不可朝崖下面看！大家都是好样的，过了这崖壁，便是一马平川。"家宝在心里不断暗示不可朝崖下看，但还是没忍住，瞅了一眼，这一瞅了不得，见崖深不见底，云雾袅绕，顿时感觉天旋地转，一阵眩晕，脚下一软，好似要掉下去。家宝唬得两腿发颤，紧忙双手扣住崖壁，深吸一口气，才回过了神。

帮队行至顶峰处，不想风暴恰也袭来，那雨冰冷如刺、犀利如箭，射得人人似要窒息；那雨烟如纱，在猖风摆弄间呼来飞去。众人只得前弓着身子，顶着狂风箭雨前行。这上山尤为艰难，下山更是难上加难。帮队刚转过崖角，忽闻一声烈马嘶鸣，见一匹马儿受了惊，慌乱中蹄下一滑，连货带马跌下了崖。众人吃了一惊，唬得魂飞魄散，皆不敢去看，个个紧忙抓紧崖壁，背贴崖壁侧行，生怕一个不留神，送了命。何帮主欲再叮嘱几句，怎奈这风儿刮得紧，雨儿下得密，张不开口，只顾挪了挪身子，把家宝全部挡在身后。好在这冬雨没有停留太久，肆虐了一阵，便渐渐小了，散了。

山石经雨水冲刷，山石湿滑，须要腆着肚子后仰着走。帮队好不容易才挨过这条漫长崖路，越朝下行，路也渐渐变得宽敞平缓。

又行不多远，行至一处亭榭，名曰"黄茅培"。何帮主令众人止马歇脚。家宝尚未从方才的惊悚中缓过来，坐在亭榭内，两腿不住打哆嗦。何帮主见他嘴唇发紫，手脸冰凉，紧忙唤来冯厨子，拿了一条褥子，给家宝裹在身上，问道："宝儿感觉怎么样？"家宝面目僵硬，冻得咬牙切齿，张不开口。柳天雄紧忙喊来一护镖者，寻了些干柴，生了一把火，给家宝烘暖。何帮主留下冯厨子照看家宝，转身同柳天雄驾马查看人员和货物。在马上，何帮主道：

"可惜损失了一匹马。"柳天雄道:"还好只是损失了一匹马儿,人员没有伤亡。"何帮主道:"让弟兄们歇息片刻,前面有个逍遥村,咱们今晚在那里过夜。"

二人径自来到家宝面前,见家宝气色已恢复了些。柳天雄突然笑道:"宝儿,这山路走的有趣吗?"家宝瞪了一眼柳天雄,又抬头看那方才走过的山路,正值乌云散开,夕阳普照。雨后的逍遥岭,烟云氤氲,黛墨如新,层峦叠起,如梦如幻,真是美不胜收。家宝不禁叹一声:"仙山也!"众人听罢,皆大笑不已,一护镖者说道:"方才经历了一场生死,此番看这逍遥岭,美得不同以往了。"众人也深有感触,看那逍遥岭,更觉得弥足珍贵。

众人暖了身子,且暂歇片刻,便动身前往逍遥村寄宿。众人刚才经历了一番生死之路,虽说余悸犹存,可这空气一尘不染般清新,不得不令人心旷神怡。小毛儿忽而拉长声音道:"走过村口的小石桥,两对石狮憨憨地笑,磨光了石栏把影照;走过村口的小石桥,潺潺溪水弯弯地笑,无忧的少年伴随着它……"水光山色,白墙黛瓦,石板小路……在这蜿蜒山路间静静飘荡。应是一场生死绝唱,才叫众人感动得热泪盈眶,情不自禁地附和着,唱给那离愁别苦,唱给这前朝旧事,凄美着苦的魂。

行不多远,果然见一村落,牌坊草写着"逍遥村"。何帮主一人驾马当先,径自来到一户简陋农家,敲响门扉,呼道:"李爹爹可在家?"少时,门扉径自开了,走出一位老者,步履蹒跚,拄着拐杖,定眼瞧一番何帮主,待了半晌才喜道:"何帮主,好久不见啊,快里面请。"何帮主搀扶老者进了院内,再扶老者坐定,说道:"李爹爹别来无恙啊?"老者笑道:"托何帮主的福,身子硬朗着。"何帮主道:"今日又来麻烦李爹爹了。"老者闻声,道:"何帮主客气,只要老朽能办到的尽管吩咐。"何帮主说明了来意,老者紧忙道:"快把众兄弟请来,老朽好生招待去。"何帮主道:"不劳烦李爹爹了,暂寄宿一夜,明日即可起程。饭食我等自己周全。"说罢出了院舍,引了帮队过来。

帮队车马落定,各自照料各自的事。家宝因害了风寒,何帮主让老者安排了一间屋子暂住下。安顿好了家宝,何帮主又吩咐冯厨子给大伙儿煮了茶,熬了姜汤,安抚大家。

老者吩咐子女宰了几只鸡、鹅款待众镖师。家宝因风寒严重,只喝了姜汤，便睡去了。何帮主唤一随从守着家宝，出了房门，同老者叙了一番话，又唤来柳天雄商议明日行程。

待议事完毕，已是月上柳梢头，众人且去歇息去了，何帮主同柳天雄在院中喝酒闲谈，见何帮主道："跑帮第四个年头，我路过逍遥村，因盘缠紧缺，一路不曾食饭，路过李爹爹家时，禁不住摔倒在地。是李爹爹救了我，离开时十里相送，裹了一大包食物，给我五两银子做盘缠。那次跑帮赚了钱，回来又路过李爹爹家，把欠的盘缠一并还了，又多给了他二十两银子，以表谢意。那时李爹爹身子骨硬朗，如今……唉，一晃数年光阴流逝，我也感觉自己老了。"柳天雄道："哥哥说的什么话！弟兄们日后还盼着哥哥带着走南闯北，赚大钱！"何帮主笑一声道："也是你天雄情愿跟着我受苦。"柳天雄道："只要跟着哥哥，万死也不惧！"何帮主道："人常说咱徽州人勤于山伐，能寒暑，恶衣食。近者岁一视家，远着不能以三四岁计，留着妻孤守空房。殊不知这山高路远，全为个生计。"柳天雄叹了声，又笑道："哥哥莫要伤感，来，吃酒！"二人一饮而尽。何帮主道："宝儿跟着我等也是吃了不少苦，刘府遭受罹难，刘神医临别交代要我好生照看宝儿，是我对不住他呀。"柳天雄道："男儿不吃苦中苦，怎为人上人。宝儿这小子虽生性顽劣，但聪颖伶俐，将来考取功名，保家卫国，也不枉了哥哥你一番心愿。前些日子，这臭小子还跟我说，要统领千军万马。"何帮主乐了，笑道："不知天高地厚的家伙，好！有雄心壮志，终成大器。"

二人吃了酒。柳天雄持着酒杯，长叹一声。何帮主猜了七分意，便问道："天雄可是因琴娘的事儿叹气？"柳天雄若有所思，为难道："不知见还是不见？"何帮主道："不如趁此到了杭州，做个了结，也了了你的思苦之情。"柳天雄点点头，再举酒杯同何帮主吃了酒，又一面叙话，待月落西山，才尽兴而归。

家宝因感上风寒，身子虚软，这一睡便到了天明。待众人吃过早饭，何帮主等人拜别李爹爹，赠送十两银子作为酬谢，带领帮队继续赶路。帮队翻过马头岭，上雪堂岭，下雪堂岭，一路平安无事，周转停歇暂不细述。这日帮队进入一片白桦林。林中寂然，只听得马蹄声、车辖声、驼铃声交响。何帮主驾马走在队伍前面，警惕地视察周边境况。忽见前方林中"腾腾"窜出数十只飞禽。何帮主忽而高举右手，示意队伍停止前进。众人不敢言语，皆竖耳侧听，提高了警惕。柳天雄见有情况，紧忙策马赶来，看一眼何帮主，不言而喻，便双眼凝视，小心提防。正待两人看时，忽闻"簌簌"脚步声，继而见林中窜出数众山贼，顿时将帮队团团围住。

※　　　※　　　※

说这林中窜出数众山贼，把帮队围个水泄不通。何帮主见状，提刀在手。众人也纷纷提了朴刀，围了车马，防御来犯。但见一山贼头目，生得肥肚大脸，裹个红色头巾，冲帮队喊道："欲过此路，留下买路钱！"家宝不明事宜，径自骑了驴赶来，欲看个究竟。柳天雄吃了一惊，骂道："兔崽子，前来做甚！滚回去！"家宝唬了一跳，紧忙退了几步。又见柳天雄道："你们几个誓死保护这小子！若有半点差池，我拿你们人头！"随从护镖拿了朴刀将家宝团团围护。

那山贼头目见没人搭话，又喊道："呔！前面的人听着，我乃是雪堂岭索命鬼——阎二，前来借些钱粮给我大哥祝寿。识相的送出粮草五百石，金钱千两，否则尔等一个个都别想活命。"何帮主听清山贼来意，对着柳天雄小声道："天雄，这么多山贼，估计咱们很难应付，待会儿你可小心。"柳天雄道："大哥放心，待我去探个究竟。"说罢脚一拍马肚，上前几步，双手抱拳道："在下镇远镖局柳天雄，还望岭主高抬贵手，放我等前去。"阎二笑道："放你们过去可以，今儿爷爷我高兴，不取尔等性命，只管留下财物。否则……"话音未落，忽闻"啊"的一声，见那阎二已跌下马来。柳天雄一杆长枪顶着他的脖子，见众山贼前来搭救，怒一声道："送礼的尽管上前领命！"阎二苦求一句道："英雄饶命！"柳天雄道："贼泼皮的腌臜，老子要了你的狗命，看枪——"

忽闻林中呐喊一声道："好汉住手！"见一个小厮钻出林子，叫道："我寨主问你叫什么名字？"柳天雄道："行不改名坐不改姓，在下云中燕——柳天雄。"话音刚落，只闻一声大笑，道："哈哈，果然是柳兄弟，不愧是云中燕！"柳天雄闻声极为熟悉，略一揣摩，便喜道："马大头领，可是你？"忽见一汉子驾马走将出来，身披云豹皮囊，生得五大三粗，引马走上前，拱手笑道："柳兄，多日不见，别来无恙。兄弟们有眼不识泰山，怠慢了。"柳天雄回礼道："马头领客气。"马头领道："今日幸会柳兄，且同我上山吃酒去。"柳天雄笑道："好说，好说，只是这运送货物已在路上耽搁时久，恐坏了质地，不如走帮回来亲自登门造访，如何？"马头领笑一声，道："既然柳兄这般说，为弟也不好强留，这里有信物一件，方圆百里，保你畅行无阻。"柳天雄接了信物，拱手道："如此多谢了。"回身召唤随从。随从领命取来一囊。柳天雄道："方才伤了马头领手下，小小薄礼，请马头领笑纳。"马头领道："柳兄费心了，请！"马头领闪身让出一条道来。柳天雄拜道："就此别过，日后再会。"

帮队穿过白桦林，何帮主才问道："天雄如何认得这雪堂岭寨主？"柳天雄道："山中无老虎，猴子称大王，那马三曾经有求于我们。"何帮主道："莫不是前年找上门来，求你借他银两的马大炮。"柳天雄道："正是此人！"何帮主暗暗道："难怪刚才觉得似曾见过。"又说道："今日得知是那马三，日后包帮倒可便宜行事。多送一些银两，买个方便。"柳天雄应了声。

家宝驾驴"哒哒"赶来，叫一声："师父，请教我武功！"柳天雄笑道："这小子，告诉师父为何突然想学武功了。"家宝嬉笑道："刚才见师父一杆枪便把那山贼撩下马，好生厉害，宝儿也想练就那样的本领。"何帮主道："等到了杭州，宝儿便跟你柳师父学武功，你柳师父厉害着，大卜尤故手，还有更高的绝世武功。"一席话说得家宝心急如渴。见他满眼放光，眉开三度，快语央求道："师父，师父，教我武功！"柳天雄道："臭小子，就怕你吃不了那苦头！"家宝道："什么苦头都吃得，这一路艰辛万险，宝儿岂不是也没叫个苦，也没说个怕字。师父只管放心，教我便是。"柳天雄同何帮主相视一笑。柳天雄对家宝笑道："你小子就不想跟你何师父习武？"家宝道："宝儿不曾见过何师父耍武功，约莫师父武功高深莫测，非常人所能及，待宝儿学会了柳师父所教，再来求教何师父也不迟。"柳天雄听罢，大笑一声，道："这么说，为师的功夫不如你何师父的了？"家宝一听，眼珠子一转，随即说道："武功不分高低、不问出处，各有各的精妙。"好一句圆滑之言，只逗得何帮主、柳天雄二人大笑。柳天雄道："好个鬼灵精怪，到了杭州，别给我惹祸，为师便烧高香了。"家宝道："敬遵了师父，宝儿定一心习武。"

翻过雪堂岭，便是一马平川。帮队几经村落，迂回山林，再无阻隔，人人只盼着那杭州天堂见眼前。

"一粒谷，两头尖，一顶花轿走向前。爹哭三声囡上轿，娘哭三声进轿门；囡啊囡，不要哭来不要愁，三朝接你回家走……"驼铃悠悠，马儿奔奔，路过浙基田，便是这徽杭古道的尽头了。

※　　　※　　　※

帮队过了"徽杭古道"，便是繁荣昌盛的杭州府了。人常说：上有天堂，下有苏杭。绝非空穴来风。有文人墨客的诗为证，如白居易的《忆江南》中有诗曰：江南忆，最忆是杭州。山寺月中寻桂子，郡亭枕上看潮头。何日更重游。又如陆游的《老叹》中有诗曰：临安宫阙经营初，银鞍日日醉西湖。再者是柳永的《望海潮》中记词曰：东南形胜，三吴都会，钱塘自古繁华。烟柳画桥，风帘翠幕，参差十万人家。杭州名胜，被人称道，可见一斑。

然而如此秀美的风水宝地，也曾深陷水深火热的境地。自嘉靖二十七年那场声势浩大的海战过后，这里便发生了有史以来最严重的瘟疫，死者无数，哀鸣遍野。担任闽浙的巡抚朱纨一面亲赴灾区，医治患者、控制疫情、掩埋死者、养恤灾民；一面上书朝廷，完善报灾、勘灾、蠲免、赈济、养恤制度，才使得瘟疫得以遏制，百姓恢复生计。

当下，杭州一片昌盛祥和。帮队择了湖滨路一处馆舍暂住休整。闲暇之余，柳天雄便教家宝耍一耍飞刀。家宝心灵，精于习武，不多时日，便把那飞刀耍得出神入化。

时近隆冬，天气渐寒，何帮主见帮队没有镖可走，便分发了银两，叫大伙儿先行回去了。

日升日落，云开云散，转眼又是多日。是日，天晴气爽，家宝忽而想起了爹娘，随即手书一封信，写道：何师父、柳师父、弟子寻爹娘去了，便揣了飞刀，独自出了馆舍。

家宝在街巷间信步游走，不知去哪里寻爹娘，索性进了一家酒坊，喊了声道："小二，上好酒！"便上了楼，捡个僻静地坐下。少时，店小二上了一坛酒，问道："客官，要肉吗？"家宝道："只吃酒！"店小二退去了。家宝吃了一碗，看向窗外。窗外人声嘈杂，看来无趣，家宝又吃了一碗酒，忽而听得旁人说道："双屿岛被攻陷后……"家宝想再听个仔细，便没了声音。家宝起身，换了坐，见身旁那一桌围拢了四五个酒客，正高谈阔论着什么。家宝侧耳细细听去，见一装扮精致的酒客道："我听说，昔日的大总管王直并没有死，先前已收拢起许栋残部，另起了炉灶，自立为船主，人称'五峰船主'。"另一个一脸虎相的酒客惊呼道："那还了得！不是说，朱大人已将倭寇全歼灭了吗？怎么又冒出个船主来？"装扮精致的酒客道："天网恢恢，谁知偏偏漏了条大鱼！听说那王直如今投靠了日本人，羽翼日渐丰满，准备卷土重来！"唬得一长脸酒客喷出一口酒，慌忙道："小点儿声，隔墙有耳。"装扮精致的酒客道："怕什么？我东南沿海常年受倭寇侵扰，谁人不知，谁人不晓，只是那倭寇如鼠患一般，如何禁得？"其他酒客闻声，都叹了气，吃了一碗酒。装扮精致的酒客又低声道："我还听说，双屿余孽尚在……"正说话间，上来了另一拨酒客，这桌上酒客才中断了谈话，继续吃酒。

家宝听得出神，却被上来的酒客扰了兴趣，吃了酒，付了酒钱，出了酒坊。时至正午，人声杂乱。家宝在人群里晃了一晃，来到了一处告示牌下，见上面贴了四五幅通缉犯人画像，一幅画像生得剑眉星目，一幅画像生得长须浓眉，再看第三幅时，却突然被人拉到一旁，仔细看时，见是一卜卦道士。这道士生得圆脸溜须，唇阔口方，拢发弄髻，混元巾束，穿一身青色道袍，右手持拂尘，左右擒纸幡。家宝怔了一怔，暗想道："这道士好似在哪里见过！"正要开口问话，见道士笑道："幸哉，幸哉，此地乃是非地，小兄弟早早脱身为妙。"说罢，动身要走。家宝抢先一步拦住道："道士休走！把话说明了！"那道士转身，仔细瞧了一眼家宝，捋着溜须，笑道："小兄弟莫急，拨开云雾，自会见天日。"说罢，便头也不回地闯入了人群。待家宝再要追问时，已不见了人影。

家宝好生奇怪，转念又想，这般寻法，什么时候才能寻到爹娘，便折身回了馆舍。柳天雄和何帮主已在堂上焦灼等候了，见家宝归来。柳天雄拍案而起，怒问道："臭小子！去哪里了！叫师父好找！"家宝看看何帮主和柳天雄，再看看桌上的亲笔信函，眼珠子一转，委屈道："弟子思念爹娘心切，又不敢劳烦师父，所以……"说着隐隐抽泣了几下。何帮主宽慰道："宝儿初来乍到，人生地不知，若是出个差池，师父怎么跟你爷爷交代？想爹娘了，下次师父陪你一同去寻。"家宝一面点头道："以后弟子再也不敢了。"一面偷偷看一眼柳天雄。柳天雄怒气未消，大声道："哭什么哭！下次再敢，看为师不打断你的腿！"当下，各自又谈些闲言杂语，说些杭州诸如此类此类、那般那般的话。家宝听得入神，不免插上一句，道："听说杭州是人间天堂，师父什么时候带弟子见见世面去？"柳天雄道："那算什么世面！改天为师带你见见真正的大世面！"家宝喜道："师父说话算数！"柳天雄冷笑道："别高兴太早，到时候别唬得尿裤子！"家宝道："我才不尿裤子！"何帮主看一眼家宝，又瞅瞅柳天雄，轻声叹道："也好，是该带宝儿见见大世面了。"

不觉白驹过隙，一晃便是数日。这日，众人吃了早饭，柳天雄便带家宝出了馆舍，也不说去哪里，更不说去做什么，只顾带着家宝穿街走巷。不知走了几时，也不知绕了几条街巷，眼下便走进了一处大宅。家宝细看去，见宅院荒芜，杂草丛生，荒废已久了，暗自揣摩道："师父带我到这里做甚？"不禁心里先打了个冷战。柳天雄绕过正堂，带家宝进了侧室，叮嘱家宝道："在这里待着，哪儿也别去！更不要声张！听到没有？"家宝顿时感到一阵恐惧，慌忙点了点头。柳天雄说罢，便出了房门。家宝独自待在房内，东也不敢瞅，西也不敢瞧，连呼吸都十分小心翼翼。

不多时，家宝听见门外有人声响动，细细辨去，知是柳师父在跟谁交谈。转眼间，声音越发多了起来，继而变得喧嚣嘈杂。家宝再听时，声音已全聚在了正堂上。家宝轻轻挪了挪身子，侧耳倾听，忽闻阵阵呐喊道："恭候总帮主！恭候总帮主！"声音忽而沉了下来，细声细语，听不仔细。家宝又将耳朵贴近墙壁，听得一人高声道："……嘉靖小儿只顾炼丹修仙，奸臣严嵩专权，朝纲紊乱，全不顾百姓死活！我等要替天行道！匡扶正义！"又有人大声道："……五峰船主王直当下正召集亡命之徒，重振双屿岛，我等应立刻……"声音忽而变得细小，隐隐约约听得："……石帮主到了……""杀了狗皇帝，以报师门之仇……""……杭州府内已有双屿眼线……伺机行动……""……我已同白莲教教主柳奎彪联络，各州府丐帮弟子也已伺机待命，待号令一发，一呼百应，我等起事……"

家宝正听得仔细，忽闻一人惊慌奔来，哭喊道："不好了！官兵来了！"继而便听到阵阵喊杀声冲入院内。再听正堂之上，有人怒道："可恨！谁走漏了风声！"有人带着哭腔道："我等拖住官兵，快保护总帮主撤离！"此时，院内已兵刃交锋，惨叫声此起彼伏，又闻得一声马叫，便听见官军高喊道："朱大人有令，凡奸党余孽反叛者，格杀勿论！"

家宝不知所措，有些失神，待在原地不敢动弹。忽而房门被撞开了。家宝唬了一惊，见是柳天雄。不等家宝开口，柳天雄径自走到一幅画前，撤掉画像，用手轻轻一推，竟是一道石门。柳天雄慌忙携家宝密室逃了出去。

再定神看时，家宝同柳天雄已走在了街巷间，二人不敢逗留，直奔回馆舍，唤来何帮主，说明了一二。见柳天雄道："大哥，此地不宜久留，我等速速撤离。"说罢，各自简单收拾了行囊，裹了些银子，便出了馆舍，一路逃到城外。

奔命之际，柳天雄忽然停止脚步，喊话道："大哥，你带宝儿先走，我要回去！"何帮主吃了一惊，回身问道："到处都是官兵，回去是死路一条。"柳天雄道："我不能不顾众兄弟死活，况且，琴娘还在，我要去找她。"何帮主见柳天雄心意已决，便不好再劝。柳天雄看看受惊的家宝，又对何帮主道："哥哥接下来何处去？"何帮主望一眼身后的杭州城，低头看看家宝，忧心道："当前形势危矣，官兵追查得紧，若此时奔赴长安，恐对我等不利，还是寻个去处，躲躲风头，日后再做打算。"柳天雄道："哥哥说的在理。"言罢，摸一下家宝的头，道："听你何师父的话，胆敢惹麻烦，小心我揍你！"家宝尚在惊慌之中，听了柳天雄的话，只顾点了点头。

何帮主注视柳天雄片刻，少时，郑重地说道："保重！"柳天雄也道："保重！"说罢，互相拜别，各自去了。


※　　　※　　　※


路上，家宝惊魂未定，问道："师父，刚才发生了什么事？"何帮主看一眼家宝，语重心长道："以后你就知道了。"家宝追问道："那现在去哪里？"何帮主顿了顿，说道："少林寺。"

说这家宝跟随何帮主一路跋山涉水，夜宿晓行，几经州府，所见所闻自不细说。

二人过了"天下第一名刹"，在一片参天古木的掩映中，少林寺巍然屹立。未进少林，便闻阵阵钟磬佛音。何帮主携家宝行至佛门下，家宝望一眼数丈高石阶，不禁叹道："好高啊！"又问道："师父，到少林寺了吗？"何帮主指着那朱红佛门，道："那便是了。"家宝道："哦，上少林咯——"

这时迎来一位知客，同何帮主说了话。何帮主从怀中掏出一份书信，交于那知客。知客转身进去通禀。少时，见一身穿袈裟和尚走了出来，身后跟了数个弟子。何帮主迎去，行了大礼，道："弟子拜见方丈。"方丈道一声："阿弥陀佛，何施主远道而来，里面请。"何帮主携了家宝随方丈进了寺院。

方丈吩咐厨头送来斋饭，再同何帮主吃了茶，又问了些道上之事，叙些禅宗心得。何帮主唤来家宝，说了来由。方丈见家宝生相不凡，虽小小年纪，却英气浩然，心中喜道："何施主放心，老衲定会好生管教。"何帮主不作多留，拜了拜方丈，又同家宝交代些事宜，径自离开了少林。家宝两眼含泪，心中虽有不舍，却也万般无奈。随后同那方丈进了殿堂，削发剃度，取法号"慧心"。

家宝在少林寺安定下来，一心想要习武练功，却被智玄大师派去跟着院头每日清扫院落，多有不甘。那院头见家宝人小好生欺负，辛苦活计都交付于家宝，自己躲在僻静处偷闲。家宝怎是个安分的主儿，见那院头偷闲，捡着空儿了，也偷偷跑去戏耍了。

寺院中恰好有一对同家宝年龄相仿的小和尚，一个法号"慧武"，一个法号"慧文"。这日做完早诵，家宝将二人叫到一处偏僻角落，从怀中掏出一只紫砂罐，神神秘秘道："给你俩瞧瞧这个。"家宝打开紫砂罐，见是两只黑油蛐蛐。慧武、慧文拍手叫道："给我等玩玩。"家宝笑道："若是下次你俩下山挑水带上我一同去，我便让你俩玩一玩。"慧武道："师父说了，不准带任何人下山。"慧文道："若是带你下山，被师父发现我们就惨了。"家宝摇摇手中的蛐蛐罐，问道："那你俩是不想玩喽。"慧文和慧武担心被责罚，不敢答应，径自走开了。

家宝无趣，自顾自斗蛐蛐玩，刚要转身，却瞥见智玄大师信步而来，见躲不及，忙上前迎道："弟子拜见师父。"智玄道："你不在院中清扫，在此做什么？"家宝嘟囔一声道："弟子是来学武功的，每日清扫院落，有什么用处！师父何时教我武艺？"智玄道："武功乃末技，德性为上乘，性不能定，何以习武？你心性顽劣，生性好动，为师叫你打扫院落，是望你能静心养性，以备习武之需。"家宝道："那要扫到什么时候才能心静？"智玄道："阿弥陀佛，扫到心无杂念，了无牵挂，菩提无树，明镜非台。"家宝喏了声，却也没能听个明白，只知道心静时便是习武之时，径自拿了扫帚，望能扫出个心静来。

花开花谢，草长莺飞，家宝这一扫又是两三个月，却怎么也找不到智玄大师说的心静，反而扫出一肚子气来。

这日慧文、慧武在蹴一球儿为戏，不想慧武一脚踢重了，径直把那球儿踢进了一地洞里。那地洞约有三四尺深，原是刨树根所留。慧文、慧武抓球不得，正发愁之时。家宝走上前，道："我有一法子，叫那球儿自己上来。"慧文道："什么法子？"家宝如是说了这般这般。慧武和慧文照家宝所说，各自提了一桶水来倒在那洞中，又倒入三桶。洞中水满，球儿便随水而出。正在慧文、慧武兴奋之时，家宝却道："看，水缸里没水了。"慧文慧武才意识到自己犯了错，忙要下山挑水去。家宝道："若是你们带我下山，我就不告诉师父。若是不带我下山，我可顾不了那么多。"慧武道："你发誓下山后不乱跑，我们就带你去。"家宝道："我对天发誓，若撒了谎，天打雷劈，不得好死。"如此这般，家宝才同慧武、慧文下了山。

适逢中午，天热气燥，三人商议一番，纷纷跳入河中洗澡。慧武无意间瞥见不远处七八个村姑赤身裸体地站在激流中嬉闹。慧武看了一阵，不禁诧异道："慧心，那是什么？"家宝同慧文闻声看去，见那七八个村姑一丝不挂地在河里洗澡。家宝年长慧文、慧武几岁，早已渐通人事，忙捂了脸，道："她们便是师父师伯口中念叨的老虎！"慧武瞪大了眼睛疑惑道："她们是老虎？原来老虎这般俏丽，只是老虎的嘴那么小，怎能吞得下我等？"心里正暗自想着，忽见那群村姑转身冲他们大笑。慧武见她们白森森的牙齿，顿时唬了一惊，以为老虎要吃他，急忙转身，见家宝和慧文不见了踪迹，连滚带爬地爬上岸，一面喊道："慧心、慧文救我！"三人水也不打，只顾提了桶跑回了寺院。刚踏上甬道，却同都寺长老碰了个正面。长老质问出了什么情况，慧武一五一十告知了。长老一声大怒，责罚三人蹲马步，不得食饭。日后，三人再没见得那群老虎，也便渐渐放了心。家宝苦于清扫院子，逢了机会便偷偷跟慧武、慧文下山玩耍，暂不细述。

※　　　※　　　※

不多时日，少林寺修缮寺院，从寺外来了大量工匠，家宝一瞅到机会，就溜进工匠的厨房，偷食酒肉。智玄大师忙于监护寺院，不得空看顾家宝。家宝越发妄为，竟唆使慧文前去偷酒盗肉，自己坐在树荫下斗蛐蛐戏耍，见不曾被师父发现，便令慧武、慧文轮流如此。

一日，智玄同监寺查寺回来，偶遇慧文，见他手中端了酒肉，左顾右盼，慌慌张张走向侧房，心起疑惑，遂跟了去。刚至侧房，便听见一声吵闹："咬死它！咬死它！咬死癞头青！"闻声是慧武，又听到一声："哈哈，还是我的大将军厉害吧。慧文上酒上肉伺候本将军。慧武，愿赌服输，还不去厨房找酒肉去？"智玄听得是慧心的声音。少时，门缝里探出一颗小光头，正好撞在了智玄怀里。慧武"哎呀"一声，见是智玄师父，唬了一跳，不敢言语。家宝同慧文不知来者是智玄师父，也不搭理，只顾着拿着竹签一面挑逗蛐蛐，一面嚷嚷着。

慧武躲在智玄身后，说也不成，不说也不成，正焦灼时。家宝头也不回，将酒碗朝后面伸去，叫道："慧武，赶紧添酒！傻愣着干啥，本将军今日要杀尔等个片甲不留！"等了半天，不见添酒，又道："等什么呢？真是笨死了！莫非河里的老虎把你吓傻了？我——"话还没说完，只听"啪嚓"一声，酒碗被打碎在地，继而又一声"放肆"。家宝见智玄师父站来身后，唬了一惊，紧忙起身，站在一旁。慧文也慌里慌张地立在一旁。智玄怒道："不好好扫你的地，在这儿撒泼！成何体统！"家宝怯生道："弟子只想让师弟们多食酒肉，增建体格，不想……"智玄道："休得胡言！你这不通理的逆徒！为师不与你讲嘴！来人啊！杖刑十下！将这个逆徒关进柴房，面壁思过！"家宝被建寺众僧拉了出去。智玄又对慧武、慧文怒道："逆徒！知情不报为师，还助其猖狂，平日里诵经念佛，为师怎么教诲的？回佛堂受罚！"慧武、慧文唬得一声不吭，只暗自叫苦。

家宝在柴房面壁多日，暗想自来到少林寺，武功没学得，倒尽遇些则个不干净事，越想越恼，便偷偷溜出柴房，到后山玩耍去了。

经过立雪亭，径自去千佛殿拜了拜，出门朝西走，进了塔林，又穿过一段林荫遮蔽的小径，发现一个依山而凿的石洞，洞旁有一石横卧，刻着"达摩洞"三个大字。洞外青竹成丛。家宝暗暗道："莫非这便是慧武、慧文提到的达摩洞？说这洞里住了一位姓潘名缘的高僧，因嗜酒如命，屡犯寺规，被锁链禁锢在洞里，也不知是真是假？"家宝决意去看个究竟，径直进入洞中。行不多远，借着洞壁微弱的火光，忽见一位身长七尺，大耳垂肩，白眉白须，敞胸露怀的老和尚。见这老和尚双手双脚被拳头般大小的铁索套绑，正闭了眼睛，修性养神。洞中飘出一股清香，看去，见一只小炭炉上坐一柄茶壶，想必那沁香是从那茶炉中散发而出。家宝悄声走过去，问道："弟子拜见前辈。"见那老和尚不曾动弹，又道："前辈可是面壁静修的得道高僧？"那老和尚眯眼瞅瞅家宝，打趣道："小和尚可是来送酒的？"家宝愣了片刻，忙道："酒！有酒！前辈稍等，这便送来。"家宝径自跑出洞外，取来藏好的珍酒奉上。那老和尚嗅到酒香，顿时精神矍铄，一把抢了酒去，喝了个痛快，一面问道："你是哪里来的小和尚？为师以前怎么没见过？"家宝道："弟子至春季来少林寺习武，因贪酒食肉，被智玄师父责罚面壁思过。"那老和尚闻声，一脸诧喜，问道："可有肉？"家宝道："有，弟子这就取来。"说罢，不知从哪儿取来了一荷包肉，呈给了老和尚。

那老和尚喜酒肉如命，见肉便撕咬吃将起来。家宝看着那老和尚一面吃肉，一面心里嘀咕："寺院清规戒律，这老和尚竟酒肉相欢，定是如此才被囚困这里了。"老和尚酒足饭饱后才道："如此说来，你同为师也是缘分。"家宝闻声便确认这老和尚便是那潘缘，紧忙跪道："弟子见过师父。"潘缘却道："行什么礼？谁是你师父？我只认得这酒肉！"家宝道："若是师父肯收我为徒，弟子定每日送酒肉孝敬师父。"潘缘笑道："那便日后再说。"说罢径自睡去了。家宝见这老和尚性子刚烈，又不通情达理，好生无趣，无奈离开达摩洞，回了柴房。第二日便又携了酒肉前往达摩洞拜见潘缘，谁料那潘缘好生没道理，吃了酒肉，又打发家宝择日再来。

老和尚如此反复刁难，换作别人恐早弃他而去，扔之不顾了。但家宝竟似个没事儿人似的，照送酒肉从不耽搁。

这日，家宝送了酒肉，正要离去，老和尚忽而叫一声道："小和尚且慢。"家宝闻声喜道："师父可是答应收我为徒？"潘缘道："见你多日酒肉相送，不曾离弃，有心拜我为师。我且问你，你唤作什么名字？"家宝道："弟子原籍徽州城刘府，唤家宝，方丈取法号慧心。"潘缘道："放着你好好的公子不做，为何不远千里来做和尚？"家宝才将如何出刘府，如何跟随何帮主走镖，如何来到少林寺一一禀了潘缘。潘缘叹道："却是一个苦命的孩子。"家宝道："弟子本想入少林寺学武功，不想师父只叫我清扫院落，寻个心静，方才教授武艺。谁知那心静何其难得！弟子愚昧，想必弟子是一个俗人，终要回到俗世中去。还望师父收我为徒，传我绝世武功。"潘缘道："说来也是缘分。叫为师授你武功不难，你且如何报答为师？"家宝道："弟子愿听师父吩咐，万死不辞。"潘缘笑道："为师倒不难为你，只因为师好酒肉，你每日送来如何？"家宝道："这有何难？弟子拜见师父。"说罢，家宝连磕三个响头。潘缘道："不急着磕头拜师，这里有经书千本，因多年不曾打理，落满了灰尘，又残缺少页，你明日即来打理。"家宝心喜，拜了潘缘，回了柴房。

　　说这家宝往来达摩洞，一来送奉酒肉，二来打理经书。酒肉无妨，只因这经书是今日整理完毕，明日又是脏乱不堪，如此一日复一日。家宝却也不曾埋怨半分，离弃寸步，每日送了酒肉，整理好经书。如此又过了数十日。这日，待家宝打理完经书，潘缘忽而盛了一碗酒给家宝。家宝一饮而尽，美一声道："好酒！"不禁又吃了两碗。潘缘吃了一惊，道："这酒名曰'仙人醉'，常人喝一口便会睡上三日。徒儿竟连喝三碗，脸不红耳不赤，神情竟似平常般自若。"家宝笑而不语，掏出袖口中一条花蛇玩耍。潘缘见那毒蛇，又唬了一惊，道："徒儿为何耍一条毒蛇？不曾伤你？"家宝道："弟子打小便喜欢玩蛇，生在刘府时，二叔研制丹药，养了很多蛇，弟子偷闲便跑去抓蛇玩，不曾伤过一次。"潘缘暗暗道："了不得！了不得！乃一奇人也。"便问道："这少林功夫派多宗杂，有七十二绝技、少林拳术、棍术、枪术、刀术、剑术，内有气功，外有远近格斗，十八般武艺，样样具有。不知徒儿想学哪一样？"家宝紧忙收了蛇，不假思索道："请师父授我最厉害的。"潘缘道："见你酒性非同常人，为师授你一套醉拳如何？"家宝紧忙跪拜道："弟子多谢师父。请师父教徒儿醉拳。"

　　潘缘笑道："不急练醉拳，先让为师看看你的底子如何。"说罢，只见潘缘双手轻轻一运气，那拳头般的铁索便忽而脱落。家宝吃了一惊，惊呼道："师父如何撑得开那铁索？"潘缘笑道："小小铁索岂能困得住为师。"家宝道："师父探徒儿底子，不知如何试探？"潘缘道："且给为师展示你的气力

128.

来。"家宝环顾一眼洞中，见有一尊石桌，约莫二三百斤重。家宝走到石桌旁，摆个架势，又因方才吃了烈酒，正无处释放，便运了一股气，只"哈"的一声喊，便见那石桌动了动，又闻一声喊，便见那石桌离了地。家宝放下石桌，回到潘缘跟前，问道："师父，徒儿气力如何？"潘缘见这小小孩童，却有这般神力，确实吃了一惊，口中却冷声道："徒有蛮力罢了。"潘缘说着，取了卧榻边一禅杖，道："让为师看看你的脑里装的是石头是水？"说罢，拿禅杖来打。家宝见禅杖实实打来，慌忙躲闪，闪了几杖，一不留神，没躲闪得及，吃了一禅杖。疼得家宝"呀呀"直咧嘴。家宝苦道："师父果真打得！"潘缘怒道："莫不成假打？"又举禅杖打来。家宝如何敢怠慢，只顾想着法子躲避杖打。

一来数日，家宝每日都要吃杖打，不仅如此，走路尚要用脚尖撑地，水桶装了水要用手腕来担，那百斤重的石砣，系了绳子要用腰来扯。这一日二日便受得住，长此以往，谁人身子经受得住。最是那手腕要紧，不得处时，潘缘便用荆条笞打，苦得家宝，手都拿不得筷子，吃饭便用不得手了，只得俯下身子，单用嘴来叼。那腰也似断了，那脚腕也似折了，整个身子没一处好的。也说这家宝性子倔，要强得很，如此非人习武，苦也罢，难也罢，硬咬着牙挺了过来。潘缘自是看在眼里，疼在心里。可人常说，不吃苦中苦，怎为人上人？如今潘缘见时机日渐成熟，便亲授家宝醉拳招式。

家宝已经吃了一个月的苦日子，受了一个月的磨难，眼下练就起招式来，便是如鱼得水。这叫峰回路转，柳暗花明。

家宝得潘缘亲授武艺，每日前去习武练功。不巧这日归来时却撞见了智玄查院归来。家宝见躲不过，迎上前拜道："慧心拜见师父。"智玄道："你不在柴房好好面壁思过，又去做什么孽事？"家宝道："弟子因苦于面壁，出来玩耍片刻，即可回去。"说罢正要走，却见智玄道一声："站住！"家宝退了回来。智玄道："身上藏着什么？如实招来！"家宝慌忙道："弟子身上不曾藏任何东西。"智玄一面斥道："胡说！衣囊鼓实，分明藏了东西，莫不是偷的？"一面伸手去摸，忽见智玄大叫一声道："不好！"须臾间一条毒蛇从衣囊中爬出，唬了众僧一惊。众人见智玄中了蛇毒，紧忙扶着回了殿堂，一面唤来医主去毒救治，一面令人绑了家宝，听候发落。

幸好智玄中毒不深，救治及时，才无性命之患。众人愤慨，通禀方丈，力求方丈责罚家宝，逐出师门。方丈念家宝年少无知，又受何帮主之托，思来想去，便修书一封交给一念大师，翌日再携家宝离开少林，前往关中武学院，他处求艺。家宝自知闯了大祸，逐出少林已是方丈仁慈之恩，离别前再去拜别潘缘。潘缘临别嘱托道："缘尽缘灭，去留无常，今日你已得为师心法，只是这醉拳看似简单，却深藏奥妙，日后勤加习练，精妙之处自会显露。"家宝正欲起身离去，却又闻潘缘道一声："徒儿记住，为师授你武艺，不得同旁人说起，更不能提为师半字！"家宝谨记在心，是夜便收拾了行头，以待明日起程。

翌日，家宝拜别方丈、智玄大师及众僧，随同一念大师，携了方丈亲笔信函，直奔长安城。

※　　　　※　　　　※

家宝在寺中闹出事端，被方丈赶出少林寺，随一念大师夜住晓行，一路化缘，赶往长安。行路一月有余，所见所闻暂不细述。

这一日，日暮时分，师徒二人行至一条官道尽头，见一面用青砖砌就的城墙横挡在隘口处。城门下有数百名精兵镇守，搜查着通关行人；城墙门额雕刻"潼关"二字；顶楼上隔三五步站立一个哨兵驻守，此地险要可见一斑。师徒二人临近城门前，家宝忽而说道："师父，前面便是潼关了。"一念大师看一眼城门，点头道："过了潼关，便是长安城了。"家宝心神急切，追问道："还需多少时日才能抵达长安？"一念大师道："一日便能抵达。"家宝加急脚步，同一念大师过了通关检查。行不多远，家宝忍不住回头望了一眼，问道："师父，这潼关为何有那么多兵士镇守？"一念大师道："这潼关，南依秦岭，有禁沟深谷之险；北有渭、洛，汇黄河抱关之要；西有华山之屏障；东面山峰连接，谷深崖绝，中通羊肠小道，仅容一车一骑，人行其间，俯视黄河，险恶峻极。素有山势雄三辅，关门扼九州之势，可谓得潼关者得天下。"

家宝若有所思，暗自喃喃道："怪不得方才通关之时，兵士里里外外，上上下下搜得仔细。"二人见天色已晚，寻了一处馆舍，暂住一晚，决意明日再行。

翌日鸡鸣时，师徒二人便起程赶路，先是小陌山道，皆人烟希少，转而大道处，行人渐多，车马不绝。二人随了行人便走，行不多远，眼前蔚然一座城郭鹤立。人常说，从来天子建都之处，人杰地灵，名山胜水，这未近得长安城，便是扑面的帝都英气，待更近了些，才真正目睹什么唤作"八水绕长安，十三朝古都"。如此千里之郭，万里之城，怎不叫家宝心里嘀咕。家宝站在城门下，仰头看去，见城墙接了天，皆是青石堆砌，梯形耸立。青石之间，间隙相当，皆白膏石灰黏合，使人难能攀岩。家宝喃喃道："徽州比不得，杭州比不得，少林寺更是比不得。"家宝紧忙跟随在一念大师身后，接受通关检查。

师徒二人进了城，只见城里牛马往来不绝，玉撵轩车川流不息，府邸侯家竞相而列，复道交窗合欢而出。人道两侧，各色各式店铺、作坊鳞次栉比。酒肆、茶坊、典当、珠宝古玩相互交映。这来来往往，穿行穿梭，人声鼎沸，叫人应接不暇。

家宝左顾右盼，好不欢喜，一面走，一面暗自称赞道："真是个繁荣昌盛之地！该不是已到了天都？"二人穿过川流人群，又绕过了三五街巷，再走了数里，便见家宝指着远处，惊呼道："塔！塔！师父！塔！"一念大师顺势看去，见一座砖塔高高凸起，耸立于千家万木之间，颇有深山藏古寺之妙，便道："那便是大雁塔了！"家宝接连喊道："大雁塔！大雁塔！师父，快同弟子说说大雁塔！"一念大师道："阿弥陀佛……眼前之塔，又名慈恩寺塔，为玄奘法师译经藏经之地。"家宝继而问道："那这寺塔何时建造的？"一念大师道："唐永徽三年，玄奘法师天竺取经归来，恐'人代不常，经本散失，兼防火难'望妥善安置经像舍利为由，拟在慈恩寺正门外造石塔一座。唐高宗便恩准在寺西院建一座五层砖塔，供藏经、安置佛像、舍利、译经之用。"家宝点头称道："说来，那玄奘大师真真了不得。"

家宝一路走，一面不住地朝塔身看去，更觉得那塔似天灯一般，在光晕下熠熠生辉。二人边走边闲叙，又向塔走了多时，便进了晋昌坊。家宝见慈恩寺南北不见尽头，足足占据了一半长坊，暗自唏嘘道："真乃是皇家庙宇，重楼复殿，云阁洞房，少说也有千间房舍。"不禁轻声吟道："塔势如涌出，孤高耸天宫；登临出世界，磴道盘虚空。"又对一念大师道："师父，方才过慈恩寺处，弟子见这里到处是文石、梓桂、橡樟……修饰的也全是珠玉、丹青、赭垩、金翠，真真妙不可言！可谓：穷班李巧艺，尽衡霍良木！"一念大师闻声，只轻声念道："阿弥陀佛……"说话间，二人已进了寺院。

寺院使者见二人远道而来，紧忙引见寺院主持。众僧相见，行了佛礼，又相请用完斋饭，再邀一念大师到法堂坐坛论经。家宝了无趣味，索性在院子里游走，来到前院，定足在一座石碑前，细看去，见上面写道：唐贞观二十二年，太子李治思报昊天，追崇福业，于京城内，妙选一所，奉为文德圣皇后，即营僧寺……名曰慈恩寺。家宝看罢，暗自道："原来是唐皇帝报答慈母恩德修建的这座寺庙。"家宝又相继看过了钟鼓楼，转身进大雄宝殿拜了拜，从后门出，见大雁塔就在眼前，越发高耸精妙，却找不见去路，回头见一个小僧在清扫石阶，便上前唤道："小师傅，你可识得去大雁塔的路吗？"小僧道："我引你去。"二人拾阶而上，家宝问道："小师傅，此塔名曰大雁塔，想必一定有座小雁塔了？"小僧笑道："小施主聪慧，正是如此，那小雁塔坐落在荐福寺内，与此塔东西相向。"家宝点头间，小僧又道："小施主只知其一，不知其二，此塔之所以唤作雁塔，乃仿天竺雁塔而名，大乃是大乘佛法之意。"家宝如醍醐灌顶，恍然顿悟道："岂不是玄奘法师的大乘佛法！"小僧称道："正是！绕过这座庙堂，便到了。"

二人走过长廊，下了两层台阶，穿过一条甬道，再上两层台阶，大雁塔的全身便在眼前了。家宝站在塔下南门前，仰首望去，问道："这塔有多高？"小僧道："二十余丈。"家宝不禁吃了一惊，再看石门时，见门楣门框上均有精美的线刻佛像及砖雕对联。家宝径直走到南门洞左侧嵌置碑石前，见西龛碑文由右向左书写，名曰：大唐三藏圣教序。再回右侧看去，碑文由左向右书写，名曰：大唐三藏圣教序记。正看时，小僧在一旁道："这二者，分别是由太宗、高宗亲自撰文，书法大师褚遂良手书，人称'二圣三绝碑'。"家宝看罢碑文，向石门走去。小僧忽然问道："小施主哪里去？"家宝指着寺塔道："当然是要去塔内瞻仰一番。"小僧拦住道："没有师父的允许，谁也不能进去！"家宝一听，退了几步，问道："为何？"小僧道："小施主有所不知，此地乃藏经重地，一般人进不得！"家宝闻声不觉懊恼，又问道："塔内只藏了些经书？"小僧道："不止如此，听说塔内安置了佛像，还听说，每层塔皆有舍利子！或一千、两千，凡一万余粒！"家宝惊呼道："真有此事？"小僧摇头道："只是听说罢了，不曾见得。还有人传言说这塔下有座天大的地宫。"说到此，小僧忽而放低声音道："据说，当年玄奘法师取经归来，便将大量的佛舍利、贝叶经及金银佛像都藏于地宫里。"

家宝怔怔地看着小僧，心生好奇，问道："那地宫你可见得？"小僧摇头笑道："小僧只是清扫院落的，哪有佛缘见得！"家宝不作声，绕塔身转悠，见这塔砖面土心，不可攀登，每层皆设有塔刹，四面均有券门，再细看时，见一些塔壁上刻有字迹，如读到一处，便是白居易写道：慈恩塔下题名处，十七人中最少年。家宝好奇地问道："壁上字迹作何用处？"小僧道："小施主有所不知，凡新科进士及第，除了戴花骑马游长安，曲江流饮作诗品评外，必要来此登塔题名……"不等小僧说完，家宝抢先道："莫不是人人传诵的'雁塔题名'了？"小僧笑道："正是正是，在此题诗留名，以示步步高升，平步青云之意。"

家宝听罢，喃喃道："果真是个风水宝地。"正想着，小僧道："小施主在此玩赏，小僧告退了。"家宝拜别小僧，又在塔前转悠了多时，见天色渐晚，便抽身离开，回了法堂。

师徒二人在慈恩寺暂住了一日。家宝求武心切，不等一念大师随同，翌日一早，已迫不及待揣了少林方丈的亲笔信函，孤身一人前往关中武学院。

时至晨钟敲响，早市大开。经商的早已开了门铺，笼子高若雷塔，看上去，竟是白花花的热气腾腾的包子。家宝不闻其香，看见袅袅雾气，便一个箭步冲了过去，碰着店家吆喝："包子……新出炉的包子……"家宝掏出几文钱，喊道："来十个包子。"店家一面回应道："十个包子……"一面摘了浆纸包住，递给家宝。家宝捧了包子便吃，哪里晓得新出炉的包子烫口。家宝只得张着口哈哈喘气，一面又拿起一个包子，挤入人群中。

时候尚早，长安街已是人烟纷杂，所经之处，无不琳琅满目，诱人十足。家宝一个大口吃掉最后一个包子，又盯上了路边的糖葫芦，拿了一文钱买了一串，刚吃了两颗，忽而回想起爷爷刘一手来，不觉哀恸，掉下几颗泪珠。家宝狠狠擦掉泪，将糖葫芦扔在一个角落，闷气走了。又不知行了多远，来到一处青石廊道，道上人烟稀少，不同他处。

家宝一面沿朗道走，一面心里嘀咕："这般大道，人怎么这般少？"忽而听见身后一声碎步刮地，家宝回身看去，见一乘红顶大轿疾步而来。家宝侧身躲开，又紧随轿子跟了去。那轿子落定门前，从里探出一男子，身穿绫罗绸缎，模样约莫二十岁上下。门前守卫见那人，拜了拜，放行过去了。

撤走了轿子，家宝才看清门前那惹眼的两尊大理石石狮子，雕琢栩栩如生，巨猛无比。门廊头横挂一墨色字匾，刻着"关中武学院"五个鎏金大字。

那正门已关闭，红色门面上，镶嵌着碗大铆钉，横七排，竖七排。铆钉正中首挂两颗兽头门扣。两名守卫持刀站在边门，只开了一处角门。家宝躲在一处柳树下看去，暗想："圣地莫不是都是这般威严，恐怕连个蚊子都飞不进去！"家宝思索再三，从柳树下走了出来，整理衣冠，不看守卫，径直从角门欲入。

身边门卫忽然高声喝道："干什么的？"家宝一愣，回身笑道："拜见师父的。"又将入。那侍卫一把扯了家宝，呵斥道："哪儿来的野和尚！去去去！"家宝打个趔趄，怒道："谁是野和尚，我有信函！"家宝掏宝似的掏出信函，交给守卫。守卫冷冷看一眼家宝，再看一眼信函，冷语道："随我来！"

家宝紧随侍卫进了角门，恍如遁入一处玄妙境地。庭院绿树成荫，两侧古槐如参天巨柱。炉香、树香、橡木香……混交而成的独有的院香，恣意沁人。这庭院攀岩向上，曲曲折折，因庄严而肃穆，因宁静而祥和。若非身临其境，难得其妙处。

家宝好生盯着那几棵古槐看去，不禁问道："这些古树已有多少年月了？"侍卫不加理睬。家宝见侍卫冷若冰霜，拒人千里，不好再问，又禁不住仰头看去，心里约莫道："参天成荫，粗若巨鼎，少说也有几百年了。"暗想着，倒被自己的话唬了一惊，又自语道："几百年，岂不是要成精了。"没来得及细细端详，见已落后侍卫几步，家宝紧追过去。

侍卫引家宝上了石阶，进了一处大堂。侍卫道："我去通禀，小和尚站在这里，别乱跑！"侍卫出了大堂。家宝站在原地，眼神却在大堂四处游荡，见大堂摆设陈列虽没有刘府华丽，却也极为精致。正看时，忽闻门外一声声"哼哈……哼哈……"叫喊，细细辨去，竟是习武之声。声音大如天雷，叫家宝心里不禁打了一个冷战。家宝忍不住要出门去看个究竟，却迎面撞来一位官爷。这官爷身穿绿袍，腰挂朴刀，生得斜飞剑眉，鹰钩鼻，面色如铁，好生威严。这人径自坐在正堂椅上，一声冷道："是你来寻我？"家宝拜了拜，递上信函，退几步立在一旁。那人看一眼信函，冷一声道："不巧，大人不在，信函留下，你改日再来！"说罢起身要离开。家宝见这人腰系统领腰牌，想他必是一人物，便抢前一步道："我来这里别无他意，只是想讨教一下武学院的神功。"那官爷怒一声道："口出狂言，莫要惹恼了我！"家宝心中已怯了一分，又道："若是尔等胜得过我，我便甘心为徒！若是不能，留下也是误了前程。"官爷道："好猖狂的小和尚，竟然不知天高地厚，大言不惭，你可知这是什么地方？"家宝道："我不是什么和尚，只是投师无门才不得已遁入佛门。依我方才之意，如何？"官爷着一眼身边侍卫，不再搭话，径自出去了。家宝刚要追去，却被侍卫左右夹了臂膀，拖出了武学院。

家宝气冲冲赖在门口不走，冲门内喊道："日后我定来讨教！"两名侍卫手握朴刀，怒目盯着家宝。家宝冷哼一声，气冲冲离开了武学院。

家宝吃了闭门羹，并未转身回寺院，而是游走在城中大街小巷，只买酒吃，消愁解闷。一晃又是数日，仍然没有徐斌下落。不禁有些心灰意懒。这日吃酒时，偶然得知，徐斌每年的六月初六，都会在城隍庙做法事。家宝知机会难得，便在这日一大早，赶往城隍庙。

城隍庙前，进香朝拜，许愿求福的香客络绎不绝，大殿、文昌阁、东西廊庑和牌楼鳞次栉比地排列着，蔚为壮观！城隍庙内，袅袅飘起的清烟，萦绕在大殿内外，整个殿堂显得庄严神秘；城隍庙外，一座临时搭起的戏台上，正在演出大型秦腔名剧《中山狼》。

殿内香客摩肩接踵，叩拜许愿。堂上三尊金佛，皆有数丈高，盘坐在莲花座上。殿两侧皆是各方各路菩萨神仙。家宝跪在莲花垫上，拜了拜，起身要走，不巧撞到一位前来许愿的女子，家宝紧忙道："冒失撞到姑娘了。"见没有人理睬。家宝抬头看去，见这女子一身青衣凤尾裙，身姿婀娜，约莫十六七芳龄，举手投足间尽是闺秀之气。家宝见女子跪在莲花垫上祈愿，不好上去打搅，转个身，出了大殿，来到戏台。

戏台四周，摊货林立，人山人海。已时刚过，法事开始。起斋之时，主僧五鼓鸣钟聚众。其时香烟缭绕，灯烛辉煌，幡幢五彩飘扬，乐器八音嘹亮，法事之盛，自不必说。家宝立在道场一侧，见一官人模样，生得方面大耳，秀目浓眉，身躯伟岸，起了香头，铺设净褥，行三拜礼。官人身旁候着的使者添香剪烛，供食铺灯。主僧前来献茶。那官人吃了一口，又令人退了去。

家宝又细瞻仰这官人，不觉严威咫尺，毛骨俱悚。唤身边一位观者问道："此官人何方人士？"那观者听罢唬了一惊，紧忙伸手堵了家宝的口，惶恐道：

"小声点！小兄弟口无遮拦，岂不知那官人乃是西北巡抚夏言夏大人。"家宝虽说也吃了一惊，却因那官人不是徐斌，无心再看，便随众人一同退了回来。眼看到了正午时分，祭祀活动即将结束，也未见徐斌出现，家宝在城隍庙外徘徊了几圈，遂同人流赶到附近的酒馆吃酒歇脚去了。

不觉恍然闯入一条幽深的青石小巷。不见酒肆人家，但闻酒香扑鼻。家宝暗暗道："好一条惬意的静默酒巷。不如喝他几碗再回去。"便寻了一处酒楼，见这酒楼一溜九间门脸，三层楼阁，楼阁四周插满各色酒旗，檐下周遭挂满大红灯笼，最高层正中，挂一朱漆红底大匾，上书"香悦楼"金色大字。

家宝来到香悦楼上，拣了一个靠窗的阁子，随便点了几个店内拿手的酒菜，要了几壶好酒，慢悠悠地吃喝起来。几壶酒工夫，香悦楼已是人满为患。人人都在谈论方才的法事。家宝凝神倾听，希望可以从他们的口中得到一些关于徐斌的消息。

邻桌几位商贾打扮的汉子，很快便引起了家宝的注意。但见一位胖子对着同桌的几位食客说道："今日康海爱徒张于朋和王兰卿唱的《王兰卿服信明忠烈》，真是妙不可言！我在长安城里听了那么多出戏，还是康家戏班唱得好！"胖子左侧的食客附和道："是呀，康海的小妾张氏，那可是出身乐户，不仅能唱善舞，还为康家班子培养了双蛾、小蛮、春娥、端端、雪儿和燕燕众多名角。"

胖子对面的食客却如获至宝道："不知诸位有没有注意，新上台亮相的四位女子？"其中一人惊讶道："你是说演《杜子沽酒美游春》的金菊、小斗、芙蓉和采莲她们吧。"胖子对面的食客叹服道："王九思和康海真是奇才！一部《中山狼》唱尽了世态炎凉！"

那位胖子赶忙附和道："可不是嘛，要不怎么说，李梦阳、何景明、徐祯卿、边贡、王廷相和康王二人是大明朝七大才子？"

胖子左侧的食客嘲讽道："不过我倒是听说，康海当年为了从大太监刘瑾手里住李梦阳的性命，费尽周折！谁想，等到咱们老乡康海落难，李梦阳却变成了落井下石的中山狼，真的是猪狗不如！"

胖子打趣道："嗨，那都是陈年老事，不提也罢。不过也好，要不咱们下辈子也听不到两位京城大才子的'康王腔'，你们说对吧？"

胖子继而又说道："可惜呀，这次在城隍庙做法事，徐侠士没有亲自到场，也不知这回，我许的愿也同往年一般灵验？"胖子左侧的食客诧异道："说起来也怪，往年徐斌都会来城隍庙做法事，今年从头到尾压根就没见他露脸，遗憾，真遗憾！"胖子对面的食客半信半疑道："我倒是听说，重阳宫近日正举行'重阳祖师灵柩安奉大典'，徐斌可是全真派的高徒，一定去了那里！"

听到此处，家宝心一惊，屏息凝听。

几位食客酒酣话浓之时，忽闻胖子右侧，一直闷不吭声的食客说道："我倒是觉得今天的琵琶弹得极妙，至于诸位所说的狼狗之事，我倒没多大兴趣……"众人闻之皆哈哈大笑。

且说家宝听到众说徐斌有可能去往重阳宫，兴趣愈浓，离开座位走到那几位食客面前，问道："诸位前辈可知重阳宫？"食客看到家宝有心想问，却无心回答，继续他们的言论，对家宝不加理睬。家宝并未恼怒，问胖胖的食客道："小哥可否告知重阳宫在哪里？"胖胖的食客不屑问道："知道怎样？不知道又怎样？"家宝眼睛一转，道："若能告知重阳宫在哪里，如何前去，这顿酒就算在小弟头上，怎么样？"食客一听倒也乐意，虽道："此话当真？"家宝道："当真！决不食言！"那食客道："这重阳宫又名重阳万寿宫，道教三大祖庭之一，是道教第十洞天，第十六福地，深藏于群山环抱，碧水翠竹之中，为全真道祖师王重阳修道之地。地处户县……"不等食客说完，家宝欣喜地问道："从长安出发，几时能到？"食客道："快马加鞭，一日便到。不过……"家宝问道："不过什么？"食客笑一声道："重阳宫乃朝廷重地，你便是去了也未必能进得去。"家宝听此话，顿时不快道："有何难？"又见食客喊道："小兄弟刚才的承诺别忘记了。"家宝扔下一两银子，也无心再喝酒，便走下楼阁，混进了人群中，一面走，一面暗想："管他有重兵把守做甚？去了一试便知。"遂回到寺院，同一念大师商议，又借来一匹马儿，只身赶往重阳宫一探究竟。

说这家宝马不停蹄赶到重阳宫，眼见之境况，不禁叫他倒吸一口凉气。重阳宫依山而建，众多庙宇阶梯延伸，盘盘囷囷，四郭环绕，北接天河，南通五山，绵延不见尽头。宫内有塔两座，高于城郭，冲天而立。正门三间楼宇衔接，飞檐翘楚，有兽坐立，目视四方。檐下巨椽交叉，错落有致，壁画镶嵌，栩栩如生。朱门金铆，金匾立头，正门上是"重阳宫"三个金色大字，不愧被尊称为"天下祖庭，全真圣地"。

家宝牵马上前同门守侍卫搭话道："小生慕真人道法高妙，特来拜谒，望通禀一声。"一侍卫斥道："我家大人出游去了！改日再来拜会吧！"家宝见那侍卫面无表情，好生硬冷，索性将马拴在石狮子右侧的柱子上，拱立伺候。到晚，那侍卫径自闭门不纳。家宝乃露宿于门外。

次日，重阳宫弟子开门看时，家宝依前拱立，求见师长。那弟子道："吾师甚是私刻，我等服侍数十年，尚无丝毫秘诀传授，想你来有什么用？"家宝道："传与不传，唯凭师长。小生远跋而来，只愿一见，以慰平生仰慕。"那弟子又道："要见亦由你，只吾师实不在此。知他何日还山？足下休得痴等，有误前程。"家宝道："弟子此次前来，出于积诚。若真人十日不归，愿等十日；百日不来，愿等百日。"众人见家宝连连数日不归，愈加厌恶，渐渐出言侮慢，以后竟把他视作乞丐看待，而言辱骂。家宝不同计较，虔诚拜师。每日，只于午前往村中买一餐，吃罢，便来门前伺候。晚间，众人不容进门，只就阶前露宿，如此三十余日。

那交班侍卫不知听了何人吩咐，这日径自上前来，斥一声道："小子，休要在此死缠胡闹！我家大人已回了长安。你到那里寻去。"家宝不想在此苦等了一月有余，竟空等了一场，又转念想："那徐斌究竟是何等人士，竟连顾数次不得见，真是可气！"牵了马转身回奔长安。


※　　　　※　　　　※


也是家宝时遇不佳，自上次从重阳宫回来，又是数次拜见徐斌无果。不觉一场秋雨凉，秋意渐浓。家宝习武无路，拜师不成。一念大师也因故离开了长安，回了少林寺。剩家宝孤身一人，心也渐渐似长安这个天，一日凉似一日。

又逢无趣一日，家宝信步游走，百无聊赖，不觉行至长安街一处喧闹之地，名曰"魁星楼"。说这魁星楼可大有来头。这楼始建于唐太宗建都长安一年，而今已历经几百年的风风雨雨，始终伫立在文昌门内的下马陵，伴着各个皇朝的风云变幻，每日里迎送着天下的风流才子、豪杰义士。

家宝初造此地，正逢旺时，人群躁动。楼门前，几位伙计热情可加，不停地招呼往来客商。

"哎哟，顾老爷，您这边请，有您做客，小店蓬荜生辉啊……"两位伙计簇拥着一位商贾打扮的老爷进了魁星楼。

家宝径直走向门口，门口一位瘦小伙计斜眼看罢家宝，又细细打量一番，方才冷冷问道："小哥，打尖还是住店?"家宝低头看看一身粗布衣衫，方明白过来，暗自骂道："狗眼看人低的小人!"随即叫道："住店! 我还要住上好的房!"说着已走了进去。迎来一伙计，同样眼视一番家宝，不等伙计开口，家宝从怀中掏出一锭白银，在手里掂掂。伙计一个小跑过来，堆上笑脸，道："哟，客官，快里面请! 我们楼上有上等的状元房、榜眼房、探花房……"

不等店小二尽说客房花销，家宝脱口抢道："开一间状元房于我。"店小二闻言，紧忙将腰间素巾甩上肩头，躬身笑道："客官真是有眼光! 这状元房可大有来头。"家宝听得饶有趣味，盯着店小二问道："哦，说来听听。"店小二一面引家宝上楼，一面接了家宝的行囊，又一面说："这往年住状元房的那可都是功高望重的贵人，江南吴中四大才子之一唐伯虎，客官可闻得?"家宝点点头。店小二拍手神秘道："唐伯虎曾住在我这魁星楼里。小的引客官看去。"家宝跟随店小二推门进一处奢华厢房。店小二放下手中行囊，径直走到一幅字画下，神气顿时高昂，叫道："客官细端这幅字画。"家宝立于画卜，见画一幅山水，画风构图简洁清朗，笔锋刚柔相济，短砍、长皴、顺笔、逆毫、方折、圆转，笔法娴熟，如行云流水，超凡脱俗。家宝看得畅快淋漓，暗想："此画不是唐寅所作，也必是高人所就。"

店小二见家宝不言语，竟似魂飞神散，被那画勾了去，忙上前说道："此画正值唐伯虎春风得意时所作，名曰:春山秋水图。来小的店里的达官贵人都要来此瞻仰一番，方意尽念休。客官可知——"店小二忽然低声道："关中武学院徐侠士也曾住这状元楼，且与唐伯虎乃是莫逆之交。"家宝听得徐侠士三字，顿时回了神，问道："那徐侠士究竟何许人也?"店小二乐道："徐侠士，单字一个斌，是当朝内阁首辅夏言夏大人的幕僚，经管武学院，又是重阳宫的得道法师，德高望重，人唤徐侠士。"

家宝暗想："原来如此，难怪那徐斌如庙堂高佛，求拜不得。"店小二见家宝坐定，笑问道："客官乃是状元之相，不知客官师从何门? 府上所经营行当?"

　　家宝冷冷道:"无名无分!"店小二嬉笑道:"客官是拿小的取笑,像客官这般尊贵身份,定是富家官宦子弟,怎会无名无分?"家宝又冷冷道:"诓你有何益处?"店小二忽而变了脸,也冷冷地直直问道:"我这状元楼一日十两,客官这银两……"家宝随手袖捏出一锭二十两纹银交给店小二,道:"记于账上。"店小二小心翼翼地含着银子,笑容四散炸开,忙道:"客官,吃酒么?"家宝道:"有好酒的打两角,牛肉切一盘。"小二答一声出去了。家宝把门带转,也走到外面。另一个矮矮的店小二捧着酒肉问道:"客官,酒还送房里去饮,或就在此间?"家宝道:"就在此罢。"店矮矮小二将酒摆在一副座头上。家宝坐下,吃了一杯,忽闻一声醒木敲了三下,见楼间台下坐了一老者一小女。见那老者生得浓眉正脸,一身素衫,满腔正气,手拿一把折扇,说道:

　　"这年是建安十二年的三九天气,正当严寒季节。刘关张走到半路之上,突然大雪飘飘。顷刻间北风似刀,朔风凛冽,遍地积雪。张飞忍不住气对刘备说道:'大哥,风大雪大,我们回去吧!'刘备道:'三弟,你要知道,孔明时常云游四方。前番未能相见,如今这般大雪,定在屋舍。何况已至半路,不可半途而废——'"

　　……

　　"啪!"醒木一响,皆惊高堂,台上说书人又说起了"霍去病倒看北斗"一段:

　　"老祖先早就发现,越往北走,北极星升得越高。下面给众位客官说一段'霍去病倒看北斗'的故事。

　　"话说霍去病一十八岁,领兵北征匈奴,亲率八百精骑冲入敌阵,一气杀敌两千,生擒单于叔父,勇冠全军!被汉武帝封为千户侯。

　　"公元前一百二十年深秋,十万匈奴,兵犯中原,深入右北平,烧杀抢掠,上千边民死于铁骑之下。汉武帝大怒,调集三万精骑,命霍去病和卫青率领,分东西两路进军漠北。

　　"霍去病率军从代郡出发,在大漠中纵横驰骋两千里,捕到敌军主力,血战数日,大胜!那场战役,歼敌七万,直杀到狼居胥山。战罢,霍去病率众在狼居胥山积土增山,举行祭天封礼。

　　"当日深夜,霍去病营外仰望北斗,发现北斗七星越过天顶,偏向南去,未敢确认，招来将士同看，方才彻悟！随后，霍去病在附近的姑衍山祭地禅礼，登临北海，刻了一块碑石，竖在山头，方才凯旋还朝。这就是'霍去病倒看北斗'的故事。

"唐代刘商有《胡笳十八拍》一诗为证：'怪得春风不来久，胡中风土无花柳，天翻地覆谁得知，如今正南看北斗。'"

这一通书说得跌宕起伏，众人听得更是津津有味。

那小女红妆搭身，玲珑娇气，端坐一旁，手扶三弦，一弹一拉，有模有样。

家宝听得出神，又闻临桌一酒客说道："我大明建国以来，历代皇帝无不文修武备，广求天下贤士。明太祖朱元璋八征漠北，肃清故元余孽，那是何等威风！"

座下一人接道："惜哉，惜哉！谁想正统十四年，大明建朝八十一个年头，英宗亲征瓦剌军，反被狗鞑子在土木堡掳去，真是奇耻大辱啊！"旁人嗟叹道："痛哉！痛哉！大明朝早已不见洪武、永乐朝的八面威风，不见仁宣盛世的四野承平！而今盗贼蜂起，边患频出，这一切都怨'武'运不济呀！"旁人接着又说道："多亏宪宗皇帝即位伊始，有了大明朝第一部《武举法》。天下贤士，谁人不知？泱泱大明，岂乏人才？若不是拘于世袭，限于资格，虽有异才，无由自见？"

"嗨，不提也罢，我们喝酒，不说那么多。"食客的议论倒使家宝觉得："徐侠士进则兼济天下，退则潇洒避世之风，乃真高人也！此去武学院，定当……"正当家宝想入非非之际，临桌几位酒客又开始你一言我一语议论起来。

一人神秘兮兮道："我听说，夏言以前在京为官，可是首辅之臣。曾因得到世宗的赏识，一年中，由正七品的都给事中，升至正二品的礼部尚书。"

有人接过话头道："可不是嘛！如今的首辅大臣严嵩还是他的老乡！听说，夏言当首辅那阵，严嵩还只是个翰林院的小官，听说夏言也是江西人，便刻意奉迎。正是夏言力荐严嵩，严嵩才接任了礼部尚书。"又一人惋惜道："谁料，严嵩在官场最能察言观色，再加上他行事缜密，深得世宗的赏识。兢兢业业，日夜在西苑等候皇帝的差遣。"内中有个乡绅道："嗨，还不是因为夏言始终把严嵩当作自己的门客役使，使得严嵩心存芥蒂。"先前说话的酒客附和道："权力相争，自古残酷激烈。所谓一山不容二虎，而此时，夏言又因拒穿道冠法服等事，招致世宗不满。严嵩又利用世宗的不满，攻击夏言，更使世宗下定了决心，命夏言致仕。"

话到这里，一位酒客面露愤色道："奸臣当道、盗贼四起、民不聊生，乃大明之不幸！难道所有的贤良都——"不等这位酒客说完，但闻另一位打趣道："不好说呀，好在世宗对夏言还有眷恋之情！要不，就不会命夏言任陕西巡抚，总督西北军务。"众人点头称是。

正当家宝听到紧要处，忽闻楼下传来招呼声："这不是徐老爷嘛！您快里面请！"家宝闻声忙向楼下探去。楼下人声鼎沸，人群拥挤，却见柜台掌柜拱手拜向一位老者。老者衣帛绸缎，头发胡须皆已花白，在随从的搀扶下，入了座。从容颜精气看去，家宝知他不是徐侠士，又细数打量一番客商，花花绿绿，非富即贵，却无一人似众人口中的说的那般神乎其神。家宝无趣，斟酒自饮，眼神在楼上楼下随意游走，见这魁星楼处处精雕细琢，张灯结彩，周边席位，不分老少，皆饮酒笑谈，数位店小二忙里忙外，亲热不减。楼下柜台前坐了两位掌柜的，男子体态肥硕，埋头精打着算盘；一旁的妇人穿着精致，金银首饰，佩戴齐全。

家宝径自又饮一杯。忽见一位年龄相当的乞丐，孤身一人攀到二楼大厅。家宝心生趣味，笑道："真是鱼龙混杂之地，乞丐也能进得来？"

少顷，那乞丐的手中便被客官塞满碎银。家宝本想给点酒肉，不想身旁的壮壮的店小二说道："小哥，一看你就是刚来的，不懂这里的规矩。"家宝道："什么规矩？"小二道："这做乞丐也分三六九等，真要给酒肉，也是给楼下那帮乞丐。实话告诉你，楼上这位乞丐正是丐帮的红人——阿飞！"家宝探头瞅了瞅楼下那帮磕头跟捣蒜头一般的乞丐，这才细看起店小二所说的阿飞，但见他瘦长身子、倒吊眉、鹰钩鼻子、细长眼。此刻，那双细长的狐狸眼睛闪烁不定，正在楼上楼下搜寻着什么。

店小二见家宝一脸疑惑，又问道："想必这位客官是初到此地？"家宝摇头不作声。店小二继续说道："我们这个魁星楼，共上下三层，这里的饭菜全都不同别处，像状元红、状元饼和状元粥更是一绝。"家宝道："来！好酒、好菜尽管上来！"

店小二这才话锋一转，沉声问道："方才听客官讲，想进武学院？实话告诉客官，武学院可不同他处，岂是客官想进便能进的。出入武学院的人那都是非富即贵之士。庙宇高台，岂是我等能攀得上的？"家宝不屑道："我已去得，没你说的那么邪乎。"店小二惊奇地问道："怎么？你见过徐侠士了？"家宝无奈道："我去之时，徐侠士正好不在。"小二坦然说道："一听客官就是外行，徐侠士不是不在，是不会见你！谁都想见他，哪能那么容易，你想，徐侠士是何许人也。"家宝笑着说道："店家，来喝酒，将你所知道的都说来我听。"店小二笑道："客官你可是抬举我了，我知道的不过都是从他人口中得来。"店小二似乎想到了什么，突然又说道："不过，真正的能人还要数那位说书的先生！前两天，我听他讲，八月十五，徐侠士要回到武学院，赶得早不如赶得巧，今日正好！客官不妨去试他一试。"家宝闻之，甚是欢喜，酒足饭饱，收拾妥当，离开了魁星楼，再次赶到武学院门口等候。

不多时，不远处驶来几行车马，家宝心中大喜，整整衣冠，紧忙上前禀道："学生特来拜见徐师父。"不想上来两名从役一把推开家宝，呵斥道："滚开！"家宝打个趔趄，暗想若是徐斌进了武学院，事休忙乱，恐再难求见，不禁一时心急，内心焦躁，冲到轿子边再禀，谁想性急力大，用手在轿杠上一把，将轿子拖了一侧，四个轿夫，两个扶轿的，都一闪撑支不住，连人带轿子一通翻倒在地。家宝定睛看时，见轿子里滚出一坨肉锭，好似个巨大的鲜艳的粪球。那粪球"哎呀"了声，便伸开腰肢，寻乌纱帽去。随身侍从紧忙呈来帽子，替官爷戴稳妥。家宝见那官员不是徐斌，暗暗叫苦惹了祸端。果真，那官员满脸横肉、肥硕之体挤压得他口喘大气，怒道："这等刁民！给本官打！"

家宝自知礼屈，被按翻在地，重打十大板。家宝躺在地上，眼睁睁看着轿子从眼前驶过，进了武学院正门。家宝气得咬牙切齿，用拳头狠狠捶打地面，心想不仅没有见到徐斌，还受了这一通打。

家宝挨了杖刑，回到魁星楼，好生气闷，唤来店小二，吃了几碗酒，仍觉得心中烦闷。这时，邻旁的酒桌一群衣冠少年正酒肉相欢，好不快活。家宝索性提了酒来到这桌前，嚷道："谁能吃酒赢我？我送银子五十两。"那群少年一时提了兴趣，要同家宝吃酒。吃的酒醉时，也不管什么赌银之事，只管胡吃海喝，骂天骂地，掷骰要钱。仅仅过了几巡，那群少年便趴在桌上，不省人事。家宝全无醉意，笑道："尔等丛辈，这点儿尿酒都经受不得！哼！"

说罢，收罗了赢的钱两，又提了酒自顾自吃起来，忽而传来一声"好酒量！"家宝看去，见一黑面书生，提一坛酒大步跨来。家宝细细看去，见这黑面书生，长臂如柱，面正色润，气定神闲，非同常人。那黑面书生径直走到家宝面前，笑道："兄台好酒量，在下宗礼。"说完擎住那坛酒，又道："你我同饮一坛。"二人吃了一口酒。家宝见宗礼性情豪爽，酒量极好，不禁心生喜欢，回敬道："在下刘家宝，酒逢知己千杯少，再吃一坛。"宗礼劝阻道："兄台且慢，你我那边共饮。"家宝随宗礼入了另一桌，桌旁坐着二人，一人面色粗糙，蒜头鼻，身形健壮；另一人文静如女子，面目清秀。二人见宗礼和家宝，起身行礼。宗礼指蒜头鼻道："这位仁兄名唤刘淼。"又指着玉面少年道，"这位贤弟名唤朱文豪。"家宝一一行礼，回礼道："在下刘家宝。"四人入了座，各自先同吃了一碗酒，又道一些雅俗琐事。且各叙生平，待闻得家宝颠沛流离之苦，无不嗟叹。

宗礼道："兄台多难，今日相逢，便是患难兄弟，日后若有难处，我等必倾囊相助。"刘淼道："宗礼贤弟说的是，功名之途自有天意，我等韶华正茂，意气风发，何不如先哲般饮酒作诗，自在快活。"朱文豪却道："待我等金榜题名时，岂不是更快活？"家宝道："幸得众兄弟，如久旱逢甘霖，乃他乡遇故知，正如淼兄所言，功名之事，非旦夕之间，日后再做商榷，今日只管饮酒，以表相见恨晚之情。"

几人把酒言欢，高谈阔论，直至酒酣人散。不多时，楼下吆来一女子吟唱，家宝等人歇酒听书，听到精彩处，家宝唤来店小二，付了十两银子于那说书之女。刘淼见状，笑道："宝公子贤德之心，出手阔绰，难不成念着那说书之女？"家宝听闻笑道："这银子乃是方才斗酒赌银胜得，日后多赢一些银两，同众兄弟消遣。"众人知是戏谑之言，皆笑而不语。

不觉夕阳西下，残阳如血，映红了苍山天幕，也映红了高耸挺拔的长安城和水波森森的护城河。待月落西山，家宝等人方才尽兴，各自回房歇息去了。

翌日，那群斗酒少年又来寻家宝吃酒赌银。家宝在刘府时，跟随二伯刘学义学的一手妙术，那群少年怎能抵挡得住，一来二去，身上的银子都落入了家宝囊中。一手持纸扇的少年，操一口娘娘腔道："真是晦气，又叫这小子赢了去。"一壮年骂道："呸！定是这个二球使诈。"矮小少年也骂骂咧咧道：

"你个瓜怂，怪不得每次都是你赢。"家宝冷哼一声，道："休要血口喷人，输便是输了！"矮小少年道："不知天高地厚的家伙，给你点颜色瞧瞧。"说着要动手。恰逢宗礼等人过来，见宗礼上前问道："兄台，发生了什么事？"家宝道："这群厮，输了钱，不认账。"宗礼看罢这群少年，见都是腌臜泼赖之辈，便道："兄台不与他们理会，我等吃酒去。"那壮年一个跨步挡了去路，骂道："赢了钱想走？"刘森上前道："怎的？你个混球，不想活了。"矮小少年一听，叫嚣道："哎呀，骂上口了。给我打！"

朱文豪生性胆小，见要打架，紧忙退了几步。宗礼和刘森上前来挡。那壮年和矮小少年一见便是会些功夫，一招一式打得有模有样。宗礼和刘森招架不住，吃了拳脚。家宝见状一个酒坛砸过去，壮年和矮小少年避开了去。家宝又提一坛酒，擎住便是咕咕几大口。壮年和矮小少年上前讨教。家宝只轻轻身子一挺，矮小少年便飞回了几步。壮年吃了一惊，虎拳砸来。家宝一个"酒中仙"闪了过去，又轻轻一按壮年肩膀，便疼得壮年龇牙咧嘴。家宝再一个右身挺出，见壮年趔趔趄趄后退几步，摔倒在地。唬得一旁手持纸扇少年目瞪口呆，捂住口，咿呀呀跑掉了。壮年和矮小少年见抵不过，不敢再上前讨饶。矮小少年骂道："你个日球的，你等着。"便同壮年下了酒楼。

刘森见家宝武艺非凡，上前喜道："宝兄弟身手不凡！哪里学的功夫？"家宝笑一声道："旁门左道，不值一提罢了。"便问宗礼道："方才可曾伤得你们？"宗礼好一阵子打量家宝，见家宝问话，才回神道："不曾伤得，多谢兄台，兄台武艺了得，我等佩服。"家宝摆手示意不必过奖，便唤来小二，好酒好肉的上来，笑道："小弟说过，待我赢了酒钱，同众兄弟消遣，岂能食言？"刘森紧忙摆手道："戏耍之言，宝公子当真了？"家宝一本正经道："你我皆是兄弟，一言九鼎，岂能儿戏？"朱文豪举了一杯酒，敬道："宝公子武艺超群，又慷慨仁义，真乃英年豪杰！吃酒！"家宝道："各位过奖了。"宗礼持一碗酒道："方才兄台只轻轻一推，那恶人便怯了步，定是超强气力，莫非——莫非兄台打的醉拳？"家宝吃了一惊，不曾想到宗礼竟能看出，紧忙问道："贤弟如何得知？"宗礼笑道："如此说来，那便是了。"家宝道："偷学了些，不甚精通。"宗礼道："非也，恐是兄台不得奥妙，若是悟得其精髓，恐是天下无敌手。"家宝大笑一声，道："贤弟爱抬了，来，吃酒！吃酒！"

一坛酒下肚，忽闻楼下警木拍响，接着便听到说书先生大喊一声道："今日带客官一探那闽浙双屿海战。"家宝如吃了当头一棒，浑身汗毛竖起，不觉手脚冰凉。宗礼看出个端倪，紧忙问道："兄台可是身子不舒服？"家宝道："只觉得气力不足，急血攻心。"宗礼道："莫不是方才那恶人伤了兄台，快同我看郎中去。"说罢，宗礼上前来搀扶。刘淼和朱文豪也罢了酒，起身来搀。家宝摆手劝阻，道："或是方才吃酒急了些，待休息片刻，定无碍。"众人回了座位。家宝定气凝神，少时，才觉得经脉畅通，长舒一口气。宗礼见家宝气血恢复，也就放了心。家宝笑一声，道："应是方才空腹吃酒，又贪了几口，叫众兄弟担忧了。"宗礼道："兄台没事就好，休要再饮酒了，吃些饭食。"说罢替家宝盛了菜，又唤来小二，盛来汤水，端给家宝喝了。

适逢听得那楼下说书先生道："……闽浙巡抚朱纨坐镇大军，飞将军卢镗为先锋，亲帅大明水师六千，由宁波水域，兵分三路，浩浩荡荡地向倭寇巢穴双屿岛进发。当下，适逢风雨交加、电闪雷鸣，海上波浪滔天，那双屿岛也是贼兵万余，船坚炮利，这下如何攻得……"

家宝笑道："众兄弟也曾听得双屿海战？"刘淼道："怎不听得？双屿大捷，人人传颂。那闽浙总督朱纨朱大人，谁人不知，谁人不晓。"宗礼也道："往年我大明东南沿海倭寇猖獗，如今幸得朱纨朱大人临危受命，又得飞将军卢镗辅佐，才使得贼寇得以清剿，乃是我大明之幸事啊。"朱文豪道："我等理应效仿，考取功名，保家卫国。"家宝不加评判，持了酒道："来，同饮一杯。"

吃了些酒，又闻楼下喧闹非常。家宝唤来店小二，问道："楼下为何喧哗？"店小二道："客官有所不知，今日有一秀才出了一上联，自称天下无人能对。众客官都在争相对答。"

家宝瞅一眼宗礼。宗礼心领神会，唤上刘淼、朱文豪同家宝下了楼。听得那秀才叫嚣道："我乃江东人士，三岁能倒背六艺经传，五岁踱步作诗赛曹植，满腹经纶冠泰山，江南四才犹不及。"家宝听闻，暗自道："呵！好大口气！不知廉耻之徒！"宗礼上前，看罢上联，写道：庭前花，庭后花，庭内醉汉说梦话，是真是假。宗礼对家宝笑道："兄台请。"家宝谦让道："贤弟先请。"宗礼提笔一首下联，一气呵成，顿时喝彩声不断。宗礼邀家宝相对，家宝笑一声，提笔写道：堂上演，堂下看，堂中秀才是醉汉，是疯是癫。众人看罢，哄然大笑。那秀才顿失颜面，扫兴而去。宗礼等人也扬声大笑，出了酒楼。

正逢午时，长安街人声喧嚣，车马不绝。家宝等人尽兴说着混入人群中，忽而迎面飘来两股清香，惹得刘淼醉意浓浓，竟走上前挡住了二位姑娘的去路。二位姑娘羞恼，左走，刘淼左挡，二位姑娘右走，刘淼右拦。惹得站在一旁的家宝等人大笑不已。那着一身粉衫的女子嗔怒道："公子若再非礼，小女子可要报官了。"刘淼望着二位姑娘，叹道："好山好水，好风景！"朱文豪听出了其中意味，嘲笑道："淼兄弟览胜无数，莫不是还没尝够膻味儿？"刘淼回身要辩，放了二位姑娘去路。家宝等人皆笑。刘淼阻扰道："笑什么笑？尔等庸俗之辈，岂不知山非那座山，水非那汪水，风景又岂能同趣？"朱文豪道："淼兄弟风流之才，登峰造极，我等佩服。"说罢，作揖敬仰。家宝等人无不效仿。刘淼暗暗叹道："知己莫如故，知己莫如故啊……"宗礼正声道："今日难得同宝兄弟出来游耍，二位兄台应多陪陪宝兄弟才是。说道说道我长安城盛景古刹，可不逊于那好山好水。"家宝道："自古百口难调，淼兄弟好山水，宗礼兄好酒，文豪弟好文，专攻不同罢了。"刘淼点点头道："宝兄弟不言则罢，一言惊人，只是……"

刘淼细细打量家宝，看得家宝好不自在。家宝问道："淼兄弟看什么？"刘淼突然拍手道："我说哪里不对劲儿！过来！过来！尔等看看！"宗礼同朱文豪应声转身看去家宝，没有发现什么不同。

刘淼气急道："人靠衣马靠鞍，这身敝屣烂衫把好好的宝公子埋汰了。"众人这才发现家宝一身的粗布衣衫，显得格外扎眼。宗礼忙解说道："淼兄弟此言差矣，殊不知宝公子为人仁厚质朴，表里如一。"家宝一把扯住衣衫笑道："淼兄弟说的是，这有何难？"家宝引众人寻了裁缝铺，选了上好的面料，置办了一身衣衫，又花了百十纹银，请宗礼三人各自选了喜好面料。朱文豪道："让宝兄弟破费了。"家宝道："有我的，自然少不了兄弟们的。长安有好的去处、好的酒坊，尽管说来，经费无须考虑。"

几人寻了马舍，人各一匹，策马闲游。刘淼问道："不知宝兄弟欲往何处？看个什么景？"家宝道："不知这长安有哪些好去处？"刘淼道："宝兄弟有所不知，长安城乃十三朝古都，山水秀美，人杰地灵，盛景无数，人称北方小江南。无数侠客志士、文人墨客慕名前来，或留其名，或建立功德。你说这长安岂不是一个风水宝地。"宗礼道："要说这长安的去处，最美的便是那东南城郭曲江池，曲江池北通芙蓉园；西衔慈恩寺。两岸宫殿连绵，楼阁起伏，景色迤逦。要说美中之美的，便是那座芙蓉园了，乃大唐所建，据说是唐玄宗为杨贵妃建造的后花园，宫殿之雄伟，风景之盛美，前所未有！"朱文豪道："每年三月三、七月十五、九月九重阳节，这里更是热闹非常，上至皇室贵族、达官显宦，下至市民小厮、才子佳人，无不在这里游宴享乐。尤其是每逢科举发榜，朝廷都要在此隆重宴请新及第的进士，宴会群臣。"家宝道："哦，如此的风水宝地，倒要去看看。"

众人商定，便策马直奔曲江池。说这曲江池怎个造化？浩浩渺渺千里碧波，曲曲折折万顷楼阁，隔离天日，覆压了数百余里。行人游客更是络绎不绝。家宝等人信马由缰，先西行，去了曲江亭，又南下，登上了阅江楼。朱文豪站在楼阁间，北望曲江，一览无余，不禁睹物生情，叹道："浮生一恋梦，豪杰化成风。不闻李杜声，但闻后人称。"刘森打趣道："文豪弟骚情！我等出来戏耍，却是让你来附庸风雅，作诗来了？"朱文豪道："众兄弟有所不知，凡新科进士及第之后，必做三件大事！"家宝好奇地问道："哪三件大事？"朱文豪道："曲江流饮，杏园探花，雁塔题名……"说罢，又叹声道："不知我等何时也能那般，登榜提名，光宗耀祖？"家宝道："贤弟有鸿鹄之志，定有金榜题名之时！"刘森笑道："诗万斛，酒千觞，几曾着眼看侯王？"众人笑谈间，已下了阅江楼，沿曲江北上。

一路上柳岸浮桥，亭榭楼阁。妇孺老幼，往来不绝。家宝等人谈笑风生，道古论今，不知不觉已到了芙蓉园。但见这园的门楼修饰得气势恢宏，富丽堂皇，朱墙环护，绿柳周垂。由正门进入，更是甬路相衔，山石点缀，佳木葱茏，奇花闪烁。再进数步，平坦宽豁，一汪芙蓉潭，碧波荡漾。沿白石雕栏行走，两边皆是巍峨崇阁，琳宫合抱。家宝看罢芙蓉园，惊呼道："好派头！"话音刚落，忽闻琴音袅袅。那琴音发于古筝，急时如千军万马，缓时如清泉叮咚。琴音传到家宝耳中，不觉心清气爽，忍不住问道："这琴声出自何处？又是何人弹奏？"刘森道："宝兄弟有所不知，长安城内有一才女，名唤婕好，生得亭亭玉立，貌若仙子，曾得康海、王九思真传，琴技了得，无人能及。"家宝点头道："哦，竟有这般奇女子？"

宗礼笑道："森兄说得不假，只听说这女子生得灵动，琴声一绝，只是我等都不曾见过。"家宝更觉惊奇，便道："哦，如何才得见？"刘森大笑道：

"怎么，宝兄弟动了情思？"家宝道："如此惊世才女，恐圣人也要动了凡心。"宗礼道："流民百姓定是不得见了，说那达官贵族公子哥、金榜题名的状元郎应是易睹芳容，却也难见上一见。"家宝道："果真是个奇女子。说来倒凭缘分了。"宗礼等人听罢，皆笑。宗礼道："兄台说得极是，全凭缘分了。"刘森叹道："这样的奇女子，若能够共度良辰美景，做鬼也瞑目了。"朱文豪笑道："你恐要死不瞑目了。"说笑着，众人又沿湖北上，登过紫云楼，路过杏园。只因家宝方才听得那女子琴音，心思全被勾了去，也无心留意园中景色，竟似丢了魂，晃晃悠悠地度到了日落西头，方才尽兴而归。

家宝酒楼逢知己，日子过得潇洒自在。不想家宝饭量大，一日三餐，要吃斗米，又同诸位朋友饮酒作乐无度，不谙生计，连人带马，只二十余日，赢得银两都被挥霍完了。

这日家宝吃罢酒饭。店小二寻来家宝道："爷，小人有句话对爷说，恐爷见怪，不敢开口。"家宝笑道："我与你宾主之间，有话便说，怎么会见怪？"店小二道："只因近日小店没有生意，本钱短小，不知宝爷可否预支几两银子，使得吗？"家宝道："怎的，恐我赖账不成？"店小二忙道："宝爷误会，实因店小利薄，还望爷体谅。"家宝道："我这便取来给你。"便径自走入房中，在箱子里一摸，只摸出三两银来，暗想道："这如何够？不如前去借朋友三五两，改日有了便还。"心中定夺妥当，便将那三两碎银交付店小二，笑道："这三两银子交于你写了入账。待我有了银两，剩余的一并还你。"店小二收了。

家宝出了魁星楼，前往曲江欲寻宗礼等人，又转念一想："平日里都是好酒好肉的吃喝，如今倒是为了偿还店钱，去求他人，颜面何存？"

家宝不觉心灰意懒，怅然若失坐在曲江池旁，取出玉箫，暗想道："如今身无分文，如何是好？——真要当了这玉箫去吗？"家宝吹奏了一曲，愈加烦闷，索性回了魁星楼。店小二见家宝归来，笑迎道："宝爷，银子借来了吗？"家宝冷冷道："我那富兄不在家中，明日再去。你且备来酒，记入账中。"店小二脸色冷了下来，道："没有银子还吃什么酒？"家宝怒道："怕赖你不成？快取来便是！"店小二取来酒。家宝吃了一坛，回到房中，取来箱里的衣物，出街当去了，拿回来一两银子。家宝暗自苦道："不想今日沦落到当物度日，真是可笑。"家宝掂量掂量手中的银子，再回到酒楼，付了酒钱，仍旧不够账钱。只得再出酒楼，思来想去，家宝决议寻刘淼借些银子。

刘淼知家宝整日饮酒作乐，挥霍无度，此次无名造访，定是借钱来了，便交代管家，回复家宝，说自己前些日子出游去了。

家宝沿街彷徨，意寻朱文豪借银两，才记起他已经进京赶考去了。不得已，家宝只得回到魁星楼，明日再想法子。

回到魁星楼天色已晚，家宝身无分文，便不好再要饭食，只掩了门睡去，谁知躺在榻上，翻来覆去睡不下去，又因肚中饥饿，越发难耐。家宝起身，倒了茶水填充肚子，谁知越发饥饿，只闻得腹中"咕咕"作响。家宝好生气闷，躺回榻上，颠来倒去，不禁回忆起前些日子满桌子的大鱼大肉，思绪又飘到了曲江、钟鼓楼、回民街……最后定格在武学院。家宝暗自骂道："都是该死的武学院，不然也不会沦落到这个地步。"实在难以再寻到可以充饥的食物，家宝便将腰带勒紧，继而将玉箫握在胸前，盯着床梁，躺着一动不动，久而久之便睡去了。

翌日一早，家宝不见店小二送来饭食，下楼催了几次。店小二没好气埋汰了几句。家宝心中烦闷，吃不得早饭，出魁星楼又前往曲江寻宗礼。那宗府上管家知是家宝，好心请了进去，说道："主子前几日求学去了，不知什么时候回来，临别特意交代，若是宝公子来访，定要贵客招待。"家宝闻之大喜，又不好意思开口借银子，简单寒暄几句便出了宗府。管家跟了上来，交付家宝五两银子，以表待客之意。家宝拜了拜，即回了魁星楼。店小二见家宝归来，堆笑道："爷，如今可把账算算如何？"家宝道："拿账来。"店小二取来账本，道："爷是八月十五到的，如今是九月十七，共三十二日，前后两日不算，共三十日，前日子收了三两银子，尚欠八两。"家宝道："这五两银子是赏你的。"店小二记录在账："再收五两，还欠三两，爷可否付足？"家宝道："小二哥不要着急，我有个朋友前去求学去了，过些时日便回来，到时候我一并还清。"店小二想这家宝一无事业，二无故亲，怎来银两归还？又道："爷不如把那马儿卖了抵账如何？"家宝怒道："三两银子还怕爷逃了不成？"店小二也冷冷道："你人在我这白吃白喝，那马也要白吃白喝，把我店当什么地方了？劝你卖了马倒不乐意了！"家宝无奈道："那随了你罢，变卖的钱两，三两入账，剩余的如数归还。"那店小二应了声，径自牵马卖去了。

不多时，店小二取钱回来，扣了三两纹银，暗地私吞了三两，把剩下的二两纹银交付给家宝。家宝气得骂道："好个黑心的家伙，我平日里也待你不薄，为何只卖了五两银子？莫不是你贪了去！"店小二冷冷道："你那马瘦骨嶙峋，出手谁人肯买？我好说歹说才寻来一买家，施舍了五两银子。你别不知好歹。"家宝无奈，揣了银子，被店小二冷言冷语，受了腌臜之气，出了魁星楼别处吃酒去了。

是夜归来，家宝上楼时碰巧撞上一乞丐，见是先前见过的阿飞。那乞丐拱手哈腰，不等家宝言语，一溜烟儿消失了。家宝上了楼，见房中已点了灯，走进一看，里面猜三喝五，掷色饮酒。家宝怒喊道："你们是何人？在我房中做甚？"一少年两叶八字眉，蒜头鼻，迎过来叫嚣道："哪儿来的家伙？什么你的房子？今儿个爷包了这里！"家宝怒目盯着那少年，怒问道："你是何人？"这时，忽然从人群中窜出一少年，手持一把纸扇。家宝识得那家伙。那少年走来，小心翼翼道："你小心点儿，这是我们的大哥，鼎鼎有名的张松张公子。"家宝冷冷道："我不认得什么张公子、李公子！却是你为何同他们在一起？"那少年笑道："今日钱枫钱公子过生辰，我等特来祝贺。"说话间，穿戴一新的壮年从里间走了出来。家宝一眼便识得那壮年正是先前赌银输的少年，怒道："你究竟想怎样？"钱枫大摇大摆地走到家宝面前，奸笑道："莫不是你也来给我祝寿？礼带来了吗？——哦，我等听说，你连店钱都还不起了，真有此事？"家宝冷哼一声，并无理会。钱枫又道："怎么，难不成真把赢我的银子挥霍尽了？啧啧，前些日子要不是你要诈，让你赢了我的银子，这几日你岂不是沦落街头成了乞丐。"家宝闻声一怒，死死盯着钱枫。

那八字眉少年问道："怎么，你们认识？"钱枫忙道："大哥误会，我们只是会过一面。走，不同他理会，我们径自吃酒去。"家宝气不打一处来，唤来店小二质问道："他们如何霸占了我的酒房？你可知情？"那店小二道："不是我有心得罪。因今日来了贵客，见宝爷房好要住，你房门又不锁，被他们竟把铺盖搬出来，说三五日就去的，我也怕失落行李，故搬到后面一间小房内，宝爷权宿数夜，待他们去了，依旧移进。"

家宝人贫志短，便道："无妨，我换个住处便是。"店小二掌灯引家宝转弯抹角，到后院一间破屋子里，地上铺着一堆甘草，将那被褥丢在草上。店小二没说几句正要走。家宝见状，生气道："如何寻我来这破地方住？爷又不差你钱！"说罢要取怀里的银子，一摸，心中吃了一惊，那银子不翼而飞，又上下身摸个遍，也没找到。店小二冷眼打量一番家宝，哼了一声走了出去。

家宝坐在草甸上，背靠土墙，暗自伤魂，不禁哀叹道："想当年，我有钱时节，挥金买笑，一掷巨万，趋炎的压脊挨肩，附势的吮痈舐痔；而如今，我穷困之时，全掉臂而去。真是，一朝马死黄金尽，亲者如同陌路人呐！"情到伤心处，便拿出玉箫"呜呜"吹了起来。正倍感凄楚之时，忽闻脚步声到门口，将门搭反扣了。家宝悲愤道："你这小人，我家宝来去清白，又不曾欠赊你银两，难道走了不成？"外面突然传来一女子声音道："宝公子且莫高声。"家宝借着灯光，见是那说书女子，惊讶问道："你来此做什么？"说书女子道："那店小二是个小人，出言无状，今日宝公子落难，有意刁难。"随即从怀里取了百文钱，又道："这些银两送宝公子买些点心吃。"家宝闻言，不觉落下几点泪来，道："贤人！若得侥幸，定当厚报。"说书女子道："公子言重了，先前小女子受公子恩惠，未能相报，今日公子逢着落难之处，定是报恩之时。小女子知宝公子怀才不遇，故此发难。"家宝摇摇头道："说来惭愧！投师无门，如今又落个乞丐般，有何颜面苟活于世？"说书女子劝慰道："公子莫要妄自菲薄，自古英雄多磨难，小女子探得那徐侠士十五日后便要回武学院，公子不妨再试一试。"家宝紧忙拜谢。那女子不再说什么，径自去了。

一晃又是数日，这日家宝再次来到武学院，等了多时，不见徐斌车马，正要退去，却见后面一花色轿子中传来一女子声音，轻柔道："徐师父不坐轿子，喜欢骑马，晚上才回来。"

不知轿中是何人，径直被抬进了武学院。家宝好不容易探得消息，不敢远去，蹲在石狮子旁边等候徐斌。不觉天色已晚，武学院也关了大门。家宝见等了好久不见徐斌出现，困意愈浓，不知觉径自靠着石狮子睡去了。

"真是神人——好酒——"正当家宝酣睡之间，闻声猛醒过来，看见不远处有人信马由缰而来，又闻道："徐大人，我们改日再喝——"

家宝细细看去，只见人马中央簇拥一位长者，长者束发长须，白衣披身，酒意方浓，飘飘似仙。家宝断定此人定是自己苦苦找寻的徐斌。说时迟那时快，家宝冲上前去，拦下徐斌的马，跪下便道："徐师父，请收我为徒！"不等徐斌言语，随从侍卫紧忙扶徐斌下了马，搀进了门院，将家宝拒之门外。家宝没想到日盼夜盼的徐斌竟如此对待自己，落个这样的下场，一时苦闷，回到魁星楼吃酒。

家宝吃了几碗饿酒。直到天晚，吃得酩酊大醉。店小二大骂道："这小哥好没道理！少了我若干房钱不肯还，每日吃得大醉。你道别人请你，终不成每日有人请你？"家宝便道："我醉自醉，干你甚事？别人请不请，也不干你事！"店小二道："我情愿折了许多时房钱，你明日便出门去。"家宝带酒胡言乱语，便道："你要我去，再与我五贯钱，我明日便去。"店小二听说，笑将起来道："从不曾见恁般主顾！白住了许多时店房，到还要诈钱撒泼，也不像斯文体面。"家宝听得，骂将起来，乘着酒兴，敲台打凳，弄假成真起来。店小二见他撒酒疯，不敢惹他，关了门，自进去了。家宝弄了半日酒，身体困倦，跌倒在床铺上，也睡去了。五更酒醒，想起前情，自觉惭愧，欲要不别而行，又没个去处，正在两难。

　　那店小二没奈何，只得破两贯钱，倒去赔他个不是，央及他动身，若肯轻轻撒开，便是造化。家宝本待不受，其奈身无半文。只得忍着羞，收了这两贯钱，作谢而去。

　　家宝百无聊赖，浪子般四处游走，走到曲江池旁的众安桥，见个茶坊，有几个秀才在里面，家宝便挨身入去坐地。只见茶博士向前唱个喏，问道："客官，吃什么茶？"家宝口中不道，心下思量："我早饭也不曾吃，却来问我吃茶。身边丁点银子又无，吃了却拿什么还他？"便道："我约一个相识在这里等，少间客至来问。"茶博士退了去。

　　家宝坐于门首，只要看一个相识过，却又遇不着。正闷坐间，只见一个先生，手里执着一个招儿，上面写道"如神见"。家宝想是个算命先生，且算一命看。则一请，请那先生入到茶坊里坐定。

　　家宝说了年月日时，那先生便算。茶博士见了，暗自道："这是他等的相识来了。"便向前问道："客官，吃什么茶？"家宝吩咐："点两个椒花来。"二人吃罢。

　　先生道："少侠，好个造物！三日之内，必遇贵人，贵不可言。"家宝听说，自想："我这等模样，几时能够发迹？眼下茶钱也没得还。"便做个意头，抽身起道："先生，我若真个发迹时，却得相谢。"便起身走。茶博士道："客官，茶钱！"家宝道："我只借坐一坐，你却来问我茶，我那得钱还？先生都说我早晚发迹，等我好了，一发还你。"掉了便走。先生道："少侠，命钱未还。"家宝道："先生得罪，等我发迹，一发相谢。"先生道："我方才出来，好不顺溜!"茶博士道:"我没兴,折了两个茶钱!"当下各自散了。

家宝出了茶坊,在街坊上东走西走,又没寻个相识处。走到饭后,肚里又饥,心中又闷,身边只有两贯钱,买些酒食吃饱了,跳下西湖,且做个饱鬼。当下一径走出涌金门外西湖边,见座高楼,上面一面大牌,朱红大书:"丰乐楼。"只听得笙簧缭绕,鼓乐喧天。家宝立定脚打一看时,只见门前上下首立着两个人,头戴方顶样头巾,身穿紫衫,脚下丝鞋净袜,叉着手,看着家宝道:"请坐!"家宝见请,欣然而入。直走到楼上,拣一个临湖傍槛的地儿坐下。

只见一个当日的酒保,便向家宝唱个喏:"不知客官要打多少酒?"家宝道:"我约一个相识在此。你可将两双箸放在桌上,铺下两只盏,等一等来问。"酒保见说,便将酒缸、酒提、匙、箸、盏、爝,放在面前,尽是银器。家宝口中不道,心中自言:"好富贵去处,我却这般生受!只有两贯钱在身边,做甚用?"少顷,酒保又来问:"客官要多少酒打来?"家宝便道:"我那相识,眼见的不来了。你与我打两角酒来。"酒保便应了,又问:"客官要甚下酒?"家宝道:"随你把来。"当下酒保只当是个好客,折莫甚新鲜果品、可口肴馔、海鲜、案酒之类,铺排面前,般般都有。将一个银酒缸盛了两角酒,安一把杓儿,酒保频将酒荡。家宝独自一个,从晌午前直吃到日晡时后,面前按酒,吃得阑残。家宝手抚雕栏,下视湖光,心中愁闷。唤将酒保来:"烦借个笔砚"酒保道:"客官借笔砚,莫不是要题诗赋?却不可污了粉壁,本店自有诗牌。若是污了粉壁,小人今日当值,便折了这一日日事钱。"家宝道:"取诗牌和笔砚来。"须臾之间,酒保取到诗牌笔砚,安在桌上。家宝道:"你退去吧,我叫你便来,不叫时休来。"

家宝拽上门,用凳子顶住,自言道:"我只要显名在这楼上,教后人知我。你却教我写在诗牌上则甚?"想起身边只有两贯钱,吃了许多酒食,拿甚还他?不如题了诗,推开窗,看着湖里只一跳,做一个饱鬼。当下磨得墨浓,蘸得笔饱,拂拭一堵壁子干净,写下一词。

题毕,去后面写道:"落魄之主刘家宝作。"放下笔,不觉眼中流泪。自思量道:"活他做甚,不如寻个死处,免受穷苦!"当下推开槛窗,望着下面湖水,待要跳下去,争奈去岸又远,倘或跳下去不死,折了腿脚,如何是好?心生一计,解下腰间系的旧绦,一搭搭在梁上,做一个活落圈。家宝叹了一口气，却待把头钻入那圈里去，恰时，那酒保见多时不叫他，走来前，见关着门，不敢敲，去那窗眼里打一张，只见家宝在内，正要钻入圈里去，又不舍得死。

酒保吃了一惊，火急向前推开门，入到里面，一把抱住家宝道："客官做甚？你若是死了，连累了我店，日后还怎么做个生意？"酒保看那壁上时，茶盏来大小字写了一壁，叫苦不迭："我今儿个真是倒了霉运，撞上这一摊子事情。"对家宝道："客官，吃了酒，算了钱回去罢。"家宝道："撵我不成？"酒保道："客官不要胡闹，你今日吃的酒钱，总算起来，共该五两银子。"家宝冷笑道："我从门前走过，你家两个家厮邀我上楼吃酒。我今儿没钱还酒，只能死了罢了。"说罢便要往窗外跳，唬得酒保慌忙抱住。当下众人商议："不知这厮家住何处，送他回去罢，若是出了人命，明日如何妥当？"酒保便问道："客官，不知家住何处？"家宝苦笑道："无家可归！无家可归啊！"酒保寻来二人，将家宝拖出了酒楼，寻了一处僻静处，扔下家宝各自回了酒楼。

不觉秋去冬来，气候愈发寒冷。家宝投师无门，又没有其他地方可去，只得流落街头，整日百无聊赖地晃悠在长安街道。这日，行一街道转角处，家宝遇到一个乞丐，蓬头垢面，瘦骨嶙峋，躬身叩首，口中念念有词。家宝坐于乞丐身旁，双臂相拥，怎料这单薄衣衫如何抵挡似刀寒风。不觉回忆袭来，引来阵阵隐痛，家宝叹一声道："哎……"只因这风寒冷刺骨，难以忍受，家宝不得已站起来到处走动。突然不知从何处闯出来一位道士，拦住了家宝的去路，但见这位道士虎脸溜须，唇阔口方，拢发成髻，混元巾束，黄冠拢顶，玉簪横穿，着青色道袍，右持拂尘，左擎纸幡，问道："看小师傅一脸茫然，要不要卜上一卦？"

家宝无意理会道士，却见道士又曰："算一算得天命，卜一卜知乾坤，小师傅眉清目秀，印堂发亮，日后定有贵人相助。"

家宝饥寒交迫，哪有心思听取这些哄骗之术，没有理会那道士，径自朝前走着。正在此时，不远处突然传来人喧马嘶声，"捷报……捷报……"但见三十匹血色战马飞跃而来，满街的人流顿时像被撕扯开的锦缎朝两边闪躲。家宝没能反应过来，却突然被道士托起，闪开了飞驰的战马。待家宝回过神来，却不见了道士。

时日夜里，长安突降大雪，一时间，整座长安城银装素裹。家宝饥寒交迫，身体越发羸弱，体力渐渐不支，跌倒在一处人家门口。夜越来越深，街上萧条无人。家宝冻得缩成一团，愈发感觉身体冰凉，暗想着恐要死去了，便取来玉箫，断断续续吹奏着，眼前飘现出了家怡姐姐。家宝放下手中的玉箫，伸手去触摸，却见家怡越来越远，消失在了大雪里。有见爷爷佝偻着背，在徽州的街巷游走，再者便是何帮主、柳天雄、慧文、慧武了……家宝无力再哭泣，两行泪默默流着。他身上的衣物已经破烂不堪，凛冽的寒风似一把刀狠狠宰割着肉体。

他想这就这样要被冻死在雪地了，这一路辛酸，生平的造化，家宝忽然觉得死去是最好的解脱，死了吧，死了便了无挂念，不会再痛再挨饿。他想回到刘府了，想见到爷爷和家怡姐姐，想见到众师父。他感觉身子飘起来，要融入这漫天大雪中了。

忽而一阵急促的马蹄声划破夜空，家宝睁开死去的睡眼，蒙眬中看见一女子，像是家怡姐姐。那女子弯身放在眼前几个肉包子。包子冒着腾腾热气。家宝饿极了，他双手已经饿得无力使唤，只得用嘴叼起一个包子，一口吞了下去，又叼了一个，吞了下去。待身上暖和起来，一口气又吞了五个包子。待饭饱气足，才发现身上盖了条绒毯。家宝看看四周，白茫茫一片，不见一人，情系一处，不禁失声嘶喊道："姐——"

家宝精气虚弱，神情恍惚，便裹了毯子径自睡去了。待醒来时，发现身边又多了几笼包子。家宝顾不得多想，抓起包子狼吞虎咽吃了一通。忽而感觉喉咙干涩，包子卡在喉咙咽不下去，紧忙附在沟边喝了几口雪水，不想喝得太快，呛住了。家宝狠命地咳嗽几声，惊扰了门前户主，从门内出来一个小女孩儿。那女孩儿见家宝醒来，又转身端来热气蒸腾的包子，放在家宝面前，进了宅院。家宝饭量大，又因多日不曾进食，也不多言谢，接了包子径顾吃了。

吃着吃着，家宝忽而号啕大哭起来。包子从他口中一抹抹溢出，跌在雪地上，陷入了雪中。家宝痛哭了一场，腹中也已添饱，便站起来，把毯子放在那宅邸门前，鞠躬拜了谢，转身走向武学院。武学院仍旧大门紧闭。家宝想这数月来拜师学艺艰辛，甚至差点死去，想这世态炎凉，生无所恋，便走到一座石狮子面前，怔怔看了一眼，突然一手握住狮头，一首扣住狮尾，口中忽喊一声："啊哒——"见家宝脸色铁青，双手青筋暴起。那数百斤重的石狮子被推翻倒地。家宝转身看着另一头石狮子，一口气一用力，将眼前的石狮子推翻在地。

家宝站在武学院门口，冷冷看一眼门匾，怒一声道："自此之后，武学圣地同我再无瓜葛！"遂愤然离去。

出了巷口，家宝见三五成群的人手持火把向一个地方蜂拥而去，又闻一人喊道："上黑虎庙领衣物！"接着又闻一声道："天气突变，帮主有令，丐帮中人素来领取衣物。"家宝沉下心来，转念一想："如此恶毒天气，保命要紧。"便插入人流中，随众人前往黑虎庙。行不多远，天空又开始飘起鹅毛大雪。刺骨的寒风不时穿透家宝单薄的衣裤，直往袖口和领子里钻，冻得家宝咬牙切齿，直打哆嗦。地上的积雪也越来越厚，走起路来深一脚浅一脚，很是费劲。

约莫过了半个时辰，忽见前方黑压压一片，皆是耸天林木，阴风森森。林木深处露一角屋宇。屋宇四周风声鹤唳，极为怪异。家宝借着雪光，走近一看，那屋宇两头斜飞，却是一座寺庙。他暗暗放轻脚步，向庙门方向望去，心中更感惊异。只见庙宇占地甚广，坐落在林木之中，庙门一开一闭，里面黑漆漆一片，令人顿生阴森恐怖之感。寺庙门口，蹲着两头一丈多高的石虎，在暗影之下，显得颇为凶猛。家宝抬头一瞥，见庙门上方一块大匾，上书"黑虎庙"。

"点火！"

"恭候帮主！"

"恭迎帮主大驾！"

寺庙后突然传出阵阵喊声。

家宝闻声绕到黑虎庙后，见那境况人头攒动，气势汹汹。人人手举火把，明如白昼。家宝小心藏在众人身后，透过人群缝隙，窥视前方。不远处有一架高台，高台上站立二人，一人生得体态健硕，人高马大，光头长脸，长相极为凶狠；另一人年纪较长，弓腰驼背，花白胡须。

"石帮主到！"

忽而又闻一声大喊。人群一番骚动，让出一条通道来。只见一位头戴斗笠、身披褐色草披之人缓缓走过人群，登上高台，立于先前二人之间。那人扫视一眼众人，随即摘下斗笠，解下披风，抖掉残雪，交与身后随从。家宝远远窥去，辨不仔细那人容颜，只隐约看见那人一身月白色长衫，寒风中飘着几缕墨须。

忽而站立着的光头壮汉发话道："今日夜里，长安府县，突降暴雪，帮主英明，连夜送来御寒衣物，免众弟子遭受凄寒之苦！"

众人听言，顿时热血高涨，齐声呼道："石帮主英明！石帮主英明！"呼声振得飞雪凌乱，夜色战栗。

家宝立在人群后面，早已冻得瑟瑟发抖，耳朵冷得生疼，哪儿听得清楚讲些什么，扯一下身边乞丐，问道："那台上站着的是何人？"那乞丐小声道："小哥不知，左边那位是丐帮二长老，右边那位老者是大长老，中间的那位……"家宝随声看去，见中间那人一身正气，气度非凡。身旁的乞丐接道，"是丐帮帮主石帮主。树上的那位是三长老。"家宝顺势看去，才瞥见蹲在树上的乞丐，不禁好生奇怪，正欲再问些话。忽而人群一阵骚动，身边的乞丐要走，边喊："领衣物去啦！"

家宝想跟着去，谁知天寒地冻，又因穿着单薄，双脚竟似粘在地上，走不得。众人纷纷领取御寒衣物，完后像潮水般迅速散去。四周顿时静寂无声。家宝呆愣在原地，忽而便被三五撮人簇拥到一位老乞丐面前。紧随着又簇拥上来一个小乞丐，十二三岁模样，皮肤黝黑，似鸟窝的头发卷一处堆在头顶，生的一双明眸，炯炯有神。这小乞丐见那老乞丐，便哭哭啼啼地哭诉自己的悲惨身世。老乞丐叹一声，叫人领了小乞丐。家宝见状，也忙道："小人的父母双亡，刚来长安，无依无靠，早闻帮主威名，请长老收留弟子，为帮主效命。"老乞丐看一眼家宝，并未言语，当晚也将家宝带到了长安城里的栖留所——一座被重新整饬过的废宅，俗称"讨饭屋"。

※　　　※　　　※

讨饭屋坐落在长安城南，一处僻壤之地。家宝当晚便跟随众乞丐住进了讨饭屋，翌日醒来，已近晌午。家宝从草榻上爬起身子来看，见屋内空无一人，再细看时，不觉心凉了半截。眼前是怎样一处光景？阴暗潮湿，空无一物。抬头看去，蜘蛛网牵天扯地，东一引，西一拉，好一个活生生的盘丝洞。

恰时，一阵冷风吹来，屋内顿时乌烟瘴气，臭味杀人。家宝忽感一股呕气涌上喉咙，捂住嘴，跳过七零八乱交杂缠绕的草褥，奔出门外，干呕了几声，也没吐出个东西。回头再看屋内时，家宝整个心冷如死灰，索性下了台阶，朝前院大堂而去。

大堂高出两侧廊坊而建，瓦楞上飞禽走兽，梁柱上朱红壁画旧迹犹存。家宝上了台阶，走进大堂。堂内六根巨柱撑起穹顶，并两排，皆有三丈高。左侧的柱子间吊挂着绳索，右侧的柱子间横置了些椅子，再无他物。家宝暗想："好个怪异布置，作何用处？"一面想着，一面从大堂北门而出，又进一处院落。院落中央是一汪水池。池水已干涸，独留一口水井。水井右侧，是一棵参天皂荚古树，树上竟搁置了一座木屋。正对着大堂的是一处像样的厅堂，两边分别是廊坊。家宝顺阶而下，走到石井旁，探头看去，不禁又吃了一惊，古井里竟然是一处住所。

家宝环顾了一周房舍，皆大门紧闭，唯有一处房舍房门敞开。家宝一面暗想道："照此看来，这里先前定是大户无疑。"又轻笑一声，暗自道："乞丐竟住在了豪宅里！走出去，岂不叫人仰慕？"一面朝那敞开的屋子走去。家宝探头看去，见屋内没有人，便走了进去，才察觉走错了地方。但见房舍内除了必备器物，再无其他。满屋子湿气阴沉，灰暗恐怖。家宝不禁打个冷战，正欲走，忽而感觉一个身影从身后闪过。唬得家宝紧忙转身，却不见人影。家宝不敢眨眼，脸色煞白，紧紧盯着房中的一静一动。

"你是谁？"忽而身后传来一声沙哑低沉声。

家宝浑身打个冷战，紧忙转过身，见一人长发披肩，面色苍白，端坐在正堂。家宝来不及细看，大呼一声道："啊……鬼啊……"便手忙脚乱地奔出了房门。

家宝一面喊一面跑过大堂，来到前院。喊声引来了数名乞丐，其中一名乞丐拦住家宝，惊讶问道："哪儿来的鬼？在哪儿呢？"另一名乞丐怒道："谎说，大白天的哪儿来的鬼？"家宝慌里慌张地支吾道："我真的……真的看见……看见鬼了。"众人议论纷纷时，大长老走了过来。乞丐紧忙拜礼。大长老质问道："为何在此喧哗？"一个乞丐指着家宝道："这小乞丐谎说帮中闹鬼！"大长老盯着家宝，怒道："放肆！再敢乱语，帮规伺候！"家宝指着后院，支吾道："弟子……弟子真的看见鬼了……就在那儿……"

众人顺势看去，皆明白了七八分。一个乞丐紧忙对家宝小声道："你快住口吧，那是五长老的房舍！"大长老盯着家宝道："你叫什么名字？在帮中怎没见过？"家宝道："弟子昨日得长老收留，方才入了帮，不明帮中规矩，惊扰了长老，望长老赎罪。"

大长老细细打量一番家宝，对家宝道："你随我来。"家宝跟随大长老穿过廊坊，来到后院右侧一处房舍。大长老画名点册，又给了家宝一副碗筷，交代了些大小事宜，帮规帮矩。家宝才算名正言顺，成了丐帮弟子。

家宝住进讨饭屋才晓得，做乞丐也分三六九等、尊卑大小。讨饭屋的乞丐，白天出门乞讨，晚上交纳"分例"——三五文钱，或者几两米；家宝初入丐帮，每天天不亮，除了给出门讨饭的乞丐做早饭，还要挑上木桶，挨街挨巷收泔水，然后运回讨饭屋喂猪羊。

家宝平日里闲散惯了，怎受得这苦？只做了数日，便厌烦起来。这日天不亮，家宝给丐帮弟子做完早饭，便挑上木桶，出了讨饭屋。谁想，时至晌午，家宝仍然拎着空桶在街上晃悠，晃悠累了，索性直接把木桶甩在一旁，蹲在一处街角休息。这街角对面也是一群丐帮弟子，躬身哈腰，逢人便上前哭天喊地，祈求施舍。家宝看去，暗自嘲弄道："本是卑贱之辈，何苦这般卖命？"正想着，几十个丐帮弟子簇拥着石飞走了过来。眼前几个乞丐见石飞，忽而神情慌乱，纷纷退避至墙根。石飞大摇大摆，气势汹汹。

不等石飞开口，石飞身旁的几十个乞丐，便在一个绰号唤作竹竿的乞丐的带领下，对着跪着的众乞丐耀武扬威地怒喝道："快交分子钱！"众人支支吾吾，犹犹豫豫，尚未说些什么，便见领头的竹竿对着跪在地上讨饶的乞丐劈头打去，别看领头的竹竿瘦若一道闪电，打起人来，毫不留情。跪着的乞丐不敢反驳，只蜷缩了身子任凭踢打。

家宝看罢，只能咽了一口闷气，暗自道："看他怎个心狠手辣！"见那石飞又走到另一个乞丐面前。这乞丐年纪不大，最惹眼的便是那红彤的鼻头。那乞丐只偷偷瞄了一眼石飞，便低头从衣物里掏出两文铜钱，冲石飞笑了一笑。石飞猛地抽了钱，对那乞丐便是一巴掌，怒斥道："这么少！够个屁！"谁知那乞丐弱不禁风，被飞来的一巴掌扇翻在地。那乞丐不敢喊叫，紧忙跪起来，自顾自捂了脸，不再言语。家宝看罢，叹了口气，暗想道："换作先前光景，别说一文钱，即便金元宝银元宝也视如粪土，如今，倒为了一文钱，屈人膝下，遭人刁难。看来低等人的日子也不好过活。"家宝再看时，见石飞已朝这里走来，暗觉不妙，忙速速起身，担了木桶，躲去了。

家宝本想就此作罢，但回想起方才石飞的恶劣行径，不禁叫他心灰意懒。见天色尚早，只得挑着木桶，挨家挨户收泔水。家宝一面走，一面收泔水，一面又不住地胡乱想道："真是十年河东，十年河西，说来全是天数，注定要受此苦难，只是，不知这苦难什么时候是个尽头。"挑泔水回来，又情不自禁地对着猪羊诉苦道："好个幸福的家伙，吃了睡，睡了吃，倒也自在。全不似我，命运颠沛流离，抱负不得施展，心志也消磨殆尽了，连个牲畜都不如。"喂过了猪羊，已累得胫骨酥软，寻了一个僻静角落，暂作休息，谁知全无困意，回想起以往，不论好的坏的，都叫他怅然若失，不禁黯然伤魂道："罢了，罢了，或许终究是个乞丐的命……"

不觉光阴流转，一晃又是数月。这日，适逢夕阳西下，落日的余晖铺满城楼，远处的钟声凄清寥落。城墙根下，林荫道旁，歪歪倒倒走来一位少年。

但见那少年衣衫褴褛，蓬头垢面，右手吊一只酒壶，背上打着麻袋，走路东一倒西一歪，看似醉得如狂如癫，脚步却不紊乱。见这少年醉眼迷离，走一步，喝一口酒，唱一句，打一拳脚。步子东拉西牵，双手也跟着忽而弧拉来，忽而直打去，腰间似拴了绳索，或挨，或撞，或挤，又似不倒老翁，腿脚一勾、一拌、一盘、一剪，招招式式，或如雷电，或如风烟，或似女子缠附，或似钢鞭抽身，来无影去无踪，活真真一个醉酒仙人。

那少年不是旁人，正是刘家宝。见他神游般走着，又带着哭腔凄冷吼着："中山狼，无情兽，全不念当日根由……"忽而又大笑道："平日里千杯不醉，今日却醉在一口淡酒。"打完拳脚，感觉浑身静脉畅通，精气十足，不禁又嘻笑道："醉了，醉了，成了，成了……"继而又冷冷吟诵道："世人笑我太疯癫，我笑他人看不穿，不见五陵豪杰墓，无花无酒锄作田……"

行不多远，酒性大发，不觉困意愈浓，随便寻了个僻静处，倒头便睡了去。恍然间进入了一处梦境，家宝见云里雾里飘来一位鹤发童颜的仙人，形似潘缘师父，却缥缥缈缈看不清是何方人士。那仙人籁音绕耳，只听得："徒弟何故在此落魄？"家宝叹道："苦也苦也，师父不知弟子心中之苦。"那仙人哈哈大笑，扔来一壶酒。家宝接了酒，闻一口赞道："好酒！好酒！"那仙人转身离去，家宝紧忙追问道："师父何处去？"已不见了那仙人，云里雾里只回荡着缥缈话语："三分醉酒七分意，八仙归位成一体。笑来不过酒一场，但愿长醉不愿醒……"

家宝梦中惊醒，见暮色归来，即起身回了丐帮，交了分例钱，吃了一个馍馍，进了讨饭屋。讨饭屋内挤满了乞丐，老幼病弱，拖儿带女的，吵闹不堪，一股股令人作呕的腐臭味儿阵阵刺鼻。因奔波了一天，家宝已顾不得同别的乞丐闲谈，径自卧在榻上，盖了被褥睡去。

说翌日城北，一个名曰龙威镖局的地方，大摆寿宴，放粮放饭。附近的穷家小户，妇孺老弱，都赶到龙威镖局，排队领取食粮。讨饭屋的乞丐也都前往领取食粮，老弱病残的、不方便动弹的留在讨饭屋等待别的乞丐施舍。家宝一大早也随了众乞丐去了。待家宝到时，镖局门已经打开，几个伙计，交忙不迭地放酒放菜。丐帮弟子见状，一拥而上。家宝硬生生被挤了出来，又因肚中极为饥饿，也顾不得那么多，拿着破碗往人群里钻。待酒足饭饱，也便各自散去。

这龙威镖局的镖头与丐帮石帮主交情甚好，待盛宴完毕，又准备了几坛美酒，连夜送进讨饭屋。讨饭屋众丐帮弟子又是一顿大吃大喝。说这丐帮中有一显赫人物，乃是石帮主的义子阿飞，好酒却酒量不高，吃一碗酒便要再吃几口米饭，压压酒气。众人喝得畅快，纷纷向阿飞敬酒。阿飞盛情难却，喝完酒，便端起米饭往嘴里扒拉几口，忽而觉得咬到什么硬物，又嚼了几下，怎么也嚼不烂。

"呸！"阿飞吐出一看，竟是半截老鼠头！

"饭里有老鼠！"阿飞顿感恶心至极，摔下米饭就往外冲，干呕了半天，也没吐出什么。丐帮弟子见状，纷纷上前围观。

家宝尚在屋外同他人吃酒，却闻得阿飞吃到了老鼠，心想："方才瞥见有人往送来的酒里下药，欲害丐帮众弟子，幸好自己早有准备，在酒里投了解药，只是这阿飞，往日偷我银两，害我落草为乞丐，真是冤家路窄，这次倒要好好教训教训他，以解心头之恨！"想着，也紧忙赶来，似醉非醉解释道："都怪我！全怪我！我见众兄弟整日喝泔水，油水太少，只想着多弄点肉，没想到——"不等家宝说完，一旁的二长老怒不可遏道："放屁！分明是你吃不下苦头，觉得收泔水辛苦，才有如此蠢笨之举！快来人，将这个祸害之徒拖出去！喂狗吃！"

吵嚷之际，众人簇拥而来一人，见这人肥头大耳，身形宽硕，手持警杖，赤着双脚，好似个弥勒菩萨。这人走到人群中，叫道："发生了什么事？"家宝抬头瞥了一眼此人，暗想："丐帮弟子整日吃不饱睡不暖，哪儿来的这般肥态之人？"

二长老面露凶相道："这小子害众弟子吃泔水！"阿飞在一旁苦道："四长老，你可要替弟子做主。"二长老接道："四长老，你身管丐帮执法，绝不能饶过这小子！"四长老持警杖指着家宝，急不可耐道："好你个家宝，贪酒误事！来人！帮规家法伺候！"

正说之际，只见众丐帮弟子双手捂肚，上吐下泻，东倒西歪，惨叫戚戚，乱成一团。二长老上前仔细一辨，惊讶道："中毒！"四长老一听，质问道："什么？中毒？"随即附身定睛一看，唏嘘一声道："真是中毒！"猛然转身，指着家宝怒道，"来人，快将他绑起来！"

丐帮弟子不等家宝分说辩解，一拥而上，将他五花大绑，赤条条吊挂在屋梁上，轮番棒打棍抽！家宝手脚被绑，虽不能动，但嘴巴一刻也未闲着，破口大骂道："好没天理呀！我救了你们，你们居然这样对我！好坏不分，恩将仇报！"

"打死你！打死你！老子打死你！"阿飞战栗着单薄的身子，一面狠狠抽打家宝，一面叱喝道："再胡说八道，将你扔进粪池吃屎去！"正待四长老动用帮规惩罚家宝时，忽见一乞丐前来报道："石帮主有令，押刘家宝进内堂审讯！"四长老叫了一帮弟子，托了家宝来到讨饭屋东向左堂内。只听"嘭"的一声，家宝被狠狠甩在地上。石帮主端坐在厅堂正前，银发披肩，面福如虎，目若朗星，几缕墨须飘于胸前，右手持棍，正颜威坐，冷冷问道："你到底什么人？为何陷害我丐帮弟子？"家宝忍痛爬起来，半跪于前道："帮主明察，弟子并没有想陷害之意。"石帮主质问道："那为何在酒中下毒？"家宝道："弟子没有在酒中下毒，却是送酒之人下的毒。"石帮主闻声拍案而起，道："胡说！龙威镖局与我丐帮交情向来甚好，怎可能会下毒。"家宝道："弟子不知，今日搬运酒坛时，弟子发现坛口有白色散粉。弟子再与送酒的人闲谈，得知酒来途中有一个伙计借故突然离开，那伙夫正是龙威镖局的伙夫。所以弟子猜想这之间会不会有什么猫腻，本要上告帮主，只是——只是喝酒时贪饮了几杯，耽误了这件事。不过帮主请放心，弟子已经在饭里放了解药。"

石帮主令一旁的人退去，冷冷地说道："这里没有旁人，你可以直说，到底想怎样？"家宝忍痛爬起身，拭掉嘴角血迹，愤愤说道："弟子只想与帮主做笔交易！"石帮主霎时面露诧色，怒道："好大的口气！死到临头，还敢嘴硬！若是我丐帮弟子有什么三长两短，休怪我手下无情！"家宝缓了口气，肃然说道："家宝自小跟随镖局贩粮押镖，刚刚一时口快，错说了几句行话，还望帮主恕罪！"石帮主忙道："说得真好！听口气，倒有点来头，你到底是何门何派？"家宝沉声道："弟子曾是镇远镖局柳天雄的徒弟，要说何门何派——"

不等家宝说完，石帮主突然打断道："该不会是人称云中燕的柳天雄？"家宝惊愕道："正是弟子恩师！帮主认得他？"石帮主目光犀利地盯着家宝，呵斥道："废话！天下娃娃都晓得！皇帝小儿我也认得！"家宝一脸委屈道："信不信由你，哪怕天涯海角，柳叔都是家宝的恩师！"石帮主问道："我倒要问你，你下药救人，受屈遭到，究竟想同我做何买卖？"家宝突然面向石帮主说道："请帮主收我为徒，我想和你学武功。"家宝的举动着实让石帮主一愣，过了半晌，石帮方才冷笑道："臭小子，你该不会想试探我的耐性吧？我今天也喝了点酒，你最好聪明一点。说！你到底想怎样？"家宝闻言站起身来，开口说道："家宝自小无依无靠，对帮主仰慕已久，有幸加入丐帮，一心想拜帮主为师。帮主若愿收我为徒，我愿以死相报！"石帮主不解道："你口口声声说，柳天雄是你恩师，为何还要来此讨饶？"家宝忙道："只怪弟子愚钝，学了点皮毛而已。"

正说间，"吱呀"一声门响，突见十几名手持棍棒的丐帮弟子奔了进来，身后紧随两位模样怪异的乞丐。家宝吃了一惊，见一位乞丐长发垂肩，面如死灰；另一乞丐头顶突兀，髻发环绕，半臂裸露。那秃头乞丐神色愠怒，瞪着家宝，雷声喊道："臭小子！我活剐了你！"便见秃头乞丐猛地挥起拳头向家宝打来。家宝看拳法来得极快，自是不敢怠慢，迅疾退后几步，勉强躲了过去。秃头乞丐步步紧逼，又打出几招，招招狠毒。家宝同秃头大汉交手几个照面，便知自己不是敌手，情急之间抓起桌上酒壶，来不及细细倒酒，只撕了盖子，"咕咕"大喝几口，已是醉眼迷离，打出一拳招式，转守为攻。

那秃头乞丐不知是醉拳，只管胡捶猛打，几个照面下来，便招架不住。家宝不想自己几时已参悟醉拳要领，打出的招式招招制敌，又转念一想，若是胜了他，恐日后难再留在丐帮，遂当即收了拳脚，露个破绽，扯步回走。秃头乞丐不知所以，哪儿肯放过家宝，挥动虎拳猛然砸来。家宝招架不住，猛然回身，打出一把飞刀来。见那飞刀快如闪电，只打向秃头乞丐要害处。秃头乞丐眼快手疾，紧忙收拳，作个腾空翻身，躲了过去。飞刀无眼又无情，过了秃头乞丐，竟直打向丐帮弟子。眼见要射伤了人，忽而一个身影闪过，便见一只手擒住了飞刀。再看时，那人不是旁人，却是丐帮石帮主。秃头乞丐定了神，叫道："大胆，臭小子，拿命来。"喊一声，又挥动拳头朝家宝砸来。家宝紧忙跪地，喊道："请帮主恕罪！"继而听得一声："住手！休得伤他！"

秃头乞丐闻声，即可收了手，回身问道："属下来迟，帮主恕罪。"长发乞丐也上前一步，道："这臭小子差点误伤了帮主，留有何用，不如杀了！"石帮主挥手示意其他人离开。

待众人走后，石帮主方才沉声说道："程府寿酒，遭人投毒，其间蹊跷，我已尽知！诸位长老，不分事理，意气用事，怎可服众？"秃头长老闻言，面露愧色道："属下知错！"长发乞丐也应声低头认罪。石帮主看看手中的飞刀，再看一眼家宝，方要说什么，突然对秃头长老和长发乞丐说道："你和五长老且下去，我自有定夺！"秃头长老和长发长老领命退了去。家宝见状，紧忙叩谢道："石帮主英明！若不是方才帮主搭救，家宝恐已冤死在棍棒之下。"石帮主看看家宝，转身关闭了房门，回身落座，盯着手中的飞刀，见飞刀上刻一"柳"字，确是柳天雄所用，便问道："这飞刀如何得来？"家宝道："乃柳师父所赠，以作防身用。"石帮主问道："你说柳天雄是你师父，果真没骗我？"家宝迅疾说道："句句属实，不敢欺骗帮主！"石帮主又问："如何信得过你？"家宝道："见到柳叔一问便知。"石帮主心里一颤，忙问道："你可知柳天雄何在？"家宝摇摇头，道："自杭州别过师父后，再没见过师父，也不知师父他可好……"说着，家宝隐隐抽泣，一边擦拭眼泪。石帮主见家宝哭起来，厉声道："哭什么？"随即话锋一转，问道："方才见你打出一套醉拳，想必不是柳天雄所传，你从哪里学来的？师父是谁？"家宝顿了顿道："醉拳是在少林寺所学，师父是——"家宝忽然想起离开少林寺的时候，潘缘师父叮嘱过的话，便说道："师父是智玄方丈。"

石帮主暗想："料这小鬼也不敢撒谎！"便又道："留在丐帮可以，恐怕你

165.

受不得这苦！"家宝忙道："弟子不怕苦不怕累！弟子拜见帮主！"说完连磕三个响头。石帮主道："且莫先拜我，若是我丐帮弟子有不测，我定不会饶过你！"说罢便叫家宝退去了。

　　家宝回到讨饭屋，见众丐帮弟子皆已睡去，径直坐在榻上，因方才之事，余悸未消，正在念想时，凑过来一个小乞丐。这乞丐生得尖嘴猴腮，黑溜的眼睛东瞅西看。家宝再看他那红彤的鼻头时，却恍然想起，这小乞丐曾是见过的。那小乞丐抽动鼻头，仔细嗅了嗅，继而对家宝道："刚才屋内斗武，你好生厉害。从哪里学的本事？"家宝见他伸出大拇指，没有接话，反问道："你叫什么名字？"那人笑道："他们都叫我阿狗，因为我的鼻子非常灵敏。"说罢，学着狗模样闻这嗅那，又道："我的鼻子可以嗅到五里开外的东西。"家宝知他在吹牛，也不再搭话。阿狗见家宝不加理睬，继而问道："小哥，你唤作什么，阿狗日后跟着你混。"家宝随口说道："刘家宝。"想了想，接问道："你来丐帮多少时日了？"阿狗一脸自豪，笑道："三年！"家宝又问道："那丐帮事物，你是尽知了！"阿狗道："那是自然！"家宝欢喜，请阿狗坐在身旁，问道："快同我说说丐帮的各大长老，如何？"那阿狗来了兴趣，瞅瞅门外，又用鼻子嗅嗅，轻声道："抓你去的，是帮中最凶的二长老，无人敢惹他。唯阿飞最亲近，掌管帮中各方财务。方才与你打斗的，乃是帮中三长老，武功最是高强，不过小哥方才武艺超群，果真厉害，改日教我可否？"

　　家宝见阿狗岔开了话题，随口应道："答应你便是，你继续说。"阿狗又道："生得肥头大耳则是四长老，因常年赤脚，弟子唤他赤脚长老，掌管帮规。跟随三长老身边的长发长老便是五长老，地位最低。今日大长老不在帮中，改日引宝哥见去。"家宝追问道："各大长老有何秉性？"阿狗惊奇地打量一番家宝，再次瞅瞅屋外，鼻子细细嗅嗅，肯定屋外无人，便问道："宝哥不同外人说？"家宝义正词严道："绝不告知他人！"阿狗嘿嘿一笑，道："二长老最好色，平日里常与阿飞去青楼寻欢作乐，夜不归帮；三长老好酒，几次都差点误了帮中大事，而且三长老喜欢住在树上。"家宝吃惊道："树上？可是院中那树上木屋？"阿狗道："那正是三长老的住处。"家宝问道："为何要住在树上？"阿狗摇摇头道："帮中没人知道。"家宝道："你接着说。"阿狗道："四长老好吃，一人抵得过三四个人的饭量。"家宝暗暗嘲笑道："这点倒是像我。"阿狗道："不过，四长老是帮中唯一读过书的，宝哥没有去过四长老的房中，岂不知，四长老的房中皆是书籍故典，平日里帮中的文案信函起草，皆是由四长老掌笔。帮主对四长老很是敬重。"家宝点点头："没想到我丐帮卧虎藏龙，能文能武的齐全了。"

阿狗瞅瞅门外，又道："要不说帮主厉害，人人归顺。"家宝道："那倒是，不过，那五长老为何……"阿狗抢先道："宝哥是说鬼屋？"家宝道："真有鬼屋？"阿狗嗤笑一声，道："哪儿有什么鬼屋，只是五长老生性怪僻，向来去无影来无踪，还听说……"阿狗再瞅瞅门外，附身在家宝耳边轻声说道："听说，五长老以前是官宦子弟，因得罪了朝廷，满门被斩，这才沦落成了乞丐。"家宝惊讶道："哦，有这等事儿？"阿狗紧忙堵了家宝口，慌张道："宝哥小点声，这件事，帮主交代过，谁走漏了风声，就砍了谁。"家宝道："看五长老不像我长安之人，莫不是逃难过来的？"阿狗道："宝哥慧眼识珠，听说五长老从闽浙海域逃难过来的，还听说，府上曾与倭寇勾结，所以才……"家宝张大了口，惊道："倭寇……"阿狗紧忙示意家宝道："嘘……提及倭寇，人人惶之，宝哥万万不要再提了。"

家宝听罢，不禁长叹一口气，暗想道："果真是鱼目混杂之地！幸好今日阿狗尽详告知。"阿狗打量了一番家宝，道："看宝哥不像是出生寒门，莫非是受了什么苦难？"家宝叹气道："哎……同是天涯沦落人啊……"阿狗笑道："宝哥不必哀叹，人生来自有天命，做乞丐是宝哥命里注定的。不过，做乞丐也挺好的，快活自由。"家宝苦笑一声道："每日形同猪豕，对人卑躬屈膝，你却道好……"忽见阿狗伸手止住家宝，红通鼻头快速嗅了嗅，紧忙道："有人来了，宝哥快睡去。"说罢一溜烟回了床榻。

家宝侧耳凝听，不见屋外有任何动静，心中嘲笑阿狗装神弄鬼，刚躺下准备睡去，果真听见门外有人查房。家宝看一看阿狗，摇头笑了笑，径自睡去了。

翌日一早，天不亮，家宝便起床给丐帮众弟子准备早饭。阿狗也过来搭起了手，烧柴添火。备好了早饭，家宝便挑上木桶，出门挨家挨户收泔水。阿狗见状也跟了去。不觉日上竿头，家宝已挑了满满两桶泔水回来，二人坐一处休息。阿狗见家宝累得满头是汗，不禁心疼道："宝哥辛苦！"家宝见阿狗一直跟随，反问道："你不去讨钱，不怕石飞再惩罚你？"阿狗憨笑道："有宝哥在，阿狗不怕！"家宝无奈叹了口气。少时，阿狗又道："见宝哥这般辛苦，不如同阿狗一起讨金钱罢？"家宝冷语道："跪天跪地跪双亲，岂有给他人下跪之理？"阿狗道："说来也是委屈了宝哥，但总好过宝哥没日没夜挑泔水！"家宝冷冷道："打死我也不去！"

阿狗见劝不动，也不好再言语。家宝起身，将两桶泔水倒进了猪槽羊槽里，放下木桶，活动了下身子，有心无意道："要是有酒便好了。"阿狗闻声忽而神秘道："宝哥稍等片刻！"说完，一个转身没了踪迹。正在家宝疑惑时，阿狗抱了一坛酒跑在家宝跟前，喘气道："宝哥——酒！"家宝接了酒，打量一眼阿狗，解开封口。一股异香扑鼻而来。未曾吃到酒，便闻家宝叫一声道："好酒！"便二话不提，猛吃了一口，又连连叫道："好酒！好酒啊！"说罢，又吃了三大口，擦了嘴，赞誉道："馥郁芳香，甘醇润喉，真乃瑶池玉液！"阿狗乐道："宝哥喜欢，再吃几口！"家宝便汩汩又吃了几口，不觉心清气爽，精神焕发，阔笑道："哪来的好酒？"阿狗道："从酒商那里买的，上品的户县黄酒！"家宝欢喜地盯着酒坛，啧啧称道："户县黄酒……即便琼浆玉液也逊三分呐！"阿狗道："宝哥喜欢，改日再弄它几坛！"家宝问道："你哪来的钱买酒吃？"阿狗忽而凑近家宝，小声道："宝哥有所不知，阿狗每日讨金钱，偷偷私藏了些，尽买了好酒，闲散时拿来解闷。"家宝笑道："你小子竟敢私藏珍酒！"阿狗哀求道："只要宝哥不告知石飞少主，阿狗日后时常拿来酒给宝哥吃。"家宝道："他头上长了角？告知他作何！"

正当二人说得尽兴时，忽闻一声斥责道："闲散泼皮！竟敢在此偷懒！"二人看去，见来者不是旁人，正是石飞！身旁跟了四五个随从，气焰嚣张，阔步而来。阿狗见状，慌忙躲到家宝身后。家宝把空酒坛甩在一旁，起身迎那石飞。石飞走到家宝跟前，盯着家宝好一阵蔑视。忽而又指着家宝身后的阿狗，怒斥道："狗奴才，这么快就叛变了？还敢在此吃酒！来人，绑了，帮规伺候！"阿狗一听，扑通一声跪在地，哭求道："主子饶命啊！"家宝一把拉起阿狗，对石飞道："酒是我买的，唬他做甚！"石飞狞笑道："腌臜泼才，竟也吃酒？既然你那么喜欢吃酒，不如跟我等比试比试，要是你输了，就从我等胯下钻过，叫声爷爷。"家宝道："怎个比试？"石飞指着身旁两个随从，嗤笑道："我等三人，你一人，比吃酒，谁先倒地，就算谁输！"阿狗一听，忙劝家宝道："宝哥，这明摆着欺负人。"家宝道："无妨，比就比，只可惜了好酒。"石飞转身，对众人道："走！"

众乞丐来到一处房舍。石飞令人抱来十几坛酒。石飞指着左手边一瘦如闪电的乞丐，说道："竹竿，你先来。"那竹竿虽长得骨瘦如柴，却也十分嚣张，提起一坛酒，对家宝冷冷道："请！"家宝也擒了酒坛，二人拉开架势，汩汩喝开来。众人看得欢喜，纷纷叫好。一坛酒入肚，那人已面容涨红，家宝却神定气闲。二人启了第二坛酒，刚吃了一半，那人扑通瘫软在地，不省人事。石飞见状，狠狠踢了那人一脚，骂道："蠢笨奴才！不顶屁用！"又气冲冲看了一眼家宝，转身指着一肥态之人，道："阿虎，你来！"阿虎走在前，冷冷轻视一眼家宝，哼一声，便提坛在手。家宝也提了一坛酒。二人就势便喝。两坛酒下肚，二人不分伯仲，却把众人看得都痴呆了。再吃了两坛，已见分晓。阿强提了酒坛，眼神迷离，忽而听见"啪"的一声，酒坛掉地而碎，继而见阿强重重栽倒在地。石飞见家宝仍旧不动声色，气得"呸"吐了口痰，便亲自出马，提了酒，盯着家宝，暗想道："看你怎个能耐？"说罢，二人又是一通喝。石飞不胜酒量，本想借先前两次比试，料家宝定抵挡不住。谁想，一连三关，家宝吃酒，如饮白水，全不在话下。

当下，丐帮弟子听闻此事，皆围拢过来，堵了里三层外三层，个个看得痴醉。石飞抵挡不住，又迫于颜面，只好强撑着身子吃酒。不料，最后一口刚入肚，顿时觉得天旋地转，头重脚轻，连人带酒坛摔倒在地上。众丐帮弟子见状，顿时欢呼雀跃，纷纷为家宝叫好。

家宝看一眼地上醉死过去的石飞等人，不加理会便出了房舍。阿狗跟了出去，追上家宝，称赞道："宝哥好酒量，无人能及！"家宝也不理会。阿狗继而又道："若不是刚才宝哥舍命相救，阿狗恐怕……"说着一个抢先转身，跪倒在家宝面前，磕头道："阿狗日后誓死追随宝哥。"家宝见状，慌忙拉起阿狗，劝阻道："这是做甚？起来便是！"阿狗起身道："只是那石飞心胸狭窄，睚眦必报，今日得罪了他，恐他日后不会善罢甘休。"家宝冷冷道："一人做事一人担，怕他不成？"阿狗道："我等还是小心为好。"

一连几日，相安无事，却说那石飞因上次吃多了酒，昏迷了三五日，饭也不能食，水也不能沾，只哭叫着肚子疼。帮里请来了大夫，治了一治，病情好转了些。

此事闹得丐帮沸沸扬扬，也传到了石帮主耳里。这日晚，有弟子来传家宝，说帮主有见。众丐帮弟子替家宝捏了把汗。家宝也是不知所以，跟着传话的人去了。

　　来到讨饭屋后院，家宝看正堂内，灯光亮着。家宝推门而入，见石帮主威严正坐，心里已猜出了七八分。不等石帮主说话，家宝便跪倒自责道："弟子有罪，请帮助责罚！"石帮主冷冷道："何罪之有？"家宝道："前些日子，弟子同石少主饮酒，不想竟连累了石少主，令其受难。固请帮主责罚。"石帮主起身道："听说，你一口气吃了七八坛酒，不曾吃醉？可是真的？"家宝道："他人传言，不足信。"石帮主冷冷道："信与不信，本帮主心里自有分寸。"一语言罢，石帮主定神瞧一眼家宝，又道："你随我来。"家宝起身，见石帮主推开右侧一扇门，便紧跟了过去。

　　二人下了台阶，进了一处暗道。行不多远，家宝便闻得一股摄人心魄的酒香，不禁暗自揣摩道："这地窖里怎会有酒香？"正想着，二人转过墙角，来到一处亮堂的酒窖。家宝见眼前之景，不禁失声惊叫道："啊……"但见眼前数十酒桶、数百的酒坛和无数的酒瓮整齐置满了酒窖。家宝视如珍宝般游走在酒香之间，竟已痴醉般忘却了身在何处，好不容易才回过神来，惊讶道："原来丐帮竟有如此雅兴之处。"石帮主不言语，径自取出一坛酒，倒入两个玉碗中。家宝走近看去，不禁叹道："金波碧液！"又深吸一口，再叹道："天下无味，唯有酒香！"石帮主取了一碗，示意家宝自取另一碗。家宝擒住酒碗，凑近鼻腔，深吸一口，再尝了那酒，顿觉心旷神怡，脱口而出道："百年三万六千日，日日须倾三百杯！"不等石帮主言语，便自顾自倒了一碗酒，一口吃了干净，再要倒时，才发觉失了态，抬头看去，见石帮主一声不响地盯着自己看，忙道："帮主恕罪！"

　　石帮主道："无妨。"家宝不敢再吃酒，继而问道："帮主为何带弟子来此？"石帮主道："本帮主要看看传言是真是假。方才见你吃了两碗，神色不变，倒是有两下子。"家宝忙道："弟子不敢。"石帮主问道："你可知刚才那酒是何出处？"家宝欠身道："弟子不敢妄加评论。"石帮主道："但说无妨。"家宝道："方才吃那酒，味醇甘辣、酸中有鲜、苦中带涩，可谓六味交融，恐年份久矣。"石帮主听罢，朗笑不止。家宝不知所然，连忙躬身道："弟子不才，辱了这酒。"石帮主让了座，又道："吾闻婚娶丧祭、欢喜忧愁乃至闲谈小叙，凡事皆要饮酒做伴，想必这酒只能做了发泄之物，愁苦之源，抑或醉生梦死之祸，无一益处。你如何看待？"家宝顿了顿道："凡事有度，适可而止，酒本无罪，恶人饮之为恶，善人饮之为善，皆非酒之过。如那看山之人，有人看山是山，有人看山不是山。岂是那山之迥异？弟子认为，方才之酒，生性温和，风格雅致，与人伦道德相匹配。"石帮主拖长声音道："哦——说来听听。"家宝道："人伦道德宣扬真善之美，忠孝之德。如同酒曲发酵之法，历久弥香。会酒、识酒、知酒、品酒，同会人、识人、知人、品人一脉相承，有着异曲同工之妙。酒之和谐、醇正、柔和、幽雅、爽口之味，正是人之仁、义、礼、智、信之德，岂不是品酒，便是品人伦道德？"

石帮主笑道："你年纪轻轻，倒是有些见地。方才吃那酒，正是户县黄酒，千年珍藏，换作旁人，一杯便倒。"家宝吃惊道："怪不得！怪不得！"二人趁着酒兴，连吃了几碗，谈天说地，道古论今，真是：酒逢知己千杯少。

此后，家宝便颇受石帮主赏识，自然而然地也就成了丐帮小有名气的头目。自家宝做了小头目后，很少再像往日抛头露面，沿街乞讨，吃喝皆由手下弟子代劳。

年关将至，长安城大街小巷张灯结彩，人来人往，年味渐浓。丐帮众弟子又似往年排队等着放饭。家宝手下的弟子领取到包子和腊八粥，丝毫不敢怠慢，紧忙揣着端着回来伺候家宝。家宝此时正卧在路边等候，见手下匆匆跑了回来，忙接过阿狗手里的腊八粥，不料却突然被一位少年打翻在地，见那少年斥责道："想吃便自己去讨要，当乞丐还嫌害臊！"家宝闻声一怒，站起来盯着那少年。见那少年身穿锦缎小褂，浓眉方脸，肩宽背阔，好生俊朗。家宝受此屈辱，正要讨个说法，忽见一妙龄少女走了过来，将一笼热气蒸腾的包子递给家宝，转身又对那少年说："徐海哥，老爹寻你有事，快跟我回去。"说罢二人便匆匆离开了。家宝拿了包子，呆呆看着二人离去的方向怔了片刻，暗想道："那女子怎似见过？"便也顾不得细想，径自坐下来虎口吃起来。

可知这位女子姓甚名谁？家住何处？女子姓徐，名若雨，住在长安城西徐家庄中。那少年名曰徐海，也住在徐家庄内。庄子离城不远，庄上两位住户平日相交甚厚。一位叫作徐彪，为人爽直慷慨，善与人交，正是包子铺老板。一位叫作徐世远，有几间房屋、几亩薄田，在庄里置了处铺子，专做木工活。徐世远平昔好善，寡言语，不谈人是非，极肯周济他人缓急。凡进庄里做木工活的庄客，偶然身边银钱缺少，他也不十分计较。或有人多给予他，他便只拿自己价银，余下的定然退还，分毫不肯多取。有晓得的，问道："别人错与你的，落得将来受用，如何反退还？"徐公坦然笑道："我身边没有子嗣，多因前生不曾修得善果，所以今世罚做无后之鬼，岂可又做欺心的事！倘然命里不该时，错得了一分到手，或是变出些事端，或是染患些疾病，用去几钱，反得不到便宜？不若退还了，何等安逸。"因他做人公平，庄客无不敬服，都称为徐长者。

此日，正值隆冬天气，朔风凛冽，彤云密布。长安城里，刚刚降过一场大雪。徐彪暖起一壶热酒，正陪同徐长者在店里向火对饮。那徐海正是徐彪家的公子。徐若雨便是徐长老过继的女儿。这徐海同徐若雨两人从小青梅竹马。

徐海进屋就喊道："爹，喊我来何事？"徐彪问道："刚才去了哪里？又出去滋事去了？"徐海道："没有！天寒地冻，我和若雨妹妹前去给街头那些乞丐施舍热包子去了。"徐彪问站在一旁的徐若雨："你徐海哥哥说的话都是真的？"徐若雨点点头，道："哥哥说的话都是真的。"徐彪道："你和你若雨妹妹去前堂玩去，我陪你徐伯伯叙叙话。"

徐海拉着徐若雨的手跑进了前堂。徐彪对徐长者道："海儿不能再这样下去，该给他找个门路。"徐长者略有所思，继而问道："你可知道徐斌？"徐彪问道："可是关中武学院的徐斌，人称徐侠士？"徐长者道："正是！徐侠士掌管武学院，德高望重，身份显赫，我与徐侠士交情甚好，可托他帮忙，想必能够给海儿安排个升迁路子。"徐彪谢道："如此再好不过，改日我便前去拜访。有劳徐大哥，请吃一杯酒。"二人闲谈暂不细述。

※　　　※　　　※

说这徐海自幼丧母，唯父在堂，因生来娇惯，性子不羁，平日里爱闲游滋事。

这日，徐海又带着一个名叫徐洪的混混到终南山闲游，途中盯上了一伙亡命之徒的下酒菜，得手之后本想带到山头上的破庙里享用，结果途中撞见了一帮山贼。二人撇下偷来的东西分路而逃。

说这徐洪沿山下蹿，碰巧遇到了丐帮弟子，领头的正是家宝。徐洪似见了救星般，计上心头，故作镇静，笑迎过去道："众位好汉，徐海要我来请众位到山上吃酒。"家宝并不理会，只是率了众弟子快步赶路。倒是家宝身后的几位丐帮弟子你一言我一语议论起来，一人道："那家伙去年还哭着喊着要加入丐帮，如今倒跟了叫什么徐海的混吃混喝。"另一人道："还好长老英明，没有留他入伙。"又一个道："这小鬼故伎重演多次，在丐帮吃不下苦头，没几日便偷偷溜掉了。跟咱宝爷同时进的丐帮，看咱宝爷现在的名位，再看看他！"众人皆唏嘘不已。家宝身旁的阿狗，骨碌着黑溜的小眼睛也跟着打趣道："怕是徐海那个家伙，又吃了哪家酒店的白食，想害咱们兄弟背黑锅。"众人闻之，大笑不已，对着家宝说道："我们可不能再上这个家伙的鬼当，上次就因为他跟着徐海在福林客栈吃白食，害得咱家兄弟做了替死鬼。"

　　徐洪见没有人相信自己，担心徐海在山贼手里遭遇不测，只好实话实说道："徐海不愿欠贵帮人情，本想装乞丐偷点酒肉分给贵帮好汉，结果在山上的破庙外，遇到一伙掩埋赃物的山贼，这伙山贼——""装乞丐偷酒肉——"不等徐洪辩论清楚，阿狗嗅嗅大鼻子，瞪起那双乌溜溜的小眼睛，呵斥道："分明是在狡辩！丐帮弟子从来不干那些偷鸡摸狗的事，这兄弟俩整日胡作非为，如今倒把屎盆子扣在咱丐帮身上！"徐洪又道："众弟兄真是误会了我们，何时敢辱了丐帮的名声。如今徐海有难，他本是徐庄包子铺徐彪的公子，念在往日徐彪对众弟兄恩情的分上，岂能见死不救？"家宝问道："你可知徐海现在在哪里？"徐洪遂引了家宝同众丐帮弟子急赴山头上的破庙。

　　说这徐海此刻正被五花大绑在石柱上，旁边一个独眼山贼正对着刀疤山贼，说道："大哥，干脆把这个小乞丐办了！"一旁的大胡子山贼对着一脸无辜的徐海，厉声问道："哪来的臭乞丐，你不要命了吧？知道老子是谁不？竟然敢打老子的主意。"徐海并未理会他们，反而自言自语道："帮主他们怎还不来救我？不知道这是什么鬼地方，不会又是福林客栈吧，刘家宝带人偷吃了酒楼的烤鸭未付银两，又让我这个快要饿死的瞎子背黑锅——"徐海想使一瞒天过海计，谁知这帮山贼个个奸诈无比，要想瞒得过谈何容易。独眼山贼不耐烦地提着刀，在徐海脸上比画来比画去，问道："哈哈，你小子，睁眼瞎？"徐海似乎没理会独眼山贼的话，高兴地哈哈大笑一声，猛地喊道："睁眼瞎？你才睁眼瞎！"独眼山贼骂道："兔崽子，嘴还挺硬！"徐海一面挣扎，一面吼道："我刚才啃得鸭头，分明是酒楼昨夜吃剩的泔水，如果你们不愿可怜我这个孤苦伶仃的小乞丐、瞎了眼的臭乞丐，便用那些酒肉喂狗去！"

独眼山贼提刀走到刀疤山贼身旁，愤愤说道："大哥，把这个臭乞丐杀了得了！免得他走漏风声！"言语间，独眼山贼又转过头，对着徐海说道："哼！你刚才还跟兔子一样，东蹿西跳！一眨眼工夫，便成了睁眼瞎，我这便一刀送你上西天，看你再在这里胡言乱语。""慢着！"刀疤山贼两眼一睁，怒吼了一声，沉声又说道："他虽是小乞丐，可一旦惊动丐帮，怕就不是几只烤鸡、烤鸭的事。丐帮万一掺和进来，到时候恐怕不好办了。看来我们必须斩草除根，同丐帮做一个了结！"徐海诧异道："我全都告诉你们了，你们怎么还不放我？你刚才还说，告诉你实话你便放过我，到底算数不算数？"大胡子山贼笑道："放过你！门儿也没有！谁知道你这小鬼说的是真是假？"刀疤山贼看一眼徐海，深知这种人如果放出去，必然会走漏风声，一不做二不休，恶狠狠道："先把他杀了，然后再收拾其他人！"

话音刚落，庙门外突然传来一阵喧嚣之声。

"咣当"一声，庙门被脚踹开，不等众山贼做出回应，家宝已在丐帮弟子的簇拥下闯了进来，看到徐海被五花大绑在破庙中央，随即怒声呵斥道："你这个叛贼，想离开丐帮另攀高枝？哼！我这就押你去见帮主，为我们丐帮清理门户。"独眼山贼担心徐海再生事端，拿起砍刀说道："既然贵帮也想了结他，那我们兄弟就代劳了——"家宝赶忙托起独眼山贼的刀柄，不屑地说道："好大的口气！"继而又瞅着不远处的刀疤山贼，冷冷说道："杀我丐帮弟子，清理门户，怎么也轮不到你们这几个毛贼！"山贼听罢，不禁皆大笑几声。见那大胡子山贼走到家宝面前，一脸鄙夷，"呸"地朝地上吐了口痰，唬道："你算什么东西！老子先教训教训你！"说罢，随手一刀将身旁的板凳劈为两段，然后将大手一伸，指向家宝道："小子，不给你点颜色瞧瞧，你就不知道你是从哪个娘胎里出来的！"随即一刀劈了过去。家宝见势，双脚并未移动，只一个侧身，躲过了大刀。大胡子山贼见状，咆哮道："竟然让你小子躲了过去，再吃爷爷一刀。"又是一横刀，海底捞月之式劈向家宝。只见家宝双膝跪地，上身后侧，贴地"唰"又躲了过去。不等大胡子山贼反应过来，家宝一个前凑，只听"嘶……"的一声，接着便是一声"啊……"大叫。大胡子山贼被家宝拉掉了一把胡子，疼得要命，顿时犹如发疯的狮子，怒吼道："爷爷宰了你!"大胡子山贼使出一招风车霹雳,朝家宝抢过来。家宝借势,右脚飞起,左脚踮刀,跃过了大胡子山贼的头顶,只见家宝随即一个连环脚,"嘭!"声音传来,不等众人反应过来,大胡子踉跄几步,重重跌倒在地。大胡子山贼被如此戏弄,怒不可遏,大喊道:"啊……"举了砍刀便又朝家宝劈过来。

忽听刀疤山贼喊道:"住手!"刀疤山贼见丐帮人多势众,唯恐事情闹大,却说:"既然丐帮不领情,我们也不好多管闲事。"大胡子山贼一听,冷哼一声,将大刀狠狠摔在地上。

"山寨素来和丐帮井水不犯河水,既然他是你们丐帮弟子,自然要交给你们丐帮处理。"刀疤山贼招手示意将徐海放掉,只见一手下过去给徐海松绑。大胡子山贼见状,喊道:"大哥……"山贼老大右手一挥,示意他住口。家宝道:"如此更好,我代表石帮主先谢过寨主。"徐海踉踉跄跄地跑到家宝身旁,刚要说话,却被家宝打住,只见家宝双手抱拳,对山贼老大道:"先行告辞!"随即转身走出庙门,同行的丐帮弟子也纷纷出了庙门。

这时,大胡子山贼走到刀疤山贼面前,愤然说道:"大哥,为何受此等气!"刀疤山贼道:"老弟不要冲动,何必为了这点小事伤了与丐帮的和气,日后……"

正说着,忽见一小喽啰冲了进来,惊慌失措地喊道:"寨主!寨主!大事不好了,外面着火了!"山贼闻之一惊,纷纷赶去灭火,却为时已晚,眼睁睁看着千辛万苦抢来的东西被烧为灰烬。大胡子山贼怒火冲冠,骂道:"爷爷与这帮孙子势不两立!"

家宝率丐帮弟子烧了山贼的赃物,又同徐海、徐洪等人奔下了山。行至岔道口,徐海笑道:"今日多谢家宝兄弟相救,日后必然答谢!"说罢叫上徐洪,又道:"后会有期。"便进入小道消失了。家宝别了徐海,率众丐帮弟子紧忙回了丐帮。

※　　　※　　　※

是月末,威远镖局马云龙的大公子大婚,宴请了当地名人志士、乡绅名流。说这龙威镖局程万全却不请自来。这龙威镖局和威远镖局乃是长安城中两大镖局，但凡有点眼色的，无不称颂"龙威镖局，威震天下"的霸气；但凡会点拳脚的，无不称绝"威远镖局，独步武林"的胆魄，虽说如此，但是两大镖局为了生意，却是明争暗斗，表面和气，实乃已暗地深结嫌怨。这次马府公子大婚，不请自来，马云龙心里一直打嘀咕。喜婚时辰已到，马府内张灯结彩，锣鼓吹打，唢呐欢响，爆竹齐鸣，一派喜庆景象！威远镖局大摆筵席，从巷子口到马府门口，挂起了一串串喜庆的大红灯笼，敞开的两扇大门上贴着偌大的囍字，几个身量一般高大的家丁站在门口迎客，显得体面而喜庆。

只见程万全头戴翠蓝色硬花鸭尾巾，身着一袭光鲜的金丝大氅，鹤发童颜，一缕好似三冬雪的白髯飘洒胸前，满脸堆笑，偕了几位镖师，后面跟着家丁若干，抬着几坛酒和几担贺礼，一行人浩浩荡荡地进了马府。

马云龙一身绫罗绸缎，红光满面，喜笑颜开，见程万全前来贺喜，暗自道："这程万全倒是不请自来！哼！"正想之际，已见程万全等人走了过来。马云龙立即上迎，笑道："哎呀呀，程镖头！稀客稀客，你能来，马府荣幸之至。"程万全笑道："我还以为你马镖头不欢迎我来。"马云龙道："岂敢岂敢，你程镖头肯来，是赏我的脸，感激犹不及，怎么会不欢迎。"说着，马云龙邀程万全进了大厅，端起桌上酒杯道："你我先共饮一杯，再次感谢程镖头前来贺喜。"程镖头也端起酒杯，道："祝马镖头早日抱上孙子！敬！"两人饮完酒，但见马云龙道："恕不能奉陪，今日客人多，程镖头先自行喝着，稍等片刻，老夫自来罚酒。"程镖头笑道："你且去忙，不用管我等。"

马云龙走出大厅，唤一管家到身边，道："龙威镖局来者不善，多多留意！"说罢斜视一眼程万全，见他正与众客畅饮，又暗自道："这程万全葫芦里究竟卖的什么药？"

当日，家宝跟随石帮主一路前行至城南巷口，会合了丐帮几位长老，便由马府家丁迎接至马府，进了大厅，只见梁上悬着一块黑漆大匾，写着"威远镖局"四个金字，下面落款竟是巡抚大人。石帮主等人被马云龙盛邀至大厅，不等寒暄几句，便见马云龙匆匆离开招待别的来客去了。石帮主与程万全在座就叙。家宝坐在石帮主一旁，上下打量着马府，不禁叹道："嚯！好阔气！"

一顿宴席，正当众人吃得欢喜，见一中年汉子，身穿青色宽袍，棕带束腰，头戴四方平定巾，一副憨态之相，眼神却阴险奸诈。见他双手抱拳，对着程老爷说道："马老爷刚刚多喝了几杯，让在下作陪程老英雄，程老英雄见谅，望——"忽闻程老爷错愕道："大喜之日，马总镖头才喝几杯，就醉了？大婚之日，不多喝几杯，恐怕说不过去。前些日子送我的好酒，我还没有当面道谢。"马管事赔笑道："微薄之礼，应当的，应当的。"程老爷大笑道："欸，马管家过谦了，如此厚重之礼岂有不还之礼，此次前来我特意带来几坛美酒，一来表示祝贺马公子新婚大喜，二来就当还马老爷人情。"马管事作揖道："在下替马老爷谢过程老英雄，回头我一定转告马老爷。"程老爷转身对石帮主道："石帮主，上次送贵帮之酒乃是马老爷送给我的，我这是借花献佛，莫要见怪，莫要见怪。"石帮主道："哪里，哪里，上次应程老爷邀约，招待之至，在此谢过。"程老爷笑道："石帮主客气，你我倒是要好好感谢马老爷慷慨大度，割爱把美酒与我等共饮。"

家宝听到此处，俯身对石帮主道："没想到上次的酒竟然是马云龙送的，那酒中的毒……哼，没想到马云龙如此心胸狭窄，奸诈小人！"石帮主道："马云龙向来和程万全不合，酒中下毒之事，想必程万全还不知晓。"家宝道："弟子当面拆穿马云龙的阴谋！差点害我丐帮众弟子性命！阴险的贼人！"石帮主忙阻拦道："不可！万不可冲动！你我手中没有确凿的证据，且往日马云龙也有恩于我丐帮，若撕下脸面，伤了和气不说，对我们丐帮也不利。"家宝道："这么轻易放过了他们？"石帮主道："小不忍则乱大谋，我丐帮虽与威远镖局交往不甚频繁，但万不可得罪，日后多小心便是！"

只见马管事赶忙伸手提壶，亲自为众人倒酒，又对着几位丐帮弟子拱手施礼。众人一番欢喜之后，马管事方才落座作陪。此刻，家宝和丐帮长老围坐在一起，与镖局马管事一面拉家常，一面开怀畅饮。

酒过三巡，菜过五味，马管事见家宝神情冷漠，问他三句，往往只答一句，显得对自己瞧不在眼里。马管事突又想起开坛倒酒之时，家宝对着酒缸连闻带嗅，甚至对马老爷连头也不磕一个，十两银子的见面礼，倒是老老实实收了。不由得暗自生气，对着一旁的家宝勉强笑了笑，举起酒杯，按捺着心中的不快说道："久闻石帮主收了一位高徒，想着他日登门拜会。今日得见，真乃喜上加喜，你我满饮此杯吧！"家宝端起酒碗，戏谑道："不知这酒中是否被人下了药？"马管事闻声，一脸惊愕。又见家宝轻笑一声道："明枪易躲，暗箭难防，不过有也无妨！"便一饮而尽。马管事斟了第二杯酒，笑道："小兄弟好酒量，再饮……""一个臭乞丐！也在此吃酒？"一声清朗的斥责堵了马管事的口。家宝应声看去，见眼前之人身材矮小，竟是在魁星楼里交面的马超，不禁诧异道："马超，你为何在此？"马超睥睨一眼家宝，冷哼一声，寻了一处席位坐定，信手在桌上盘中捏一颗果子吃。马管事紧忙回道："这是我家的二少爷！"家宝更是吃惊，喃喃道："二少爷……"马超看马管事一眼，故作高声问道："谁叫这帮乞丐来参加我大哥的婚宴？岂不是辱了我府的门面。"

马超不识体面，场合无分寸，说者无意，听者留心。一时间都住了口，有惊愕的，有不知所措的，也有存心看这一出好戏的。且看那石帮主，面不改色，气定神闲，也不看那众人，也不坐立不安，只顾持了酒杯饮酒，全将周遭事物置之度外。受如此羞辱，若非真豪杰、真性情，恐难心定神怡。那马超不知好歹，也无人规劝，竟自顾自又骂道："自古圣上住庙堂，王侯住楼宇，尔等犹如那粪坑石头，又臭又硬，竟铁了脸面，不知羞耻，来此讨酒吃。"这句更是严重了，马管事一听如何了得，再任由其说下去，恐要惹出事端来了，紧忙倒了一碗酒，用身子堵住了马超，对众人笑道："童言无忌，童言无忌，诸位尽管吃酒，少时，老爷自来招待，若是招待不周，全是小人过错，先自罚一碗酒，再来谢罪。"说罢，吃了一大碗酒，表了诚意。众人也是有头有脸的人物，识得趣味，经马管事这么一说，也都有说有笑，吃起酒来。

丐帮受了辱，大家心知肚明，若是真不出面搭个台阶下，恐日后给人落下耻笑的话柄。家宝取了酒盏，起身笑道："正所谓英雄不问出处，三百六十道，道道出英杰，马老前辈，声名远扬，贵公子喜结良缘，我等有幸齐聚马府，又结识众豪杰，小弟斗胆代石帮主敬众豪杰一杯。"说罢，一饮而尽。

"小兄弟果真是爽快之人，来来来，大家同饮一杯，恭祝马老爷的公子喜结连理。"程万全道一声好，马管事紧忙接话道："正是正是，今日高朋满座，马老爷特意交代，一定要好生招待诸位，大喜之日，诸位放开了吃喝。"马管事一语言罢，先敬了一杯酒。众人方才气神回返，掀起一片热腾。马管事折身偷偷擦拭额头汗珠，又走到马超跟前，躬身说道："我的小祖宗嘞，你差点酿成大祸。"马超年纪尚小，不谙世事，更不屑一顾，问道："我说我的，何以酿成祸端？你起开。"一把推开马管事，站起身走到家宝面前，讥笑道：

"不要以为刚才你花言巧语解了围就很了不起，乞丐终究是乞丐，难不成野鸡想攀比凤凰？"

家宝深吸一口气，回笑道："马公子言语相讥，莫不是心胸狭隘，尚且惦记着魁星楼输钱一事。我若是把你花天酒地、斗酒赌银之事告知令尊，不知是怎样结果？"马超闻声一怒，指着家宝道："臭小子，你敢威胁我？"家宝笑道："我哪儿敢，你可是马府的二公子，得罪了谁也不能得罪你。"马超道："你最好识相点。魁星楼之事你敢吐半字，我与你没完！"说罢，怒气冲冲地回了座席。马管事闻声走了过来，嬉笑道："久闻小兄弟海量，不如换大碗吃酒。"随即转身吩咐下人道："上坛子，呈大碗。"

家宝深知马管事恶意，却转念一想："方才马超出言不敬，让帮主当众出丑，好生气恼，这次倒要让这帮孙子好好瞧瞧。"随即冷笑一声，撇了酒碗，直接提上酒坛，只一手擎住坛口，抬头高仰，身子微微后倾，大口一张，酒水"咕咕"入口。众人看的叫好，竟各自撂了话题，奔眼看来。家宝一口气灌了一坛酒，又启另一坛。众人见家宝吃酒竟似喝白水般，皆看得痴傻了。马超先前不以为然，看着看着，心中不免嘀咕，平生哪儿见过这般好酒量之人，不禁也看得痴呆。

家宝两坛酒入肚，七分醉意，踉跄一步，走到院中青鼎旁，怀三分气力，马裤一挽，双腿一蹲，便将青鼎扛在肩头，当众走了一圈，方将青鼎搁下。众人见状齐齐喝彩。程万全起身叫道："那鼎约六七百斤重，小兄弟吃两坛酒，仍不费吹灰之力便将鼎举起，真乃神力！"说罢对一旁的石帮主敬道，"丐帮卧虎藏龙，我等敬佩敬佩！"众人闻声也离座敬酒。

家宝醉眼迷离，却神志清醒，瞥一眼马超，又瞅一眼马管事，冷笑一声，回到席位径自吃酒。

众人欢喜间，忽闻一个清越的声音从厅外传来："智玄大师到！"众人闻言，目光向门外转去，却见大厅外缓缓步入三位高僧，为首之人身穿深黄色长大褂袍，外披红色袈裟，颈挂乾坤大佛珠，右手持金碧齐身大禅杖。身旁两位高僧也皆是如此装束。马老爷听闻，不知从哪里突然冒了出来，急匆匆赶到大厅外，跑下台阶，前去迎接几位少林高僧："哈哈哈，智玄大师大驾光临，有失远迎，有失远迎！"三位大师回礼道："阿弥陀佛。"马云龙退步侧身道："三位大师快快里面请。——马管家，快请三位大师就座。"

又闻马老爷在厅外大笑道："哈哈哈，柳镖头！有失远迎，里面请。"贵客回复道："马老前辈客气了，在下来迟，待会儿自罚三杯。"马老爷亲自恭迎，众人正欲猜断哪位贵客登门，忽又听闻马老爷大笑道："哈哈，柳镖头客气了，我们威远镖局的大门随时为镇远镖局众兄弟敞开，日后柳镖头便当这里是自己家，想什么时候来便什么时候来。"柳镖头笑道："马前辈如此抬爱，那在下便恭敬不如从命了！"柳镖头同马老爷寒暄一番后，进了大厅。众人起身，纷纷抱拳道："见过柳镖头！"柳天雄一一回谢过。众人嗓子轰然又开，吆五喝六地猜拳行令，整个马府顿时热闹非常。

家宝闻之两位师父到来，早已喜不自胜，起身走到柳天雄和智玄大师之间，又一时语塞，只叫道："师父——柳叔——"柳天雄闻声回头看去，不禁吃了一惊，道："家宝？"语气犹豫，见眼前这少年，已然生得体格健壮，相貌堂堂，虽音容已大有变化，却极似年少的家宝。智玄也闻声转身看这少年，一眼便识得是家宝，不免也惊讶道："慧心——"家宝突然快步上去，跪于二位师父跟前，笑着哭道："师父——柳叔——真的是你们，宝儿以为再也见不到你们了。""臭小子，怎么跑到这里了？想死柳叔了。"柳天雄万分欣喜，对家宝问长问短。"师徒团聚，可喜可贺！"听到石帮主上前说话，家宝赶忙抹掉脸上的泪痕，唤道："帮主——""我道像宝儿，原来果真是你们，你们因何在一处？"柳天雄好奇地看着石帮主问道。家宝紧忙将别后事情，及长安求师不得，银两被窃，进入丐帮，始末根缘说了一遍，不觉大恸。

"善哉！善哉！"智玄大师闻之也心起波澜，随即又道："改日，我再修书一封，送至武学院。"家宝道："谢过师父，不敢讨扰师父，徒儿在丐帮，得石帮主厚爱，日子倒也过得快活，去不去得武学院日后再做打算。"智玄大师叹道："缘起缘灭，一切皆有定数。"家宝问道："慧文、慧武师兄都安好？"智玄大师道："阿弥陀佛，寺院一切安好。"

师徒久别重逢，自然少不了话叙。

厅外几位丐帮长老，平日最喜喝酒猜拳。兴起时，不是捋胳膊、挽袖子，便是祖胸露乳、台面上摆臭脚丫子，丢尽丐帮脸面。面对此番场景，石帮主无心再留，对正在喝酒的柳天雄道："天雄兄，借一步说话。"随同柳天雄去了别处。留下家宝同众人杯酒相欢。喜庆时日，众人只顾得敞开了喝酒，五坛美酒下肚，尚且在轻言细语；十坛美酒喝过，便开始经天纬地豪言壮语；

再抬出十大坛酒，已东倒西歪胡言乱语；剩下不知饮了多少，临近黄昏，除了妇孺老幼，均喝得伶仃大醉、不省人事。

这马府的马管家却也喝得不少，正陪同众人，嘻嘻哈哈又喝又跳，疯疯癫癫道："我问你是谁，你原来是我。我本不认你，你却要认我。噫，我却少得你，你却少不得我。你我百年后，有你没有我！"家宝见状，嘲笑道："附庸风雅！"不见了石帮主和柳天雄，自觉没趣，便拎起酒坛，径自吃酒。

※　　　※　　　※

时光似箭，不觉间，家宝已在丐帮过了两个年头。时值深秋，大风大雨，下了半月有余，河水暴涨，犹如白沸汤一般，又紧又急，涝河大堤多处决口。鄂县县令在赈灾中身亡，地方失去了主事者。一时间，恶少肆掠，世态大乱！很多地方乘变起乱，讹言可畏。

一日午后，家宝接到丐帮号令，命他速回讨饭屋议事。家宝闻讯赶到，尚在门外，便听得人声鼎沸，待进得大厅，但见偌大的厅堂已被几十号丐帮头目填塞满当。阿飞正说道："朝廷无能、奸臣当道，天下百姓置身在水深火热中。而今，天怒人怨，涝河决堤，饿殍遍野，灾民四起，正是千载难逢的好机会。我们自当响应众好汉，揭竿起义，替天行道！"阿飞话音刚落，又闻二长老附和道："朝中官吏只知中饱私囊，搜刮民脂民膏，私吞赈济钱粮，此刻正是丐帮立威扬名的好机会。"大长老说道："老二说得不无道理，石帮主加入丐帮之初，就想推翻昏庸的宣德皇帝。不想，改朝换代后，李廷和锐意改革，首辅大臣夏言为官清正，朝纲很快得以匡正。时至今日，帮主聚众起事的夙愿都未如愿。"

四长老赤着双脚，手持警杖坐在一旁不言语，颜正色润，只顾点头。五长老死灰面容，对此事冷若罔闻。

家宝见众弟子义愤填膺，准备借此动乱起事，心中不免有所担心，走上前，反驳道："那些灾民只是有了甜头就沾的流民，现在起事风险太大。"阿飞本来就对平步青云的家宝心生不快，悔不该当初在魁星楼偷盗家宝身上的银两，如今倒是帮了他大忙，给自己下了绊脚石，正想给家宝点颜色，便追问道："你认为我们该如何做？毕竟这些难民需要口粮！"

家宝道："当务之急，我们更该协助朝廷赈济灾民。待洪灾已退，难民的问题自然会迎刃而解。"阿飞大笑道："协助朝廷，亏你想得出！我义父夙愿未了，你这分明是横中阻挠，耽误帮主成就大业！"大长老见阿飞言语相击，便道："大家稍安勿躁，帮主回来自有定夺。"四长老发话道："如今帮主不在，起事未免……"不等四长老说完，二长老忽而怒声道："机不可失，失不再来。若是耽搁了时机，谁人能担得起？况且阿飞自小跟随帮主，他是最明白帮主的。"

家宝见诸位争持不下，说道："帮主乃仁义之主，如今灾民食不果腹，处境凄惨，理应协助朝廷赈济灾民。倘若朝廷不顾百姓死活，到时候起事也不晚。"阿飞拍桌而起，怒道："天赐良机，诸位踌躇未定。愿意起事的跟我来！"说罢，便带着一帮弟子离开了议事大厅。二长老面目狰狞，怒目看看在座诸位，也怒气冲冲地离开了大厅。

家宝继而劝解道："如今帮主不在帮中，弟子一切听从大长老吩托。"大长老走上前，说道："家宝说的在理，此时起事，过于草率，大家静等帮主回来，再做定夺。"家宝道："涝河洪灾，民不聊生，我等岂能坐视不管，恳请大长老允许弟子带领丐帮众兄弟前去赈济，救百姓于水火中。若是帮主回来怪罪，我刘家宝一人受罚。"

众弟子听了家宝一席话，不觉精神振发，纷纷恳请大长老应允。

大长老见诸位抱怀正气，便道："家宝率丐帮弟子前去协助朝廷赈灾，不得有误。四长老、五长老相协家宝，一同前去。"众人得令，跟随家宝前往涝河去了。

家宝率领丐帮弟子赶往涝河边救援。待众人抵达岸边时，见洪水肆虐，如虎狼下山，势头凶猛。涝河大桥在洪水冲击下岌岌可危。桥的不远处，决口宽大数丈。洪水从决口处倾泻而出，淹没了周边的良田，正在肆虐农庄。家宝不作停留，转身寻主事者商议应对之策。

新上任的西安知府赵廷瑞正在紧急施援灾区，这时负责护坝的兵士匆匆赶来，道："禀告大人，此刻急需堵住决口，但——"赵廷瑞道："但是什么，快说！"兵士道："水势凶猛，没有人敢下去。"赵廷瑞怒道："派去采运巨石的人呢？怎么还没有消息？"不等兵士分说，赵廷瑞身边的通判立刻耳语了一番，之后赵廷瑞脸色大变，怒道："此等毛贼如此大胆，传令下去，即可缉捕山贼。"又对身边的侍卫说道："将今日捉拿归案的闹事流氓当即问斩！"

家宝当下赶来，说明来由，赵廷瑞大喜，却道："山贼伺机作乱，本官正欲派兵清剿，只是这牛头寨安扎在秦岭山，地势险要，易守难攻，若想攻陷，绝非易事。"家宝主动请缨，道："小人有一计既可以采运石料，又可一举攻陷牛头寨。"赵廷瑞紧忙问道："是何计，速速道来。"家宝对赵廷瑞细说了这般这般。赵廷瑞听罢觉得可妥办，又说了如此如此。二人商议已定。家宝留下数众丐帮弟子，听从官军派遣，便同四长老、五长老直奔牛头寨。

家宝等人刚行出数里，迎面赶来一群市民，细细辨去，竟是徐海、徐洪等人。家宝跳下马，迎上去，问个究竟。徐海笑道："我正欲前去涝河赈济，不想在此偶遇。你们这是往何处去？"家宝说明了根由。徐海道："也罢，我与你同去，权当回报先前山庙救命之恩。"家宝道："如此最好。"徐海对身边的徐洪道："收拾家伙，备了马。"

众人收拾停当，浩浩荡荡地向牛头岭大路进发。

在路耽搁半日，时晚众人抵达牛头岭，离山数箭，家宝传令安营，明日再做细算。众人齐齐扎下营盘，食过晚饭，小番尽歇休整。家宝等人在营中议事，见家宝道："时况急迫，早日攻下山寨，百姓早日脱离苦海。"徐海问道："不知宝兄弟有何见策？"家宝望一眼众人，又对徐海道："早闻牛头寨居高临下，易守难攻，官军攻克数次都不得胜，我等即便长有三头六臂，恐也难获胜，因此，必须智取。"徐海又问道："哦——智取，莫非宝兄弟已有良策？"家宝道："我心中有一计，不知当妥不当妥，明日看罢牛头岭，再做商议。"众人便各自回应，以待明日算计。

翌日天未大亮，家宝带马到山脚下，往牛头岭一望，只见岭上半山中云雾迷迷，高不过的，路又壁栈，要破此山，原觉繁难。徐海道："宝兄弟，看起这座牛头岭，实难攻破。当初取这座天山，尚然费许多周折，今日此座山头，非一日之功可成，须要慢慢商量，智取此山的了。"四长老道："我等震声呐喊，发炮哨鼓，叫骂一回，或者有将下山，与他开兵交战一番如何？"徐海道："牛头岭高有数倍，我们纵然叫破喉咙，他们也不知道的。"正说之时，见丐帮弟子来报："官军抵达。"家宝心喜，随同众人见过官军头领，乃是把总张文、张武。闲话少叙，张文道："我率百士上山，探他动静。"家宝道：

"不好，有滚木打下来，总头性命堪忧。"张武道："依你们之言，牛头岭怎生能破？待我冲先领头，你们随后上来，倘若有滚木，我叫一声，你们回跑下山便是了。"众人不敢违逆，只得听了张武之言，各把丝缰扣紧，随了张武，往山路上去。一直到了半山，才见上面隐隐旗幡飘荡，兵丁虽然不见，却听得有人喊叫打滚木。唬得张武浑身冷汗，说："啊呀，不好了，有滚木了！兄弟们快些下去。"兵士听说，打滚木下来，尽皆魂不在身，带转马头，往山下拼命地跑了。

那张武贪顾性命，不上几纵，先到山下，数根滚木来着兵士马足上扫下来，死伤大半。张武好生气闷，张文劝慰道："弟不必悲伤，我等理应听小兄弟一言，也不至此。"转身对家宝道："小兄弟可有良策，攻取牛头岭？"家宝道："若要攻取牛头岭，硬拼只会多加害无辜性命，眼下之策，只能智取牛头岭，使其不攻自破。"张文和张武同声问道："如何不攻自破？"家宝道："这牛头岭如鸡之孵卵，唯有从内而外，里外夹击，方可一举攻克。"众人听得明白。张文道："小兄弟明示。"

家宝略作思索，便道："须有人内应方好。"张武道："谁人内应？"众人你看我，我看你，竟选不出个人来。家宝道："在下愿意亲往，二位总头在外得我信号，策外应，如何？"张文笑道："小兄弟智勇双全，我等佩服，做个细则，方能实施。"众人聚首，谈论一番。徐海道："我对牛头岭轻车熟路，我同你一起前往。"家宝道："有劳徐海弟，只是这牛头寨塔门森严，又有滚木挡道，如何是好？"众人闻言也作难色，不知如何施行。

愁眉之际，忽闻探子来报："营外山道，抓住一山贼喽啰。"张文喊道："押上来。"二位兵士扣押一山贼模样喽啰走上前来。那山贼见众人，不分清楚，见人就叩首，大哭道："官军饶命啊！小的乃乡民一人，迫于生计做了山贼。"张文一把揪住喽啰，怒道："休得胡言，说，贼头派你来做甚？"喽啰唬得浑身冰冷，颤巍巍道："小的，小的真是牛头岭山民，怎会知山贼做何？"张武见那喽啰已被唬得半死，便对张文道："看来真是一介乡民，饶了他吧。"那喽啰连忙叩头道谢，正要离开。家宝身边的阿狗，忽然喊道："他撒谎！"那喽啰闻声双腿打一哆嗦，不敢再动弹。张文问道："你怎知他撒谎？"阿狗红头鼻子狠狠嗅了一嗅，又凑近那喽啰，从头到脚挨个嗅个遍，肯定说道："官爷，他在撒谎！分明是我帮中乞丐之人。"家宝吃一惊，道："阿狗，休要谎说！你如何知他乃是我丐帮弟子？"阿狗走上前，禀道："宝哥，阿狗嗅到他身上的味道，正是丐帮弟子。"张文、张武一眼盯着家宝。家宝疾步上前，一把揪住喽啰，怒问道："若再不说实话，小心砍了你的狗头！"喽啰闻声霍然瘫软在地，哭求道："官爷饶命啊！官爷饶命啊！"张武气急败坏，一脚将喽啰踹翻在地。喽啰不经这飞来一脚，连滚带爬滚了几步开外。张武拎起喽啰，双目似虎，怒道："快说！你究竟是甚奸细？"

喽啰"扑通"跌倒在地，方才说道："小的是石飞手下的乞丐，特遵石飞所派，山上通风报信。"家宝问道："报甚风通甚信？"喽啰哭道："石飞抓了几个运石料的兵士，正欲献给山寨大王，以作投靠之策。"四长老怒道："好个石飞，非但不协助朝廷赈济灾民，反而勾结山贼，为虎作伥。"家宝问道："如何单派你去，那恶毒山贼怎会信得过你？"喽啰道："小的名唤阿三儿，住在牛头山下荒郊七里之遥，上有一老父，开弓箭店度日。为父做的弓箭在当地颇有名气，因此山上的大王频频要为父弓箭上去。只因老父年事已高，便由小的将做好的弓箭运上山。"张文道："谎说，既然是经纪营生，为何谎称是乞丐弟子？"阿三儿道："只因弓箭营生无趣，小的好吃懒做，便做了小乞丐，跟随石飞沿街乞讨，混个生计。"家宝道："你一人上去，偶被小番们拦住，或者道你时奸细，打下滚木来，如之奈何？"阿三儿道："这年年解惯的，牛头岭上，时常游玩，乃小的出入之所，番兵番将无有不认得我，听我口音，识我暗号，就认得，再不打滚木下来。若走到上边，小番便会逢面攀谈，要好不过。那山中大王，待我如同故旧一般，哪个敢拦阻我？"

家宝见阿三儿说得有眉有眼，便道："暂且信得过你，你可认得我是谁？"阿三儿小心看一眼家宝，便道："宝爷乃是丐帮的红人，谁人不识！"家宝又道："你看认得那二位？"阿三儿应声看去，也忙道："眼前二位高主乃是四长老、五长老。"家宝道："既然都认得，若是你有半点谎言，我等定禀告帮主，将你逐出丐帮。"阿三儿闻声连忙叩头求饶道："小的说得句句属实，不敢有半点欺隐，宝爷饶命啊！官爷饶命啊！"张武威怒道："既然你对牛头寨轻车熟路，快把山上诸事讲于我等，守将有几员，姓甚名谁？番兵多少？可有勇有谋？说得明白，放你一条生路。"阿三儿忙道："官爷虎威，小的一一说来。这里上去便是寨门，紧闭不通内的，里面有一个大大的总衙门，镇守三员猛将。有万夫不当之勇。为首的名唤巫刚，人称'快刀手'，一手上品武学'追风刀',左右两个兄弟,一人唤作毒手肖明,三十出头,一脸麻子,奇丑无比,一副病态;另一人唤作雷风,生性优柔寡断,武功平平,倒是计谋颇多。后半边是个山顶,走上去又有二十三里足路。上有五位大将,为首的呼作呼哈大王,左右两员副将,一名金托将,一名银托将,骁勇异常。除此外,有两员顶天柱,一人唤作大鹏,膀生两翅,一手用锤,一手用砧。另个唤作巨猿,马上一口大刀,有神仙本事,力大无穷。小人句句真言,并不隐瞒,望官爷放小人回去。"

张武突然怒道:"放你回去,给山贼通风报信做何?不如杀了百了。"说罢,持刀砍来。家宝紧忙拦阻,道:"总头莫急,我等正用此人之时,杀了则功亏一篑。"张文问道:"小兄弟何出此言?"家宝道:"方才依他所言,我等上山非他引路不可。"众人顿然领悟。家宝继而说道:"那山贼不曾见过石飞,我则扮作石飞押兵士上山,只是要委屈下二位总头,扮作兵士同我一并上山,以做内应。"张文点头道:"事不宜迟,我等乔装一番,即可入寨。"说罢,张文、张武唤来总旗,吩咐一二,二人准备去了。家宝对徐海道:"挑选几名精干之士同往。"又对四长老、五长老道:"二位长老在此等候,待号令一发,即可率众弟子同官军一并杀入。"安排妥当,家宝对喽啰道:"若你这次立功,我将禀明帮主,非但不会治罪于你,反而会嘉赏于你,对于黎民百姓,你也是功德一件。"阿三儿叩首,道:"小的万死不辞。"

张文、张武扮作兵士,尽数捆绑。家宝等人押二人,由阿三儿带路,一并走向山去。众人进了营盘,走了五余里路,便不敢再上走去。家宝唤来阿三儿,便道:"人多不便,恐惹小番见了起疑心,诸位在此候着,我同阿三儿上去,若是过了小番把关,我等再一同上去。"说罢,只家宝、阿三儿二人径自走将上去。

行不多远,才见数丈开阔处,树木深茂,再一步步走将上去。家宝东也瞧,西也观,走到半山,抬头望见旗幡飘荡,两边滚木成堆,寨口有把都儿行动。有上面小番在寨门看见了说道:"哥阿!那上来的好似阿三儿。"另一个看去,说道:"不差,正是他。他近旁的乃是何人?"那人说道:"问了便知。"随即冲家宝,阿三儿喊道:"山路哪边开?"阿三儿一听知是唤来暗语,便回道:"河水淹了龙王庙。"又见那小番喊道:"白脸儿的、红脸儿的,你唱哪一谱?"阿三儿喊道:"南来的、北往的,全凭庙上一句话。"那小番才叫道："阿三儿寻山来做什么？"阿三儿回道："新抓的红缨子（兵士），孝敬大王。"那人又喊道："为何带个踩雷（生人）的？"阿三儿看看家宝。家宝示意一眼阿三儿。阿三儿领会，便喊道："不是踩雷的，乃是丐帮石飞，擒了两簇红缨子，特来拜见大王。"那人对小番说："你看着，我去通禀大王。"说着跑下哨塔。

那人飞也似的往总衙府来，道："启上三位大王，阿三儿求见。"二寨主肖明问道："哪个阿三儿？"小番报道："山下经营弓箭营生的伙计。"巫刚道："莫不是定下的弓箭备齐全了？"小番报道："是丐帮一个叫石飞的抓了两个红缨子，特来拜见。"三大王雷风道："红缨子？来着多少人马？"小番报道："小的看见的只他二人。"肖明道："大哥，谅他二人也难起风浪，不如押上山来，看个究竟。"巫刚对小番道："可看见红缨子？"小番道："不曾看见。"雷风骂道："那他娘的拜见个屁！"巫刚道："你回去喊话，只他二人，押了红缨子上山。"小番得令回哨塔喊话。

阿三儿听闻喊话，慌忙问道："宝爷，这可如何是好？"家宝望一眼哨塔，喊话道："这便押来红缨子！"便同阿三儿下退几里路，见了众人，说明原委。徐海劝阻道："万万不可，那山寨深如囹圄，宝兄弟不可冒进。"众位也应声劝阻，家宝道："不妨！"然后看看兵士扮作的二位把总，又道："只是二位总头……"张武抢言道："区区山贼，怕他做甚！若是我得生还，定斩了他狗头！"家宝道："便是委屈了二位把总，若苍天开眼，我等侥幸存活性命，众位待我等号令，明日攻山，若是明日日落时，不见山寨发来信号，便是我等遭遇不测，诸位再禀大人，另谋他策。"众人见家宝心意已决，便不再劝阻，只道多加小心。

家宝只应允了徐海、四长老、五长老和一名总旗跟随，押着张文、张武上山来。待众位近得山门前，阿三儿便冲哨塔上喊话道："二位兄弟，红缨子押来了。开了寨门，放行过去。"小番瞅着寨下，果然见五花大绑着两名兵士，方说道："留下红缨子，你和先前来的，其余人散了。"众人应声，留的留，散的散。小番见众人散了去，方才打开寨门，放行家宝等人上山。

徐海同几位后退下山，没走几步，徐海突然说道："你们且先行回去，我忽而憋得尿急。"说着掉个转身，朝山旁密林中窜去了。

小番引家宝等人沿路行至府衙，见一小番道："你们在外面候着，我进去通禀。"那小番进了厅，报了声。肖明道："只他二人押了红缨子上来？"小番道："确实了！"雷风道："山下可有人？"小番道："都散去了。"巫刚方道："与我盘问明白，说得对放他进来。"小番道："我们已经盘问过了，说得对的。"巫刚道："既如此，放他进来。"小番往外来道："大王传你们进去，需要小心。"

家宝押挟张文、张武二人同阿三儿走到堂上，见过三位大王，连忙跪下。阿三儿先道："三位寨主在上，小的阿三儿叩头。"巫刚道："罢了，起来讲话。"阿三儿但跪不起，对三位大王又禀道："这位是丐帮的石飞，押了两位红缨子投靠三位大王。"那三位寨主看站着的红缨子，又看一眼跪着的家宝。见肖明起身，走到张文、张武面前，叫道："为何见了我大哥不下跪？"张武骂道："跪天跪地，哪儿见过跪你个鸟大王？"肖明笑道："好个嘴利的死囚！"说罢，一脚将张武踹跪在地，又一抡来一脚，将张文踹跪在地。家宝见状，紧忙禀道："小的石飞，擒来两名把总，特来孝敬三位大王。"巫刚惊讶道："你有何本事，竟擒得两名把总？"家宝道："小的不才，曾好六韬三略，所以一向投师在外，操演武艺，十八般器械，虽不能精，也知一二。小的情愿在此执鞭垂镫，服侍大王。"

三位大王听家宝说武艺多知，尤其欢喜。巫刚说道："你起来说罢。"家宝应声而起，好容易得见三位大王真容。坐在把椅正中的大王好生勇猛，虎头熊腰，应该是巫刚了，又见左旁坐着的大王一脸麻子，着实奇丑无比，看上去一副害病已久的恙状，想必就是二大王肖明了。右侧那人倒长得白白净净，应是三大王雷风不假。巫刚看一眼家宝，道："本王善用两口大砍刀，你既晓十八般器械，先把刀法耍与我们看看好不好？待我提调提调。"

家宝道："既然如此，待小的使将起来，耍与大王看。"就往架上取了巫刚的顶重大刀，说道："好轻的家伙，只好摆威，上阵用不着的。"就在大堂上使将起来，神通本事显出，只见刀不见人，撒头不能近肌肤，乱箭难中肉皮身。好刀法，风声响动。巫刚见了，口多张开，说道："好刀法，真算能人，我刀法哪里及得他来？"肖明也道："这样的刀法，世间少有的，我们要及他，是万万不能的。看他一刀也无破绽可以批点的。"家宝使完，插好了刀，说道："三位大王，请问方才小人刀法之中，可有破绽？望大王指教。"三位大王连连称好。巫刚赞道："好！果然刀法精通。我们倒不如你，全无批点。"家宝拜了拜，又道："这算甚的？小的尚有更精通的！"三位大王提了兴致，忙道："什么好本事，尽数使来！"家宝道："大王可否赏碗浆子。"巫刚冲小番喊道："上酒！"家宝吃了一碗酒，再吃三碗，看得三位大王直叫好。

家宝吃了酒，将碗摔碎在地上，醉眼迷离，打一架势，东倒西歪，前扯后拉，尽要一番醉拳。那三位大王不曾见过这般武艺，只看得目瞪口呆。待家宝收势落定，那三位大王又是连连称好。家宝跪道："小的献丑了。"巫刚喜道："不必太谦，起来说话罢。你有这样的刀法，又这般一身武艺，乃是少见的真豪杰。当下，官兵绞杀得厉害，以你这般本事，一人有万夫之勇，杀退官兵，稳稳得手。"家宝假意道："大王谬赞了，若说这样的本事，与官兵交锋，只好去衬刀头。"肖明不觉惊骇，心下暗想："他年纪虽轻，言语倒大。"巫刚道："果然是好，不是谬赞，我看你本事高强，不如留下坐第四把交椅，与我等共守寨门，如何？"家宝紧忙跪下，道："三位大王在上，小人乃一介草民，怎敢大胆担此大任？"巫刚道："休要推辞，你若坐不得，何人坐得？"说罢，喊来小番，抬了一坛好酒，盛了四碗，一人就了一碗。巫刚道："把犯人押了。"又对家宝道，"来，饮了这碗酒，便是我寨中之人，今后大家兄弟相称，誓与牛头寨共存亡！"家宝接了酒，高喊一声道："誓死守卫牛头寨！"一口饮尽。下面的小番见状，齐齐跪地，叩拜道："恭贺四大王！恭贺四大王！"

巫刚唤来小番，赏了阿三儿几锭碎金子，放他先行回去了。三位大王又吩咐摆宴。小番端正酒宴，四人坐下饮酒谈心。肖明道："石兄弟酒量过人，又武艺高强，吃一杯来。"家宝道："今夜且吃个快活，入得高庙，石飞万幸之至。"四人猜拳行令，吃得高兴，看看三更时候，家宝有些醉醺醺。三位大王唤来小番送他回寨歇息去了。当下，三人在灯下谈家宝之能，三大王雷风道："石飞武艺高强，使得好些本事，怎会是一介乞丐？"肖明也道："三弟说的是，凭他石飞武艺，乃是将才之身，一定是官兵派来的奸细！"巫刚道："留意着，是雷子就杀了！"

家宝吃醉了酒，一时醒来，不觉天已大亮，暗自责道："坏了大事！"又觉口中发燥，正欲唤来小番取茶，却见小番自行进来禀道："四爷，三位大王有请。"家宝忙问道："所谓何事？"小番道："小的不知。"家宝心里直犯嘀咕，心中暗想："莫非出了什么岔子？"便收拾一番，前往寨堂。一路上，家宝走一步，拖一步，好不容易才挨到寨堂，却见堂下跪着一波人。家宝脚步刚迈进门槛，便听到肖明喊道："老四！你来了！今日一早竟然有人冒充你，你前来辨认！"

家宝走上前，见眼前跪着之人，不禁倒吸一口凉气，忽觉浑身冰凉，似要晕厥过去。巫刚道："跪着的贼子，抬起头来！"家宝暗想："啊呀呀！坏了！"跪着的人抬头看一眼家宝，却惊呼道："刘家宝！你怎么在这儿？"家宝定了定神，唬道："谁是刘家宝，你看清了！休要胡说！"却道那跪着的不是旁人，正是前来投奔山寨的石飞，真的假的，当下撞到一处了。石飞不明事理，又道："你就是化成灰我也认得，且说你为何在这里？"雷风道："休得放肆，这是我寨中的四大王，石飞。"石飞喃喃道："四大王……石飞……"忽而恍然明白，紧忙跪求道："大王，他是假的，我才是石飞！"巫刚听罢，不禁笑道："啊哈，这倒有意思了，你说是石飞，如何证明？"石飞忙道："禀大王，小的前些时日率领丐帮弟子擒了两名运石料的兵士，特来投靠大王，小的避免唐突，特意派丐帮弟子阿三儿前来通信，却不知这刘家宝为何在此？说了怎样谎话，骗了大王。"

家宝又倒吸一口凉气，不觉身子僵直不能动弹，却在想如何是好。巫刚发话问道："老四，你看看，你刚坐了交椅，名声传得倒快，今儿个便有人来冒充你，你说打笑不打笑？"家宝禀道："大王休要听这贼子一派胡言，当下灾情四起，流民作乱，不知有多少市头流氓想来投靠大王，莫不成今儿来个贼子冒充我，明儿来个贼子冒充三哥，后天再来个冒充二哥，这天下岂不是大乱了。"那石飞一听，如何了得，便哭腔道："大王，我真的是石飞，他是我丐帮的刘家宝，是官兵派来的奸细！"

三位大王闻言，不觉心头一颤。堂下小番霍然持枪围拢过来。堂内剑拔弩张。千钧一发之时，家宝大笑一声，道："作乱贼子，休得在此造作，你说你派阿三儿前来通信，可识得阿三儿，家住何处？可有妻小？年纪几许？你一一道来！"石飞闻声，暗想："平时里哪儿留意这细枝末节，只知这阿三儿与山寨几位大王熟识，便叫来通信。当下做何解释？"巫刚道："快说！若是说不出个一二，冒充之罪，可是要砍头的。"阿飞闻言，顿时吓得魂飞魄散，只得实言相告，道："小的只知道那人唤作阿三儿，从未听闻家中之事。又怎知家住何处？是否有老幼妇孺？"家宝怒道："混账东西，来人，押下去！"石飞紧忙求饶道："大王饶命！大王饶命啊！小的说得句句属实，不敢有半点欺瞒。他真的是丐帮的刘家宝。不信，你可以问我这些丐帮弟子。"跟随石飞的丐帮弟子，本意便不愿起事，又见刘家宝已是寨中大王，怎好承认，只得默不作声。那石飞见状，好生气愤。家宝怒道："还敢狡辩，来人，押下去，听候处理！"石飞等人被小番扣押下去。

家宝一个转身，跪在三位大王面前，谢罪道："小弟该死！都是小弟管束不当，才致使丐帮弟子从中作乱，惊扰了寨主虎威，恳请大王撤了小弟官职，降罪惩罚。"巫刚起身扶起家宝，道："四弟无罪，都是些流民作乱，与四弟无关，方才若是不得之处，四弟见谅。来人！摆酒！给四弟压惊。"

家宝暗暗舒一口气，侥幸过得一关，只是与山下兄弟有约，今日日落时分，必要攻山，却是当下不得机会，又忽而冒出个石飞，想必三位贼主已起疑心，境况危矣。家宝一面吃酒，一面盘算，不觉晌午已过，回到寨中歇息，却是焦灼万分。忽而窗外闪过一扇人影。家宝喊道："谁！"那人推门而入，又反扣了门。家宝见此人不禁吃惊道："徐海弟，你怎么进来的？"说着让座。徐海笑道："刀山火海我都入得，区区一个牛头岭，怎能挡我？宝兄弟，境况怎样？"家宝将发生的事细说与徐海。徐海面露愁容，道："如何是好？"家宝道："事不宜迟，今晚便行动。"徐海道："宝兄弟作何安排？"家宝对徐海耳语一番，且叫徐海先隐去了。

家宝稍作休顿，待日暮时分，唤来小番，吩咐备酒宴，邀请三位大王晚上吃酒。酒宴安排妥当，又自行走到牢房，见过二位把总，说了如此如此，又唤来守门小番道："今日大王高兴，特摆宴席酬劳众兄弟，今日守房一人便可，两个时辰轮换一班。"小番得令照做。

家宝来到寨堂，酒席已备好，三位大王也已入座。肖明见家宝，笑道："四弟何雅兴，竟邀我等吃酒？"家宝笑道："酒逢知己千杯少，与三位哥哥投缘，岂能不多吃一杯？"雷风道："恐怕不仅于此吧？"家宝知其意，便笑道："三哥聪慧过人，小弟佩服。"巫刚道："哦，莫不是四弟还有他事。"家宝忽而跪下，禀道："请大王赐我将士。"巫刚一脑雾水，却问道："四弟要将士作何？"家宝道："小弟来时，流民正值大乱，官兵无能，小弟愿带领兄弟们下山，一来教训教训官军，二来抢些油水，犒劳众兄弟们，这三来，是小弟的私心，小弟无劳无功，做了寨主，兄弟们恐心里不服气，因此，恳请大哥应

191.

允。"巫刚大笑一声，道："四弟想得周全，小事一桩，应你便是。明日，你带三百兄弟下山。"家宝又道："四弟素闻二哥英勇了得，明日二哥是否愿意陪同小弟一同下山。"

家宝一席话，立刻打消了三位寨主的顾虑。肖明乐道："有何不可？"巫刚道："四弟起来便是。"家宝唤来小番，倒了一碗酒，家宝道："小弟先干为敬。"一口吃了碗中酒。肖明道："四弟好酒量，今儿二哥我倒要与你比试比试。"家宝笑道："那小弟就恭敬不如从命了。"说着，二人摆开了酒坛喝，喝得畅快时。巫刚和雷风看不过去，也争着吃酒。四人一来二往，竟喝得有些大了。家宝向来酒量了得，只装醉般，叫道："几位哥哥好酒量，小弟招架不住，甘拜下风。"肖明道："这点猫尿，岂能挡得住我？吃酒！"家宝道："小弟吃不动了。"肖明笑道："怂娃娃一个。"家宝道："大哥，索性一不做二不休，明日将牢里的贼子砍了！"巫刚睁了一眼，醉酒喊道："砍了！砍了！"

家宝唤来小番，喊道："大哥发话了，明日便要砍掉那牢中贼子！去！送些酒饭过去，让他们好生吃着，明日好上路。"

小番得令，备了酒食来到牢中，唤醒张文、张武，道："起来啦！"张武见好酒好肉，笑道："喝！这牢里的伙食也这般好。"小番听罢，笑道："好好享用，明日好上路。"张文听罢，吃了一惊，问道："上路？谁上路？"小番骂道："狗日的贼子，莫要装蒜，难不成送我上路？四爷特意交代，让你们今晚好吃好喝，吃饱了死了做个饱死鬼。"张文看一眼张武，张武立刻领会，便故作哀怨，哭道："我的好哥哥，怎不想一世英名，却要做个断头鬼去了。"说罢，抱着张文痛哭。哭了几声。张文道："小哥，你也莫忙去了，得个空闲，陪我俩叙叙话，今生永难再见了。"张武已倒了一碗酒，呈与小番。小番闻得酒香，哪儿肯再离去，只顾接了酒要吃，说时迟那时快，却见张武倏尔从袖中滑出一柄匕首，只轻轻一闪，便见那小番倒了地，一命呜呼了。

张武对那小番笑道："吃了酒，阴间做个酒鬼！"张文、张武收拾了尸首，悄然接近门口，见小番一人守岗。张武神不知鬼不觉地接近小番，一手捂将小番的口，一手拿了匕首，在小番脖颈轻轻一拉，小番便没了气。二人沿着山道，直奔寨堂。

寨堂里，家宝与三位寨主正吃得尽兴。家宝唤来小番，又倒三碗酒，呈给三位寨主吃。三位寨主只顾一饮而尽，不多时，却见各个捂着肚子叫疼。

家宝见状，跳将而起，取了大刀，先结果了雷风性命。巫刚和肖明大怒，也忍痛跳将而起。肖明喊道："四弟！我等待你不薄，却为何设鸿门宴，毒害我等？"家宝持了大刀，怒道："狂妄贼子，今日便是尔等的死期，拿命来！"说罢冲了过去。肖明已醉酒，脚步踉跄，又因吃了毒药，更是寸步难行。家宝只一刀，便将肖明砍作两段。那巫刚好生功夫，竟提了长刀来防，正欲喊小番救援，却见家宝砍杀过来，只得挺刀去挡。家宝七分醉酒，力能扛鼎，那巫刚怎是对手，只一个晴空霹雳，便将巫刚手中大刀砍作两段。巫刚见势不好，忙道："好汉饶命！"家宝怒道："我且绕你，恐黎民百姓不肯！"说罢，一刀结果了巫刚性命。

这时，见一小番脱掉毡帽，此人不是旁人，竟是徐海。杀得正欢时，张文、张武破门而入，见家宝已结果了三个山贼性命，问道："接下来作何打算？"正说着，小番小将闻声皆已围攻过来。家宝一刀砍掉巫刚的人头，举在手上，冲众人喊道："尔等大王皆死我手，想活命的速速受降，我大明精兵三千已驻扎山下，随时攻杀上来。尔等归降不杀。"小番小将见主子已经毙了命，谁敢再抗！皆扔了兵器，投顺归降。

说这山下众将，眼看日落西山，不见寨上信号，正焦灼等时，见寨头上空发来一响。众人得见号令，立即整集队伍，冲杀上来。一路奔杀，也不见滚木打将下来，待奔至寨门，见寨门竟已打开。众人持火拿刀，奔上山来，会与家宝等人。张文、张武各率一路人马，家宝、徐海、四长老、五长老分率一路人马，又集结归降小番，自组一路人马，七路人马齐齐奔杀山顶。

山顶小番见山下灯火通明，继而闻得鼓哨如雷，喊杀阵阵，连忙报进大殿中去了。

这座殿中有位呼哈大王，生来面青红点，唇若丹朱，凤眼分开，鼻如狮子，兜风大耳，腮下一派连鬓胡须，身长一丈，顶平额阔。金托、银托生得来面容恶相，扫帚乌眉，高颧骨，古怪腮，铜铃圆眼，腮下一派短短烧红竹根胡，身长多有九尺余外。镇守大殿巨猿生得面如重枣，两道浓眉，一双圆眼，口似血盆，腮下无须，刚牙阔齿，长有一丈一尺，平顶阔额。大鹏生来四个獠牙抱出在外，膊生二翅，身长五尺，利害不过。众人正在殿中吃酒，但闻呼哈大王笑道："官军不自量力，不是我等小觑他，若是要破此山，如非日落东山，千难万难，断断是不能的了。"金托道："凭他起了妖兵神将，也是难破这里。"口还不曾闭，小番报进来，道："不好了，官兵杀来啦！"银托拍桌而起，怒道："休要胡言乱语，我山寨固若金汤，怎会有官兵？"小番唬了一惊，着实禀道："小的不敢欺瞒，官兵不知怎的，举了火把，照得山下通明，齐齐奔杀上来了。"呼哈大王道："莫非真起了妖兵神将不成？"说着三人出了大殿，大鹏巨猿跟随。五人立在山头，定心一听，只闻得山下喊杀连天，鼓炮如雷。如此这般，急得五位头领心慌意乱、手足无措，披挂也来不及了，喝叫带马抬头拿枪来。上马的上马，举刀的举刀，提枪的提枪，离了殿廷，奔杀下来。

呼哈大王冲先，后面跟着金托、银托，再后是大鹏、巨猿。迎面打来的是张文、张武。那呼哈大王直顶一枪，直直冲了过去。金托、银托来战。张文、张武不由分说，两口刀照住金托、银托便是乱斩乱剁。

呼哈大王直奔了官兵去，却迎面照来家宝，正欲回身要走。家宝喊一声道："贼子休走！看刀！"呼哈大王喊声："不好！"举枪来战。家宝纵马一跃，躲过呼哈大王长枪，侧抢一步，只一刀，便将马砍翻在地。呼哈大王滚下鞍来。家宝跳下马，砍杀过去。呼哈大王后翻几翻，撇了长枪，拔出腰刀来搏。怎料家宝吃了酒，力大无穷。呼哈大王招架不住，只步步后退。家宝见机，步步紧逼，一个连环刀，贴身砍了呼哈大王，又抢一脚，便将呼哈大王踹下山崖去了，差不多跌得粉碎。

家宝冲上一步，直撞巨猿。那巨猿驾马持刀，如风破浪，砍杀家宝。家宝忽感一阵冷风，提刀来防，不想那巨猿力大无穷，一刀下来，家宝被顶出五步开外。巨猿回马来砍。家宝瞅准架势，一个下跪滑过去，双手持刀，只听一声嘶鸣，马被斩断四足。巨猿跌落马下。二人地上交锋，杀个平手。

另几路人马也奔杀上来，四长老一夯大锤使动，杀往南山；五长老持一口弯月斩刀往东首杀去；徐海举了刀率众人杀往西山。

张文战金托、张武迎银托，四人杀了四十余回合，不见胜负。那金托、银托越战枪法越发了得。张文、张武招架不住，刀法渐渐松了下来。四长老回杀来，见张文、张武刀法混乱，知其本事欠能，带马上前，帮了张文、张武就砍。刀斩斧劈，杀得金托、银托两条枪招架也来不及，银托心中慌乱，那柄枪略松得一松，却被张武刺中咽喉，翻下马来，一命呜呼了。金托见同胞已死，泪如雨点交流，心中慌张，被张文用力一刀，砍将过去，金托口说：

"嘎唷，不好！"闪躲也来不及，连肩带背，着了一刀，跌下马来，呜呼身亡。

徐海回马杀来，见家宝杀得气喘吁吁，带马来助。巨猿虽力大无穷，也难挡二人刀枪，渐渐方寸大乱。大鹏见状，杀开血路，抡战锤来助。张文、张武迎面斩断，大鹏武艺虽精，却不抵张文张武轮班刺杀，只三个回合，一念疏忽，露个破绽，被张武一刀砍中了脖子。大鹏跌落马下，一命呜呼。

张文、张武调转马头，回援家宝。五长老也杀奔过来，众人齐齐围杀巨猿。巨猿孤家寡人，被杀得刀法混乱，呼呼喘气，招架也来不及，他朝四处看去，并无自家人马，主上尽皆惨死，多是官兵，心中慌乱不过。家宝见巨猿神气已尽，只一刀砍将过来。巨猿喊声道："哎呀，我命休矣！"刀正中脖子。张文、张武等人也齐齐举刀砍来。巨猿身中数刀，被砍成了肉酱。

那些番兵归降的归降，逃遁的逃遁。一时间牛头寨被官军攻陷。张文、张武即刻派兵连夜通报知府大人，又派兵士清点人马。众人进了大殿，查点粮草，竟在后仓库中发现粮草千担，黄金无数。众人皆喜，摆酒设宴。张文道："这次多亏了宝兄弟及众好汉相助，牛头岭才得以顺利拿下，我等一定上表大人，以犒劳诸位建功之苦。"家宝道："当下灾情四起，民不聊生，我等理应协助朝廷赈济灾民，还望两位把总督促粮草，及早安抚受苦百姓。"张文道："小兄弟仁义之士，我等敬佩。为贺攻下牛头岭，我等共饮一杯。"众人饮酒之时，见一小番来报："总头，有一山贼执意进言！"张文道："让他进来！"那人却是石飞，见他连滚带爬地跌倒在堂下，哭道："小人无知，差点误了大事，望将军饶命！"张文怒道："卑贱流民！勾结山贼，误我赈灾，来人，拉出去砍了！"石飞紧忙连叩带哭，道："将军饶命啊！大人饶命啊！众位好汉饶命！家宝！宝爷！你快替我求求情！"

家宝上前道："大人，石飞乃是我丐帮弟子，本性不坏，此番作为定是受了山贼所惑，不如交给我丐帮来处理，我等一定告知帮主，对石飞严惩不贷。"张文听言，道："既然小兄弟都这般说了，那就交给丐帮处理。这次若不是丐帮助战，拿下牛头岭也不会这么顺利。"

家宝对石飞道："叛逆庶子，还不快谢恩。"石飞连连叩谢，被丐帮弟子押下去了。

翌日，西安知府大人赵廷瑞派兵驻守牛头岭，召集兵士百人运输粮草、石料，赈济涝河灾民。因家宝等人破贼有功，特贴告示公告，一时间家宝名声大噪，家喻户晓。长安街上人人传颂：丐帮出了个刘英雄，小小年纪武功高。略施妙计平山贼，百姓都道真真好……

家宝将所得封赏尽数赠给了灾民，并亲率丐帮弟子协助官兵运送石料，置于涝河中。

雨水连下数日，河水暴涨不停，涝河四处决口，洪水滔天，无人敢下河置石。家宝一人跳入河中，插放河中中流砥柱的巨木。沿岸上的百姓见状，无不钦佩。赵廷瑞见状，连连赞道："英雄出少年！英雄出少年啊！"随即派兵士跳入河中协助家宝安放巨木。沿岸百姓受此鼓舞，也纷纷前来协助。正当众人交忙之际，忽而一根巨木被洪水冲裂，堵了的河水如虎狼下山，猛然扑来，高过人头。家宝等人猝不及防，皆被洪水吞噬进去。一时间岸边躁乱不堪。阿狗在岸边见状，哭喊道："主子！我的主子嘞！快！快救人！"赵廷瑞紧忙下令道："速速救人！"沿岸百姓撇了手头伙计，取来缰绳，水性好的纷纷跳下河中救援。

怎奈那河水凶残，如翻腾的巨浪，直撕得人皮开肉绽。有些兵士露了一脸，便跌入水里，再没上来。家宝大呛几口，顺势抱住一根巨木，顺河翻滚。好水性的百姓下河拽了巨木，扔去缰绳。家宝拉住缰绳，好容易才被拖上岸去。阿狗慌忙跑来，哭道："宝爷，你没事吧？"家宝躺在地上，休息片刻，待神情稳定，回头看看决口，见洪水越发大了。家宝朝地上吐了口河水，道："把缰绳给我！"家宝取了缰绳，一头捆在身上，一头交给百姓，又道："抓紧了！"说罢，纵身又跳进了河中，拿起巨木挡决口。水性好的百姓和兵士也效仿齐齐下了河。

历经万难险阻，决口才被堵住，再过些时日，雨水停了，河水也不再上涨。但洪灾发过，百姓死伤无数，淹没毁坏的房屋不计其数。

鄠县缙绅王九思将自己一所空置的宅院腾出来，给所有灾民安身之用。鄠县富商党孟䲡拿出乡民欠债的所有契约，当场烧毁，并道："岁厄如此，不忍相迫也。"家宝因抗洪英勇，一时备受乡民拥护，正如王九思所言道："天灾难免，身先士卒，匹夫有责，此乃真英雄！"

朝廷下令："以陕西洪灾，诏发太仓银一万两于长安县、一万五千两于渭南县，协济民屯兵饷……停免夏税。"对于从诸县涌入长安城的无数难民，当朝首府夏言托长安城诸佛寺之首，兴土木之役，建粮仓兵舍。长安城的贸易、饮食、工技、服力之人，仰食于公私者，日无虑数万人。这一年，遭灾省份，"唯长安城晏然，民不流徙"。

※　　　※　　　※

山贼得以清剿，洪灾和缓，长安城尽显太平盛世。丐帮破贼功高，协助朝廷赈济灾民，隆恩浩荡，降旨长安府，恩施"讨饭屋"，派送衣帛钱粮。一时间，丐帮名声大振。

长安城街头，孩童又再吟唱歌谣：丐帮出了个刘英雄，小小年纪武功高，略施妙计平山贼，百姓都道真真好……越来越多的乞丐慕名前来投靠，丐帮兴盛，前所未有。

石帮主议事归来，听闻丐帮细则，对家宝也是大加褒奖，擢升帮位。众人前来逢迎恭贺，然石帮主似有心事，笑容沉重，又念阿飞不仅不协助朝廷赈灾，反而勾结山贼，从中作梗，理应受到重罚，却有心偏护。石飞才得以逃脱罪刑，但在丐帮中的地位日益下落，渐失人心。

闲话少叙，说这日夜里，家宝穿戴一新，赶着一架大篷马车，穿过城墙边一段林荫遮蔽的小径，停歇在牌楼外一处清幽的巷子口。只见悠长的巷子两头多是深宅大院，斑驳墙面，乌黑砖瓦，高低错落，也极为精妙。

门口悬挂两提朱红大灯笼，灯笼间横挂一黑色金字匾，名曰："怡红院。"门口进入人群络绎不绝，见着装和行头皆是一些乡绅富豪贵族。家宝赶马停在门口，同石帮助一同下了马车。门口接客的龟公便笑呵呵地迎上前道："石大爷，您里面请——"见到家宝，一看家宝的行头，这位迎客的龟公微微一怔道："你，你不是……""我怎么了？"家宝继而冷笑道，"赵乌龟，不认识小爷了？"那龟公见家宝一身锦缎长袍嵌着金丝，仅腰间挂的那块玉佩，就值好多银两，如此装束倒叫他吃了一惊，心中暗自叹道："平日里捞泔水的小乞丐竟也咸鱼翻了身！"紧忙赔上笑脸，对着石帮主和家宝弓身抱拳施礼，打着哈哈笑道："不敢、不敢，爷，都是误会。"遂即将石帮主和家宝迎进了怡红院大堂。

怡红楼艳丽堂皇，共有三层，自进大门便有一丈多宽的过道，上面铺着

197.

红色棉纱地毯，供客人进出，过道尽头是一巨大的圆形高台，台上正有一位白纱掩面的女子抚琴，大厅两旁摆满深褐色、黄花梨圆桌，坐着左拥右抱的达官显贵和庸人雅士。墙上悬挂各种美人字画，环肥燕瘦，应接不暇。家宝第一次来到这种场合，一时局促得不知如何是好，站在石帮主身后拿着折扇拼命地煽风，暗自道："看来怡红楼的水，比涝河深多了！本以为当年来此收泔水，是天下最苦的差事；现如今这会儿工夫，倒比当年痛苦百倍！"

正当家宝暗自嗟叹之际，一位衣着暴露手拿团扇、艳妆浓抹、迈着蛇步、貌似老鸨打扮的女人走到石帮主身边，看了看石帮主，只顾哼哼唧唧地淫笑，不见言语。石帮主早已领会，看了一眼家宝。家里也立刻理会了，随即从手袖里摸出一锭十两的银子，递给那老鸨。老鸨见银两，顿时眼冒金光，嬉笑着掂量一番银两，又忙不迭掩袖藏了银子，附身对石帮主耳语道："石老爷，这就过来——"继而直起身来，对着一旁的家宝眯着眼睛甜甜一笑，接着说道："要说我这女儿，可真是万里挑一，多少王公大臣、富贾豪绅，骑马乘轿大老远吧嗒、吧嗒来，就为看她一眼，石老爷那是最清楚了，那可是……""咳、咳——"石帮主重重咳了一声。

家宝赶忙打断老鸨的话，不耐烦地说道："快备一间厢房，我们饿了，要吃酒肉！"老鸨闻言，笑得更欢，下巴上的肥肉乱抖，忙说道："石老爷，你且到琴娘房里，吃杯烫风酒，等她就来。"言语间，老鸨拍了拍手掌，扭头对着楼上大声喊道："翠儿、香香下楼接客啦！""来嘞！"被点名的姑娘们甜甜地应了老鸨一声，一人扶着一个，娇笑着把石帮主和家宝请上楼去。这姑娘近身挽了家宝，好生妖娆，身上浓浓一股劣质胭脂香味儿腻的家宝鼻腔痒痒，直想打喷嚏。

姑娘们扶着二人，弯弯曲曲，走过多间房头，来到一隅，厢房三间，甚是高爽。左一间是丫鬟房，有床榻桌椅之类；右一间是琴娘卧室，锁在那里。两旁各有耳房。中间客座上，挂着一幅名人山水，近旁香几，置一口精妙香炉，烧着龙涎香饼，两端书桌，摆设些古玩，壁上贴着许多诗稿。家宝愧非文人，不敢细看。心下想道："外房如此整齐，内室铺陈，必然华丽！"

少顷，丫鬟掌灯过来，抬下一张八仙桌儿，六碗时新果子，一架攒盒佳肴美酝，未曾到口，香气扑人。两位女子执盏相劝道："今日琴娘有客在身，且让我们陪两位爷喝几杯。"家宝曾未经过这种场面，确有几分不适，喝下数杯高粱酒，方才平静。石帮主向来不怎喝酒，况有心事在身，吃了三杯，便推脱不饮。倒是身旁两位姑娘，几杯美酒下肚，便似醉非醉，簇拥着石帮主撒起娇来。此时黄昏已晚，慈恩寺的钟都已撞过，琴娘尚未回来。

石帮主不见琴娘回屋，好生气闷。两位姑娘夹七夹八，同家宝自吹自饮间，又过了一更天气。只听外面零碎的脚步声，却是琴娘回屋。丫鬟先来报了。两位姑娘连忙起身出迎，家宝也离座而立。只见一位三十岁上下、风韵犹存的女子杏眼微启，站在门首。看见房中灯烛辉煌，杯盘狼藉，立住脚问道："谁在这里吃酒？"家宝赶忙起身，瞥一眼此女子，见此女子粉妆淡抹，柳叶眉，杏花眼，鼻子高隆，樱花唇，长发撒开美人际隆于头上，再着一身紫纱轻装，模样俏丽，走路发香，如百腻花中一缕春风。家宝再一眼见这女子，不料同女子眼神撞到一块儿，不禁心头一颤，暗暗道："好尖锐的眸子！"这般冷艳倒叫家宝浑身颤了一颤。石帮主走上前来，对那女子道："琴娘，你我一边说话。"随即扭头看了两位姑娘一眼，说道："你们都可以去了。"姑娘们应了一声，莺莺燕燕地出了厢房。

石帮主陪同琴娘径直去了侧房，撇下家宝一人在客房吃酒。家宝尚且迷乱在方才女子身上而不得解，琢磨来琢磨去也揣度不出是个怎样的由来，便净顾吃酒。几壶酒下肚，石帮主才同琴娘回了客房。

"他是谁？怎不见他一同离去？"不等石帮主入座，琴娘指着桌旁闷头酣睡的家宝说道。石帮主瞅了一眼昏睡的家宝，落座后说道："我刚已说过，他便是我新收的徒儿，你看如何？"琴娘不悦道："你是不是觉得这里不够清净，他到底是谁？"石帮主这才说道："琴娘，他便是我与你说起的家宝。今日幸而得空，特来带他见你。"琴娘诧异道："中秋那日，天雄并未同我说起家宝，我累了！"琴娘说完，转身便走。

石帮主双手托开，急忙拦住琴娘，唤着琴娘的乳名道："青儿，他却是天雄的徒儿，我真的没有误你。你不是想打探天雄的下落吗？"琴娘转身道："不用了，需要时，我自会找天雄师弟。"石帮主道："天雄每年七夕不都是来找你么？"琴娘道："中秋天雄师弟来找我，我便叫他日后不必再来，若有需要，我自会寻他去。"石帮主道："中秋？哦——马府大婚那日？"琴娘道："正是，他说宴会遇上了你。同你吃了好些酒。"石帮主恍然大悟道："他还是那么滑头，怪不得那日非要同我喝酒，还说他已有了妻小。"琴娘道："他还是那样，一点没有变，也许——"石帮主问道："也许什么？"琴娘道："也许将来他会想明白，只是——"石帮主疑惑道："只是——只是什么？是他心里放不下你？"琴娘道："你又开始胡说！我这半老徐娘，谁还会怜惜？天雄已有了子嗣，有了——只是他不像以前那样怨恨你！"石帮主突然不悦道："你和我说话，不用绕弯子，我都懂。"琴娘嗔怒道："你都懂？你都懂什么？"石帮主道："其实我心中也烦闷，不知如何是好。"琴娘突然看着家宝，说道："他就是人人传颂的平贼英雄，协助朝廷抗洪的家宝吗？"石帮主道："正是，这只是其一，他还是……"说着石帮主朝门外看了看，凑近琴娘耳语几句。琴娘吃了一惊，问道："你想让我做什么？"石帮主道："酒凉了，我再加点酒。"琴娘道："不用了，有话直说就是。该不会你想让他随你去江浙？"石帮主道："我正有此意，怕天雄那边不这么想。"

琴娘道："我想天雄师弟定不会同意的。哎，这么多些年，不知你俩的结何时是个头？如今你又想收拢天雄的爱徒跟你做弟子。"石帮主沉思半天，缓了缓说道："并未全是，家宝却是个习武的好材料，若是做我徒弟，我定会善待他。日后斩杀狗皇帝，为师门报仇也可助我一臂之力。"琴娘道："你还是没有放下！你曾经说等你做了帮主，便带我离开。可是这么多年，你为我做过什么？"石帮主吃了一杯酒，道："如果不是总帮主出现意外，严嵩专权，我早就可以有机会杀了那狗皇帝。"琴娘听罢，戚戚道："罢了罢了，我恐怕等不到那日了，只想同天雄师弟般放下仇恨，平静度此一生。"石帮主一把抓住琴娘的手腕，道："你一定要相信我能够报仇……""你不要再说了，我不想听了。"琴娘奋力挣脱掉石帮主的手，情绪激动道，"如今你又要搭进去一个娃娃，什么时候是个头？"说着，琴娘又抽泣一番。

佯装昏睡的家宝，句句都听得仔细。又见琴娘一杯杯美酒下肚，突然不能自抑，扑在石帮主怀里哽咽道："石哥，你带我走吧，我真的不想待下去了。"石帮主道："我不是早为你安排了去处，你就听我一次，在那边等我。"琴娘道："你总不能长相守，又有何用？"石帮主道："难道你不想杀了狗皇帝，报仇雪耻？"琴娘道："我怎不想，做梦都想，但我想，我是看不到那一天了。"石帮主道："不是还有我！"琴娘道："是的，还记得有你，当真没有了你，我也就——"

家宝越听越是不解，正想探个究竟，却因方才喝酒甚多，终因酒入愁肠，恍惚间，脑袋昏昏沉沉，便真睡了过去。

※　　　※　　　※

家宝醒来已是翌日午时，早不见了石帮主和琴娘，昨晚发生的事，也忘得一干二净，只隐约记得"报仇"字眼。这时青楼侍女端来午膳，侍奉家宝。家宝问了个细则，侍女一概不知。家宝也无心再留，洗刷完毕，便出了怡红院。刚回到丐帮，便听闻石帮主要召开丐帮大会。家宝紧忙随众弟子齐聚会堂。帮会上，各大长老也齐数落座，各自上报了丐帮近日来的大小事迹。照常列会，也无新奇。石帮主听罢汇报，便告知众丐帮弟子要参加浙江新任总帮主就任仪式，决议明日启程，又吩咐各大长老尽数细则，便散了去。会后，石帮主唤家宝另作分派。二人交谈数个时辰，交谈细则无人知晓。

翌日，石帮主带了阿飞及数名丐帮弟子，动身前往了浙江。家宝则留在帮中，协助各大长老照看丐帮事务。

谁知石帮主这一去就是半载光阴。家宝受石帮主所托，恪守帮规，不敢再惹是生非，同时尽量避免与长老们的冲突，听从他们的差遣。半年来丐帮秩序稳定，无他变故。

石帮主走后，家宝又多次去了怡红楼，见与琴娘，两人交谈什么，也无所知晓。

说一日，阿飞竟突然回到了帮中，且身受重伤，被秃头三长老和帮中弟子从浙江抬了回来。家宝询问事情的原委和石帮主的下落，都被二长老和三长老推搡了回去。阿飞身负重伤，经过几个月的调理才恢复了元气。对于他为何受伤，石帮主何在，二位长老都只字不提。家宝多次想带领帮中弟子去杭州打探石帮主的下落，可每次都遭到二长老和三长老的反对。不久后，帮中弟子开始传言，因石帮主对总帮主儿子接任新帮主一事极为不满，被新任总帮主陷害了；也有人传，石帮主并没有死，只是朝廷官员怀疑他同白莲教有染，被软禁在了杭州。关于石帮主种种的流言蜚语一时间在丐帮传开。至于石帮主究竟流落何处，这之间发生了什么事，无人知晓。

家宝觉得这件事极为蹊跷，石帮主定是受了贼人迫害，决议一定要查个水落石出。但是不等家宝行动，却接到丐帮号令，齐聚黑虎庙，有要事相议。家宝暗自思忖，这个时候召集丐帮弟子，想必这要事定与石帮主有关了，便匆匆赶往黑虎庙。

黑虎庙已是人满为患，二长老见家宝赶到，一跃跳上高台，手中棍棒一挥道："大家安静，我有事情要说。大帮终不能一日无主。丐帮历来推选帮主都是上任帮主直接指定下任帮主。可这次石帮主走得突然，我们只得另想法子，经过我们的商议，觉得石飞——"四长老赤脚上前，腆着肚子，忽地大声说道："老二，你这样做，非但对石帮主不敬，也是对我等不公，石帮主是被奸人陷害，你不急着联络帮中弟子，为帮主报仇，反而想取而代之？"二长老道："胡说！正因为我们要为石帮主报仇，才更应该选出我们的新帮主！不然，丐帮只会是一群乌合之众！再说，救出石帮主后，他自然会有定论！当务之急，必须让家宝交出镇帮之宝——打狗棒。"

三长老走到阿飞身旁劝道："少帮主，你不能再犹豫了，丐帮不能一日无主，你是老帮主唯一的儿子，理应由你来当这个帮主，快快逼家宝交出打狗棒！"

丐帮一小头目也怂恿道："少帮主，二长老说得有理啊！你忘不了石帮主对你的恩情，所以你一直犹豫不决，可你已仁至义尽了，你难不成想看到我们堂堂丐帮无主？你当家宝真的会带上偷去的打狗棒救石帮主？"二长老摸一下光头，面露凶相，喊道："少帮主年轻有为，又是帮主义子，论功劳，论亲分，理应是新任帮主。"说罢，唤了众弟子，叩首道："我等拜见新帮主！"

四长老持了警杖，呵斥道："趁石帮主不在，谋权篡位暂且不说，帮规历来就有规定，持打狗棒者才有资质任选新帮主，尔等在此喧哗，岂是你们说了算的。"大长老发话道："四弟说的是，谁拥有打狗棒便是新任帮主，尔等不可在此喧哗。"

二长老霍尔起身，跨一步走到一直不言语的家宝身旁，喝问道："小子，你可有打狗棒？"

家宝道："何为打狗棒？不曾见得！"二长老转身对大长老道："这小子也没有打狗棒，现在谁都没有见过打狗棒，一定是石帮主携带在身上，只是石帮主又下落不明，帮中不可一日无主。所以现在唯一解决的办法就是推选新任帮主。阿飞是石帮主的义子，理应做新一任的帮主。"

四长老怒道："推荐帮主也应该德高望重之人来担任，阿飞虽说是石帮主的义子，但不能令众弟子信服。论辈分，论威望，大长老都居首位，理应成为丐帮的新帮主。"大长老怒喝道："尔等在此为帮主之位争来争去，如何对得起石帮主？现在之策应该想办法如何找到石帮主，而不是尔虞我诈，在此为帮主之位吵喋不休！"二长老哼哧道："有些人道貌岸然，口口声声说要找石帮主，鬼知道心里是怎么想的？说不定早就对帮主之位垂涎三尺了。"大长老一听怒发冲冠，喝问道："二长老你这是要谋反吗？"二长老冷笑道："谋反不敢，不过今天必须要把新任帮主选出来，不然众弟子不服！"

三长老突然命丐帮弟子将家宝团团围住，大声呵斥道："快说，你到底将打狗棒藏在何处了？"家宝怒斥道："你为老不尊，竟瞎说，我从来就没见过什么棒。"三长老指着家宝大吼道："臭小子，休再猖狂，当初若不是石帮主给你撑腰，你又岂敢惹是生非。帮中兄弟对你一忍再忍，你不但不思悔改，反变本加厉偷了镇帮之宝——打狗棒。""打狗棒？"家宝执意道，"什么打狗棒？我从来没有见过！"大长老眼看下面的帮众在二长老的怂恿下开始围攻家宝，忙轻嘻一声，讽刺道："哼！我看家宝还做不出这样的事。"五长老面容死灰，忽而冷冷哼道："既然家宝也听都没听说过打狗棒，自然是在帮主身上，大家再多猜忌也没有用！还是想着怎么救帮主，而不是老想着自顾自跑回来当帮主。"

三长老怒不可遏，冲着五长老吼道："混账！你这说的是什么胡话。今日就算是对不起老帮主，我也要杀了这个鬼家伙，看他还要嘴硬到什么时候。"说着便排开双掌向家宝打去。家宝浑然不知。就在双掌距家宝不过六寸之时，一人身影已飘至两人中间，一掌击出，将三长老的双掌硬是给隔开了。三长老见来人是大长老，连忙收手向后跳开。三长老瞪着双眼冲大长老怒吼道："都这时候了，你还护着他。这丐帮帮主你还想选吗？"大长老依然面无表情冷冷道："他的性子我了解，你打断他手他也不会说的。"三长老不再言语，冲大长老哼了一声，一拂袖又站回了人群中。

二长老终于听不下去，再次站出人群，说道："大长老，你不要被这小子给骗了，他向来诡计多端，分明是他想当上帮主，大家千万别被他骗了！"正待众长老争执不下时，却见三长老将阿狗拖上了高台，不等三长老发火，阿狗便对家宝哭道："主子，是三长老等人威逼小的说的，我若是不说，三长老便要剁了阿狗……"说罢哭将起来。三长老倏尔举起一把棒子，冲众人喊道："看，打狗棒在此！"家宝怒道："你真卑鄙！"继而对众弟子道："不错，打狗棒确是帮主交于我手，以备急时之需，帮主并没有死，诸位兄弟要相信我，当下，我等理应团结，把帮主救出来。"

家宝全然不知二长老已站于身后。见二长老一掌击打在家宝背上，大骂道："还不快滚下去！忤逆贼子！"家宝应声从高台飞了出去，狠狠跌落在堂下。二长老身边跟随紧忙附和道："滚出丐帮！滚出丐帮！"

三长老把打狗棒交到阿飞手上，对丐帮众弟子道："现在阿飞拥有打狗棒，快拜见新任帮主。"三长老、二长老霍然跪在阿飞面前，叩首道："拜见帮主！"丐帮所有弟子见状，纷纷跪下，道："拜见帮主！恭贺帮主！"

阿飞举手示停，对着丐帮弟子大声说道："本主知道，我义父这次去浙江，不允家宝跟随，家宝一直怀恨在心。他本以为我义父死后，拿着窃来的打狗棒篡夺帮主之位！幸好我等发现之早，没能让这小子诡计得逞。"家宝闻言，勉强支撑起身子，说道："大长老，诸位长老，帮中兄弟，打狗棒确实是帮主亲手交给我，石帮主特意交代，在他没有回来之际，不得将打狗棒交给任何人！以防帮中动乱。"

二长老怒喝道："胡编乱邹之词，岂能哄骗大家？"三长老走到阿飞身旁苦劝道："少帮主，你不可以再犹豫啦。再说，帮有帮规，我们会用帮规清理门户的。"阿飞道："不！任何人都不要杀他！我要让帮中兄弟看清楚，是谁害了我义父。"又信誓旦旦说道："我一定要为我义父报仇！也再也不会让这个小子陷害帮中兄弟！"遂令丐帮弟子绑了家宝，囚禁在狱中。

二长老等人抢权夺势，拥戴阿飞坐上了帮主之位。谁料阿飞上任帮主一职，从此便骄横跋扈、为所欲为。他不但没有派人寻找石帮主，反而在二长老和三长老的怂恿下，暗中指使丐帮弟子，清理大长老、四长老和五长老身边的亲信。

家宝因在丐帮大牢，得大长老等长老的照应，并未吃太多苦头。且说这夜四长老急匆匆赶到牢中，叫醒酣睡着的家宝，道："你今夜速速逃离这里。"家宝不解问道："却是为何？"四长老道："二长老他们定不会放过你，我安排的亲信传来消息，他们这几日便会行动，将你灭口！"家宝惊讶道："他们果真要灭我于绝口？"四长老道："二长老一等人心狠手辣，对于夺取帮主之位

204.

早已蓄谋已久。这次石帮主下落不明，他们正好趁此机会，斩草除根，一举拿下帮主之位。你跟随帮主身边多年，他们自是怀恨在心，视你为眼中钉，怎能放过你。"家宝道："新帮主不是已经让阿飞来做，我并没有要争夺之意。"四长老道："阿飞不过只是他们的一个棋子，不斩草除根，他们不会善罢甘休。我已安排妥当，今夜你便离开。"家宝问道："那你和大长老、五长老怎么办？"四长老道："我等无妨，谅二长老等人也不能把我们怎么样？你此次离开，打探帮主的重任就交给你了。"说话之际，四长老引家宝出了牢狱。二人刚走没几步，便听见身后有人大喊道："不好了，刘家宝逃狱了！刘家宝逃狱了！"顿时黑虎庙灯火冲天，声音纷扰。

四长老急忙喊一声道："勿忘重任！快走！"家宝骑了马，只道一声："长老保重！"便快马离开了黑虎庙，奔入长安街巷。长安城平日乃繁华之地，大街小巷皆修得规规正正，哪有什么僻静小道、破庙烂宅，当下又是三更半夜，路上不见一个行人，若不是马儿跑得快，如何寻个护处躲避。家宝一面快马加鞭奔命逃窜，一面暗自叫苦。约莫去了一个更次，只听得背后"呼呀呼呀"叫嚷，家宝回头看一眼，皆是举了火把的丐帮弟子，乘马的乘马，徒步的徒步，又闻得一声喊："忤逆之徒休走！"家宝一面走，一面寻思："果真是要灭我于绝口了，不想一世英名，到头来却落个如此下场。"家宝顾不得寻个小道，只捡了大道便走。

少间，风扫薄云，现出了半边残月。家宝才认得已到了南门，叫声苦。当下深更半夜，城门紧闭，如何逃得出去。那城墙高耸难攀，真似个天煞的屏障挡了去路。待回头看时，火烛闪烁，追兵愈发近了。踌躇不定之时，家宝索性引了马朝东奔去。又不知行了多远，只觉人困马乏。家宝暗自寻思："再这样奔命下去，迟早被捉了去，可后有追兵，前已逼近绝路，如何脱身？"家宝借着月色，远远看见前方竖着一大石牌匾。家宝识得此处，便是曲江池了。家宝苦笑一声，暗自道："昔日游古江，今日看来，倒成了一处天堑，断我去路，要葬我家宝于此啊。"想着，家宝便缓了马步，沿江而行。想不多时，那追杀的丐帮弟子已近了。家宝牵马行至曲江尽头，前面便是城墙，真是无退路了，不禁嗤笑一声，道："大丈夫死不足惜，只因重任在身，恐负了长老所托。"见江边一处凉亭，便对马儿说道："苦了你随我奔命一宿。"便拍了马儿屁股，叫马儿独自奔去了。

家宝坐于凉亭间，想人之将死，对世间才万般留恋，思绪也似那风儿，飘忽来飘忽去。家宝苦笑一声，又叹气一声，暗自道："若是宗礼贤弟在，小酌一杯，即便死也无憾了。"望着这曲江池，忽而想起刘森曾说得，这曲江池浩渺千里，独突出城郭而建。家宝灵光一闪，站在凉亭的横栏上，高呼一声："我去也！"纵身跳进了池中。那追杀的丐帮弟子后脚跟了上来，领头的持了火把照照水池中，只见池中泛起层层涟漪，已不见了人影。那领头的喊一声道："帮主有令，活要见人，死要见尸。给我好好搜。"丐帮众弟子持了火把，沿着曲江池边细细搜罗。

　　殊不知家宝一口气竟从池底游出了城郭，再出水时，已离长安城三四里远了。家宝抹去脸上的水，寻了个僻静岸边，游了上去。经一路奔命，又经冷水长久浸泡，身子早已困乏难耐，只道一声："却不是天幸！"倒地便昏睡了过去。

　　又不知过了多少时辰，家宝隐约听见人声嘈杂，一人喊道："去那边看看。"另一人回道："这边没有。"又一人喊道："莫非长了翅膀不成，都给我仔细搜。"家宝一听，是石飞的声音，猛然睁开眼睛，见天已大亮，慌忙爬起身，躲在草丛间，看去不远处，尽是追来的丐帮弟子。家宝好生苦闷，暗想道："却不又是晦气！我命运这般蹇拙。"转念又想："岂能被尔等擒了去！"便细细看去，寻个机会，见一弟子放了马儿在一旁，孤自巡着。家宝暗想："天助我！"便弓背佝身，接近马儿，左手轻轻牵了缰绳，调转好马头，右手拉住马鞍，左脚用力一蹬，便跳上马去，大喊了声："驾……"飞奔而去。石飞见状，气得直跺脚，放了号令，策马追杀过去。

　　家宝一路南奔，被逼至终南山下，胯下马儿早已体力不支，摔倒在地。家宝无计可施，只得徒步朝山上奔去。行不多远，丐帮弟子已追杀上来，团团包围住家宝。家宝道："我等都是丐帮弟子，那石飞作恶多端，趁帮主不在，谋权篡位，尔等不思搭救帮主，反而甘心与石飞为虎作伥，如何对得起石帮主平日里对你们的大恩大德？"领头的怒道："死到临头，休要诡辩，帮主有令，谁取得刘家宝人头，帮主重重有赏。"说罢，便率众弟子朝家宝杀来。

　　家宝见状，急忙躲闪，寻个机会，一掌劈翻了一匹高头大马，得了空处，朝山上奔去。那领头的丐帮头目紧追不舍，眼见要逼近了悬崖边。忽而从山林中奔出数名蒙面人，断了丐帮弟子的追路。蒙面人同丐帮弟子厮杀在一起。家宝见状，吃了一惊，暗想："这蒙面之人究竟何方侠士？"也顾不得多想，持刀杀来。不料丐帮弟子后续赶来，人多势众。任凭蒙面侠士武艺高强，也被杀得四分五裂。那领头的丐帮头目瞅家宝势单力薄，唤了五六名弟子，围困了家宝，逼至悬崖。家宝抵挡不过，疏了一招，见朴刀砍来，只顾后退，一不留神，跌下悬崖去了。

※　　　※　　　※

"娘……娘……"

家宝置身于一片火海中。周围战马嘶鸣，喊杀声震天彻底。不远处，两班人马交战。那马上之人一身红色锦袍，家宝一眼便认得那是官兵。另外数众手挥弯月朴刀，着装不似中原人士，因寡不敌众，一面被砍杀，一面败退。汩汩浓浓血腥味儿同战火硝烟漫天弥散。厮杀中，家宝隐约见一绰绰身影奔向自己，一面喊着："龙儿……"就待那妇人靠近之时，却见她身后一匹高头大马，一个纵越践踏过来。那妇人被马上之人一枪送了性命。家宝吃了一颤，猛然惊醒，发现竟然又是一场梦境。十年了，如此同个梦境整整萦绕了十年。

家宝想翻个身子起来，突然伤口一阵剧痛，又昏死了过去。待家宝再次醒来，却被一俊俏女子挡住了视线。只见这女子面相分外亲切，十六七八岁芳龄，明眸善睐，生的冰清玉洁，嘴角一颗黑痣最是惹眼。那女子笑了一笑，忽而消失了，接着便闻一声道："爹爹，他醒了！"不多时，女子再次出现在眼前，且多了两副面容。一副老者，面相消瘦，白眉浓须；一副俊者，面相饱满，色泽红润，单单那一双眉透了这俊者本性，也是一个不安分的主。

家宝满心疑惑，问道："这是哪里？"那俊者道："宝兄弟，你可识得我？"家宝更是疑惑，道："你是？"那俊者道："果真不认识？"家宝摇摇头。那俊者又问道："那你记得什么？"家宝道："我梦见被很多人追杀，接过我翻下山崖便醒了。"那俊者笑了声，道："是我们救了你！你又欠我一条命！"那老者坐在床榻上，拿来家宝的手腕号脉，少时，问道："孩子，身子感觉如何？"家宝皱眉头道："伤口疼！"那女子道："你千万不可动弹，你的伤口还未完全愈合。"家宝轻声问道:"你们是……"那俊者道:"看来你真的什么都不记得了,我叫徐海,这是我徐伯伯,若雨妹妹的爹爹,这是小妹若雨。——你已经昏睡了一个月了。"家宝吃了一惊。徐海道:"还以为你小子活不过来了,没想到你小子命大福大!"家宝问道:"我与你可曾认识?"徐海道:"岂止认识!咱俩真是冤家路窄!日后再慢慢与你说!"徐长者道:"你就在此安心养伤,日后再做打算。"

说这家宝真乃命大福大。一个月前,徐长者带徐海上终南山采药,在山谷发现了奄奄一息的家宝。二人便将家宝带回家中疗养。不想一个月有余,家宝竟奇迹生还,又在徐长者精心照料下,不久便大伤痊愈。只是因跌落山崖时,撞了脑子,以前的事情全然记不得了。徐长者见家宝生性纯善、天资聪颖,自己又无子嗣,遂收家宝为义子,改名徐龙。

痊愈后的徐龙便留住了徐长者家。说这徐长者家落在徐家庄,离长安城十里开外,南山北水,较长安城的闹市,这里倒是不可多得的清净之地。

徐龙平日里,除了跟随徐长者学一些木匠活计,便上山采采药,做一些病痛之需的药材,得空时,则帮徐若雨料理家事。

先前光景,挑水砍柴、洗衣做饭都是徐若雨一人包揽。如今徐龙从天而降,徐家添一壮丁,气力活计便被徐龙一人统揽了下来。徐若雨只顾在家做饭洗衣物,徐龙则负责挑水砍柴。

徐龙年长徐若雨几岁,便喊若雨妹妹,挑水砍柴回来,无不满心欢喜道:"妹妹,给哥盛一碗水去。"徐若雨便放下家什,盛来一碗水,一面又帮忙把挑来的水倒入水缸中,把砍来的柴背到厨房,再回来拿起家什干起活计。徐龙笑嘻嘻看着徐若雨,见这妹妹生得玲珑秀美,心地善良,勤俭持家,好生喜欢,时不时打趣道:"妹妹勤恳,心底又善,一定是菩萨转世。"徐若雨听罢,擦擦脸上的汗珠,朗笑一声道:"龙哥又在取笑我了,我若是菩萨,那爹爹岂不是玉皇大帝,你和徐海哥哥岂不是罗汉?"徐龙紧忙站起身,将身边一尊百斤重石条一个下蹲,便举过头顶,唬了徐若雨一惊。徐龙喊道:"我乃是大力罗汉!"徐若雨笑得前仰后合,又道:"哥哥莫再秀了,歇了吧,动了伤口,哥哥又要挨疼了。"徐龙道:"区区一个小伤口,早好了。"见徐若雨折身要端一盆子衣物,一个健步跨过去,抢先将衣盆举在头顶,笑道:"哥哥来。"

二人一同来到河边,寻了一石阶处。徐若雨取了盆中衣物,泡入河中涮洗。徐龙坐在一旁看着，见此情景，不禁赞道："盛景不再，独有浣纱女。"徐若雨嘴一嘟道："好个油嘴滑舌！快来帮我收拾衣物。"

待洗完衣物，二人坐在林中树下歇息。徐若雨便给徐龙讲山里的故事，讲徐海的事迹。徐龙听到出神。徐若雨突然问道："龙哥，可曾想起以前的事来？"徐龙摇摇头道："记不得了，全记不得了。"徐若雨安慰道："龙哥放心，你一定会恢复记忆的。"徐龙叹口气道："记不得也无妨，兴许是件好事，现在有你和义父，我已知足了。"

逢时辰尚早，二人便进山玩耍，累得困乏时，徐龙就把徐若雨背起来，一面走，一面哼歌谣，直到徐若雨在背上静静睡去。夜幕拉下，二人坐在门前台阶，看斗转星移，说古道今，谈明君贤者，论江湖情仇，日日夜夜，没有尽数。徐海逢闲暇之余便来徐家庄喊徐龙和徐若雨钓鱼。徐海生性淘气，鬼点子最多，偷葡萄、烤地瓜、捕猎掏鸟窝……真如徐若雨所夸道："徐海哥哥真是孙猴子转世。"不过徐龙倒是对徐海佩服几分。徐海虽说秉性顽劣，却为人慷慨大度，一身正气，仁义心肠。徐龙曾夸其道："论商者，万人不及徐海弟一人！"万人中，恐也只有徐龙这般赏识徐海，鉴于此，徐海与徐龙也最亲近。三人如亲兄姊妹，身影不离，一晃春去秋来，又是一载。

适逢九月雨季，长安城阴雨绵绵，气候日渐寒冷。徐长者因患有腿疾，碰上雨天，更是严重，如今竟到了不能下床走动的地步。若雨心疼爹爹，又不得医治，看到爹爹忍受病痛，伤心不已，哭哭啼啼。徐龙看在眼里，疼在心里，同徐海商量，一定要治好徐长者的腿疾。可是二人多处寻医，都无济于事。二人便决定亲自上山采摘药材，研制药方。

下雨的山中潮湿阴冷，土质疏松，质地湿滑。那名贵药材或是长在悬崖峭壁，或是生在深沟险壑。徐龙同徐海上山采药，稍有不慎，便危及性命。徐若雨深知采药危险，若是迫不得已，定不会允许二人上山采药。可这天气弄人，上午还是艳阳高照，下午便彤云密布，忽而便下了大雨。徐长者的腿疾又开始疼痛难忍。徐龙陪在徐长者身边，痛心道："不能替义父制止病痛，我真是无用！"徐若雨安慰道："龙哥不必自责，一定会寻得良方，治好爹爹。"徐海看着徐龙、徐若雨二人，若有所思，少时，便道："牛头岭有处地方，生长了一棵千年灵芝，或许对伯伯的腿疾有药效。"徐龙心喜，猛然起身道："那灵芝在何处？这便取来！"徐海道："那灵芝生长在牛头岭崖壁上，有千尺高。那崖壁甚是陡峻，常人攀不得。"徐龙道："只要能治好义父腿疾，刀山火海也去得。"说罢便对徐若雨道："在家好生照看义父，我这便去摘取那灵芝。"徐龙要走，徐海追上去，道："我和你同去。"徐若雨忙劝阻道："待天晴了再去吧，这雨天，山路难行！再出个什么闪失，可使不得！"徐龙道："等不及了，早日取来，早日替义父医治。"

说着，二人背了篓筐，拿了镰刀，擎了雨伞进山去了。雨天山路，难于上青天。徐海当头，徐龙紧跟在后面，逢山开山，逢河搭桥，也不知走了多远，行了多久，才抵达牛头岭下。徐龙顺徐海指的方向看去，果真是一扇陡壁，烟雨蒙蒙，看不见那灵芝生长在什么地方。二人闲话少叙，各个分了工，便沿山攀爬而去。行至半山腰时，为首的徐海一个大跨步，要攀上一个把手处，却踩了空，身子失了平衡，双手不得力，脱了岩石，一个后仰，掉了下来。徐龙见状，眼疾手快，紧忙腾出一只手来，拽住了下落的徐海，再一用力，便将徐海稳稳地放在了一块立脚处，但因这一气力，身子失了平衡，连人带篓筐顺着岩石滚落了下去。

徐海惊慌喊道："龙哥，龙哥……"顺着岩石滑了下来。见到徐龙时，徐龙恰被一块儿石头挡了去，撞了脑袋，流出血来。徐海慌了神，家什也不要了，背上徐龙便朝回跑，一面跑一面喊："龙哥，坚持住！龙哥！"徐海费尽气力，才将徐龙背回了家中，忙唤徐若雨取来热水、毛巾，替徐龙擦拭伤口。真是祸不单行。徐若雨慌了神，也不知所措，一面哭一面手忙脚乱地帮忙。徐海替徐龙止了血，才替徐龙换了衣衫，盖上被褥。好一阵子忙活，才算消停。徐若雨陪在床边，寸步不离。徐海在一旁喃喃有词道："龙哥是为了救我，才……"二人服侍至雨停，长安城的暮鼓敲响，月上枝头，也不见徐龙醒来。

正待徐若雨渐渐发困意时，徐龙慢慢睁开眼睛，看着眼前哭红眼的徐若雨轻声道："姐姐……"徐若雨听见徐龙发出了声，见徐龙醒来，附下身笑道："龙哥！龙哥，你终于醒了，可吓坏了妹妹。"徐海也在一旁松了口气，笑道："活菩萨保佑！你救了我一命！"徐龙撑着身子坐了起来，问道："义父呢？"徐若雨道："睡去了。"徐海道："可恨没能取得灵芝……"徐龙笑了一笑，对徐海道："不妨，明日你我再去取些药材，定能医好义父的腿疾。"徐若雨一听，哪儿再肯，生气道："休要再上山了，妹妹不允许龙哥再上山，你要是有个三长两短，我和义父怎么办？"徐龙看着徐若雨好半晌不说话，看得徐若雨有些羞赧。徐若雨侧了脸问道："龙哥看什么？"徐龙轻笑一声，不作答，对徐海道："明日不必上山，同我备些药材便可。我累了，你们也歇了吧。"徐若雨和徐海应声退了去。

徐龙起身，拿下墙上挂着的玉箫，爱恋地抚摸着，脑海里却是徐若雨的影子，望着窗外，轻轻道："姐姐……"便抱了玉箫，睡去了。

翌日一早，徐龙便穿戴妥当，唤上徐海寻药材去了。二人得晌午便背了药材，走了回来。徐若雨见状，嗔怪道："说了不许龙哥再去，偏要去。"然后指着徐海道："徐海哥你也是，你明知龙哥有伤在身，不加劝阻，还陪同去。"徐海一咧嘴，笑道："我知错，绝无下次。"徐龙放下背篓，吩咐徐若雨如此如此，又叮嘱徐海这般这般，便将药材晒、切、腌、磨，再晒，研制成膏状，敷在徐长者患处。如此过了一个月，徐长者的腿疾竟然痊愈了。

喜得徐若雨天天念叨徐龙的好。徐海也觉得不可思议，多次寻徐龙问个明白。徐龙却只轻描淡写道："以前学了个偏方，不曾想能治好义父，全是义父平日里积的功德。"这话骗得住徐若雨，却难骗得住徐海。徐海见近日徐龙似心事重重，也不如以往那般过得潇洒自在，心里难免犯嘀咕，再三思虑，便寻了个机会，约徐龙出来戏耍，若是可能，探得徐龙心事，也好替他分忧。

二人寻了一处僻静地，徐海便开启话匣子，道："没有什么比你医好徐伯伯的腿疾更令若雨妹妹开心的了。你看她，每日睡觉都是笑着。"徐龙轻笑一声，不作答。徐海见徐龙不动声色，干脆直接说道："龙哥，你是不是有什么心事？你我是兄弟，但说无妨。"徐龙看着徐海，想他定是知道了，也没必要再隐瞒，便道："我都记起来了。"徐海虽然已猜出个大概，听徐龙这一说，还是惊了一惊，便道："龙哥真的记得以前的事情了？"徐龙点点头。徐海自是替徐龙高兴，便笑道："太好了，莫不是上次采药，你撞上……"徐龙点头应答，转身对徐海道："徐海弟，徐龙恐要离开了。"徐海不解。徐龙又道："我探得丐帮消息，那石飞坐了帮主之位，不思兴盛丐帮，反倒为所欲为，作恶多端。二长老等人也独揽专权，显然已弃丐帮于不顾，更不会顾及石帮主性命之忧。"徐海叹声道："恐是了。"徐龙面露难色，腔调哀怨，道："石帮主临别交代，嘱我一定稳固丐帮，不曾想，出了这样的变故，我有愧石帮主！"徐海劝慰道："龙哥不必自责，一切皆有定数。不知龙哥当下作何打算？"

　　徐龙闷声走了几步，看着眼前的树林，思索片刻，转身对徐海道："当下紧要的，务必是要找到石帮主，再做定夺。"徐海道："既然龙哥心意已决，何时动身？"徐龙道："明日便走！"说罢，看了一眼徐海。徐海心领神会，笑道："放心吧，龙哥吩咐的事情，我早已办妥。"便带徐龙朝林中走去。行不多远，便见一匹浑白骏马拴在树上。二人走到马前。徐龙好一阵子端详，一面抚摸那马儿毛发，一面喜道："好一匹骏马！从哪里得来？"徐海嬉笑一声，便道："龙哥不必过问，只需牵走便是。"

　　徐龙便解开缰绳，牵了马儿同徐海回走。徐龙道："我走之事，尚未告知义父和若雨妹妹，心中多有不舍，难启之口。"徐海道："相聚终有一别，只是不曾想这般的快。"徐龙怅然道："是啊，待我走后，劳烦徐海弟再告知义父和若雨妹妹。他们的大恩大德，徐龙没齿难忘。"徐海笑道："龙哥放心，我等你回来一同把酒言欢，你我再度畅饮，通宵达旦。"徐龙道："一言为定！"

　　徐龙别过徐海，引马回赶。行至半途，突然听见有人击掌，连连赞道："好马！好马！真乃马中赤兔！"徐龙扭头看去，见是一位仙风道骨之人，飘飘一身白衣，惊讶问道："前辈何出此言？"但见高人道："此马体态健硕，蹁跹不羁，啸若洪波腾四海，跃如厉风怒莽原，昂首翘尾，睥睨同侪，踏千山如履平川，渡万水如过间隙，一日行千里，岂不是马中赤兔？"徐龙闻声一怔，暗想："此人何许人也？竟对此马了如指掌。"只见徐龙道："前辈过奖，仅是一匹拙马而已。"又见高人道："我有个不情之请。"徐龙道："前辈请讲。"高人道："小兄弟可否割爱，将这匹马交我喂养？"

　　徐龙断然拒绝道："当然不行！虽是一匹拙马，但我日夜与它相伴，早已熟知它的习性，怎能舍它而去。"说着，徐龙牵马要走。却见高人道："不过，据我看来，这马儿并非小兄弟所有！"说罢，高人打一响哨。那马嘶鸣一声，前蹄高抬，挣脱掉缰绳，朝高人奔去。徐龙吼道："这马儿如此没良心，枉费我往日善待它。——不错，这匹马儿是我从集市买的。想必前辈曾是它的主人了。"高人道："可我从不记得我牵它到过集市。"徐龙一时心急，道："这么讲，前辈认为我是贼了？这马儿分明是我从集市上买来的，快快还我马儿！"高人道："小兄弟勿恼，只是我钟爱这匹马，前段日子它遭贼人毒手，被窃了去。我遍寻不获。今日看到，无论如何，要带它走。不过，我也不会让你空手而归。明日，我还你一匹，可否？"

徐龙暗想："照此看来，真是冤家路窄，这马儿定是这前辈的不假了，随他去吧。"徐龙便忙打圆场道："既然是前辈的马，你牵走便是，也不用再多说。"高人道："既然是小兄弟花银两买的，怎好叫你空手而归。我传授你三招功夫如何？"徐龙暗想："好大的口气，莫不是在试探我？也好，我倒要试他一试，看他做何？"徐龙便道："若前辈真有此意，倒叫我瞧瞧气力如何！"徐龙运了三分力，一拳打了过去。那高人竟不躲闪，迎了拳头。徐龙却似触了一团棉絮，软软空空。使出的三分气力也忽而似被什么东西吸了去。正待疑惑时，又觉得那棉絮好生弹力，足足有三四成力回驳返来。徐龙吃不住，连连退了几步。徐龙暗想道："常人吃我这拳，早已瘫软，这人竟如此了得。"随即便道："方才我只用了两分气力，再接我一掌如何，这次我便不留情了！"那高人面露笑意，心中却暗想道："小兄弟年纪轻轻，内力了得。往后若无良师训诫，必将为祸一方。今日必要挫他一挫。"高人道："小兄弟可全力打出！"

徐龙本因窃马不成，恼羞成怒，不想又被讥讽，一下使出十二分的力气，双拳齐出，打向高人要害。但见高人突然排出两掌，掌心对拳，双拳被吸，顿时化为无形。高人双掌轻轻一挥，便将徐龙扳倒在地，暗想道："如此凶险招式不应出现在少年身上。"徐龙站起来忙作揖道："前辈乃高人，佩服佩服！在下愿做徒弟，请高人收我为徒。"高人笑道："既然答应传你三招，便不会食言。方才看来，岂是三招能传你！也罢，日后若是有缘，再拜我为师也不迟。"说罢，那高人跃上马而去，只听山林传来："若有踏月凌云志，怎畏红尘万事催。"

徐龙知这人乃得道高人，却竟由他这样去了，日后如何寻得。思来想去，眼下还是寻一匹马儿较妥当，若是有缘，再会那高人，便沿路返回。一路也寻不得马儿，索性徒步进了长安城。见众人围观告示，议论纷纷，便上前问一观客道："发生什么事了？"观客道："你没看告示上写，朝廷又要征兵募丁了。"徐龙看去，人头涌动，挤不进去，隐隐约约瞥见告谕上写道："浙闽海域，倭患不断……为安定国防，补充空缺，现招募义兵……至兵部报道……浙闽巡抚朱纨……"徐龙离开人群，暗想："浙杭一行，路途遥远，不如参军，一来安稳生计，二来可以打探石帮主下落。"说罢，徐龙跟随人群前去兵部报到，点名入册，领取衣物，扎入营中。

※　　　※　　　※

新兵编号入制后，总兵官便开始整饬军备，申严号令，操练士卒，囤积粮草，饲养马匹。浙闽军队整装待发，五日后将赶往沿海区域赴命。

这日，徐龙忽听一人喊道："少帮主！"徐龙应声望去，惊讶道："阿狗！——你怎么在这儿？"徐龙打量着阿狗，却见阿狗着一身戎装，又道："你也参军了？"阿狗惊喜道："少帮主，你还活着！我们都以为你早就……没想到，还能再见到你。"徐龙道："你不在帮中，怎也投靠朝廷？"话一出，只见阿狗隐隐啜啜哭起来。徐龙惊讶问道："出了什么事？"阿狗哽咽道："丐帮今非昔比了，实在待不下去，不得已才来参军。"徐龙继续问道："却是为何？"阿狗道："自从阿飞当上帮主后，骄横跋扈，纵欲享乐，为所欲为，众丐帮弟子看不惯石飞的流氓行径，纷纷离开了丐帮。听闻浙闽海域招兵募丁，我想些许可以打探到石帮主的下落，所以才来从军。"徐龙道："我也因故来此！——丐帮长老们怎样？"阿狗道："四长老自上次从狱中将少帮主救出，被二长老、阿飞等人因于牢中，铁链捆绑，如同人彘，百般折磨。"

徐龙一听，眉头紧蹙，双拳紧握，怒道："这帮畜生！"阿狗继续道："二长老一心想做帮主，暗地里合谋三长老跟石飞争权夺利，不曾想两者之间的矛盾愈加激烈。后来阿飞听说二长老要谋害他，先下手除掉了二长老和三长老。"徐龙惊愕，不可思议道："哦？"阿狗揉揉红头鼻子，拭掉眼角泪痕，道："大长老德高望重，石飞不敢拿他怎么样，但是却把大长老身边的亲信全部杀害了，大长老为避免遭受迫害，装疯卖傻，从此不理丐帮事务。五长老更是唯石飞马首是瞻，不敢有丝毫反抗。讨饭屋院中的古树也被砍了，井也被泥土填塞了。讨饭屋已经被石飞折腾得不成样子了。"徐龙听得目瞪口呆。阿狗继续道："更甚者——"徐龙忙问道："更甚者怎样？"阿狗看看徐龙，道："更甚者，石飞继续派丐帮弟子追杀少帮主你，说活要见人，死要见尸！"徐龙一听，猛然坐起，怒道："我与石飞势不两立！"阿狗突然笑道："少帮主你终于回来了，丐帮有救了。"徐龙道："你我今夜便趁夜逃离，我等重回丐帮，找石飞算账！"阿狗激动道："就等少帮主这句话，待阿狗通知其他丐帮弟子，今夜就行动。"

这夜，月黑风高，时过三更，徐龙还有阿狗及十多丐帮弟子纷纷绕过戒备，翻墙而出，直奔黑虎庙。

黑虎庙前有丐帮弟子把守，尽是石飞亲信。徐龙等人只得在远处观望。但闻徐龙道："石飞何在？"阿狗回道："石飞纵欲享乐，想必现在还在怡红楼醉生梦死。"徐龙一听怡红楼，忙道："细说来。"阿狗道："前不久，石飞在怡红楼结识了卖艺女子小翠，并对她一见倾心，从此便日日去怡红楼与小翠幽会。现在估计还在怡红楼。"徐龙顿了片刻道："我等不可轻举妄动，待回去商量个万全之策再做行动。"

徐龙等人回到住处，合拢而坐。阿狗道："少帮主说怎么办，我们就怎么办！"众丐帮弟子附和道："敬听少帮主安排。"徐龙若有所思，道："丐帮弟子倾向于我者有多少人？"阿狗思索了片刻，道："石飞恶贯满盈，如今早已众叛亲离，众弟子迫于生计才不得已听从他号令，我相信少帮主振臂一呼，众丐帮弟子皆会效应。"徐龙道："如此甚好！——我有一计！"阿狗等人聚拢过来，侧耳倾听。但见徐龙对众丐帮弟子说了这般这般，问道："可否？"众弟子应声答道："就这么办！"徐龙道："我们分头行动，各司其职。"

会罢，众人散去。独徐龙一人在屋内踱步，安静之余不禁回想起在丐帮的生活，历历在目，不觉惆怅于心。

窗外风声萧萧，吹动着万籁俱寂的长安城。

次日，只见阿狗带来一个疯疯癫癫之人。此人蓬头垢面，形色消瘦苍白。徐龙端详一番，因乱发遮脸，识不得此人面目，便问道："这是何人？"阿狗道："少帮主果真不认得？"徐龙细细打量，有些熟悉却不像，道："认不得！"但见疯癫之人忽然抬头，道一句："家宝……"徐龙闻声一愣，惊讶道："大长老——你怎么——怎么变成了这样？——快请坐。"大长老把丐帮所发生之事前前后后告知了徐龙。徐龙不禁倒吸一口凉气，道："果真如此！大长老受苦了！"大长老道："我已听阿狗说了你的事情。"突然见大长老站起来，俯身作揖道："在下愿听少帮主差遣！"徐龙赶紧扶住大长老，道："万不敢当！只是石飞所作所为遭众人不齿！陷丐帮于水火之中，恶劣行径，士可忍孰不可忍！我等不能眼睁睁看着他毁了丐帮，辜负了石帮主一番心血！"大长老道："少帮主可有良策？"徐龙走到门口，向四处看了看，随即关闭房门，道："还需要大长老帮忙！"大长老道："万死不辞！"

是夜，徐龙独自来到怡红楼，绕过闲杂人员，悄然来到琴娘厢房。琴娘见是徐龙，甚是诧异，惊道："家宝为何到此？许久不见，去了哪里？"徐龙笑道："说来话长，——你近来可好？"琴娘道："安好，艺女生活，有什么好或者不好，都是些纵欢琐事。"徐龙不言语，喝了一口闷酒。琴娘问道："这些日子你去哪里？自上次匆匆别过，便杳无音信。"徐龙这才将发生的事情一一告诉了琴娘。却见琴娘一脸诧异，注视着徐龙道："不曾想你经历了这般磨难，相别数日，如隔三秋。你此次来想必有事要与我商量。"徐龙道："琴娘聪慧过人，实不相瞒，这次来确实有要紧事与琴娘相议。"徐龙便将丐帮之事告知琴娘。琴娘淡淡道："石帮主之事便是我的事，你说要我怎么做？"徐龙对琴娘耳语一番，道："不知琴娘可有难处？"但见琴娘笑道："不知徐公子何时动手？"徐龙道："明日夜晚。"琴娘道："愿为石帮主解后顾之忧。"徐龙顿了片刻，哀婉道："也不知石帮主现在如何，叫人甚为担忧！"琴娘道："徐公子稍等。"琴娘进了阁内，出来的时候手中拿了一封信函，交于徐龙，道："这封信函是石帮主留下的，上次匆匆别过，没来得及交于你。石帮主叮嘱我，一定要亲手交给你，想必他定有要事交代。"

徐龙接过信函，看罢，不禁长叹一声，端起酒杯，一饮而尽。琴娘见徐龙看完信，愁容满面，问道："石帮主在信中所谓何事？"徐龙把信递给琴娘，道："石帮主说了你们的事情，叫你我不必牵挂。"徐龙看看琴娘，又道："石帮主临走之时，叮嘱我一定要照顾好琴娘，却不曾想发生了这么多事情，徐龙未能尽责！望琴娘恕罪！"琴娘放下信函，忙道："徐公子不必自责，天数难定，只惜石帮主下落不明，生死未卜，叫人担忧。我追随石帮主来到长安，本想安分过日子，谁料——这次若能成功，望你不辜负石帮主所托，振兴丐帮。"徐龙道："徐龙定当竭尽全力！"二人又叙说一些闲话。琴娘酒入惆怅，便提及了过往事。徐龙才得知，原来石帮主乃是官宦子弟，其父乃当朝二品正员。因宣德皇帝昏庸无能，祸害忠良。其父因一字讳上，受奸臣谗言，罹难在狱，家族受到牵连，满门抄斩。石帮主幸逃得此劫，入门拜师学艺，喜遇琴娘和柳天雄，三人一见如故，交情甚好。不料石帮主身世败露，奸臣谗言，师门遭受罹难。石帮主、琴娘和柳天雄一路冲杀，逃至杭州，隐姓埋名，最终才得以幸存。

徐龙听琴娘一席言，不觉奸臣当道，都是这般苦命流离，劝慰了几句琴娘，答应琴娘，一定全力协助石帮主，替帮主和琴娘报仇雪恨。琴娘遭历世态炎凉，早已对报仇一事冷了心，也不多说什么，只劝了一杯酒，二人便就如何擒获石飞一事，再做了周密部署。

是夜，石飞再次造访怡红楼，同小翠在房中幽会。不多时，小翠便被老鸨唤去琴娘房中，说有事情相商。留下石飞独自一人坐着吃酒。忽而听得门"吱呀"一声，那石飞以为是小翠回了房中，也不回头看去，便道："我的小宝贝，快！叫飞哥等得好着急……"话撩了一半，便把身子转对门，见眼前之人，不禁唬了一惊。石飞只觉得气流不足，汗毛竖起，支吾道："刘……家宝，你！你没有死？"徐龙逼近，冷冷道："我若死了，谁来替帮主收拾你这个腌臜败类？"石飞满眼惊恐，鼓了十足力，道："你要干什么？"一面瞅个机会准备脱身。徐龙一把朴刀顶在石飞的脖子上，怒道："休要动弹！当初念你是帮主的义子，不与你理会，竟没想到，你赶我绝路，杀我灭口！"石飞只觉得脖子冷飕飕，不觉屁股不受使唤，从凳子上滑落下来。

石飞跪地求饶道："家宝，手下留情啊，我不是有意要加害于你，只是二长老等人在旁教唆，才听信了谗言。自从你失去消息后，我一直派人在打探，就是希望你尽快回到帮中。关于你听到我的传言都是些杂碎之人造谣生事，我与你的前嫌都是误会，都是误会！——你若想做帮主，我把帮主之位让给你，你来当帮主，我听你差遣。"徐龙怒道："好个腌臜！枉帮主对你养育之恩！这帮主之位岂是你说送便送的？"石飞见求和不成，便赌了一把，厉声道："我虽有不是之处，却也是帮主的义子，要死要剐，全凭帮主之令，我石飞死而无憾。"石飞见徐龙神魂出窍，知他放松了戒备，一个滚爬从徐龙刀下脱了身。待徐龙看去，那石飞已经从案上抽出长刀来抵。徐龙叫道："好个滑头！"石飞笑道："臭小子，大难不死，竟自找上门来，看刀！"

石飞持刀胡乱砍来，刀刀要徐龙性命。徐龙无意伤石飞，只提了刀来挡。不想石飞得寸进尺，刀下无情。徐龙气急，提刀来攻。石飞哪里是徐龙敌手，三五招数，便露了怯，耍个架势，提刀破门便走。不等徐龙追杀出来，便见石飞"啊"的一声，倒地毙命。徐龙追出门来，见阿飞胸口插了一把飞刀，再看时，早不见了那打飞刀之人。少时，琴娘走来，见石飞毙命倒地，吃了一惊，问道："为何杀了他?"徐龙道："不是徐龙杀的! 另有他人!"琴娘见那胸口飞刀，问道："是何人?"徐龙摇摇头，拔出石飞胸口飞刀，略思片刻，随即问道："那翠儿可妥当了?"琴娘点头。徐龙道："有劳琴娘了，我这便回丐帮。"

当下，大长老遵照徐龙分派，已经回了丐帮，集合亲信弟子攻陷了黑虎庙，铲除石飞余党，夺回打狗棒。徐龙回到丐帮，重握打狗棒，大长老和三长老为左膀右臂，一呼百应。丐帮历来规定，持打狗棒者即为帮主。再者徐龙得丐帮弟子人心，万人拥护，荣登帮主之位理所应当。此后，徐龙整饬帮规，恩泽弟子，大兴丐帮。一时间，丐帮兴荣，前从未有。

又是一年光景，徐龙见丐帮万事俱兴，择一日，召集丐帮大会，交出了帮主之位，由大长老掌管丐帮。而后，徐龙动身回到徐家庄，由徐长者引荐，拜徐斌门下。徐海拜师重阳宫。真是自古英雄出少年，好事多磨。且暂不细述。

※　　　　※　　　　※

久别重逢，应是另一番光景了。徐龙搭了行囊，站在武学院门口。往事重现心头。回想起一路求学艰辛，大小是非，不禁觉得可悲可叹。乏乏人世间，缥缈梦一场，这日后，谁晓得是喜还是忧。

徐龙从怀中抽出信函，躬身交给门前守卫。守卫看一眼信函，再打量一番徐龙，转身打开正门。徐龙回身望一眼旁侧角门，冷笑一声，迈步进了武学院。

院中的古槐犹存，不甚茂密。院香袅绕，依旧令人神往。徐龙不做逗留，径直去了正堂。正堂内已有管事者等候。徐龙拜礼，交付信函。管事询问了徐龙的姓名和年纪。徐龙一一应答。管事记在名簿上，走了出去。片刻工夫，进来一位使者，手里捧着一套衣衫，交给徐龙，道："徐师父在校场等你过去。"徐龙拿了衣衫，跟随使者前往校场。谁知这武学院大若迷宫，曲廊石阶，应接不暇，曲径通幽，非彼即此。每个廊口皆有侍卫守护，穿过门廊，又是门廊，屋宇馆舍鳞次栉比，少说百余间。未进校场，先闻阵阵雷天喊杀声。待徐龙脚步刚迈入校场，不禁叹为观止，只见方圆百里的大校场上整容宏观，周边龙廊高墙四围，廊前遍植森木，正中央几处方阵在操练拳脚，左右几处方阵耍弄枪棒，后方几处方阵演练阵术，正前左方、前右方各是一处高台，高台上各伫立一名旗手。千名整容队伍皆是一身红黑皮甲，个个虎狼般气势逼人。队伍中立着一位身穿白衣人士，仙风道骨。徐龙一眼便认出是徐斌，径直走了过去，行礼道："徐龙见过师父！"徐斌见是徐龙，笑道："龙儿随我来。"

队伍中有几个人瞄眼看去，小声低语，猜测这健壮少年何许人士。徐斌和徐龙刚到院中，同一位玉面少年碰了个正着。见那少年疾步来到徐斌面前，行礼道："弟子拜见师父。"徐龙仔细打量一番这少年，见这少年生得面目清秀，一身绸缎，腰挂香囊，谈吐彬彬有礼，举止优雅，浑身灵气十足，正猜测这富家公子是谁，却听见徐斌道："龙儿，这是你廷文师兄。"徐龙行礼道："徐龙见过师兄。"那玉面少年扫一眼徐龙，身子微倾，冷冷道一声："师弟。"又对徐斌道，"师父，重阳宫有使者求见。"徐斌道："为师这便过去，带你师弟前去学舍。"又对徐龙道："龙儿，且听从你廷文师兄安排，有什么不明之处，皆可问他。"说罢，绕步去了正堂。

徐龙再道一声："有劳师兄了。"孙廷文不加理睬，侧头看一眼队伍，喊道："喂！过来！"只见一十七八岁少年穿过队伍，匆匆跑来。徐龙见这少年生得两叶八字眉，蒜头鼻，一副狗嘴脸，虽说光阴流转，数年不见，却是那副嘴容不变。徐龙一眼便识得此人正事魁星楼里认识的张松。徐龙暗想："真是冤家路窄，此人何德何能竟也进得武学院？"

张松见孙廷文，紧忙低头哈腰赔笑道："老大有什么吩咐？"孙廷文淡淡道："新来的，你带他到馆舍休息。"张松看一眼徐龙，竟也吃了一惊，嬉笑道："交给小的就是了，我一定……"不等张松说完，孙廷文已扬长而去。不等徐龙言语，张松眼神睥睨，嘴角上扬，八字眉急促跳动几下，走上前，叫嚣道："我道是谁！原来是你小子！上次魁星楼一别，没想到你小子咸鱼翻身，竟然也能进得武学院！"徐龙迫于礼节，歉道："魁星楼一事，师弟多有冒犯，师兄见谅。"张松奸笑一声，道："刘家宝啊刘家宝，真是没想到，你何德何能竟然能进武学院！师父真是有眼无珠，竟叫你这浪荡小子进了庙堂。"徐龙谦禀道："师兄唤我徐龙便可。"张松笑道："怎么？你娘改嫁了！竟也更名换姓了！"徐龙一把揪住张松，怒道："我已谦让在先，你若是再无理取闹，休得我拳头不认人！"

张松一把扯开徐龙，冷哼道："哟，敢威胁我！你可知这是谁的地盘？"说罢，冲一群少年招手。那群少年得令簇拥过来，领头的不是旁人，正是魁星楼里摆酒设宴过生辰的钱枫。家宝看去，见他生得肥头大耳，比先前更肥胖臃肿些。钱枫道："大哥，教训教训他！"徐龙吃了一惊，紧忙问道："师弟初到武学院，并未冒犯，众师兄为何如此刁难师弟？"张松笑道："不为什么？拿你解解闷！"徐龙瞪一眼张松，提了行李要走。钱枫一个箭步，挡住了徐龙去路，喊道："干什么去？"说罢已将拳头打了过来。徐龙一个大掌迎了过去，顺势一勾，便将钱枫摔倒在地。张松见到，叫嚣一声道："啊哈，不得了，动手了！给我打！"

张松不由分说便重拳打了过来。徐龙见状，一个侧步避开了张松的拳头。张松冷笑道："哎呀！竟然敢躲！叫你再躲！"说着又是一重拳打来。徐龙举起包裹，右脚只一抬，便见张松趴倒在地，如狗吃屎，引来众弟子大笑。张松见状忍痛呵斥道："笑什么笑！还不动手？"只见五六个少年顿时将徐龙围住，摩拳擦掌。徐龙忙道："我刚到此地，如有冒犯之处，还望众师兄见谅。"张松面目狰狞，一去儒雅之态，骂道："娘娘的，不要听他废话，给我打！"但见徐龙将包裹弃于一旁，两腿斜跨，左手牵衣，右臂横前道："我礼已在先，若再逼我，休怪我手下无情。"但见五六个少年拳脚已经攻了过来。徐龙委身一蹲，一个扫腿，三个少年倒地，又一个腾跃，两个少年倒地。徐龙收式，正言道："只因众师兄冒犯在先，师弟得罪了。"张松见他们躺在地上挣扎呻吟，怯怯道："都给我起来，没用的东西！几下就把尔等打趴下了，赶紧给我起来。"正说之际，徐龙一个箭步冲过去，揪住张松的衣领怒道："你若再欺我！休怪我的拳头不讲情面！"徐龙铁拳生风，叫张松好生惊怕。张松暗想若是真受一拳，必颈骨寸断，不禁浑身发颤，瞥徐龙目光如炬，求饶道："手下留情！手下留情！我们无意得罪师弟，只是想试探试探你的功夫。果然好功夫，佩服佩服。"徐龙哼唑一声，甩掉张松的衣领，拿起包裹独自向后院走去。

"我带你去馆舍。"一位虎头虎脑的强壮少年赶上徐龙，笑道，"我带你去！"说罢，夺来徐龙行头，扛在自个人肩上，又道："我叫耿直，他们都叫我木头，因为我笨得跟木头似的。"说罢径自哈哈笑了。耿直见徐龙不应答，又自顾自说道："方才欺负你的人叫张松，我们都害怕他，日后你躲着他便是，他可不是好惹的。"徐龙冷冷问道："此人为何如此猖狂？"耿直道："张松的父亲乃是朝中三品正员，据说同首辅大臣严嵩交情甚好，所以我们都不敢惹怒他，连三位教头都忍让几分。"徐龙哼哧一声，不再言语。耿直追问道："师弟是何方人士？"徐龙道："徽州城人。"耿直道："府上做什么的？"徐龙道："药商。"耿直笑道："原来师弟乃富商子弟。家中可有兄弟姊妹？"徐龙道："单徐龙。"耿直道："日后便是师兄弟了，相互照应。"二人说着便到了馆舍。

馆舍坐落在校场后院，三排青瓦楼阁，楼阁上下两层，各有一百余间。进了馆舍，耿直寻了一处空榻给徐龙铺垫，一面说："日后我们便是师兄弟，彼此多多关照，你有不明之处，尽可问我。这侧旁床榻便是我的，以后我再慢慢给你说学院的事。"待收拾完毕，耿直便留下徐龙一人在馆舍歇息，自己出了馆舍，刚走出门不远，便看见张松等人已经在候着了。耿直料情况不妙，正想加快脚步离开，却听见张松喊道："木头，过来！"耿直不敢违抗，蹑手蹑脚走了过去。张松道："怎么，这是要叛变吗？"钱枫也道："就是！那小子是你亲爹还是亲娘，你这么快就叛变了！"耿直忙道："不敢不敢，误会误会。"张松一把揪住耿直衣领问道："刚才你同那臭小子聊什么了，说！"旁人也起哄道："快说！聊什么了！"耿直吞吞吐吐道："没……没聊什么。"张松气得八字眉剧烈抖动几下，恶狠狠道："不说是吧，好，我看你待会儿说不说！"说罢便是对耿直一记重拳。耿直跌倒在地。众人随即围攻踢打过来。耿直不敢还手，只顾抱了头任凭众人暴打。

"住手！"众人见徐龙走了过来，又方才领教了他的厉害，都住了手。徐龙见耿直被打得鼻青脸肿，嘴角淌出了血，疾步走上去，拉起耿直，关切问道："耿直师兄，有没有受伤？"耿直轻声道："我无妨。"徐龙走近张松，怒道："今后谁再敢欺负耿直，便是同我徐龙过不去！若是不服，便尽管来讨教我的拳头！"此话一出，唬得众人毛骨悚然。

正说之际，林教头不知什么时候已经站在他们身后，将刚才一幕看得一清二楚。见他大声喝道："谁是新来的？"徐龙见一身着绿色武袍、身材魁梧的壮士，突然有种似曾相识的感觉。只见众弟子齐声喊道："林教头！"徐龙跨一小步上前恭敬说道："在下徐龙，前来报到。"林教头仔细打量徐龙一番，道："刚才是谁在这里滋事？"只见张松带着哭腔忙道："是他！就是这个新来的徐龙欺负我们众弟子。"徐龙随即解释道："弟子不敢，分明是你们欺负耿直！"林教头突然打断道："好了，这次便不予追究，若再有下次，必严惩不贷，最好都给我老实点。还不快去练功！"众弟子散开。

林教头道："徐龙，你随我来！"徐龙跟随林教头进了正堂。林教头道："徐大人已经给我说了你的事情，还特意交代要多多关照你，——真是没想到你这个不知天高地厚的小和尚变化如此之大，今日你竟能进得武院圣地。"徐龙被林教头的话弄得摸不着头脑，忽然道："莫非，你就是上次那个……"林教头道："亏你还记得我，上次打发了你去，念你年幼无知，若是他人，必给点苦头尝尝。"徐龙忙道："林教头恕罪，都怪弟子不知轻重，冒犯了林教头。"林教头道："今日起，你便是这里的学生、我的弟子，国有国法，院有院规，无论你前事怎样，都不予追究，从现在起，一切都将按照这里的规矩来，若是触犯了院规，到时候别怪我不讲情面。"徐龙激动道："弟子不敢，一切听从林教头教诲。"

徐龙令了命，回了学舍，已是黄昏。刚换上新衣，便见耿直走了过来，身后还跟着十几个少年。不等徐龙开口，耿直突然跪地道："恳请龙哥做我们大哥。"身后众弟子也异口同声道："恳请龙哥做我们大哥。"徐龙一惊，赶紧附身搀扶耿直道："你们这是做什么？快快起来！"耿直又道："若龙哥不肯做我们大哥，我们就长跪不起。"徐龙冷冷说道："我是不会做你们大哥的。"耿直听罢突然哽咽道："张松等人在学院里横行霸道、为所欲为，我等受尽欺辱。龙哥武功高强，为人正义，我们愿意跟随龙哥。"众弟子再次异口同声道："恳请龙哥做我们大哥！"徐龙道："师兄师弟莫要再强求！你我日后是同门师兄师弟，无尊贵卑贱之分。我不想做什么大哥，但以后若谁敢再欺负你们，我徐龙定不饶他！"徐龙话音刚落，耿直激动道："这么说龙哥答应做我们大哥了，——快拜见大哥。"说完，只见众弟子俯身叩首，喊道："拜见大哥。"徐龙忙道："你我同称师兄师弟，以后不要再叫大哥。"耿直道："龙哥……"众弟子也纷纷叫道："龙哥……"

不料这隔墙有耳，都被窗外之人听得一清二楚。那窗外之人听罢，便转身慌里慌张跑了。

谁知那窗外偷听之人正是张松派去的奸细。那奸细归来将耿直等人如何如何拜见徐龙一一禀告了张松。张松气得火冒三丈，脸部抽搐道："反了反了！这是要造反！好个可恶的徐龙！我定要让他知道我的厉害！"又对那奸细道："密切注意徐龙的行踪，一有情况及时来报。"张松寻来孙廷文，将探来的消息如此如此说了。不想孙廷文冷道一声："我的事儿你少管。"张松没落个好，灰溜溜回到自己的榻上睡去了。适逢学院暮鼓敲响，学舍皆熄了灯。

徐龙躺在榻上，回想今日发生的事，不禁叹一口气，暗自思忖这武学院也非等闲之地，鱼龙混杂，恐怕日后也不好待。见这些达官贵族子弟，生性傲慢，又骄横跋扈，以后必然得小心处事，惹不起便躲得去。初来这里，人生漠然，好生怀念在徐家庄的日子，逍遥自在，无忧无虑，真乃是人生快事。想着不禁暗暗自语道："也不知道若雨妹妹怎样了？今日进得武学院，若是宗礼贤弟知道，一定同我喝个痛快！"想着想着，徐龙不禁又叹口气，掩了被子，径自睡去了。

"咚咚咚……"天还未亮，校场便雷响了战鼓。众弟子如听的号令，紧忙起床，穿衣束发，急急赶往校场集合。徐龙似没有听见般，仍旧沉睡在榻上。耿直见状紧忙喊道："龙哥，出操了！"徐龙懒懒回了句道："不去，困！"耿直又叫了几声，见徐龙毫无反应，只得径自去了校场。徐龙因在丐帮习性未改，全然不知道武学院规矩，只顾美美睡着。

校场内灯火通明，兵器林立。林、冯、陈三位教头已各立阵前。众弟子布阵有序，整装待命。这时见高台旗手一挥旗帜，众弟子听令摆阵，操练起来。校场内传来阵阵呐喊，喊声响彻云霄，犹如大浪淘沙，刺穿着夜色。

"后面的跟上！"林教头喊道，"动作要快、狠、准，在战场上，不是你死便是我亡！尔等不先砍掉敌人的脑袋，你们就得人头落地！"冯教头站在高台，喊道："我大明北有铁骑，南有倭患，尔等乃是万人中挑出来的英才，肩负大明重任，驱除鞑虏，铲除倭患！"众弟子齐齐喊道："驱除鞑虏！铲除倭患！驱除鞑虏！铲除倭患！"

林教头在阵前视察，忽然喊道："徐龙何在？"不见回答，再次厉声喝道：

"徐龙可在？"耿直担心徐龙被责罚，紧忙编一幌子道："他肚子疼，在上茅房。"张松禀道："分明在撒谎，徐龙尚在榻上酣睡。"林教头怒道："去把徐龙找来！"张松紧忙道："弟子这就去。"顺便叫了几个帮手去了学舍。耿直料大事不好，也跟了去。

张松等人进了学舍，见徐龙果真在榻上沉睡。耿直正要上前去唤醒，却被张松等人拦住。见张松叫人提了一桶水，朝徐龙劈头盖脸泼去。徐龙受了一惊，忙不迭从睡梦中胡乱挣扎醒，一面叫道："啊——啊——怎个情况？"张松等人在一旁得意地大笑不止。徐龙明白了缘由，跳起来一把揪住张松，咆哮道："我宰了你！"张松不慌不忙道："我是特意来请徐大公子的，林教头有请——"张松故意拉长声音，挣脱掉徐龙的手。徐龙怒道："回头再找你算账。"

徐龙同众弟子进了校场，才知道错过了早操时辰，自己误睡了过去，立在林教头面前不敢言语。张松等人围在一旁看热闹。林教头怒问道："为何不来出早操？"徐龙低头不语。林教头又见徐龙浑身湿透，质问道："为何搞得这般狼狈相？"徐龙看一眼张松，见张松等人在一旁得意地嘲笑，只顾道一声："请教头责罚。"徐龙因不出早操，被林教头罚站，蹲马步，一天不许进食。

好不容易熬到午时，徐龙滴水未进。耿直等人趁林教头和众弟子休息间，偷偷揣了一碗米饭到徐龙身边，急切道："龙哥，我给你拿了吃的来。"徐龙不瞅一眼，仍站在原地，纹丝不动。其他人见状也紧忙劝道："龙哥，吃点吧，还有一下午，你如何受得住？"说罢替徐龙擦去脸上的汗珠。耿直见徐龙不肯吃饭，又道："龙哥，我喂你！"饭刚到徐龙嘴边，忽闻一声："住手！"耿直回头见是张松等人。那张松疾步走到前，一把将饭打碎在地，一面轻蔑道："给狗吃都不能给他吃！"张松瞅一眼徐龙，又扫一眼耿直等人，道："徐龙触犯院规，理应受罚，谁都不许给他吃饭！我们走！"张松等人大笑而去。耿直拳头紧握，骂道："孙子！欺人太甚！"转身对徐龙道："龙哥……"徐龙声音发颤，轻声道："我无妨！"耿直道："我陪同龙哥一起受罚！"说罢，站在徐龙左侧，扎起马步。其他人也莫不这样。

张松等人并未走远，看到校场这幕，不禁吃了一惊。钱枫道："大哥，你看他们……这不是明摆着没有把大哥放在眼里，分明是在挑衅！"另一个娘娘腔道："大哥，如何处置这些叛离的家伙？"张松习惯性捋捋八字眉，道："墙根之草，不足为虑。倒是徐龙，我小觑了他，定后必会成为我等的绊脚石。"钱枫问道："要不要禀告主子，要他小心提防徐龙。"张松道："先不急，看看徐龙还有什么把戏，料他也没有多大的能耐。我等连这个臭小子都摆不平，以后还怎么在武学院混？"

时夜，徐龙罚站回到学舍，两腿已是麻木无知觉，遂瘫软在榻上，昏昏睡了去。耿直端一木盆，盆里清水漾漾，放在徐龙面前，轻声叫道："龙哥，醒醒。"徐龙闻声方才惊醒，见是耿直道："耿直师兄，唤我何事？"耿直道："今日罚站，龙哥劳累，我给龙哥准备了洗刷用水。"徐龙见眼前放置的木盆，一脸诧异，忙说："使不得，使不得，今日连累众师兄，徐龙有愧。"耿直道："龙哥不要再推辞，我等追随龙哥，愿为龙哥效犬马之劳。""哟——这才几日，都给人当牛做马了！"忽闻侧榻张松尖锐的讥笑声，紧接着是众人哄笑。耿直等人怒视张松，拳头紧握，徐龙忙阻止道："耿直师兄莫要与其冲突，小人戚戚，不用理会。"徐龙顿了顿又道："耿直师兄，我有一事想劳烦你。"耿直道："龙哥之事就是我的事，怎会有劳烦？龙哥但说无妨。"徐龙道："今日因贪睡，误了早操，被林教头责罚，明日万万不可再误睡了过去，若我贪睡，你便唤我。"耿直道："这等小事，龙哥放心，今夜早些休息，明日定不会误睡。"

熄灯锣声鸣响，众弟子纷纷睡去。徐龙很快便陷入沉睡，进入了梦境，梦中自己正与众丐帮弟子欢聚，把酒言欢，甚是快活。但见他对众弟子说道："此等逍遥快活，千金不换。"又梦见随同石帮主参加武学盛宴，喜遇智玄大师、柳叔和潘缘师父。潘缘师父容颜未变，只见他右擎一坛女儿红，身姿飘摇，却双脚扎地，来也从容，去也从容，忽见徐龙，满脸醉意笑道："徒儿，为师看看你醉拳掌握得如何，受我一招。"徐龙应式接招，几个回合下来，不分秋色，赢得潘缘哈哈大笑。恍然间，徐龙突然误入一仙境，仙境遍植桃花，四月风抚，花瓣纷飞。又闻琴声缭绕，若隐若现。徐龙循声过去，见亭中坐着一位白衣女子，正捻手抚琴，举手投足间如自在娇莺，远远望去，不可辨得面目，若即若离，如梦如幻。徐龙继续前行，忽然脚下一软，跌落下去，待睁开眼，见是一座荒岛，周围喊杀震天，战马嘶鸣。徐龙放眼看去，正见官府兵马，火烧连营，一路截杀，如入无人之境。徐龙不解之际，见一女子双手葆婴冲自己奔来，只问得救命之声，也辨不得容颜。其身后有一战马践踏而来，马上之人，手起刀落，女子应声倒下。徐龙惊诧，大叫一声："啊——"

睁开眼睛，发现竟是梦境，迷离中瞅见林教头立于眼前，徐龙以为是幻觉，揉揉惺忪双眼，才不觉失声道："林教头！"转身从榻上爬起，见众弟子围着。耿直一脸歉意道："龙哥，真对不起，我已经唤你无数次，但龙哥你睡得太……"林教头忽然怒道："绕院场加跑五十圈！"徐龙顾不得束发，忙不迭夺门而出。但闻身后林教头怒声："不成体统！若再有下次……"

徐龙出门方才发现天色已经微亮，知是自己又误睡了过去。不禁心生闷气，一气自己贪睡，二气林教头不通情达理，责罚严重。徐龙边跑边想，这下又落下给张松等人耻笑的把柄，可恨！

徐龙因贪睡连续两次被责罚，心有不甘，却要改掉陋习，也非一朝一夕之事，左思右想，寻了一法子，叫来耿直，道："明日早操若见我酣睡，师兄便拿锥刺！"耿直道："使不得！我明日唤龙哥便是。"徐龙道："旧习难易，应当吃点苦头才长得记性。师兄听我的就是了。"耿直拗不过，只得照办。

第二日早操时辰，耿直便遵徐龙所托，不想这办法果真灵验。如此之后，徐龙再无因误出早操而受责罚。"锥刺起居"一事也在武学院不胫而走，徐龙越来越受众弟子拥护。张松等人看在眼里，恨在心里，不禁要另想他法再整治徐龙。

※　　　※　　　※

武学院文武并施，每日除却习武练功，便是授业解惑。学堂设立在校场西侧，为一进大厅。教书先生是从京都派遣过来，圣上钦点的国子监太傅。学堂里鸦雀无声，只听得先生诵读道："治国之道，在明明德，在亲民，在止于至善。知止而后有定，定而后能静，静而后能安，安而后能虑，虑而后能得。物有本末，事有终始，知所先后，则近道矣。"

众弟子端坐在席上，或摇头聆听，或俯首托腮，或领会点头。教书先生闭目捋须，正摇头道："可谓，修身齐家治国平天下……"正待众弟子听得入神之时，忽闻一声雷天鼾声。众弟子循声望去，见徐龙身爬卧桌，正在酣睡。众弟子面面相觑。先生未被惊扰，仍旧摇头讲道："天命之谓性，率性之谓道，修道之谓教。道也者，不可须臾离也，可离非道也。是故君子戒慎乎其所不睹，恐惧乎其所不闻。莫见乎隐，莫显乎微，故君子慎其独也。喜怒哀乐之未发谓之中，发而皆中节谓之和。中也者，天下之大本也；和也者，天下之达道也。致中和，天地位焉，万物育焉……"

"呼——"忽而又听见鼾声大如雷，惹得众弟子大笑。教书先生方才回神，厉声问道："谁在此喧哗？"众弟子闭口。课堂静谧。少顷，又袭一声大鼾。众弟子忍俊不禁，哄笑一片。先生走到徐龙身旁，敲了徐龙一丈戒尺。徐龙从梦中惊醒，睡眼惺忪地问道："下学了？"又惹得众弟子哗然大笑。

教书先生怒道："授道解惑，你在此酣睡，孺子不可教也！"徐龙解释道："先生勿恼，方才梦中见于孔孟圣贤，尽授其道，不曾酣睡！"此话一出，众弟子更是捧腹大笑，气得教书先生火冒三丈，怒道："不知廉耻，伸手！"徐龙伸出手，教书先生戒尺捶打三下，道："念你初犯，不予追究，若再次为之，焉能容你乎？"徐龙才静静神气，坐回席上。

先生叫一声道："孙廷文。"孙廷文应声起立，道："学生在。"先生问道："修身齐家治国平天下，你如何释读？"孙廷文道："修身，谓曰：修身养性，使修为德才兼备；齐家，谓曰：治理妥善一个宗族，不使其乱；治国，谓曰：各省各郡需当效应朝廷，不叛离不割据；平天下，则谓曰：安抚天下黎民百姓，使其能够丰衣足食，安居乐意，则天下太平。"另一弟子起身道："弟子认为天下太平须各番各帮不叛离，而番帮不叛离则须各氏宗族安定，对于个人而言，更须独善其身。其间一脉相承，缺一不可。"先生频频点头，正要评说几句。忽闻鼾声又起，讲堂难再寂静，教书先生愤然起身，厉声喝道："徐龙，逐出学堂，罚站！"徐龙出了学堂。正逢午时，艳阳高照。徐龙不禁释然道："不及习武来得痛快！"

只一盏茶的工夫，耿直也从学堂走了出来。徐龙惊讶地问道："耿直师兄，你为何也被先生赶了出来？"耿直憨笑道："我担心龙哥一个人孤寂，且经文无趣，倒不如出来陪龙哥叙叙话。"徐龙颜色略显惭愧，道："徐龙不是习文的料子。"耿直劝道："龙哥武艺超群，天生将才，亦可保家卫国，建功立业！况那经文着实无趣，又不能领兵打仗，读了何用？"徐龙道："只是连累了师兄一同受罚。"耿直道："龙哥莫要再说此类话！凭龙哥一身好武艺，日后必有大作为，耿直愿意誓死跟随龙哥。"徐龙抬头望向屋檐，沉思片刻，叹道："此地戒规森严，我如笼中之鸟，恐难得乾坤。"耿直安慰道："耿直愚钝，不能解龙哥之意，但是，大丈夫能屈能伸，顶天立地。日后定有飞黄腾达之时。"徐龙看向耿直，点头道："耿直师兄所言极是。"耿直继续道："盼日后随龙哥共谋大业！"徐龙双手抱拳，谢道："承蒙师兄抬爱！"

徐龙话锋一转问道："为何几日不见徐师父？"耿直道："约莫事务繁忙，无暇顾及学院。又或许去了重阳宫。"徐龙又问道："此院可是徐师父一人掌事？"耿直道："武学院乃是西北巡抚夏言夏大人所建造，徐师父与夏大人交情甚好，陪做幕僚。师父受其所托，故掌管武学院大小事宜。"徐龙点头道："哦——林教头为人如何？"耿直满脸疑惑，轻声问道："龙哥莫非有难处？"徐龙笑道："不是，只是想了解一下林教头秉性，避免以后吃苦头。"耿直笑道："龙哥放心，林教头虽看上去严厉，但为人可善，文韬武略，甚为精通。不过此人循规蹈矩，按院规办事，人人畏之。因此，只要不触及院规，万事无妨。"徐龙道："日后定当要注意。"

二人闲叙一番话，又见徐龙问道："近日张松可曾为难你？"耿直憨笑道："有龙哥在，他们不敢放肆！倒是龙哥应当小心，那张松是十足小人，你多次得罪于他，恐他不会善罢甘休。"徐龙道："无妨！惹不起躲着便是。"耿直又道："龙哥可听说过丐帮？"徐龙吃了一惊，拉长腔调道："哦——说来听听。"耿直道："丐帮帮主乃是一奇人！名唤刘家宝，年龄不过十七八，却是年少有为，功夫了得。听说先前也只是一个流落街头的小乞丐，只不过这乞丐身怀绝技，得丐帮原帮主赏识，后因抗洪赈灾，剿贼有功，得到提拔，尔后便平步青云，直到做了帮主之位。龙哥难道不曾听得，人人传颂的，丐帮出了个刘英雄，小小年纪武功高，略施妙计平山贼，百姓都道真真好。说的便是那刘家宝。"徐龙默默听了一听，故作吃惊道："哦，真有这般少年！"耿直叹声道："可惜这样的英年才俊不得拜会。哎，英雄年少，也不得朝廷重用。龙哥，你说岂不是一件憾事？"徐龙淡淡道："人各有志，若是真英杰，何处不能保家卫国。"耿直点点头，道："龙哥说得在理。"

说话间，学堂便下了学。张松等人抢先窜出来，瞅一眼徐龙和耿直，讥笑道："课堂酣睡，同猪羇有何区别？还有脸说日后保家卫国，谋大业！哼！

自不量力！"耿直怒道："你竟偷听我们讲话！无耻！"张松反笑一声，道："偷听？恐脏了我的耳朵！两个不知天高地厚的家伙，倒是应该好好考虑，如何不被先生责罚，自求多福去。"徐龙不加理会，知他又想滋事，便同耿直离开了学堂。

古来都是文官武将，善文者，便领兵打仗；善武者，则冲锋杀敌。能文善武之人，更是人间奇才，所谓术业有专攻。徐龙知其本性，善武而不精通文，故而习文终究是一桩心事。众弟子在学堂习文，唯独徐龙站在堂外，或戏飞鸟花草，或武于校场。如此反复数日，直到林教头讲解兵法韬略，徐龙才重新得以入学堂。

是日，众弟子聚于学堂，听林教头传授养兵之道。见林教头一身紫色锦袍，黑面浓眉，怒颜可畏，铿锵有力道："尔等潜心习武为何？为得就是要在三年一度的武选盛会上争夺先锋将军，北上抗虏，抵御鞑子兵入侵。"林教头此话一出，讲堂内顿时哗然一片。众弟子交头接耳，士气方刚。张松起立叫嚣道："先锋将军非我家主子莫属。论武功论文采，我家主子都是无人能敌。"众弟子听罢随声附和，称道如此。耿直等人自是不满，反驳道："傲慢自大，怎比得过我们大哥！"这边一帮弟子也附和道："对，怎比我们大哥！"张松突然站起来叱问道："你说什么？"耿直也不甘示弱，起身同他分庭抗礼。你一言我一句，学堂顿时吵闹一片。林教头怒喝一声道："都给我住口！胡闹！"学堂才恢复了平静。

林教头问道："孙廷文，给你兵甲千余，北抗鞑虏，于山谷中遭敌万众围困，且当如何？"孙廷文道："势与敌手拼个鱼死网破，绝不退缩！"林教头转身又问道："徐龙，若是你，该当如何？"徐龙笑道："突围撤军！"众弟子闻声，皆啼笑讽刺。林教头道："你是要做缩头乌龟？"徐龙道："敌我兵甲相差悬殊，硬拼不利于我军，应突围撤军，保存实力，再战不迟！"徐龙刚说完，张松大笑道："分明是托词！明明是不敢战，缩头乌龟一个，还说保存实力。此等怂徒，怎配领兵抗敌？"耿直厉声道："我大哥此策善矣，如若与十万大军硬拼，岂不自不量力，毫无计谋，同街头屠夫无异。"双方因此又争吵不休。

林教头一拍案头，怒道："匹夫之勇，无计无谋，怎可硬拼？我大明军队，个个英勇，怎可退怯？尔等应与敌军鏖战，等待援军驰援。"徐龙追问道："若是援军不能及时抵达，应该如何？"林教头道："我军作战向来运筹帷幄，怎会出现援军不能驰援？"徐龙继续问道："若不能驰援？我军与敌硬拼，岂不是——"徐龙话尚未说完，忽闻林教头怒道："放肆！这是在辱我三军！"转而说道："我朝先帝勇武，屡次北征蒙古，收复多地。但北鞑虏铁骑从未停止，侵犯我边境。沿海贸易，我先朝恩泽天下，实施羁縻政策，以消除衅隙，我先帝有告谕：海外蛮夷之国，有为患于中国者，不可不讨；不为中国患者，不可辄自兴兵。古人有言，地广非久安之计，民劳乃易乱之源。如隋炀帝妄兴师旅，征讨琉球，杀害夷人，焚其宫室，俘虏男女数千人。得其地不足以供给，得其民不足以使令，徒慕虚名，自弊中土，载诸史册，为后世讥。诸蛮夷小国，阻山越海，僻在一隅，彼不为中国患者，决不伐之。然今日事变，日本内乱，倭寇猖獗，数千里间受其荼毒，所焚劫子女、金帛、庐舍以数万计，所杀将、吏、士、民以数千计，所陷城邑、卫所、乡镇以数十百计。惨绝人寰，为人不齿。"众弟子闻言更是义愤填膺。

林教头继而说道："不过，我大明神勇，双屿一战，大获全胜，清剿斩杀倭寇万人，缴获战船百艘，火器无数，使倭寇闻风丧胆。而我水师不过千人。"林教头看一眼徐龙，问道："徐龙，你如何看待？"徐龙心知肚明，便起身道："双屿海战首战告捷，英勇事迹永载史册。"林教头点点头。徐龙接着说道："不过，徐龙不敢认同！"林教头眉头紧蹙，问道："为何？"徐龙道："古来战争，无论胜负，皆劳民伤财，生灵涂炭。海禁一策，利弊兼有。况且弟子听说，双屿战捷，实属侥幸。"此言一出，众人哗然。耿直也吃了一惊，心都提到了嗓子眼，示意徐龙就此罢口。不想，徐龙只顾表意，不曾理会事态严峻，又道："故而弟子认为，双屿海战不足为耀，理应言和为贵，再……"

"滚出去！"林教头勃然大怒，唬了众弟子一惊。徐龙更是不解，怔在座席。不想张松反补了句，道："没听见叫你滚出去？"徐龙拳头紧握，起身愤然离去。

徐龙离开学堂，心中烦闷，又无去处，索性到校场习武。校场内习武之人众多。徐龙寻了一处落脚之地，一手擒住一把数百斤石锁，只轻轻一用力，便将石锁举过头顶，不想方才之事又浮现脑海，气不打一处，心中越发觉得恼怒，便狠命将石锁砸在地上。硬实的地面立刻陷了两个大坑。徐龙气冲冲离开了校场，寻了一处僻静之地，倒头睡去了。

不知怎的，徐龙再看时，竟发现来到了达摩洞，走进去，见潘缘师父正闭目养神，神情似往日悠然，白发倒是增添不少。徐龙开启酒坛。潘缘鼻腔抽搐，身子前倾，随即双臂大展，打一哈欠，懒懒说道："好酒！"徐龙提酒上前道："师父！"潘缘见是徐龙，喜道："我道是谁，哈哈，你小子还能想起为师？——为师看看，壮实了，长高了，再不是以前那个不知天高地厚的臭小子了！"徐龙哽咽道："许久不见师父，甚为想念。不能就身侍奉，师父恕罪。"潘缘道："哪有什么罪不罪的！且说宝儿给我带了什么好酒好肉？"徐龙喜道："徒儿来得匆忙，只两坛美酒，无备肉。"潘缘一把抢过一坛酒，乐道："有酒就好！有酒就好！让为师闻闻。为师朝思暮想，可盼来了。"说罢，大喝一口，道："美！美！"又大喝一口，才缓过神来，随即问道："徒儿，这些日子去了何处？"徐龙便将周身遭遇一一同师父说了。潘缘却笑一声道："好好好！"徐龙不解问道："弟子遭遇不幸，师父为何却叫好？"潘缘道："不好便是好，否极泰终来，你道好还是不好？"徐龙疑惑道："弟子不解，请师父明示。"潘缘吃了一口酒，笑道："徒儿也吃一口。"说罢递于徐龙吃了一口，问道："怎样？"徐龙赞一声道："好酒！"潘缘道："好酒历久方能弥香。"徐龙细细品这话。又见潘缘道："今日只陪为师吃酒！"徐龙欣然答应，同潘缘开怀畅饮。

酒入愁肠，徐龙不禁感慨道："武学院交规森严，礼数繁多，倒不如做乞丐过得快活，不去也罢！"潘缘笑而不语，举起酒坛道："来，陪为师再吃一坛！"徐龙举起酒坛，大吟一口，道："痛快！"潘缘起身，身体摇晃，道："宝儿，让为师看看你功夫可有见长？"说罢，金鸡独立，右手擎坛，酒灌入口。徐龙起身，道："敬听师父指教，看招。"师徒二人一番醉拳比试后，方才尽兴。

潘缘道："青出于蓝，看来为师老了。"徐龙并潘缘坐下，道："师父乃得道高人，堪比南海仙人，宝儿愿意侍奉师父，共吟此生。"潘缘眼神迷离，面露和善，道："人生难得一逍遥，更何况这泛泛尘世。"徐龙道："师父何不同我云游天下，过一番神仙般的日子？"潘缘笑道："我这把老骨头，哪儿还走得动。"忽然话锋一转，对徐龙道："话说西方有天鹏，得道而成仙。原说这只雕不过常耳呼，为得道求仙，三千年食于晨露，三千年立于高枝，喙啄礁石，换新喙，新喙啄旧指，得新指，新指啄其羽，获新羽，又三千年，方可得道而成仙。"徐龙静静聆听，若有所思！潘缘继续道："今朝廷无能，四海为乱，正是男儿报效之时，岂能因贪图享乐而毁志于红尘？"徐龙问道："师父所言极是，弟子知道该如何办了，只是……"潘缘问道："徒儿可有难言之隐？"徐龙羞赧道："只是我这般回去，颜面恐怕……"潘缘笑道："看在你送为师酒的分上，为师修书一封，见于徐斌，他们自不会为难你。"徐龙惊讶道："师父认得徐师父？"

潘缘不作答，捋须大笑。正待徐龙要追问个明白时，忽而听闻一声叫喊。徐龙睁开眼睛，见是耿直，便问道："下学了？"耿直道："原来龙哥在这里休息，学堂之上，林教头不分青红皂白误解大哥，实乃教头的不是，我觉得龙哥说法在理。"徐龙不作声，想起方才的梦境，意犹未了。耿直又道："只是又叫张松小人笑话了去。"徐龙道："无妨，不理会。"便起身，同耿直等人回了校场。

※　　　※　　　※

不觉又是数月有余。此日正逢三年一度的武选盛会。武学院彩旗招展，人声鼎沸。达官贵族应邀纷至沓来。学院门外百里长街，车轿人马往来穿梭，花花绿绿，如一展锦缎彩河，川流不息。学院内灶舍开灶备斋，赛马装鞍，席位陈列，赛场清扫，武生各自磨枪搭弓，紧锣密鼓，备战赛事。

徐龙初入武学院，学籍尚浅，并无资质参与武选，只得同众等级的弟子忙里忙外，筹备赛事事宜，听候各要处安排，为备赛的武生端茶送水，鞍前马后。

赛事筹备耽搁了半日，午时三刻，众人齐聚校场，一时间校场人满为患。几位官僚相伴进入校场，依次坐于校场正廊下。徐斌站在高台，发号施令。紧随三声礼炮鸣响，武选盛会正式开始。各路武生齐齐出场，持枪背弓，精神勃发，好生威猛。徐龙同耿直挤在人群后面窥视校场，却只能从缝隙间瞥见校场廊下坐着几位官爷，辨不得容颜，师父站在高台，举手投足，作赛事部署，继而便只能听到马蹄声、叫喊声、唏嘘声、喝彩声……徐龙眼珠低垂，略作思考，计上心来，对耿直道："耿直师兄随我来。"

二人穿过人群，来道校场围墙边，寻了一棵古槐，徐龙道："师兄先上。"徐龙蹲下身，双手一顶耿直双脚。耿直一跃上了树，回身再拉徐龙上了树。二人躲在树枝下，却是一个极好的位置。校场全景一览无余。耿直轻声对徐龙道："大哥聪明，这下可不用再发愁看不到了。"忽闻校场上喊杀声震天，二人齐齐看去，见校场擂台上正厮杀得厉害。徐龙不禁叫道："好！"耿直看一眼徐龙道："大哥武艺了得，无人能敌，只可惜大哥入院不及他人早，资历尚浅，才不能参与武选，不过，大哥放心，凭大哥的本事，将来成为将军，不在话下。"徐龙笑道："耿直师兄过奖了，各位师兄皆是将才，武艺非凡，徐龙自愧不如，哪儿有资格同台相争？"耿直道："大哥不必谦虚，武选盛会三年一度，下一次的将军一定非大哥莫属。"

徐龙笑了笑，不作回答，二人再看去校场。校场二人身穿盔甲，手持长矛，跨下骠骑，一来二往，杀得校场喝彩声阵阵。

徐龙忽而看见张松等人也坐在席位，不禁吃惊道："那张松为何能坐在席位观战？"耿直不满道："大哥有所不知，你瞅见没有，正廊下左起第二位官爷便是张松的亲舅舅，官隶属正三品，哼！张松等人仗着权势，岂能同我等一样吗？大哥却要在此给别人鞍前马后、跑腿端茶，真是太不公平了。"徐龙只作言笑，忽而又问道："怎不见廷文师兄？"耿直道："他才不屑来看！"徐龙道："为何？"耿直道："大哥不知，那孙府乃是夏言的表亲。孙廷文又是师父的得意门生。"耿直突然放低声音道："院里传言，下一届武选盛会，孙廷文早已被夏言私定为将军了。"徐龙惊讶道："真有此事？"耿直道："也说不定，只是传闻罢了，那孙廷文何德何能可以做将军？做将军也是大哥来做。"徐龙若有所思，忽而听见树下脚步声。徐龙看去，见是同室舍友。舍友急急跑来，冲树上喊道："大哥，寻你不得，原来你在这里，教头唤我等过去。"徐龙问道："所谓何事？"舍友道："还能有什么事？院中人手不够，要我等前去打理。"耿直怒道："不去！去什么去！"徐龙笑道："无妨，师兄们在前线冲锋杀敌，我等理应照应，说来也是分内之事。"遂跳下树。耿直也跳了下来，三人大步朝庭院赶去。

见了教头，领了吩咐，才知要前去馆舍伺候备赛事的武生。耿直一阵痛骂，却也无计可施，只得乖乖同徐龙等人去了。不料，待徐龙等人打理完学院细则，赛事已毕，众人不但没有看得比武招选，赛事结果更是不知。徐龙等人走向校场，耿直骂道："我等如牛似马被人召唤，竟连个赛况也不知，岂有这理？"徐龙进入校场，见人已散去，迎面撞来一舍友，徐龙紧忙拦住问道："结果如何？"那舍友边走边道："出来了，明日发榜。"舍友一溜烟儿跑了。徐龙看看空荡荡的校场，怅然若失。回身便走，却见张松等人路过，回避不是，便上前拜礼道："见过师兄。"张松径直走了过来，冷哼一声，道："免了，今儿当牛做马的滋味如何啊？"张松身旁的人皆笑了。耿直怒道："休要张狂！我大哥不同尔等小辈计较。"张松笑道："哟哟，别认为有徐龙给你小子撑腰，你便要成精了，小爷我要揍你，可是没商量。"耿直要上前理论，徐龙紧忙拦住，轻声道："我们走。"

徐龙同耿直离开校场，来到斋堂，斋堂内已聚满了人。耿直陪同徐龙打了斋饭。耿直盯着碗中的饭菜，鼻子里直冒粗气，继而骂道："狗日的！这是人吃的饭吗？你看那些武生，山珍海味，再看看咱们，给猪吃都嫌弃。"一旁的舍友也叫苦道："耿直说的是，前些日子还吃得好好的，怎么一到武选比赛，竟吃了白菜萝卜！油水没有不说，竟是些畜生吃的！"另一个舍友从碗中夹起一颗白菜根，骂骂咧咧道："娘娘的，龙哥，你看，这贼厮要弄啥，叫我等吃得吃不得？"徐龙扫视一眼斋堂，寨堂分割了三拨，一拨武生齐聚了，桌子上摆了七八个菜肴；另一拨便是了些上等身份的弟子，桌山也摆了七八个菜肴；剩下的便是这边了，一碗陈粥，两个馍馍，便是碗里看不出油渍的素菜。徐龙笑道："我等只管吃便是了，总比饿着强。"说着咬了一口馒头。

"哟，不错嘛，苦工的饭食都这么好！"张松端了一碗鸡肉，一面走一面啃再一面嘲笑道，身后跟随了几个衣帛绸缎的少年，无不这般。张松走到徐龙面前，瞅了瞅徐龙的碗，又从碗中拿起一根鸡腿，撕咬了几口，将剩下的丢在徐龙碗里，叫嚣道："爷赏给你的，不用客气！"气氛一下子剑拔弩张，众弟子皆面面相觑，不敢言语。

耿直气得毛发横竖，对徐龙怒道："大哥……"见徐龙不动声色，气得耿直将手中的碗筷狠狠地摔在地上，骂道："狗日的张松，欺人太甚！"上前一把揪住张松，张松唬了一惊，回骂道："啊呀，造反了！"随即也将碗筷狠狠摔碎在地上："给我打！"张松的亲近弟子皆摔碎了碗，上来揍耿直。耿直被推翻倒地。

一个弟子正要上前踢打，徐龙一把揪住那少年，将一碗粥披头盖去，烫得那少年"啊呀啊呀"直叫唤。

耿直见状，猛然站了起来，冲斋堂振臂大喊道："学院欺人太甚，有些人吃的山珍海味，我等却吃些狗彘之食，同为学院弟子，理应一视同仁，学院却睁一只眼闭一只眼，辱没我等，士可忍孰不可忍！"齐聚的武生听了不乐意，其中一壮年武生起身骂道："不知天高地厚的臭小子，给尔等饭吃还挑三拣四，不如饿死算了！"张松也怂恿道："师兄说的是，这帮臭小子身份低贱，癞蛤蟆想吃天鹅肉，门儿都没有！"说着，张松端起徐龙的碗，当着徐龙的面，将碗中的饭菜倾倒在地上，继而哈哈大笑一声。武生见状皆也言语相讥。张松擎了空碗，面露谄色，继而手一松，碗掉落在地，应声而碎。张松笑道："给狗吃，都不给……"

不等张松说完，徐龙一拳头砸在了张松脸上。张松顿感一阵眩晕，跌倒在地，嘴角"哗哗"出了血。看得众人目瞪口呆。耿直见状一把举起徐龙的右手，大喊道："我大哥为大家主持公道！我等不能再忍受屈辱！"不料此话刚出，斋堂"哗"地站起数十名弟子，皆举起碗筷，狠狠砸在地上。张松躺在地上，见阵势，大叫道："给我打！"耿直道："打！"亲近徐龙的弟子奋勇冲了过来，与亲近张松的弟子扭打在一起。一旁的武生见了，哪能坐得住，也跳将奔了过来，一时间斋堂桌椅横飞，碗碟四起，慌乱不堪，唬得伙夫见状紧忙关了档口，跑去报于教头。

张松等人虽说人多势众，却也不及徐龙等人。怎料徐龙力大无穷，一人顶挑三四人，武生也惧了颜色。亲近徐龙的弟子见状，士气更是十足，也不顾性命地对张松一拨人拳打脚踢。

正打得不可开交之时，忽闻一声怒喊："都给我住手！"众人见是林教头，急忙收了架势，手中提了棍棒凳子的皆慌忙扔在了地上。林教头站在门口，扫视一眼斋堂。斋堂已是乌烟瘴气，桌子七倒八歪，凳子断的断、裂的裂，满地的米粥、馒头、菜系……不堪入目。

林教头气得火冒三丈，一脚踢飞一把挡在前面的折断椅子，又跨过满是粥饭的泥潭，走上前来，怒目盯着众人，怒斥道："干什么？啊！要造反吗？看看你们一个个，说！谁起的事？"此时的张松已是鼻青脸肿，见他捂了脸，一瘸一拐地走到林教头身旁，对着徐龙叫道："是他……哎哟……疼死我了，教头，你可要给我等做主啊。"耿直脸上也青一块紫一块，指着张松怒道："你血口喷人！分明是你教唆起事的！怎赖我大哥！"众武生吃了徐龙的拳脚，纷纷叫嚷是徐龙起的事。林教头怒目盯着徐龙，呵斥道："又是你小子！"徐龙没有回避林教头犀利的眼神，盯着林教头正声道："同为学院弟子，为何将我等尊卑有别？"亲近徐龙的弟子也纷纷附和道："对！对！这对我等不公平！"林教头怒道："都给我住口！"林教头指着徐龙："我且问你！是不是你起头闹事的？"耿直抢先道："不是我大哥！"林教头瞪一眼耿直，又对徐龙道："说！"

徐龙顿了顿，正声道："我只是替众弟子打抱不平！弟子并不觉得做的有什么过分！"林教头怒道："还强词夺理！你看看，不过分！拆了斋堂才叫过分？嗯？"林教头对随身侍卫喊道："来人，带下去，院规处置！"众弟子听言，齐齐跪下，其中一名弟子道："徐龙为我等主持正义，有何罪？"其他弟子纷纷嚷道："对！分明是学院欺辱我等，倒是怪罪到徐龙头上了。欺人太甚！"另一名少年也怒道："若是这件事传了出去，看武学院还有什么脸面？"林教头怒目盯着跪着的众弟子。耿直紧忙道："我等愿意同龙哥一起受罚！"

徐龙道："我徐龙一人做事一人当！扰乱院规，理应受罚，请教头降罪。"众人纷纷喊道："龙哥……"林教头知理屈，便道："令尔等速速收拾斋堂，三日不得习武，留在斋堂，清扫打理，若日后再敢胡作非为，本教头绝不留情！"说罢，林教头环视了一眼斋堂，气冲冲地离开了。林教头刚走，耿直大喊道："龙哥！龙哥！龙哥！……"跪着的众弟子纷纷起身，齐呼道："龙哥！龙哥！龙哥！……"众武生无趣，也懒得理会，转身皆散去了。张松气得八字眉剧烈颤动，指指徐龙，对随同的弟子怒喊道："我们走！"

张松刚走，斋堂传来一阵阵欢呼声。

翌日一早，赛况发榜，众弟子围观在榜栏，争相交看。徐龙不等赶来看榜，便半路听到众弟子议论纷纷此次武选盛会胜出的定国将军，待看去，榜首写道：第一名李如松……徐龙想："真真是了，只是这定国将军长得什么模样，也不曾见得。"又看去榜，见榜中写道，李如松已得调令，转战西北，驻守宁夏去了。徐龙不曾与将军会面，不觉心有遗憾，只得叹一声，便回斋堂清扫去了。

一晃又是数日，学院相安无事。这日，徐龙得知徐海过几日便要前往重阳宫拜师学艺，决意前去同他饯别。转念一想，自己与林教头恩怨未消，恐他不会同意。徐龙唤来耿直，如此如此说了一番。耿直道："大哥放心，交给我便是。"

是夜，响过一更，武学院万籁俱寂。徐龙并未睡去，待众人熟睡后，便悄悄出了学舍，躲过巡逻侍卫，走到大门前，见大门紧闭，又有侍卫把守，便又退回校场，沿着围墙寻了一阵子，终于发现了耿直所提及的低矮墙根。见徐龙双手扒墙，一个纵身跃了过去。

出了巷口，右转不多远，果见一人丁牵了马儿在此守候。徐龙暗喜道："耿直真是能人！"遂迎了过去。二人交谈一番，便见那人丁将马交付徐龙，径自离开了。徐龙骑上马，未敢久留，直奔徐彪庄上。是时，已过三更天，徐龙叩响门环，见一家丁出来。徐龙说了来由，那家丁转身回去通报，不多时，便闻一声道："我龙哥在哪儿？"说着，便见一俊俏少年走将出来。这少年见徐龙，一脸欢喜，上前相拥，激动道："龙哥，多日不见，别来无恙？"徐龙也喜道："我好着呢，听说你过些时日要去重阳宫拜师学艺，特来为你送别。"徐海道："你我进去说话。"

二人来到厅堂。徐海对家丁道："快去备些酒菜来，我今日要同龙哥好好吃上一杯。"那家丁忙活去了。徐海和徐龙久别重逢，自然少不了嘘寒问暖，家长里短叙叙话。见徐海问道："龙哥，在武学院过得可自在？"徐龙道："严规戒律，每日习武，甚是无趣，没有我们以前同若雨妹在山里过得逍遥自在。"提及往事，两人一脸惆怅，把酒道："饮一杯，解千愁。干！"徐龙又道："此去重阳宫，何时回来？"徐海道："长路漫漫，不知归期，明日启程，不能与龙哥畅饮，日后重逢，定当不醉不归。"徐龙道："一言为定，我此次出来见你，也是翻墙偷偷溜出来，晚上还要再翻墙回去。"说罢自笑一声。徐海听罢，也不禁笑一声，道："有趣，想你我一同戏耍时，好不快活！如今都将各奔前程，定数未卜，恐难再有逍遥日子过活。"徐龙道："今日你我相聚，伤心事莫再提，只吃酒。"二人吃了一杯酒。

徐龙问道："义父和若雨妹妹可好？"徐海道："伯伯有我爹爹相伴，每日小菜小酒，生活自在得很！若雨妹妹也好，倒是经常念叨你，说你走之后也不回去看看。"徐龙叹道："是我愧对义父和若雨妹妹啊。"徐海道："龙哥日后空闲了，多回去看看伯伯和若雨妹妹。"徐龙道："一定的！一定回去！今日若得空闲正好回家探望。"徐海道："怎没得空闲？待天亮，我与龙哥同去。"

说话间，家丁取来了饭菜。徐海道："龙哥吃些便饭。"又对家丁道："给我备一匹马。"徐龙问道："此次前去重阳宫，你有什么打算？"徐海道："望能同龙哥一样，学一身好武艺，日后驰骋沙场，卫国杀敌，成就千秋功业。"徐龙赞道："好志向，若是日后有机缘同你一起征战沙场，岂不是人生一件大快事！"徐海笑道："同饮此杯，日后共筑大业！"

二人寒暄之时，不觉天已大亮，便收拾了行头，驾马直奔徐家庄。

徐若雨早已在院落整饬家务，忽而闻一声道："若雨，看谁来了。"徐若雨抬头见是徐海，又见牵马的是徐龙，便一个箭步冲过去，扑在徐龙怀里，哭道："哥哥，叫妹妹好生想念。"徐龙笑道："我这不是特意回来看你来了。叫哥哥看看。"说罢，细数打量一番徐若雨，倒把她看羞了。见徐若雨嗔怪道："哥哥莫要看了，再看还不是一个人儿？"徐龙道："咋家妹妹更好看了。徐海有没有欺负你？"

徐海在一旁听了，叫屈道："我哪儿敢欺负她？心疼还来不及。"说着，三人进了院落。徐龙问道："义父呢？"徐若雨道："一早便上山采药去了。"徐龙又问道："几时回来？"徐若雨笑道："哥哥怕是离开久了，都忘记义父每日采药，黄昏才回来。"徐龙暗自想道："果真是离开家久了。"不禁心中又是一阵自责。徐若雨道："哥哥坐着，我去准备便饭。"徐龙忙道："妹妹歇息吧，我同你徐海哥哥早吃过了。"徐海也道："我们吃过才来的。"徐若雨道："好个没良心的哥哥，我早饭还没食，二人只顾着自己吃，全不念着妹妹。"徐龙看一眼徐海，大笑道："徐海，咱俩让妹妹歇着，去备些饭食招待。"说着同徐海起身赶往厨房。徐若雨跟着走了过来，笑道："好哥哥，那妹妹恭敬不如从命了。"谁料那徐龙和徐海怎会做饭，一时间在厨房手忙脚乱。徐若雨看不下去，叫一声道："还得我亲自出马。"

三人食过饭，在家中叙了回话，甚觉无趣，便携了家伙，前往河边钓鱼去了。不觉这快事眨眼即逝，黄昏逼近。三人才回了家中。徐龙见义父尚未回来，道："待义父归来，替我问好，我得在天黑之前赶回武学院，不然被发现又要挨罚了。"徐若雨好生舍不得，扑在徐龙怀里，久久不肯离开。徐龙劝慰道："妹妹好生照看自己，我得空闲时定回来再探望你和义父。"徐若雨道：

"哥哥此去，不知何时再见，只恨这离别之苦，叫妹妹好挂念。若行得方便，平日里捎些书信，也了却妹妹牵挂。"徐龙答应了，又对徐海道："就此别过，保重。"徐海道："龙哥保重。"

徐龙拜别徐海和徐若雨，驾马紧忙赶回武学院。是时，夜幕降临。徐龙见正门进不得，只得从原处翻墙而进，却不料被巡逻侍卫抓了个正着。徐龙百口难辩，被侍卫押着去见林教头。林教头大怒一声道："好个不知道天高地厚的臭小子，你一而再地违反院规，你把这里当成什么地方了？想进便进，想出便出？这里可不是你那臭烘烘乞丐住的讨饭屋。你最好把你当乞丐时一身的臭毛病改掉，否则，让你吃不尽的苦头！"徐龙一听，不满道："乞丐怎么了？弟子倒觉得当乞丐挺好，快活！自由！"林教头闻言，更是勃然大怒，拍案而起道："大胆！还敢顶嘴？拉出去杖打三十，去柴房面壁思过！"

真是世事难料，徐龙不想因违反院规，挨了打不说，却被关押在柴房。更令他意想不到的是，翌日一早，众弟子之间便开始议论纷纷，有人道："原来徐龙以前是当乞丐的。"有人惊讶道："乞丐？果真如此？"又有人道："乞丐怎么能进咱武学院？"对于徐龙的乞丐身份，一时间众人皆知。张松等人抓住了徐龙的把柄，欣喜若狂。见张松乐道："臭小子，看你日后还如何有颜面在武学院待下去！——走，咱们去会会这个深藏不露的臭乞丐。"

徐龙被关押在柴房，每日除了面对堆积如山的木头面壁思过，还要操持劈柴活计。此时，徐龙赤膀露臂，四肢健硕，正俯首哈腰，抡着巨斧劈柴。那巨斧重约百斤，斧头大如铡刀。见徐龙挥动巨斧，不费吹灰之力，游刃有余。只听一声喊："哈！"一根三尺腰粗巨木便被劈开了两截。张松等人撞了个正着，唬得浑身汗毛耸起，不觉一阵凉风袭身。众人不敢再上前挑事。张松心里虽是忌惮，口上却道："一介莽夫，徒有气力罢了。"说着率领众人走上前，嘲笑一声道："原来某人以前是讨要饭的，现在可好，讨要到咱武学院来了。众师兄师弟，还有没有残羹冷炙，施舍一些与他。"钱枫哈哈大笑道："马桶里都是！圈窝里都是！"徐龙知晓张松等人又来挑事，故不愿意理睬，埋头继续劈柴。张松见徐龙没有反应，继而刺激道："乞丐如同人彘，想必乞丐的爹娘也都是些卑贱之辈，没有什么教养，不外乎就生出些这个可有可无的下流之辈。怎么还好意思与我们同处一室，同食一桌？"

话音刚落，但见徐龙将斧头狠狠砍在巨木上，冲张松喝道："骂谁呢？"

张松轻蔑道："谁是乞丐就骂谁！"徐龙不由分说，提起斧头便朝张松砍来。众人见状惊慌一片，似麻雀般纷纷逃离。眼见这张松便要被斧头劈成肉酱，突然从远处飞来一根巨木，挡开了徐龙的斧头，接着闻一声道："放肆！"只见一少年浓眉大眼、面目清秀，一身锦罗绸缎，疾步赶来，道："为何在此造事？"张松见孙廷文，连滚带爬跪倒在他跟前哭道："少主可要为我们做主啊，这个……这个臭乞丐，他根本不把你放在眼里，欺负众师弟，刚才差点要了我的性命，你可得给我们出这口恶气。"孙廷文走到徐龙面前。徐龙忙道："见过师兄。"孙廷文不言语，心中暗想道："早闻这小子有些本事，今日倒要讨教讨教。"见孙廷文一声喊道："吃我一拳！"徐龙神情未定，却见孙廷文虎拳早已打来。说时迟那时快，见徐龙一个侧脸，便躲过了孙廷文的拳头。孙廷文见机又出一拳。徐龙闷哼一声，并未躲避，挥动虎拳，直击袭来的重拳。

"砰！——"

双拳相撞，孙廷文和徐龙各自后退了数步！怒目相视。张松趁徐龙不妨，一个猛扑，死死抱住徐龙后腰，一面大喊道："少主，快将这个臭乞丐——啊——"不等孙廷文逼近，徐龙一个下身，便将张松从身后齐头扔将过去。张松应声被重重摔落在地，疼得在地上直打滚。孙廷文正欲再出拳，却闻一声道："快！快……快，出操了！"继而便闻一阵鼓声雷过。众弟子纷纷离去，赶往校场。

张松被钱枫等人搀扶起，回头叫嚣一句道："小子，等着！啊哟——"徐龙见众弟子离去，暗想道："方才接那孙廷文一拳，好生威猛，只可惜道不同，不能为谋。"徐龙心中堵一口闷气，抢起巨斧，对巨木"噼里啪啦"便是一阵乱砍。

说这张松受那般屈辱，怎肯善罢甘休。这日午时，烈日高照。张松叫上几个亲近的弟子，悄然来到柴房，见徐龙正在酣睡。几人蹑手蹑脚地来到柴堆前，点燃一根木柴，扔进了柴堆中。随后张松等人慌里慌张逃离了柴房。不多时，便听见有人叫喊道："不好了，着火了！着火了！"徐龙被惊醒，起身一看，如何了得。见那堆着木柴的侧房烈火熏天，众弟子正在交忙不迭地提水救火。徐龙慌了神，匆忙赶去。不想火势凶猛，哪能救得！

待林教头赶到，柴房早已烧得不成形状。林教头找来徐龙，喝问道："怎么回事？"徐龙百口难辩，支吾道："弟子疏忽，弟子也不知火因何而起！"张松在一旁怂恿道："徐龙分明是不满教头责罚，伺机报复！才故意点火烧了柴房。"亲近张松的人也煽风点火道："一定是了，徐龙几次违反院规，不仅不知悔改，反而心生怨恨，竟然做出这等下流之事！"耿直知道一定是张松加害于徐龙，替徐龙叫屈道："汝等胡言！我龙哥不是那样的人！一定是你们纵火烧了柴房，想加害于我龙哥。"亲近徐龙的弟子也帮着一起叫屈。谁料林教头呵斥一声道："来人！把徐龙捆起来！"耿直见状，紧忙道："教头！不可听那张松小人片面之言！"林教头怒道："放肆！"便不由分说将徐龙押到校场。

徐龙臂膀赤裸，跪在校场中央。此时，骄阳似火，热气蒸腾。耿直等人立在一旁，焦灼相望，不敢上去劝说。同侧的还有张松等人，却是喜笑颜开，得意忘形。见那张松冷哼一声道："叫你小子猖狂！跟我斗！哼！"钱枫也笑道："这次可有好戏看了。"林教头威坐于正堂下，陈冯两位教头分别立于一旁。但见林教头喊道："徐龙玩忽职守，差点酿成大祸，目无院规，鞭笞惩罚，若有再犯，即逐出师门！"

徐龙心中暗暗叫屈，又百口难辩，只得跪着，听候发落。只听一声鞭响，震如雷鸣。那长鞭乃是牛筋所制，触及身体，皮开肉绽。徐龙吃了一鞭，感觉背后如火炙烤，火辣刺心。耿直见状心头一颤，失声道："龙哥……"接着又是一鞭，徐龙顿觉眼冒金星，天地一片昏暗，少时，才缓过神来。不禁咬牙切齿，汗如雨下。别说受刑之人，单说看的人已经唬得魂飞魄散、六神无主。怎奈这徐龙一声不发。第三声鞭响，徐龙突感血脉攻心，乾坤颠转，吐一口鲜血，昏厥倒地。耿直等人见状，紧忙冲上去，替他松了绑，抬回学舍。

耿直取来凉水，湿润巾帕，替徐龙擦拭伤口，见徐龙昏厥不醒，正一筹莫展之时。学院大夫走了进来。耿直等人紧忙让了座。那大夫好生查看徐龙伤情，见伤得如此重，也不觉哀悯，忙替徐龙敷了药。耿直心情焦灼，问道："大夫，我龙哥伤得如何？"大夫叹道："旁人若是受着三响鞭笞，恐早已性命难保。这小兄弟竟然能挨过三鞭，真乃人间奇才！"

徐龙受笞鞭刑，耿直寸步不离，好生照看。过了三日，徐龙伤情好转，又过两日，便伤情痊愈。徐龙去见林教头，请求返回校场习武。不料林教头却道："院中有十八大缸，干涸依旧，你把那十八大缸填满水再来找我。"徐龙一听，忍无可忍，又因火烧柴房被冤一事，更是怒火冲冠，不禁失态骂道："什么狗屁学院！老子不待便是！"说罢转身跨出门槛。不知何时，张松等人已站在门外，见计谋得逞，不禁得意嘲笑道："臭乞丐要走喽！"徐龙懒得瞅他一眼，却闻身后传出话，道："你这样走出去，一辈子都将背负乞丐臭名！被天下人耻笑！这点苦都受不得，我真是看错了你！"徐龙转身看去，见是耿直。又见耿直怒目相视，狠狠道："你走吧！你也不再是我认识的以前的徐龙！你就是一个懦夫！一个逃兵！"徐龙被骂得怔住了，轻声道："耿直师兄……"徐龙看着耿直以及平日里支持他的众弟子，不禁心头一颤，又回想起潘缘师父临别前交代的话，便说道："我不走了！"耿直哽咽一声，冲上前，道："龙哥！"众弟子见徐龙决意留下来，喜得一片欢悦。张松见状，气得脸歪嘴斜，灰溜溜走开了。

徐龙打消了出走的念头，重新回到校场，提起木桶，朝那十八口大缸里一一灌水。张松等人自然落个没趣。倒是林教头看在了眼里，暗想道："是个可塑之才，大人回来也便好交差了。"

※　　　※　　　※

徐斌前往重阳宫操持道事，一去便是数月，次日归来，正逢众弟子在校场习武。徐斌来到校场视察操练结果。若有操练不得体的门生，徐斌便上去细数指正。正视察间，徐斌忽而看见正在挑水的徐龙，便转身问林教头道："徐龙近日表现如何？"林教头便将学院发生的事一一禀告了徐斌，又道："不知大人意下如何？"徐斌笑道："如此甚好！徐龙有大将之才，只是生性散漫，桀骜难训，若是任由他发展，不加以雕琢，那这块儿好玉便毁了！"说着又视察了一阵子队容，对林教头道："操练结束，叫徐龙到西苑见我。"

徐龙得令只身来到西苑，穿过几处楼阁，又越过几段曲廊，西苑便尽显眼前。树木花草倒是无别于他出，殿堂楼阁也是异曲同工，倒是布局引人叹为观止。

景致布局匠心独运，或掩于花草竹林之间，或藏于奇石清泉之侧，移步换景意蕴深邃；其间古木多为苍松劲柏，苍色浓而艳色稀，磷石多而清泉少。隐隐约约，似藏非藏，似真非真，朦朦胧胧，意犹未尽。

正当徐龙雅兴绕味，忽听有人叫嚣："站住！西苑乃军机重地，闲人不得

242.

入内！"

两名巡视的护卫拦住了徐龙的去路。徐龙立即上前行礼，从怀中取出一块刻有"斌"字的玉符。护卫见此令牌，立刻躬身退去。说这西苑位于武学院西南角，分为前后两进院落，前院正殿面阔五间，进深三间，颇为大气，正殿东西各有一座藏书阁。第二进院落，主堂有东西配殿，以游廊相连，围成一座精致的院落，院落中，奇珍异草，蔚为壮观。院落中间有一宝塔，始建于唐文宗年间，屡经重修，于明景泰年间，迁入关中武学院内，塔身七层，塔体呈方形锥体，高七丈有余，以五色砖砌筑，故称花塔。花塔远看挺拔秀丽，气势雄伟；近看庄严古朴，精美无比。塔旁有一凉亭，雕梁画栋，精美别致；亭边有一石桥，桥下水流潺潺，桥边花木叠翠。

徐斌寝处，位于宝塔正后方，屋前有一古树，树干遒劲，树叶繁茂，犹如虬龙一般，遮天蔽日。树下有一方石桌，三尊石凳。桌上一煮热茶，香气氤氲。桌旁，一身灰布长衫的徐斌，闭目养神，神情悠然。远处不时飘来琴音，静谧深处更显雅致。

徐龙走近徐斌，未敢打扰，便静默而坐，细视详凝，忽觉师父徐斌道风仙骨，精神矍铄，超凡脱俗，暗想："真乃得道高人。"徐斌未曾被打扰，一坐竟是一个时辰，纹丝不动。忽而徐斌打出一哈欠，伸展双臂，似刚从梦中醒来，见徐龙静坐一旁，惊讶地问道："龙儿何时到此？为何不曾唤醒为师？"徐龙答道："一个时辰有余，恐惊扰师父，故不敢言语。"徐斌颜悦，道："龙儿随我来。"徐龙随师父进入阁内，眼前之景不禁为之一怔。只见阁中书架四置，纵横九排。宝典藏书，错落有致。天文地理，八卦逸事，兵法韬略，应有尽有。满屋子浓浓书香，人置其中，真真如吃醉了酒，沁人心脾。

"这里有藏书万余，五湖四海，九州八方，上通天宇，下达地理，古珍典籍皆在此，望龙儿勤加习读。困惑之处，再来找为师解惑。"徐斌说完便抽身离去。

徐龙神游其中，信手端来一本册子翻阅，见书上写道："兵法云：天下大事，合久必分，分久必合……"徐龙看得饶有趣味，便深陷其中，不能自拔。遇到困惑之处，便前去寻徐斌解惑，一来二往又是数日。这几日，每每前来，都闻得袅袅琴音，寻了多次也不知音出何方，何人弹奏。徐龙不敢耽误研习兵法，潜心修读。徐斌见徐龙对兵法情有独钟，便开始传授他兵法布阵之术。

二人研习兵法，时常通宵达旦。

这日，徐龙做完功课，得空沿着石道游走，不知不觉竟进了西苑的后花园。只见里面奇花异草，花园正中的九曲回廊正好通往后殿，回廊下面，是片荷塘，池水清澈，鱼游其中；荷塘的东南角有座凉亭，凉亭旁桃花正艳，芳菲无限，恰夕阳西落，余晖铺撒，相得益彰。

徐龙憩于凉亭之中，闭目养神之际，忽闻琴音又起。愈是凝听，俞感琴音亲切，娇滴滴似莺语，婉转转如鹤鸣；高似流水，轻却如梦，患得患失，沁人心怀。徐龙暗自想："听这琴音好生熟悉，莫不是在哪里听得？"徐龙冥思苦想，恍然明白，暗自道："真真是了，先前同宗礼贤弟等人路过芙蓉园时，便是这琴音，一模一样了，难不成是那奇女子？"徐龙紧忙四处张望，不见一人，又自苦笑道："妄想了，这学院圣地，怎会有那般奇女子出没，即便是有，也恐是在梦中得见了。"听不多时，徐龙便觉眼皮发重，故而暗自道："睡不得，聆听高人抚琴，岂能不敬？"他虽竭力凝神，睡意愈浓，终是难以抗拒，伴琴音而眠。

"果真一个好知音！"徐龙闻声睁开双眼，蒙眬间见眼前一绝色女子，清雅脱俗，宛如天女出尘。沉鱼落雁犹不可及，闭月羞花仍逊三分。眉不画而翠，唇不点而红，面无粉妆，却胜六宫粉黛；明眸善睐，但叫西湖羞赧。身子绰约，妖娆似柳；娇喘微微，轻盈如唤。往三十年而倾国，后三十年而倾城。徐龙仿佛遁入仙境，难再梦回，暗自道："真真在梦中见了。"又听女子嬉笑道："莫非琴声不堪入耳，竟令公子酣睡？"言语间有些生气，转身拂袖要离去。徐龙慌了神，紧忙道："在下徐龙，敢问姑娘芳名？"那女子飘来一句道："深宅大院之人，何来什么芳名？"说罢消失在了园中。

见女子离去，徐龙方才清醒，已不见女子身影，惊讶道："似梦非梦，似真非真。"徐龙望去，只见九曲回肠，郁郁葱葱，绿色深处，不见去路。

数日后，徐龙拜过徐斌，沿着原路找寻那位白衣女子，却不见她的身影。又过数日，徐龙再次沿路找寻，仍然无终而返。一月有余，徐龙进出西苑数次，全都一无所获。不知不觉，女子的情影已深深烙进徐龙的心里；久而久之，竟成为一场挥之不去的梦境。

一日清晨，伴随着悠扬的钟声，徐龙刚跨出藏书阁，忽见一位妙龄女子，匆匆掠过，颜容艳丽，美若天人，虽是惊鸿一瞥，也觉意夺神摇。徐龙误以为自己遇到了仙子，赶忙追上前去，突然同那女子对面而立，双目静静而视，只见那女子肤若凝脂，洁如冬雪；眸似秋水，眉如远山。此次细观，更觉超凡脱俗，人中仙子。徐龙惊讶，一时语塞，竟然胡言乱语道："你且莫走，把话说个明白，若把我弃在这里，你回了天宫，倒不如让我——"女子忽闻徐龙说出这般没头没脑的话，顿时掩袖而笑，似怒似喜，脸上浮现出一抹红霞。不等徐龙分说清楚，女子摇头说道："晨钟已响，我要回天庭复命。公子整日出入天庭，难不成忘了天条？"一听女子调侃自己，徐龙微微一惊，却是荷塘边那位抚琴女子！徐龙正想回话，又恐说错什么，讪讪一笑。

徐龙如此痴呆的模样，倒是让这位女子心生疑惑道："旁人说你慧根深厚，天赋极高。公子该不会——该不是整日待在藏书阁里，读坏了脑袋？"说罢，便缓缓转身离去。"姑娘！莫走——"见女子又要离去，徐龙心口一急，脱口而出道："还不知姑娘芳名？可否再见到姑娘？"女子回眸一笑道："公子用心习文，莫再姑娘、姑娘地叫，若有缘时，自会相见！"

花开花落，云卷云舒，秋去冬来，春走夏至。自上次徐龙别过那女子，转眼便是一年。那女子仿佛消失了般，叫徐龙在西苑望穿秋水而不得见。思入愁肠，徐龙便坐在荷塘边，拿起箫，吹奏一曲。不料箫声刚落，那久别的琴声忽而弹起。徐龙大喜，持箫吹奏附和。琴声时快时缓，时高时低。箫声也附和着时飘时落，时空时实。琴箫和鸣，妙趣横生，宛如天籁。

"公子文武双全，不想萧也吹地这般出神入化。"女子清灵的话语，忽地飘入徐龙的耳中。徐龙尚且沉浸在琴箫合奏中，回头看去，见那女子，心中大喜，忙起身行礼道："姑娘过奖了，在下吹箫只是闲时解闷，不敢同姑娘抚琴相论。"女子展颜一笑道："莫要贫嘴，吹奏便是！"徐龙回复道："只要姑娘喜欢，在下愿意天天来此，同姑娘抚琴弄箫！"女子笑道："以后莫叫姑娘了，叫我师姐！"徐龙张口诧异道："师姐？"女子蓦然收起嬉笑的神态，正色道："你我偶遇之事，不许同任何人说起。师弟理当晓得。"徐龙应声道："师姐放心，师弟绝不告之旁人！"又道："如此说来，我同师姐却是缘分，不知师姐何故也常来此地？"女子道："家父本是园中花匠。我随家父入驻贵处，平时无他爱好，唯惜琴如命，闲暇之余，多来此抚奏，不想竟遇师弟，如此道来，却是缘分。"

徐龙不经意间又细细打量一番此女子，更觉美得惊艳，赞道："师姐弹奏的琴音清雅脱俗，撩人心醉，若非高人，恐难达到如此境界。"女子淡淡一笑，道："师弟过奖，我只是一个平凡女子，绝非如师弟所言。"女子抬头看了一眼徐龙，又低头细语道："方才听师弟吹奏，想必师弟也是精通音律，只是这箫声深处，若有戚戚之音，莫非师弟有什么难言之隐?"徐龙吃了一惊，叹道："师姐果真高人也！师弟幼时随姐姐学过音律，只是好久未曾吹奏，有些生疏。"说罢从怀中取出一只精巧的玉箫，又道："若师姐不嫌弃，师弟再为师姐吹奏一曲。"

二人在荷塘边坐下。徐龙抚箫，吹奏一曲"蝶恋花"。箫声清澈而浑厚，婉转又清扬。女子听得入神，时而随箫声飞跃边关，时而随箫声深入闺阁，时而觉得似在耳边轻吟，时而又觉得如幽怨的叹息。待箫声停止，尚不能从中解脱。徐龙见女子竟似听得痴了，轻轻唤一声道："师姐……"女子方回过神来，叹一声道："箫声满含思念之苦，师弟莫不是心中有挂念，不妨同师姐叙叙。"徐龙听罢如获知音，正要开口说话，却闻不远处脚步声。女子紧忙起身，道："有人来了，你我日后再叙。"说罢，女子匆匆离开了西苑。徐龙怅然若失，见那来人却是一名侍卫，径直走到徐龙面前，道一声："林教头唤你。"徐龙应了声，起身同侍卫前往校场去了。

※　　　※　　　※

徐龙赶来校场，拜见了林教头，得知林教头要传授新一套拳术，紧忙入了队伍。待林教头试练完毕，大声叫道："孙廷文！徐龙！"二人应声出列。林教头道："你二人将刚才的拳术演练一遍，点到为止。"徐龙暗想道："这孙廷文在众弟子中威望甚高，若是赢得他，必然会遭到张松等人的嫉恨，不如让他一让，日后颜面也过意得去。"孙廷文却暗想道："自上次同徐龙交手后，一直再没机会，这次倒要好好讨教讨教！"二人抱拳各自行了礼，拉开架势。

"咚、咚、咚——"待战鼓擂响，孙廷文怒吼一声，使出一招猛虎下山，飞身扑打徐龙，气势凶猛，势如破竹。徐龙见孙廷文凌空扑打而来，急收本势，使出一招霸龙出海，向外翻滚而去。孙廷文腾空追来，打出一拳。徐龙一个后仰，避开了拳头。孙廷文见徐龙不肯出手，知他故意谦让，随即踢出一脚平步青云。徐龙见孙廷文招招逼人，暗想："我礼已在先，若再退让，恐也说不过去。"便打出一脚泰山压顶。孙廷文双手交叉，顶住徐龙打来的招式。但徐龙招式凶猛，孙廷文双脚飞出，一字劈叉，继而双脚收拢，一柱擎天，挡去了徐龙的泰山压顶。徐龙进攻不得，倒被孙廷文完美的避挡挡了回去。

孙廷文又打出一招巨猿霹雳，腾空而起，双臂如柱，直直砸向徐龙。徐龙见状，身体闪蹲，双手撑地，一个横扫千秋，破解了孙廷文的巨猿霹雳。孙廷文失去重心，狠狠地摔在了地上。徐龙乘胜追击，一个跳跃翻身，打出一招神龙有悔。孙廷文眼疾手快，右手撑地，飞跃而起，还击一招腾龙闹海，正对徐龙的胯下。"啊——"只听一声大叫，徐龙跌倒在地。

徐龙受了孙廷文一阴招，怎肯善罢甘休，遂即使出一个更狠辣的招数——狂龙破日，双拳齐出，向孙廷文袭去。孙廷文竟不躲闪，以右拳击出，强攻徐龙中路，不料侧身慢了些许，竟被徐龙一拳打在左肋，重重侧倒下去。徐龙顺势落地，迅速打出招式一锤定音，直冲孙廷文的下颌。孙廷文见势，右手并右脚一起发力，整个身子横起，向后翻旋，想要躲过徐龙的招式，却不料徐龙乘胜追击，一个连环腿将孙廷文踢下了高台。

众弟子见状"哗然"一片。张松等人赶紧上前搀扶孙廷文，被孙廷文一掌推开。孙廷文骂道："滚开！"徐龙本想谦让几招，攀好孙廷文的干系，不料却一时气盛，胜了孙廷文。孙廷文怒目看了一眼徐龙，愤然离去。张松八字眉狠狠抖动几下，朝地上吐了一口痰，骂道："呸！臭小子！等着瞧！"耿直等人围了过来。众人一把举起徐龙，欢呼胜利。

比武暂歇，徐龙无暇顾及这个，倒是一门心思念在同师姐相遇一事上。这一别又是数日不得见，每每牵肠挂肚，夜不能寐，便又独自前往西苑寻去。正至曲廊，一个男子的声音突然传入耳中："婕好，你知道我对你是……"一女子声音道："师哥为何会有如此想法！速速忘掉，莫要再提！""不提也罢，只要师妹知道我的心……嗯，对了，我有一事想对——"徐龙闻声，暗暗道："师姐？"便悄然躲在一座假山后，静观其变。忽闻男子大声说道："怎么？现如今你也偏向于他？"婕好道："徐龙——"徐龙忽而从师姐口中听到"徐龙"二字，蓦然聚气凝神，可当再细细听去，师姐便不说话了。又闻那男子说道："你不用细说，我已尽知。"徐龙这才看清，说话的男子竟是孙廷文，不仅好生奇怪。但见婕妤说道："师父一提及你，便夸你习武刻苦，长进很多，师妹真替你高兴。"孙廷文冷冷说道："徐龙那小子，自得师父亲传，不论是刀棍棒拳，还是兵法韬略，都已突飞猛进，上次比武，因为疏忽大意，让那臭小子占了点便宜，他现在一定得意得很。照此看来他才是师父的得意门生。"夏婕妤不解道："想必你在埋怨师父？"孙廷文沉声说道："即便师父有万般错误，我也不会埋怨师父。如果不是师父，想必此刻，我还在戏台上陪师兄弟们耍枪弄棒。"夏婕妤闻之不禁一笑，孙廷文却有几分尴尬，也陪着笑了几声。笑声未止，孙廷文突然朝着徐龙的方向呵斥道："谁在那里，还不出来！"

徐龙知道暴露了行踪，便装作若无其事，大大方方地走到二人面前，笑道："师姐，师兄，师弟无心，惊扰了你们。"孙廷文自始至终都对徐龙不待见，又回想起上次比武输给了他，让自己在众弟子面前丢尽颜面，不禁冷冷说道："野小子，为何在此偷听我们说话？一点教养都没有！"徐龙被孙廷文言语辱没，心情自然不快，但见师姐在一旁，只道："师兄言语相讥，若是师弟做错了什么，在此向师兄赔礼道歉。"孙廷文冷冷道："我可受不起！"徐龙看一眼夏婕妤，不想同夏婕妤眼神碰到了一处，心头一颤，想要说什么，又看一眼孙廷文，便道："师姐，师兄你们聊，师弟告退。"说完转身离开了走廊。

不想，没过几天，在西苑真又遇见了夏婕妤，徐龙不知如何是好，便故作惆怅，郁郁寡欢。夏婕妤见状，问道："师弟一脸难色，可是又遇到了不顺心的事情？"徐龙摇头道："我是因为一件事情，想不通。"夏婕妤笑道："说来听听。"徐龙继而说道："扬州焦山近来传出一段佳话，师姐可曾听说？"夏婕妤拖长声音道："哦？是何事？"徐龙道："相传扬州焦山，有两位雅士，每日夜弹琵琶于江舟之中，终日观者不绝。一名雅士忽而离去，另一名雅士嗟叹道，'高山流水，知音难觅'。遂也离开了焦山。后人得知，此二人正是'琵琶圣手'康海和'前七子'之一王九思。二人销声匿迹不久，忽一日，人们闻江上琴声又起，却不是王九思和康海，而是一奇女子，但见女子独坐礁石上，白衣飘飘，头盖批斗，白纱覆面。琴声悠然，无人能和。又过了不久，康海竟然重现江上，与女子琴瑟对弹。"夏婕妤惊奇道："世间当真有此奇事？"徐龙道："有诗为证：琵琶急响多秦声，对山慷慨称入神，同时渼陂亦第一，两人失志遭迁谪，绝调康王并盛名，昆仑摩挲无颜色！"见夏婕好不语，徐龙继而疑惑道："师姐你说，鼎鼎大名的'琵琶圣手'康海，为何会不远千里来为这名奇女子'献丑'呢？"夏婕好注视着徐龙，料他已经知情，便说道："既然师弟已经都猜到了，我也没有必要再瞒你。我便是那抚琴女子。我曾拜王师父名下，进入康王戏班。"

徐龙不禁吃了一惊，不解问道："原来师姐果真是夏府千金，为何起初骗我？"夏婕好笑道："师弟莫怪，只是不便言明罢了。"徐龙道："上次见廷文师兄同师姐叙话，莫非廷文师兄早已同师姐熟识？"夏婕好道："我同师哥本是康王戏班弟子。师哥才华出众，武艺了得，被徐师父赏识，师哥才从戏班来到武学院。"徐龙听夏婕好夸孙廷文，心里自然不是滋味，闷声不说话。夏婕好问道："师弟原不该知晓这般多，莫不是……"徐龙怔怔看着夏婕好，好生喜欢，却也说不得。夏婕好见徐龙未应答，只叹了句道："天涯何处觅知音，更何况在那深宅大院……"徐龙不解夏婕好话外之音。又见夏婕好道："师弟可否再吹奏一曲。"徐龙取出玉箫。一曲箫音，两般情愁。

徐龙同夏婕好一来二往，愈发走得亲近。孙廷文看在眼里，嫉妒在心。这日下学，孙廷文唤徐龙到校场。徐龙不知孙廷文所谓何事，便问道："师兄唤我做甚？"孙廷文冷冷道："我是来警告你，日后离婕好远点！"徐龙道："我与婕好……"不等徐龙说完，孙廷文突然打断道："婕好也是你这野小子叫的？"徐龙闻声一愣，继而怒道："叫你一声师兄，是出于礼节，若是日后你再叫我野小子，休怪我不讲情面。"孙廷文冷笑道："你这辈子都休想与乞丐脱掉干系！"徐龙道："今日我不同你争论，若是没有其他事情，我便告辞了。"说罢折身要离开，忽而见孙廷文喊道："你最好认清你的身份，你跟婕好根本就是一个天上，一个地下。"徐龙冷哼一声，不加理睬。又见孙廷文道："上次输给你，是因为我疏忽大意。武学盛会，我们再一决高下！"徐龙放出一句道："随时奉陪！"二人不欢而散。

孙廷文别过徐龙，行至走廊，偶遇前往西苑的夏婕好，便唤夏婕好道："师妹——"疾步过去，又道："师妹何处去？"夏婕好道："徐师父唤我过去。师哥这几日可曾顺心？"孙廷文叹一声，不言语。夏婕好道："师哥为何一脸愁眉不展？"孙廷文道："只是徐龙那臭小子……"夏婕好轻笑道："我以为何事，想必是师哥心胸狭小，容不得徐龙！"孙廷文闻之一怔，近前一步道："婕妤也认为是我的错？"夏婕妤笑道："师哥勿恼，师妹同你玩笑罢了。我同你师门多年，你什么脾性我还不了解。只是你和徐龙同门师兄，理应和睦相处。"孙廷文冷冷道："我与他势不两立！"夏婕妤摇摇头，不再言语。

孙廷文注视着夏婕妤，道："师妹可曾有时间，同我一起游街玩耍？"夏婕妤道："不巧得很，徐师父唤我不知何事，改日咱们再去。"孙廷文不乐意道："师妹以往可不是这般态度，莫非已有了心上人，疏远了我？"夏婕妤笑道："师哥何出此言？"孙廷文道："这几日见师妹同徐龙走得亲近，师妹该不会真的喜欢上那臭小子了吧？"夏婕妤脸色忽然变得绯红，羞赧道："休要胡说！你我同徐龙本是同门师兄。且学院教规训诫，学院不许有男女之事，以后莫要再提，免得被旁人听了去，惹出闲话来。"孙廷文道："师哥自然知晓分寸，那臭小子怎能配得上师妹你！"夏婕妤见孙廷文又提及，不悦道："师妹先行告退，来日再叙。"说罢去了西苑。

孙廷文了无趣味，想起徐龙不禁咬牙切齿，怒道："可恨！"便愤然离开走廊。张松等人从一旁突然冒出来。见张松发狠道："又是徐龙！每次都坏主子好事！你们给我听好了，以后有主子便没徐龙。哼！好一个烫手的山芋。"

※　　　　※　　　　※

是夜，众弟子各自回到学舍。孙廷文正眼不瞅徐龙，径自回到榻上睡去。张松等人不敢去叨扰，凑了一团，叙着话。徐龙坐在榻上，耿直等人围着，也叙着话，时不时传出朗朗笑声。张松瞅一眼他们，心中更是气愤。不多时，熄灯鼓声敲响。众人皆睡了去。

待夜深人静、众人酣睡之时，忽而听见夜色中一人大叫一声。众弟子皆被惊醒，掌灯看去，见徐龙左手紧握右臂，汗如雨下。耿直等人紧忙围过来，担心问道："龙哥，发生了什么事。"徐龙才将手拿开，借着灯火，众人看到徐龙右臂红肿得厉害，像是被什么动物所伤，中毒所致。耿直紧忙唤一弟子前去请大夫过来医治。

正在这时，忽见一弟子大跳起来，口中叫嚷着："蝎子！有蝎子！"众弟子闻声，哗然一片慌乱，忙不迭揭被而起，跳下榻去。众人见一只黄色毒蝎在地上乱窜，不由分说，便将这毒蝎一阵狂踩。慌乱中，有弟子问道："怪事，学舍里怎么会有蝎子？"众人不解之时，大夫走了进来，查看了徐龙的伤情，紧忙擦拭了药水，又问道："蝎子何在？"众弟子指着地上一摊烂泥。大夫暗暗道："金秋时节，有蝎子却不足为奇怪，奇的是何类蝎子，竟这般厉害！"耿直紧忙问道："我大哥伤势如何？"大夫道："小兄弟无妨，我已擦拭了解药，明日便可消肿。"送走大夫，众弟子不敢睡去，纷纷撩起被褥，好一通寻找。孙廷文见状，劝慰道："都歇了吧，区区一只蝎子，闹出这么大动静。"张松也附和嚷道："都睡去了！都睡去了！"众弟子见状，也安了心，纷纷掩褥子睡去。

静谧中忽闻耿直小声嘟嚷道："一定是张松小人所为，害我大哥受这般苦痛！"张松听了，叫嚣道："你不要血口喷人，无凭无据，怎赖我头上了！"耿直冷哼一声道："看你那副嘴脸，便是证据！"张松起身吵闹道："若不是徐龙给你撑腰，我等非打得你满地找牙！""都住口！"孙廷文一声喝令，二人方才平息。

张松气不打一处来，暗想道："哼！我定要让你们吃吃苦头！"夜色中，张松辗转反侧，绞尽脑汁谋划计策，忽而灵光一闪，计上心头，在心中暗暗喜道："得罪我！叫你吃不了兜着走！"

翌日，操练结束后，孙廷文行至后花园，不巧再次碰上夏婕妤。二人寒暄片刻，见孙廷文道："昨日夜里，那臭小子被蝎子蜇了。"夏婕妤惊讶道："可是徐龙？"孙廷文道："除了那臭小子还会有谁？"夏婕妤脱口而出道："伤得可严重？"孙廷文见夏婕妤情绪激动，不悦道："师妹是在担心他？"夏婕妤脸色一沉，道："同门师弟，不该关心？"孙廷文冷冷道："放心吧，死不了。"夏婕妤暗自道："学舍里怎么会有蝎子？"便直视这孙廷文。孙廷文见夏婕妤质疑的眼神，惊诧道："师妹是怀疑我？"夏婕妤见孙廷文生气了，抿嘴一笑，道："师哥多虑了，我并没有怀疑你，只是旁人都知你与徐龙间隙，恐遭他人嫌疑。"孙廷文见夏婕妤面如桃花，此一笑，可泯千愁，道："只要师妹肯相信我就行，无妨他人碎舌。"话锋一转，问道："师妹这几日可曾繁忙？我知一家上好酒楼，师妹随我同去吃酒？"夏婕妤道："真不巧，这几日要去王府拜见师父，需离开学院一阵子。师哥前去便是。"孙廷文道："我一人去，有何兴趣。不想师妹这般劳忙，连同我一起吃饭的时间都没有。"夏婕妤笑道："师哥见谅。"二人说些闲话，各自散了。

不觉又是数日。徐斌同林教头前往重阳宫办要事去了。这日操练结束，众弟子回到学舍休息。孙廷文突然来到徐龙跟前，说道："喂！小子，咱俩换床榻睡！"徐龙不解问道："为何？"孙廷文冷冷道："不为何！"徐龙暗想："这孙廷文葫芦里究竟卖的什么药？"转念又想，"换又如何？看他耍什么花样！"便扯了自家床褥，换到孙廷文床榻睡去。孙廷文问身边弟子道："怎不见张松？"弟子道："说出去办些琐事，一会儿便回来。"孙廷文暗自骂道："这龟儿子，又去干什么见不得的勾当了？"起身出了学舍。恰巧碰到慌里慌张跑来的张松。孙廷文一声令喝，道："干什么去了？手里拿的什么？"张松迅疾把手中的袋子藏于身后，对孙廷文耳语道："主子，这次我一定替你好好教训教训徐龙那小子。"孙廷文冷冷道："我的事儿你少管！"轻哼一声，进了学舍。

众弟子因习武劳累，学舍熄了灯，不曾言语便各自睡去了。学舍外，忽而传来一阵细碎脚步声。借着微弱月光，见一个黑影徘徊在学舍门口。那黑影在门外逗留片刻，便蹑手蹑脚地推开学舍房门，悄悄走了进去。少时，便听闻学舍内传出"啊……"的一声剧烈惨叫。众弟子闻声，紧忙掌灯，见孙廷文已经昏死了过去。

"蝎子！全是蝎子！""啊！""快扒掉他身上的蝎子！""用衣服！""离他远点！""踩死那只毒蝎！""快叫师父去！""传大夫！""他快不行了！如何是好？"孙廷文被众弟子围着，身体剧烈抽搐，面部黑紫，口吐白沫，性命垂危。地上一片被踩死、打死的毒蝎。众弟子手忙脚乱，慌作一团。张松愣在一旁，目瞪口呆，浑身颤抖。徐龙拨开人群，对众弟子喊道："快取热水来！"一人跑了出去。但见徐龙扯开孙廷文衣服，发现他手臂红肿，喊道："刀！"徐龙接过匕首，从火上一划而过，随即在孙廷文手臂红肿处切开一道口子，又喊道："酒！"徐龙大饮一口，迅疾俯身替孙廷文吸出毒液。又见徐龙轻含一口酒，喷于孙廷文伤口处，道："取些碱水！"又一弟子跑了出去。徐龙用热水沾湿布巾，擦拭伤口，又将布巾敷于孙廷文头上，再用棉球蘸于碱水，取出擦于伤口。

忙活了许久，徐龙才轻轻舒了口气，众弟子问道："怎么样了？"徐龙道："只能暂缓毒液入侵经脉。大夫何时到？"正说之际，大夫匆忙赶来，不敢怠慢，便急忙为孙廷文进行诊断。众弟子在一旁围观，神情紧张，面露惧色。

大夫医治完，天已大亮。众弟子问道："廷文师兄病情怎么样？"大夫叹道："若不是刚才止毒及时，恐性命难保。我已敷了解毒之药，好生休养，过几日便好。"众弟子欣慰，送别大夫，便又陷入了众说纷纭的猜疑中。有弟子唏嘘道："有人要谋杀廷文兄！"有弟子惊讶道："谁这么恶毒！如此下流手段都使得出！"有弟子疑惑道："不对，谋杀的应该不是廷文兄。"众人异口同声问道："那会是谁？"随即众人的目光转向徐龙，徐龙惊愕道："我在武学院无冤无仇，何人会来陷害我？"顷刻间，学舍一片寂静，众弟子若有所思。

耿直等人忽然把矛头对准张松。见耿直一个大步跨到张松面前，揪住颤巍巍的张松，厉声喝道："是不是你下的毒手？"张松方才从刚才的惊扰中清醒过来，乞求道："不是我下的毒手。"耿直道："你向来与我大哥为敌，除了你还会有谁？"张松哭丧着脸，八字眉凝在了一起，哀求道："木头——不不，耿直师弟，真不是我干的！要是我干的，天打五雷轰，——我不得好死。"耿直一把甩开张松。张松没有站稳，打了个趔趄。见耿直怒道："若我等知道是你所为，定饶不了你！"

冯陈二位教头闻声也赶了过来，得知情况，便把孙廷文送回孙府疗养。午时，林教头先于徐斌从重阳宫回了武学院，得知此事，迅疾把众弟子集结校场。见林教头黑面虎目，怒道："谁人干的？站出来！"众弟子面面相觑，都不敢言。林教头又道："待我查出谁是凶手，必严惩不贷！"

正待林教头训教众弟子之时，孙府的孙老爷和孙夫人哭喊着找上门来了，只见孙夫人哭哭啼啼道："我可怜的儿啊，这好生生地怎么就被人陷害成这样子了？谁这么恶毒，害我廷儿？——我的儿啊。"林教头见孙夫人哭得如此哀恸，更加自责，上前劝慰道："夫人且不要过于伤心，我等一定查出真凶，给你和孙老爷一个交代。"孙夫人哭道："一个交代怎么能够抵偿我儿受的痛苦，我要他血债血偿！"孙老爷附和道："对！我们要让他血债血偿！"林教头道："是，是，一定将凶手绳之以法。你二老放心，暂且回去。现在廷文还处于昏迷，需要二老精心照看。这边的事情交给我处理便是。"孙老爷和孙夫人在林教头的耐心劝慰下才肯回了府上。

林教头对众弟子训道："看看你们做的好事，孙府都找上门来了！我一日不在，你们就闹出这等大事，我若几日不在，你们还不得把天翻了！——这

253.

件事情是谁干的，现在最好站出来承认，否则等我查出来，休怪我手下不留情面！"说罢，林教头扫视一眼众弟子，见不起效应，便踱步到众弟子面前，忽而想起什么，转身对徐龙道："徐龙，平日里你与孙廷文多处有过节，是不是你下的毒手？"张松闻声紧忙附和道："一定是徐龙干的！他处处与我大哥为敌，这次肯定是他干的。"钱枫煽风点火道："徐龙心胸狭窄，见不惯别人的好，一定是他干的！"

徐龙忙解释道："弟子虽然与廷文师兄有过节，但不至于下如此毒辣之手，请教头明察。"耿直道："我大哥不会做出那等龌龊之事，方才大家也看到了，为了救孙廷文，我大哥不顾性命之危，替孙廷文吸毒疗伤，怎么可能是我大哥？"耿直看一眼贼眉鼠眼的张松，又道："我见张松心怀鬼胎，一定是他放的毒蝎，想害我大哥，不料昨夜，我大哥同孙廷文换了床榻，才失手伤了孙廷文。"张松一听，心虚道："你放屁！你血口喷人！"林教头怒道："休得喧哗！你们最好盼孙廷文无事，否则谁也脱不了干系！"

不几日，学院里到处在传是徐龙放的毒蝎陷害孙廷文，缘由众说纷纭，有人说是徐龙嫉妒孙廷文，有人说是徐龙想做学院的老大，还有人说徐龙要教训教训孙廷文……一传十，十传百，传到了孙府里。孙老爷和孙夫人再次闹到武学院。门口侍卫拦不住。二人便径直冲到了大堂，林教头恰巧在喝茶，听外面人声嘈杂。"叫林统领出来！我们要讨个说法！"一女子尖锐的声音未落，见孙夫人迈着大步，已经踏进大堂门槛，冲林教头喊道："林统领，快快交出那个叫什么——叫徐龙的！我们要带他去见官！"林教头见孙夫人骂骂咧咧，赔上笑容道："孙夫人，孙老爷，廷文的病情可有好转？"只见孙夫人嚷道："好什么好？现在仍然昏迷！我可怜的儿，林教头，你不能包庇你的学生，快快交出徐龙，随我见官，我们一定要严惩这个陷害廷儿的凶手！"林教头不解，问道："孙夫人从何得知陷害廷文的凶手是徐龙？"孙夫人道："从何得知？哼！现在人人都知道！我倒要看看这个恶毒之人为何要陷害我儿！"

林教头召集众弟子于校场，一声大喊："徐龙！"徐龙得令出列。不由林教头再说，孙夫人突然冲上去对徐龙一通乱打，边打边质问："你这个凶手！为何要害我廷儿？——为何要害我廷儿？"张松见状在一旁嬉笑不已。耿直等人见孙夫人蛮不讲理，上前阻止道："你这泼妇好无道理！怎可随便诬陷人！"孙夫人又对耿直等人一通捶打，嚷道："骂谁泼妇？骂谁泼妇？一定是你们合谋陷害我家廷儿，我要通通带你们去见官！"林教头见孙夫人情绪失控，上前劝慰道："孙夫人冷静！——孙老爷，快劝说下夫人，莫伤了身子！"孙老爷见孙夫人大闹，有失脸面，一声喝道："行了！"孙夫人被孙老爷一声呵斥，情绪稍微缓和，站在一边掩袖而泣。

林教头对徐龙道："徐龙，陷害孙廷文到底是不是你干的？"徐龙义正词严道："不是！"林教头道："那为何到处都在传与你有关？"徐龙道："一定是有人想诬陷弟子！"林教头道："谁会诬陷你？为何不诬陷他人，偏偏诬陷你？"徐龙气不打一处来，抛出一句："弟子不知！"林教头道："若是你所为，快快承认，尚可以求得孙老爷和孙夫人的宽恕。若是见官，到时候谁也救不了你！"林教头冲徐龙使眼色，示意他若是他所为，快快招认便是，或许可以得到孙府的宽恕。若是一旦见官府，武学院就不好再插手。只见徐龙面不改色，道："不是我干的，有什么可承认的？"

这时张松突然站出来道："徐龙自进学院之后就一直和廷文大哥不和，处处与他为敌，想必生恨依旧，趁此报复！"徐龙怒道："张松，你再血口喷人，信不信我把你脑袋拧下来！"林教头道："放肆！——张松你继续说。"张松挏挏八字眉，继续道："毒蝎乃五毒之一，常人闻之色变，我等小辈别说拿捏一只，见了都害怕，更何况一下子搜集那么多毒蝎，但是——"林教头道："但是什么？"张松瞄一眼徐龙，道："但是我听说徐龙百毒不侵，把玩毒蝎犹如玩偶。"众人听罢，不觉一惊。钱枫眼珠子一转，附和道："弟子也听说了。"徐龙道："你——"林教头继而问徐龙道："他说的可是真的？"徐龙道："教头别听他信口雌黄，胡说八道！"张松道："是不是真的，一试便知！"耿直一听，怒发冲冠，对张松喊道："汝等小人，这不明摆着害我大哥！——林教头，莫听小人之言！"孙夫人突然插话道："分明就是做贼心虚，不敢一试！"徐龙怒道："试就试！"耿直等人担心喊道："大哥……"徐龙道："兄弟莫怕，不能让他们辱了我！"

但见张松不知道从哪里弄来了一只硕大的毒蝎，圈于笼中。但见毒蝎体态健硕，毒钩弯翘，阳光折射，通体发亮，令人不寒而栗。众人唬得面面相觑。耿直等人冲到徐龙面前道："大哥，休要上了张松这小人的当！"张松继而挑衅道："若不试，便证明徐龙就是凶手。"耿直怒道："你——好个奸诈小人。"徐龙打开笼门，将手缓缓伸进笼中。众人眉目紧缩，唬得一声不敢言，只顾看去，有些胆小的，皆掩了面。谁料，那毒蝎见徐龙手指探来，逃而避之，不敢靠近。众人无不为之惊呆。耿直大笑道："我大哥乃神人，天助之！"张松冷笑一声，道："凶手水落石出，徐龙便是凶手！"

只听林教头喊道："来人，将徐龙拿下！"几名侍卫迅疾将徐龙按倒在地。徐龙喊道："冤枉！"林教头道："冤枉？刚才一幕你又作何解释？"徐龙支吾道："我——我——弟子也不知怎个情况！"林教头道："分明就是在狡辩！"继而转身对孙老爷孙夫人道："现在凶手已查出，二老尽可放心，我们一定会严加惩罚。"孙夫人不依道："走！跟我们去见官！不能就这么轻易饶了他！"林教头道："孙夫人息怒，现在虽已查处真凶，但证据尚不足，待徐大人回来再做定夺也不迟。"孙夫人怒道："什么证据不足，现在不都一清二楚了吗？还要等到什么时候？分明就是你在纵容你的学生！"林教头道："不敢不敢！孙老爷你看，廷文尚处于昏迷，事情经过还没有完全清楚。待徐大人归来，证据确实，若真是徐龙所为，必严惩不贷，你看如何？"孙老爷是一个明事理的人，道："如此也好！不过，林教头可不要因为爱徒包庇弟子，到时候别怪我们不讲情面。"林教头道："谢过孙老爷，二老慢走！"

孙府的人走后，林教头对众弟子道："徐龙目无院规，差点酿成大祸，罚跪校场，等徐师父回来再做定夺！"徐龙没有再辩解，但见他拳头紧握，脸色铁青，嘴唇发抖，怒似一座火山，将发未发。众弟子散去，耿直等人陪在徐龙身边。耿直愤然道："好没天理，冤枉我大哥！"弟子也纷纷打抱不平，一弟子道："张松小人，我等定饶不了他！"另一弟子道："但愿孙廷文平安无事，否则大哥将脱不开罪名。"又一弟子道："我们与大哥有难同当！"众弟子异口同声道："与大哥有难同当！"徐龙感激道："谢过众师兄师弟。我自知被冤枉，但不能被这等人辱我名声。"耿直道："大哥放心，孙廷文这小子命大福大，不会有事！真相一定会水落石出！"

※　　　※　　　※

"咳咳……咳咳……"孙廷文几声咳嗽给孙府带来了喜讯。昏睡两日的孙廷文在孙老爷和孙夫人的精心照料下终于醒了过来，孙府上下无不欢悦。

又休养两日，孙廷文大病初愈。张松闻讯前来孙府探望。孙廷文见到张松，不等张松开口，端起茶杯就砸向张松，骂道："给我滚！滚得远远的！"张松一个小跳，躲了过去。但见张松八字眉一皱，上前低声下气道："哎哟，我的主子嘞，谁惹你发这么大的火？别动气，伤了身子。"孙廷文骂道："竖子！是不是你放的蝎子，害我性命差点丢了？"张松忙道："我哪敢害主子！都是徐龙那臭小子……"孙廷文突然断张松道："够了！还不承认是吧？好！我现在就将事情公之于众，我看到时候你怎么办？"说罢孙廷文就气呼呼朝府外走。张松赶紧跪地乞求道："老大！主子！我的爷嘞！我承认还不行吗？你可不能把我供出去。我这么做还不都是为了你好。"孙廷文怒道："为了我好？为了我好，让我丢了性命！"张松解释道："谁知道那晚上你和徐龙换了床榻，这也不能怪我。"

孙廷文听罢，气不打一处来，一个巴掌甩在了张松头上。张松"哎哟"一声，瘫倒在地。孙廷文道："还有理了你！看看你做的好事！我一定要把你的罪行告诉大家，让大家看清你这狗奴才的嘴脸。"张松立刻抱住孙廷文的腿哭丧道："主子，你可千万不能把我供出来，要是林教头知道是我做的，他非打死我不可，还会将我逐出师门。念在往日我对你忠心耿耿的分上，饶了我吧，我下次再也不敢了！——况且我再不是，也是为了主子好，免受那徐龙小子欺负。没有功劳也有苦劳啊。"张松痛哭流涕。孙廷文骂道："哭个屁！我的事儿以后你少管！若不是看在平日里你对我效忠的分上，老子早将你送到官府去了。还不快滚！"张松道："谢谢老大，我滚！这就滚！"张松俯首哈腰，连滚带爬地出了孙府。

孙廷文伤情刚刚好转，被张松这一气，不觉头晕目眩，紧忙扶了椅子坐下。待神情稳定，想起蝎子一事，气不打一处来，不由得骂道："狗奴才！成事不足败事有余！"

说这徐龙跪在校场，一跪便是三日，半粒米未进，滴水未沾。耿直等人看在眼里，疼在心里，却也无计可施。正愁之际，孙廷文在下人的陪同下来到武学院，见到跪在校场的徐龙，忙对下人道："去扶起徐龙。"耿直等人见孙廷文走了过来，甚是欢喜。耿直道："救星，你终于来了！急煞我等！"众人搀扶徐龙，却见徐龙纹丝不动。又见耿直骂道："娘娘的孙廷文，我大哥冒着生命危险救了你，却落个如此下场，岂能罢休？"孙廷文道："尔等想怎样?"耿直道:"以牙还牙,把我大哥受的苦痛补偿回来!"孙廷文冷哼一声,不加理会,径直朝正堂走去。不一会儿工夫,见孙廷文和林教头一同过来。林教头道:"徐龙,你没事儿了,可以起来了?"徐龙声音微颤,怒道:"岂能这样算了?"耿直等人附和道:"对!我大哥被冤枉,岂能就这样算了!"林教头道:"休得胡闹,廷文已将事情原委告知于我,这件事情就到此为止,都散了吧。"徐龙仍跪在原地不起。林教头失去了耐心,道:"徐龙,休得任性,你若愿意跪就跪着吧。"林教头放下狠话离开了。耿直怒道:"等徐师父回来我等再讨回公道。"

时近黄昏,天色暗沉,寒风萧瑟。不多时,忽而天降雪雨。徐斌从重阳宫回到了武学院。林教头将这儿日在学院中发生的事详尽告知了徐斌。徐斌不觉诧异道:"不料几日未归,竟发生这等祸事!徐龙人在何处?"林教头道:"校场罚跪,这小子性子倔,知是被冤枉,怎也不离开,说要讨回名声。"徐斌捋捋胡须,笑道:"这才是龙儿!走,同我去看看他。"二人说着来到校场。徐斌见徐龙跪在校场,纹丝不动,又天降雪雨,不禁大觉爱惜。紧忙唤人撑了伞过去。徐斌走到徐龙身边,劝慰道:"龙儿,为师已尽知此事,既然真相昭然,为何不肯离去?"徐龙干涸的嘴唇微微颤动,又因饥寒交迫,有气无力地答道:"林教头不分青红皂白,冤枉我徐龙,辱我名声,岂能罢休?"林教头闻言,怒道:"休得猖狂!"徐龙道:"既然林教头不肯道歉,便不必在此费口舌!"

徐斌见劝不动徐龙,便转身同林教头离开了校场,恰巧遇见寻来的耿直等人。徐斌交代林教头一些事宜,让他先行着手办去了,又将耿直唤到颜前,吩咐一二,便去了西苑。

谁料天色愈晚,雪雨转变大雪,越发下得大了。徐龙满身素装,同校场浑然一体。

不多时,徐龙闻得身后细碎脚步声,渐行渐近,忽而感觉雪花停止了飘落,抬头一看见是一把花伞。"师姐……"徐龙一脸诧异,不敢相信道,"你怎么来了?"夏婕好屈身道:"近日见廷文师兄,听说了学院发生的事,故来看看你。"提及这事,徐龙好一通气,不悦道:"师弟是被冤枉的!"夏婕好道:"你不言,我便知你是被冤枉的。既然祸事已有了原委,何苦还跪在这里,糟践身子?"徐龙道:"若林教头不肯道歉,师弟宁死不起!"夏婕好没想到徐龙倒把名声看得同性命重要，又心疼他跪在这天寒地冻的地上，便又劝道："名声固然重要，但身子如何守得住这寒冷天气，若是身子出了祸殃，要名声又有何用？"徐龙见夏婕好不理解，便道："师姐不必多说，师弟自有分寸，你且回吧。"夏婕好被呛了一口气，支吾道："你……"徐龙见自己话说重了，又道："天寒地冻，师姐快快回去！寒了身子，师弟担当不起。"夏婕好道："你却知关心我，为何不曾替自身着想？"徐龙不言语，见夏婕好站着不肯走，怎忍心她陪同，便再劝道："师姐不必在此同徐龙受苦，待这一事落定，师弟亲自去拜访师姐。"夏婕好道："师弟不起，我便不走。"徐龙突然生气道："你若不走！今后再不相见！"夏婕好不想徐龙这般固执，只得道一声："我走便是！"夏婕好将伞放在徐龙一旁，冒雪离开了校场。

夏婕好刚离开校场，忽而见校场灯火通明，人声嘈杂。耿直举了火把走在前面，后面黑压压地跟随了众弟子，皆举了火把，一时间将校场照得明如白昼。徐龙见耿直一行人举了火把过来，惊诧道："众师兄师弟，这是做甚？"耿直道："我等替大哥申冤，讨回名声！"徐龙道："使不得！使不得！众师兄师弟快快收了。"耿直道："大哥不必多说，我们心意已决，若林教头不给大哥道歉，我等同大哥一起受罚。"

"报……"只见一名侍卫慌里慌张地跑来正堂。林教头见状，质问道："什么事？"侍卫上气不接下气道："统领……你……快去校场看看吧。"林教头道："出了什么事情？"侍卫道："统领去了便知。"林教头紧忙赶去，见众弟子皆举了火把站在校场，怒道："尔等放肆！"耿直抢先一步，说道："徐龙无过，何以受罚？"林教头怒道："尔等想怎样？"耿直道："请林教头向徐龙赔礼道歉！"众弟子齐声喊道："请林教头向徐龙赔礼道歉！"林教头闻声一怔，怒道："胡闹！竟敢威胁本教头，你们愿同徐龙一起受罚，便站着！"说罢，长袍一扬，大步而去。

是时，雪越下越大，众弟子站在雪地，一站便是一个时辰。冯陈两位教头闻讯赶来大堂同林教头商议。但闻冯教头道："林教头，现在该如何是好？"林教头拍案而起，道："反了他们！我不信制伏不了这帮毛贼。"陈教头道："林教头不要冲动，还是想想办法为好。这件事情若是传出去，说你不明事理，错罚弟子，又不肯承认错误，他人会怎么想？你的威信又何以立足于众弟子之间？"林教头若有所思，道："那该如何是好？叫我给徐龙那小子道歉，门都没有！"陈教头道："不妨请徐大人帮忙。"说话之际，林教头与陈教头目光相对，顿时恍然大悟。

"咚咚咚……咚咚咚……"忽闻战鼓发起，号角吹响，众弟子闻声紧急集合。徐龙不敢有丝毫怠慢，在耿直的搀扶下站起身，列入队伍中。见徐斌立于高台，俯视众弟子道："八百里告急，俺答汗欲率鞑虏十万铁骑侵略我大明边疆，破我家园，占我子民。圣上有谕，明年将举行三年一度的武选大会，比武选将，胜者被任命先锋将军，北讨鞑虏。尔等肩负重任，理应勤加习武，保家卫国，建功立业！"众弟子听罢，义愤填膺，齐声喊道："保家卫国，驱除鞑虏！"见徐斌又道："徐龙，出列！"徐龙勉强托着身子前跨一步，吃了一足力，喊道："徐龙到！"徐斌道："徐龙虽屡犯院规，但知错便改。蝎子一事，因他救助及时，才免遭一场大祸。特赐锦袍一件，作为嘉奖！"忽见林教头双手托锦袍，呈于徐龙面前。徐龙怒目凝视林教头。林教头正声道："大敌当前，孰轻孰重，望你心里明白。"徐龙道："定当以大局为重。"二人顿了片刻。徐龙才双手接过锦袍。又闻徐斌道："大敌当前，尔等理应团结，一致抗敌，为朝廷效命！刻苦习武，征战沙场！"众弟子举起右臂振呼："嚯！嚯！嚯！"

边塞战乱，蒙古骑兵屡次侵扰，边关民不聊生。武学院作为朝廷点兵选将的重地，具有举足轻重的地位。徐斌丝毫不敢怠慢，分派下去，严加训练。为加速训练成效，林教头挑选学院内拔尖弟子，提携体能、武技弱的弟子，并分成几大纵队，分别由武艺超群的弟子带领，各伍之间，相互竞争。

徐龙一队，亲领数十弟子为一伍。孙廷文一队，亲领数十弟子为一伍。张松一队，亲领数十弟子为一伍，其他依次分派，各分数十纵队。成效优异者，可提拔总头，亲领五十人纵队。众人心中皆知，能成为总头，便离将军更近了一步。因此每个纵队之间既互相提携，又虎视眈眈，斗争激烈。

气候日寒，为加强训练，每个纵队都不敢停歇，没日没夜地训练，为提高训练成效，各伍各队也是尽出奇招。只半月光景，徐龙和孙廷文二队，各个武生如狼似虎，士气高涨，各个纵队只能望其项背。至于张松一队，因训练怠慢、纪律松散，非但没有取得训练成效，反而士气愈加低沉，境况越加糟糕。林教头已发话下去，若是张松一队十日内如是这般，便撤了张松的领头，队员分派给其他队伍。

张松心急如焚，看着一队不成气候的弟子，气不打一处来。是夜，训练结束，各自收队。张松集合队伍，训诫道："都给我争点脸！再这样下去，散了队伍，尔等也没好果子吃！哼！——钱枫！你看着办！不行我先把你撤了！"钱枫唬得胆战心惊，忙道："大哥放心，交给我就是了，一定不会让你失望的。"张松怒道："老子不想只听到你这花言巧语。限你五日之内，五日不行，你便给老子滚蛋！"钱枫被骂得体无完肤，回到学舍，看着众弟子，一脸愁苦，不禁失声道："我的爷嘞，你们都是爷，行行好，大哥撤了我，你们有什么好处吗？上哪儿去找像我这般好的领头？你们这几天只管好好训练，我给你们当牛做马，伺候你们怎样？"说着，钱枫便亲自端来洗脚水，放在一个弟子面前，继而蹲下身，拽了那弟子的脚，放入盆中，一面洗脚，一面哭腔道："我给你们当牛做马，我给你们洗脚，你们就行行好，给我争点脸！"众弟子见状，皆嘻嘻而笑。洗脚的那个弟子更是猖狂，对钱枫笑道："洗干净点，我便好好用功习武。"钱枫没辙，只得认认真真地照做。

一晃又是几日，张松一队仍是不见成效，然而钱枫每晚训练归来，仍旧亲自给各弟子洗脚，这日，正洗着，那弟子笑道："我看啊，不是我等训练不用功，而是你洗脚分神，洗不干净，我等怎安心习武？大家说，是不是？"众弟子皆笑着附和。钱枫顿时火冒三丈，端起洗脚水，迎面朝那少年劈脸泼了过去，骂道："妈的！给你脸你不要！洗你个蛋蛋。"那少年抹一把脸，怎肯罢休，起身揪住钱枫，回击道："老子稀罕你洗？"钱枫不由分说，拉住那少年便打，亲近钱枫的弟子紧忙前来助架，亲近那少年的弟子自然也不能容忍，纷纷过来助架，一时间学舍内打得热火朝天，最后把林教头惊动了，责罚钱枫等人光着脚绕校场跑圈。

翌日，林教头便提前撤销了张松的领头，队员数十人分派给徐龙和孙廷文二队。

各队严加习武，自不必细说。

※　　　※　　　※

长安城迎来了深冬大雪，整座城池被冰雪覆盖，街头小巷不免有些萧条冷清。徐龙在武学院每日习武，研习兵法，不觉又是数日。张松因蝎子误伤了孙廷文，再不敢恣意妄为，惹出什么事端。武学院这段光景倒太平无事。又因比武大会在即，众生奋加操练拳脚，跃跃欲试一展身手。

大雪纷飞中的西苑安静祥和，徐斌立在门口，望一眼这北国雪飘，眼前忽而出现边疆三军征战沙场的血腥场面，想这天下难能太平，北虏南倭，战火纷飞，不觉隐隐哀恸。正在惆怅之时，忽见侍卫来报，道这夏婕妤在王府习学结束，要来武院探望徐斌。徐斌见这漫天飞雪，对随身侍从道："唤徐龙来！"

徐龙得传唤速速赶来，见徐斌行了礼，问道："师父唤弟子何事？"徐斌道："天降大雪，你婕妤师姐宿住户县王府，往来武院，路途多有不便，你且去迎接。不得有差池。"徐龙自然万般欢喜，自上次别过师姐，恍如隔了三秋，不知师姐身子安好，可曾受寒。这些日子，茶不思饭不想的，整日仿佛一介幽魂，缥缈于这世间，怎奈这思念猛于虎豹、烈于毒药。这次奉徐斌所托，也正好了却牵挂。徐龙便简单收拾妥当，决定明日一早便前往王府。

翌日，天未大亮，徐龙便驾马离开长安，直奔户县。一路上思绪倒腾，又惊又喜，却又怕见到，不禁暗暗想道："这思念真真如穿肠毒药，虽无形，却折磨得人颜容憔悴、神情恍惚。"一路上不见王府车马，徐龙又暗自道："想必还未启程。"便快马加鞭，疾驰而去。不料待徐龙赶到王府，得知夏婕妤一早便已离开。徐龙揣度定是走了小路，即掉转马头，朝小路奔去。行不多时，徐龙便看见王府的车马，追了上去。

夏正一眼便识得那马上之人乃是徐龙，先前随姐姐同往武学院，与徐龙有过一面之交，印象颇为深刻，见徐龙策马奔来，不禁高兴地喊道："龙哥，怎么是你？"徐龙勒马停住，道："师父派我前来迎接，不想你们走了小路，方才追了过来。——你姐姐呢？"夏正指着前方，道："喏，一个人骑马走在前面。"徐龙看去，见夏婕妤坐于一棕色骏马，身披红袍，举首凝视，不禁轻声叹道："万素江山一点红，美若天仙下凡尘。"徐龙看得入神，忽闻夏正喊道："龙哥……"徐龙方才回过神，好奇道："冰天雪地，你们为何挑小路走？"夏正摇摇头，道："姐姐让走的。"

徐龙双腿一夹马肚，跟了上去。夏婕妤听到马蹄声，应声回头，见是徐龙，喜出望外，道："师弟，你怎么来了？"徐龙道："师父担心你们路途不便，叫我过来迎接。却是为何挑这等狭窄小路赶往？"夏婕好道："大路无趣，小路风景甚多，又逢大雪，想必更是一番美景，盛景难却，才走小路。师弟莫怪。"徐龙没有答话，放眼望去，见重峦叠嶂，高山深处，白气蒸腾，恰若仙境。峰腰松柏素裹，棱棱嶒嶒，美不胜收。徐龙脱下棉袍，给夏婕好披上，关心道："天寒地冻，师姐小心受凉。"夏婕好系了棉袍，问道："这几日师弟可曾再受他人之气？"徐龙道："蝎子一事后，万事太平，多亏徐师父关照，才一切顺心。"徐龙看一眼夏婕好，不觉这雪中的她，更是美了十分，柔情问道："师姐你呢？"夏婕好也看一眼徐龙，心中暗暗道："情切切，意浓浓，怎个无边无尽的牵挂。怎个相思的苦。"口中却道："整日赋诗作曲罢了。"说罢看向远方雪山，忽而又问道："师弟可喜欢下雪天？"徐龙道："喜欢。"夏婕好突然勒马，转身对夏正道："你们先行一步，我随后便到。"

夏正一行人驾了车马，先一步去了武学院。

"师弟，我们下马走走吧。"徐龙见夏婕好下了马，一个纵身也跳下马来。二人牵马缓缓向前走。忽而见夏婕好附身，捧起一团雪花，凝视片刻，猛然吹了口气。雪花犹如蒲公英般顿时散开。夏婕好咯咯笑出了声，又附身捧一簇绒雪，撒向空中，继而展开双臂，一个优雅的转身。只叫徐龙看得痴呆了，不禁失口道："好美……"正待徐龙看得痴傻时，忽然感觉背后一阵刺骨冰冷，顺手摸去，见是一团绒雪，又闻师姐在一旁咯咯笑，喊道："师姐，你偷袭我？"说罢也簇了一团雪，朝夏婕好砸去。夏婕好一个侧身，躲了过去，继而附身又拘了一团雪，扔向徐龙。徐龙心想区区一团雪，没有避让，一个拳头迎了过去，砸得雪花飞溅。二人一来二往，在雪地里打得不可开交。

二人戏要得尽兴之时，徐龙见夏婕好愈发美艳惊人，不禁突然上前抱住夏婕好道："师姐，你真美！"夏婕好吃了一惊，慌忙挣脱掉徐龙的双手，颜色绯红，略带生气道："师弟……你……你干什么？"徐龙自觉失了态，支吾道："我……"又按捺不住情绪，便索性说道："师姐可是不愿意接纳徐龙？"夏婕好不知如何回答，只愣在一旁。徐龙见师姐不答话，又道："师弟失礼了，——想必是师弟妄想了。"夏婕好抬头看一眼徐龙，轻声道："师弟莫要这样说。"二人皆不知如何开口，便陷入了一时尴尬。夏婕好舒了一口气，问道："师弟，可否舞剑一回？"徐龙愣然望了一眼夏婕好，顿了顿，笑道："有何妨？"说罢，只见徐龙一个横跃，长剑出鞘。见那长剑游龙飞转，在漫雪中明光夺目。又见徐龙一蹲一踢一展一收，蔚然成风，招招精彩绝伦。那剑时而刺，时而劈，时而冲云霄，时而齐腰斩，快则如闪电，缓则如醉酒。夏婕好不禁赞叹道："好剑术！"竟也看得痴迷。

徐龙收了剑，仍旧气定神闲，对夏婕好道："师弟献丑了。"夏婕好叹道："人常曰刀剑如梦，不想方才真真似经历一场梦幻般。"徐龙不解，追问了一句道："师姐可是在夸赞徐龙？"夏婕好正目看一眼徐龙，又径自笑了，不言语，牵起马儿朝前走去。徐龙赶来，问道："师姐在想什么？"夏婕好道："武选大会，师弟有几成把握？"徐龙信心十足道："先锋将军非我莫属！"夏婕好笑道："师弟为何这般自信？"徐龙默默道："只有做了将军，才能配得上师姐。"夏婕好看一眼徐龙，轻语道："若是做不得将军呢？"徐龙一时木然，竟不知如何回答。夏婕好叹了声，暗自道："师弟不了解我的心思……"

二人见在此地逗留太久，恐徐斌担忧，便各自骑上马，直奔长安城。回到武学院，二人拜见了徐斌，叙了些闲话。徐龙见不便多留，便辞别徐斌和夏婕好，匆匆回了校场。

夏婕好在武学院一住便是数日，数日来不见徐龙过来探望，心有不悦，便每日抚琴聊以自慰。心结不得解时，便信步在西苑游走，却是逢水水无情，遇花花凋零，不禁暗自叹道："缘不知何起？只恨两情绵绵无绝期。难度，难度，怎解这相思苦？"也觉得这缘字可亲又可恨，思念起来如蜜又似毒药，只叫心思枯竭，魂失神落。这边一面相思苦，殊不知那边也一处闲愁。徐龙不解师姐之意，夜夜辗转反侧，神情恍惚，近在咫尺却又似远在天边，每每想去西苑探望，又恐误了师姐之意，倒使二人显得生分。如今，武学院忙于即来的武选盛会，更是无暇顾及西苑，徐龙只得暗暗叫苦。

一日，夏婕好忽而想起徐龙曾经提及城外的徐家庄，乃是一片世外桃源，徐龙每每提及都情深意长，赞不绝口，犹豫再三，便打听了去路，坐马车只身去了徐家庄。

徐长者家不难寻找，一打听，方圆十里，人人皆知。夏婕好来到徐长者家门口，见一俏丽女子正忙于操持家务，暗想道："这女子必是徐若雨了，真如师弟所说的，生得有模有样。"见徐若雨一只手轻而易举地拎起一桶水，灌入水缸，这男人气力倒使夏婕好吃了一惊。夏婕好叩门而入，轻声喊道："徐长者在家吗？"徐若雨闻声看去，见这般穿着女子，不禁有些吃惊。一声绫罗绸缎，言行举止皆是大家闺秀之态，怎会无名造访寒舍，紧忙擦了手，上前笑问道："姑娘找谁？"夏婕好道明了来由。徐若雨更是一惊，又喜道："龙哥经常提及你，今日终于见得真人了，果真如哥哥所言，婕好姐姐美若天仙。"夏婕好见徐若雨不同旁人，心直口快，言行质朴，更是欢喜，笑道："好个妹妹，师弟也常提及你，道你温柔贤淑、心地善良，今儿看来，倒要怪罪师弟，不肯详尽妹妹一身的好来。"徐若雨听罢"扑哧"笑了，欢快道："姐姐尽拿妹妹说笑了，我一个乡村姑娘，哪儿有哥哥说得那般好。"说着让了座，又道："姐姐且座，妹妹给姐姐沏茶。"夏婕好忙道："妹妹不必客气，过来叙叙话。"

徐若雨净顾进了厨房，泡了一壶浊茶，给夏婕好盛了一碗，又拿来些山果和一些晒干的干果，略带羞涩道："家里没有什么珍品好招待的，姐姐随便吃些。"夏婕好一眼见这妹妹便好生喜欢，又见她这般热情，便拉了她手说道："妹妹歇了，同我叙叙话便是了。"徐若雨同夏婕好坐了。夏婕好开口问道："怎不见徐老师傅？"徐若雨道："爹爹进山去了。——龙哥哥近来好吗？自上次别过，再无音信，叫妹妹好生想念。"夏婕好安慰道："妹妹不必挂念，师弟一切都好，只是近日事务繁忙，故不能前来探望。"徐若雨不悦道："徐海哥哥走了，龙哥哥也多日不来书信，这家里一下子清冷了许多。今日姐姐来，如见了亲人般，倒要和妹妹多叙叙话。"夏婕好乐道："姐姐早把妹妹当作亲人了，若是可以，姐姐愿意留在这里陪妹妹。"徐若雨笑道："姐姐哄我！姐姐乃是大家闺秀，怎肯住这陋室？"夏婕好听后，忍俊不禁，又扫一眼屋子，笑道："陋室不陋，清雅脱俗。"徐若雨见夏婕好喜欢，脱口而出道："既然姐姐喜欢，不如搬来住，也了却龙哥哥相思之苦。"夏婕好是明白人，听罢一脸诧异，好一阵子不说话。

徐若雨紧忙道："妹妹口快，若是说错了话，姐姐不要怪罪。"夏婕好抿嘴一笑，道："妹妹说哪里话。"故而又岔开话题，道："听师弟说妹妹烧得一手好菜，改日也让姐姐尝一尝。"徐若雨道："姐姐只管来便是，妹妹好生招待。"二人寒暄片刻。夏婕好忽而问道："你龙哥哥寝卧是哪间？"徐若雨紧忙引夏婕好来到徐龙书房。

夏婕好见书房正堂挂一幅猛虎下山图。图的一侧是一幅字，另一侧是一幅仕女图。画中女子体态丰满，挽髻拢鬟，一身粉红轻纱，似掩非掩。倒是那一抹笑容，最惹人爱恋，一双含情脉脉眼，分明在看画下人。夏婕好凝视片刻，回身问道："画中女子面善，却是何人？"徐若雨看向仕女图，顿了顿，道："此画无他意，是龙哥远方亲朋所赠，龙哥无处安放，挂于墙上。"夏婕好将信将疑，转身看向书桌。书桌上有一叠宣纸。夏婕好随手翻看了一张纸，是手抄的《滕王阁序》。另一张则是《曹刿论战》。纸张外侧横置文房四宝。徐若雨道："龙哥空闲之余，喜欢一个人在书房舞文弄墨，烦闷的时候，便从墙上取下玉箫吹奏，他的心事很少对旁人提及。"夏婕好这才注意到墙上斜挂着的玉箫，取来轻轻抚摸，少时又放了回去。

夏婕好继续环视着书房，忽瞥见徐龙床头的一沓衣物，问道："如此破败衣物，为何会留在此处？"徐若雨道："姐姐有所不知，这些衣物是龙哥哥大姐给他缝制的，平日里谁也不让碰。"

夏婕好回想起徐龙曾经提及过此事，自然也晓得姐弟之情，便径自拿起衣物端详一阵，道："衣物缝制手法精妙特别，我拿回去替他缝补缝补。"徐若雨知这衣物对徐龙意味不同寻常，不敢允诺，支吾道："这……"夏婕好笑一声道："妹妹放心，若是师弟怪罪下来，便说是我执意要拿的。"徐若雨想夏婕好同徐龙感情深厚，也倒不觉得为过，便欣然答应道："姐姐拿去便是，龙哥若是知道你拿的，高兴还来不及，怎会怪罪？"

二人再叙些闲话，夏婕好才拿了衣物，别过徐若雨，回了武学院。待夏婕好回到西苑，如获至宝，细心揣摩衣物缝制手法，用心修补。

说这徐若雨送别夏婕好，又回到徐龙书房，好一阵子看着墙上那幅仕女图，再看一眼空了的床头，不觉心底沉闷，叹一口气，出了书房。

几日后，徐龙得空回来探望，得知夏婕好来过，心里自是欢喜。当他回到书房，不见了床头衣物，脸色顿时凝固，冲徐若雨厉声问道："那些衣物哪里去了？"徐若雨第一次见徐龙生这么大气，不觉有些心慌，小心翼翼道："是婕好姐姐拿去了，说要替你缝补。"徐龙怒目盯着徐若雨，大声呵斥道："谁叫她拿的？我不是叮嘱过你，没有我的允许，谁也不能碰吗？"徐若雨支吾道："我……"徐龙又厉声道："你出去！"徐若雨心里委屈，又被徐龙大声斥责，鼻子一酸，哭着跑出了书房。

徐龙取下墙上长箫，缓缓吹奏一曲。徐若雨并未远去，依着门廊，听着箫音，望着夜色深处发呆。

翌日清晨，徐龙直奔武学院，前往西苑讨要衣物，不想路上恰巧碰到寻来的夏婕好。夏婕好见徐龙，满心欢喜，上前刚要开口说话，忽见徐龙质问道："那些衣物呢？"夏婕好不知徐龙因衣物之事，正在气头上，笑道："我刚要寻师弟，你倒过来了。我见那些衣物破损不堪，所以拿回来替你缝补缝补。"不料徐龙突然厉声道："谁叫你拿的？你知道那些衣物对我来说有多重要吗？你太自私了！"徐龙说罢，愤然离去。夏婕好吃了一惊，不知犯了什么错，叫徐龙生这一通气，越想越委屈，哭着回到厢房，见那床上缝补好的衣物，净顾气在头上，便拿来衣物一通乱拆，拆着拆着，又不忍心拆下去，捧了衣物"呜呜"哭了一阵子，望着衣物出神，暗自叹道："却是何必呢？"遂拿起针线，再一针一线地将衣物缝补。

※　　　※　　　※

徐龙因一时之气，同师姐夏婕好有了间隙，各自不相搭理，便是数日。徐龙待在学院，每日郁郁寡欢，后悔先前言语过了，倒惹来了今日烦恼，要去西苑探望，却迟迟不肯动身，心里好一阵子纠结。暗自想师姐约莫还在气头上，恐日后不愿再见徐龙，因此日子过得如同嚼蜡。

不觉年关将至，长安街巷顿时热闹了锅，户户筹备年货，东市西市精挑细选。往来贸易也不甚频繁，进关的，出关的，络绎不绝。但因蒙古骑兵屡次侵扰河套、敦煌一带，边关时时告急，西去丝路遭到中断。驼商能远商则远商，不能的则留在长安，以待边关安定再做计算。

时逢春节这日，徐海从重阳宫归省，徐龙陪同徐斌也回了徐家庄。一时间徐长者家中好不热闹。徐海和徐龙久别重逢，把酒言欢。徐若雨在厨房掌勺。徐彪、徐长者同徐斌在厅堂叙话。是夜，饭菜备齐，众人围桌而坐。见徐龙端了一杯酒，起身一一敬过徐彪、徐长者和徐斌。徐海也起身一一敬了酒。

徐长者看一眼徐龙，对徐斌笑道："龙儿在学院可曾用心？"徐斌笑道："龙儿每日习武修学，刻苦勤奋，乃可塑的大将之才，兴许明年这个时候，已飞得更高了。"徐长者敬了徐斌一杯酒，乐道："老朽承蒙徐大人抬爱龙儿，才有了他今日。"又对徐龙道："龙儿，还不快谢过徐师父。"徐龙持一杯酒，敬徐斌道："弟子在学院中没少给师父添乱，师父不计前嫌，尽心关照，弟子甚为感激，敬师父一杯。"徐斌悦道："只要龙儿潜心修武，日后必成大器。"说罢二人一饮而尽。徐彪也同徐斌叙了话，问徐海在重阳宫的境况。徐斌也一一说与徐彪。徐彪唤徐海也敬徐斌一杯酒。众人各自叙了话。又见徐斌对徐若雨问道："小雨，今年多少岁了？"徐若雨道："回伯伯的话，若雨十六岁了。"徐斌若有所思，细细打量一番徐若雨，叹口气道："十六岁了……都十六年了……"徐若雨不懂徐斌所谓何意，见徐斌一脸悦色盯着自己，紧忙道："伯伯吃酒。"徐斌方回过神，笑道："好，好。"

众人吃了酒，各自道了万福。菜肴食过后，徐海、徐龙同徐若雨离开厅堂，留下徐彪、徐长者和徐斌在屋内叙话。三人坐在庭院里，见徐海笑一声道："还是年夜好，咱们能聚在一起，你们不知我在那重阳宫，真似座五指山，每日压得我好生憋闷。"徐若雨道："哥哥不静心修学，日后怎么大展仕途？"徐海叹道："我本无心仕途，领兵打仗，不过拳脚之事，何苦受这般屈？"徐龙道："徐海弟此言差矣，领兵打仗，讲究阵术韬略，若只是冲锋杀敌，同一介莽夫何异？"徐海道："那张飞、鲁达众好汉都乃一介草莽，不也忠义两全，英名留史。"徐龙想徐海说的不无道理，连同自己都厌恶仕途，有何颜面说教。见徐若雨笑道："哥哥不要同我谈论些仕途科第之事，今日难得相聚，不如一同玩耍，暂把那烦恼放下。"徐海和徐龙应了。忽见北方天际处烟花四起，燃亮了整个夜空。徐若雨惊讶道："好漂亮的烟花。"徐海暗自道："不知哪家达官贵族放的？"

徐龙径自取来烟花，神秘道："妹妹且看。"徐若雨见是烟花，好不高兴，紧忙道："哥哥快同我放烟花。"却一个闪影躲到门后，偷偷看去。徐海和徐龙把烟花放置庭院，用香火点燃了，也紧忙退了几步。等了少许，不见烟花，二人正要前去看个究竟，忽见烟花鸠鸣似的直冲云霄，顿时划亮了夜空。徐若雨愉悦地手舞足蹈，便拍手便喊道："好漂亮的烟花！"三人放了烟花，又叙了往日快乐之事。徐若雨央求徐龙讲他在武学院的趣事。徐龙便挑了几件有趣之事说于徐海和徐若雨。忽而念起师姐夏婕妤，不觉得有些失落，便闭口不言了。徐若雨看出了徐龙的心事，紧忙道："龙哥哥，你稍等。我有一样东西给你。"说罢去了自家厢房，取来一包裹交给徐龙道："婕妤姐姐几天前过来，托我把这件包裹交给哥哥，并说前几天误拿了哥哥的衣物，向你赔礼道歉。"徐龙听罢心头一颤，吃了一惊。徐若雨又道："听说夏府安排了孔明灯会，徐海哥哥，咱们一起去看吧。龙哥哥你也同我们一起去吧。"徐龙手捧着包裹，一门心思地沉浸在夏婕好的回忆里，怎有心思去看孔明灯会，便黯然道："你跟徐海去吧，我有点累了。"徐若雨瞥一眼徐海。徐海立刻领会道："那龙哥我们去了，你若是来，寻我们便是。"说罢便同徐若雨离开了庭院。

徐龙小心翼翼地打开包裹，见是那些衣物，已经缝补完好，针线手法同家怡姐姐的手法如出一辙。衣物下面还放置了一双棉布鞋。徐龙捧了那双精致的棉鞋，万般情绪都化作了悔恨的泪儿，径自默默流着。徐龙不禁失口道："婕好……"

徐龙在庭院久久坐着，好生思恋夏婕好，不觉愁入肝肠，愈发心痛难耐，便起身也离开徐家庄，去了长安城内。

长安城为庆春节，城门大开。城内更是热闹非同寻常，千万灯笼垂挂，一片通亮灯海。观灯之人川流不息，声音鼎沸。行至钟楼，见那钟楼鼓楼遥相呼应，也是遍体通亮，在夜色中拔地而起，堪比天上宫阙，竟似两处幻境。

徐龙沿街行走，于万人中犹如孤影刁魂，那人马嘈杂声全听不见了，那扑闪灯火也竟似虚无缥缈般。寻这伊人，放眼看去皆是，又都不是，殷切盼着又恐遇见，所见所闻皆百无聊赖，独等那一处风景忽现。

"小姐，快看那个，好漂亮的灯。"人声中忽闻一丫鬟并一青衣女子走来。二人在人流中穿梭。那丫鬟好生活气，只那小姐看上去无精打采、失魂落魄，看这个无趣，看那个也无趣。丫鬟不解小姐心中愁苦，只顾着径自玩耍。又见那丫鬟道："小姐，咱们去放孔明灯，给老爷祈福去吧。"小姐叹了口气，冷冷说道："你先去，我随后便来。"丫鬟见小姐一脸愁眉不展，紧张地问道："小姐怎么不开心？"小姐摇摇头，道："你且去吧，不用管我。"那丫鬟不好再说什么，径自去了。留下小姐独自观灯。

却道这俏丽小姐不是别人，正是夏婕好，也因思念之苦，徒有其表，精神早已萎靡不堪。此时行走在人声喧哗中，不仅没有解忧，反而更显得冷清寂寥，思苦无处可逃。

一面是愁苦的夏婕好，另一面是惆怅的徐龙。二人漫无目的地相向游走，却是不期而遇，怎叫这不是上天的戏弄？那日日思念的人儿便这样毫无防备地突然出现在人海中。二人止住脚步，立在原地，泪眼相看。时间仿佛突然定格，一切不复存在，又忽而人声涌动，周边活灵活现了。二人慢慢朝彼此走去。忽而见徐龙疾步冲了过去，拥夏婕好入怀，激动道："婕好……"夏婕好也紧紧抱住徐龙，哭成了泪人。

二人你有情他有意，此刻终于可以别了相思苦，拥抱那近在咫尺而又久远的温存。恰逢此时，长安街一盏盏孔明灯缓缓升起，如散落人间的星星重回天堂。徐龙拉了夏婕好寻了一处僻静之地，也拿来一纸孔明灯，笑道："今晚我陪师姐放孔明灯。"二人点燃孔明灯，又见徐龙道，"师姐，许个愿吧。"夏婕好闭上眼睛，默许片刻，便睁开眼睛，笑颜看徐龙道："许了。"二人才一起慢慢放手，见孔明灯随风升起，越飞越高。

夏婕好依偎在徐龙怀里，抬头看着远去的孔明灯。那孔明灯渐飞渐远，大如盘月，又细如豆粒，再者便消失在了夜色中。

※　　　※　　　※

春节刚过去不久，长安城则褪去了寒冷，一如三月天般温暖。徐龙同夏婕好冰释前嫌，往来更是亲近。徐龙得空便前往西苑寻夏婕好叙话戏耍，雅兴时不忘抚琴弄箫，情意愈加浓厚，恨不能日日厮守在一起，寸步不离。一来二往，没有不透风的墙，徐龙同夏婕好的关系在学院不胫而走。

孙廷文也得知了此事，不觉心中愤恨，念那徐龙小子怎个能耐，倒让夏婕好喜爱，越想心里越不痛快，便去西苑寻夏婕好，见面便问道："我听说师妹最近还徐龙那小子走得很近？莫不是真如众人说的，师妹喜欢上那小子了？"夏婕好见孙廷文没头没脑说这一通话，生气道："师哥前来只是问这事？"孙廷文紧忙道："那小子有什么好？如何配得上师妹你？"夏婕好道："配得上配不上那是我自己的事，不用师哥担心。"孙廷文道："我有哪点比不上徐龙那小子？师妹为何宁可喜欢他而不肯接纳我？"

夏婕好看一眼孙廷文，叹口气道："感情的事，本就是两情相悦。"孙廷文一把抓住夏婕好的手，质问道："难道师妹真的对我一点感觉都没有？"夏婕好慌了神，紧忙挣脱开孙廷文的手，道："师哥不要这样，我同师哥只有兄妹情深。"孙廷文怒道："哼！你跟徐龙那小子根本就是殊途，怎会走到一起？"夏婕好道："若真如师哥所言，师妹也认了。"孙廷文见夏婕好心意已决，又道："师妹你……""师哥不要再说了。"夏婕好突然打断孙廷文，道，"若是师哥还认我这个师妹，日后莫要再提此事，师妹心中自有分寸。"孙廷文知夏婕好无可挽留，怒然离开。

不巧在走廊遇见了正前来的徐龙。徐龙见孙廷文怒气冲冲，上前行礼道："师哥何处去？"孙廷文上前一把揪住徐龙衣领，怒道："以后离婕好远点！听见没有？"徐龙料孙廷文知晓了自己同夏婕好的关系，便应声道："我同婕好情投意合，谁人也阻拦不得。"孙廷文气得咬牙切齿，恶狠狠道："婕好……婕好……岂是你这臭乞丐叫的？你不看看你什么身份！婕好乃夏府千金！你算什么东西？癞蛤蟆想吃天鹅肉！"徐龙一把甩开孙廷文的手，义正词严道："我同婕好的事与你何干？"孙廷文斥责道："我就是看不惯你跟婕好在一起！能够配上婕好的必然乃是我大明朝先锋将军。"徐龙笑道："好个先锋将军，不几日便是武选盛会，我必要讨个将军！"孙廷文冷笑道："不自量力！"徐龙也冷声道："那便比武场上见！"孙廷文冷哼一声，离开了。

徐龙径自来到西苑，见了夏婕好，二人说了些情话。又见徐龙问道："方才我撞见廷文师兄了，可是也来过了这里？"夏婕好道："来过了，说了一通臭名的诂，然后气冲冲走了。"徐龙笑道："恐他也是心里有师姐，才发那般大的火气。"夏婕好脸色一沉，冷声道："师弟也是觉得廷文师哥说得有理了？那便回去吧。"徐龙见夏婕好误会了自己的意思，便解释道："我与师姐怎样？同他人何干？日后莫管他人闲言碎语。"说罢近了夏婕好，坐在床榻上，拉起夏婕好的手，笑道："师姐生气的样子也这般好看。"夏婕好抿嘴笑一声道："休要贫嘴。师哥也是一番好意，日后莫同他生疏了。"徐龙应了声，忽而瞥见针框里一卷手帕，拿起看去，见手帕秀了一双鸳鸯，一只尚未绣完，绣花针插在帕上。那手绢绣法极其精妙，徐龙不禁失口赞道："师姐绣的鸳鸯栩栩如生，真是妙不可言。"夏婕好抢来手绢，笑道："师弟喜欢便好。"徐龙问道："师姐可是绣来送徐龙的？"夏婕好抿嘴笑而不言。二人坐了片刻，又见夏婕好问道："师弟明日可得空？"徐龙道："师姐有何事交代？"夏婕好道："明日随我去一个地方。"徐龙欣然应诺了。

翌日一早，徐龙便来西苑寻夏婕好。二人收拾妥当，驾一匹马出了武学院。时日，天朗气清，惠风和畅。徐龙驾马坐在后，夏婕好在前，二人经过长安城大街小巷，直出永宁门。徐龙问道："师姐，却是往何处去？"夏婕好道："户县。"不等徐龙问个明白，夏婕好腿一夹马肚，径直驰离了长安城。

二人一路策马驰骋，欢歌笑语，好不快活潇洒。行至半途，夏婕好突然勒马，慢了下来。少时，指向不远处连绵山脉，问道："师弟，你看。"徐龙顺势看去，见眼前山脉逶迤，或高松入云，或低矮起伏，若是问特别之处，徐龙倒真没有看出个端由来。徐龙又仔细辨去，忽而见那或高或矮山头，隐约凑个人形来，心中暗暗道："莫非师姐是说这个？"便说道："看上去倒似一个睡着的人儿。"夏婕好笑道："师弟慧眼，却知那睡着何人？"徐龙不知。夏婕好便道："那睡着之人乃是一名平虏将军。"说着又细节解说于徐龙，徐龙应声看去，果真似个睡着的威武将军。徐龙好奇地问道："可是有典故？"夏婕好道："据说汉朝时期，匈奴铁骑侵入边关，兵临城下。朝廷派霍去病将军在此领兵抗击匈奴，经一番浴血奋战，最终汉军大败匈奴，胜利凯旋。当地百姓为了纪念这位英雄，便取名此地为将军山。那睡着的将军便是霍去病将军。"徐龙闻声起敬，道："如此英雄之地，须当亲自拜访！"即快马赶到山前。

山口立一座柴门，门匾上写着："将军寨。"二人下了马，牵马进入。这里有屋舍田陌，虽说不甚繁华，倒是一片宁祥之地。鸡鸭牛羊，猎户樵夫随处可见。二人寻了一家农舍，套了马，便信步朝山上走。行不多远，见庙宇两座，东面是几进道观，西面乃是一座佛寺。二人进了道观，拜了拜，折身又进了佛寺拜了拜。出了寺院，又朝山里走去。沿山而行，路开始变得陡峭。山峰从尖尖一角也开始慢慢挺拔。再前行少许，峰回路转，只见一悠长峡谷，谷内沟壑纵横，层峦叠嶂，峭壁林立。再深处，有瀑布飞溅，树木苍翠。细视凝望，瀑布从九天而下，气势汹汹，着礁石而开，水花成虹，美不胜收。瀑布落滩，汇集成河，河聚入湖，便是眼前这边开阔的"天池"，湖水清澈，波光粼粼，有山鸭戏水，有白鹭成群。蒹葭苍苍，林木茂然。山花烂漫，鸟鸣婉转。有古寺隐于深山，有钟声荡于山涧，有石径曲于竹林，有云雾飘于天际。

东有桃花岛，桃花始盛开，四月芳菲。南有竹林，一碧万顷，竹叶青翠，与山风同舞，与天宇同傲。如画如梦，美不胜收。西有槐林，幽幽不见尽头，远看祥雾锁山，银波浩渺，绵延不绝。山花烂漫，有蜂鸣蝶舞，争香扑，惹得一山幽香。

徐龙见状，不禁赞道："将军山，乃天下第一山。"夏婕好闻声笑道："师弟可喜欢此处？"徐龙点头道："泛泛红尘外的世外桃源，一片祥和之地，若能隐居于此，将是三生之幸。"夏婕好道："其实，这次来，我还有一个心愿。"徐龙看着夏婕好道："哦——师姐不妨说来听听。"夏婕好满眼含情，看着徐龙道："师弟猜猜看。"徐龙看向远处，又回头对夏婕好道："莫非师姐是希望师弟日后也能够成为一代名将？"夏婕好碎步走近徐龙，盯着徐龙的双眼轻柔问道："龙哥，做了将军是否会负我？"徐龙将夏婕好拥入怀中，道："怎会负你？今生唯师姐是爱，若是没了师姐，徐龙也不敢苟活于世。"夏婕好贴着徐龙胸膛，娇喘喘道："婕好愿意同龙哥长相厮守，此生不相负！"徐龙道："我一定会成为将军！娶你做将军夫人。"夏婕好轻笑一声，不语。

二人又行至峡谷深处，忽见一悬空古栈道，高百丈，如一条虬龙贴壁绵延。二人登上古栈道，只听脚下"吱呀……吱呀……"作响，吓得夏婕好不敢前行。徐龙牵夏婕好双手，紧贴墙壁，走在先。行至半山腰，朝下看，顿时头晕目眩、心惊肉跳。夏婕好道："龙哥，抓住我的手不要放开。"徐龙道："跟着我走便是。"颤颤巍巍行了好久才到山顶，眼前豁然开朗，八百里秦川尽收眼底。山顶有亭，厅内有石桌、石凳。亭旁有泉涌动，泉水清泠，入口甘爽。

夏婕好坐于亭内，目视远方，忽然吟诗道："明月出天山，苍茫云海间。"徐龙接道："溪花与禅意，相对亦忘言。""龙哥，可否为我吹奏一曲？在此地吹奏，想必另有一番风韵。"徐龙从怀里取出玉箫，"唔……"的一声长啸，划破山空。夏婕好听得入神，自言自语道："沧海一声笑，不问英雄归处，——龙哥，等我们厌弃尘世，也退隐江湖，隐居于此，从此不闻世事。"她看看徐龙，又自言自语轻叹道："江湖在我心，我心即江湖，怎隐得去？"

二人交谈之际，忽闻远处一声糙音道："落叶潇潇，寒烟暮暮，吹得好！"见一仙人过来，步履轻盈，容光焕发，精神矍铄。徐龙紧忙站起身，问道："敢问仙人是？"只见仙人笑道："我只知唐宋，不知元明，更不知山中年月，只知灵芝食了八枚。"徐龙不解问道："仙人从哪里来？要到哪里去？"仙人笑道："无根无源，世间百态终轮回。"夏婕好也不解问道："大师，何故一人到此?"仙人笑道:"高山仰止,景行行止,头顶明月,脚踏云间,何故一人?"徐龙问道:"大师为何刚才出此言?如何得知我箫吹奏之意?"仙人笑道:"你惑非我惑,你福非我福。禅者静也,法者度也。静中之度,非悟不成。悟者,洗心涤虑,脱俗离尘是也。夫人身难得,中土难生,正法难遇:全此三者,幸莫大焉。至德妙道,渺漠希夷,六根六识,遂可扫除。菩提者,不死不生,无余无欠,空色包罗,圣凡俱遣。访真了元始钳锤,悟实了牟尼手段。发挥象罔,踏碎涅槃。必须觉中觉了悟中悟,一点灵光全保护。放开烈焰照婆婆,法界纵横独显露。至幽微,更守固,玄关口说谁人度?我本元修大觉禅,有缘有志方记悟。"说罢,仙人大笑而去,一转眼便消失在了云雾间。

两人依亭而坐,夕阳斜照,山峦叠翠,万物吐芳,好似画,胜似画,画中有画。但闻夏婕好道:"真想陪龙哥长相厮守于此。"徐龙道:"有何不可?若是你愿意,你我在这里过逍遥自在的日子,从此不闻世事。"夏婕好目光深邃,望着远方,顿了顿道:"你我本是俗子,怎避得这凡尘?"二人在亭中坐了片刻,便顺山而下,临近一湖潭,名曰:美陂湖。

湖潭码头,停泊一叶小舟。徐龙同夏婕好乘了舟,游向湖潭中央。这湖潭浩浩渺渺望不见尽头,两边皆是垂杨荆棘。绿草丛中虫鸟唧啾。再往上看去便是千仞壁立,素颜黛妆。偶尔瞥见几簇山花,白色、粉色,正值烂漫盛开。夏婕好看罢,好生喜欢,依偎在徐龙怀里,暗暗叹道:"舟行碧波上,人在画中游。"徐龙见如此盛景,便情不自禁地取出玉箫,自成一曲。夏婕好听罢,笑道:"龙哥吹得恰如其分,于情于景再合适不过了。"徐龙道:"这世上知我者,唯有师姐一人,徐龙此生只愿为师姐一人吹奏。"夏婕好笑道:"又耍贫嘴,若你做了将军,功成名就,仰慕你的美貌女子自然少不了,恐那个时候你便嫌弃我人老珠黄,弃我去了。"徐龙一听,忙道:"师姐羞煞徐龙了!只要师姐不嫌弃徐龙,徐龙便一直陪伴着师姐,绝不心猿意马。"夏婕好见徐龙好生紧张,"嗤"地笑出了声,望着远山,轻轻道:"戎马生涯,世事难料,龙哥万不可负了我。"

湖光映射在夏婕好脸上,泛起粼粼晶光,竟叫徐龙看得如痴如醉。徐龙不禁暗暗叹道:"山似山,水似水,山水在眼前,何来无山水?"夏婕好见徐龙不言语,问道:"龙哥在想什么?"徐龙笑道:"此情此景让我想起了西湖之游。"夏婕好道:"哦,西湖可比这美吗?"徐龙叹道:"皆是一汪湖水,如果没有那个人，天下的水又有什么分别呢？"徐龙盯着夏婕好。夏婕好莞尔一笑，拢拢头发，道："我虽没去过，却听得过，那里住着一段神话，水便活了。"徐龙道："师姐说的是，西湖水如那龙井茶，需要慢慢品。"夏婕好低头看着粼粼波纹，叹道："风是波的知音，波却以为是光读懂了它。"徐龙不解，疑惑道："师姐在说什么？"夏婕好笑而不语，望向浩渺飘忽的尽头。尽头一线突兀，有景却看不见，无景却胜似景。

二人戏耍片刻，见天色渐晚，便原道返回，取了马，直奔长安城。临近长安，夏婕好忽而道："龙哥，天色尚早，我们再去别处看看，如何？"徐龙道："天色都这么晚了，外面蚊虫又多，还是早些回西苑吧。再耽搁时辰，关了城门，恐回不去了。"夏婕好两眼含情，脉脉注视着徐龙，撒娇道："龙哥哥，好不容易出来一趟，我还想去别处看看，好不好吗？"徐龙哪能禁得住这般诱惑，怎肯不应？便调转马头，同夏婕好去了别处游玩。

谁料这夏婕好如放生的牲灵，玩得投入，竟不知天色已经大黑。二人见城门早已关闭，不得已在城外寻找住处。这荒郊野外，前不着村后不着店，二人好一通寻找，才在一片荒凉处，寻得一破败宅院。

二人走了进去，见这荒宅已被废弃许久。徐龙苦笑道："夜色越深，天气越寒，看来今晚你我要在这鬼地方过夜了。"夏婕好打趣道："龙儿又在哄我，乞丐怎能住这等豪宅大院？"徐龙拴了马，引夏婕好推开户门，见里面阴暗难辨，说道："你站着别动，我寻些柴来。"夏婕好害怕，急忙抓了徐龙的手，道："我跟你同去。"二人捡了些干柴，在厅堂中央生了一把火。借着火光，徐龙扫视一眼宅邸，见这厅堂倒也亮堂，只是许久没有人打扫，到处布满灰尘，蜘蛛网东结一处、西拉一处。又见地上平铺了层干草，便笑道："看来你我不是第一个流落到这里的人？"夏婕好好奇问道："哦？还有别人？"徐龙指指那平铺的干草，说道："我当乞丐的时候，便是睡那样的干草。"夏婕好看去，果真似有人睡过，便笑道："龙哥倒要跟我好好说说你当乞丐的生活。"徐龙冷笑道："当乞丐有什么好说的！"说罢脱去外袍铺在干草上，抚夏婕好坐下。又去别处捡了些柴草，兴旺了火。

夏婕好道："听旁人说当乞丐快活，可是真的？"徐龙笑道："做乞丐又脏又臭，岂能快活？若是快活，人人还不得去当乞丐？"夏婕好侧了侧身子，道："龙哥坐我身边来。"徐龙坐了，问道："师姐，饿不饿？"夏婕好摸摸肚子，笑道："有点。"徐龙紧忙站起身，道："师姐坐着，我给你寻吃的去。"夏婕好忙阻止道："龙哥不要走，我一个人害怕，你给我讲故事，我便不饿了。"徐龙便又坐下来，问道："师姐想听什么故事？"夏婕好道："就同我讲讲你当乞丐的生活。"

徐龙触景生情，叹道："此番情景，还真如我做乞丐那般，那时我住在'讨饭屋'，天天走街串巷挑泔水、喂猪、做饭，浑浑噩噩，累得要死，大白天靠在墙头都能睡着——"徐龙顿了顿又说道："那段时日着实辛苦，每次徐彪爹爹包子铺一开张，我们这些小乞丐就会聚拢过去，等待施舍。众弟子纷抢，我身单力薄，挣不得，就躲在墙根。若雨妹妹见我可怜，心疼不已，每次都会给我留几个肉包了。"夏婕好诧异道："是不是？"徐龙道："没有骗你，我当乞丐不仅没有消瘦下去，反而壮实了。那番生活倒是自由，却也是迫不得已。"

徐龙提及那段时日，不禁动了恻隐之心，一阵酸楚涌上心头。虽转移话题，道："且说说你是如何进的康王戏班？人人都晓得，康老前辈和王老前辈都是世外高人，不食人间烟火，若想拜其门下，比登天还难。"夏婕好道："这要感谢弟弟夏正。为父不想他不学无术，又久闻康老师父大名，虽想让弟弟拜其门下，学习技艺。不想康老前辈德高望重，即便为父乃朝廷命官，二老不畏权势，也不肯收弟为徒。当时徐斌师父乃是为父的幕僚，与唐寅交情甚好，又闻康老两位前辈喜好唐寅字画而不得。徐师父谏言送康老前辈一幅唐寅真迹字画，必为所动。果真如徐师父所言，康老二位前辈见字画爱不释手，遂答应收弟弟为徒。"徐龙点头道："原来如此。"夏婕好又道："说来也是缘分，那日我与为父同去，见得字画，自知不才，斗胆对字画评说一番，不想正解字画之意，康老两位心悦，遂收我为徒，授我真传。"徐龙笑道："说来却是缘分。"

夏婕好深情地望着徐龙，道："龙哥，过些日子我要回府探望家母，你同我回去如何？"徐龙闻之吃了一惊，却从未考虑过这个问题，犹豫了片刻，只得说道："好啊，何时动身？"夏婕好道："回学院便即刻动身。"徐龙暗想这般身份去见，恐会遭到耻笑，若是不去，师姐定会多想，正在踌躇之时，又见夏婕好道："龙哥不用担心，家母十分疼我，自然不会怠慢你。况且——"徐龙问道："况且什么？"夏婕好道："况且为父乃陕西巡抚，位高权重，若是家父能够出面，对龙哥武选盛会岂不是便利？"徐龙正声道："徐龙向来光明磊落，比武选将，自然是要靠真本事。若是以权谋私，徐龙万万不答应！他人若是知晓了，不仅辱了徐龙名声，恐也会牵连令尊。师姐的心意，徐龙心领了。"夏婕好看一眼徐龙，侧身依偎在徐龙肩头。徐龙挑了下火候，问道："师姐冷吗？"夏婕好轻声道："有龙哥在，不冷。——龙哥，我给你说戏如何？"徐龙应了声。

见夏婕好说道："相传在唐代有一位宰相生了三个女儿，小女儿王宝钏爱上了一贫如洗的薛平贵。父母横加阻拦。王宝钏逆命不受，硬是与薛平贵结为夫妻，并离家出走住到曲江池附近的一个小窑洞里，过着清贫的生活。不久薛平贵奉旨从军西征，只剩王宝钏一人独居寒窑困苦度日。薛平贵一去就是十八年，王宝钏一等也是十八年。这期间，其母多次来到寒窑苦苦相劝、苦苦相求，王宝钏忠贞不改，最后两人终于得以团圆。"

徐龙道："十八载——苏武将军也是十八载，人生有几个十八载？"夏婕好道："哼！不给你说了，你又在打岔，给你好好讲戏，你却——"徐龙道："好，我不说，师姐继续。"

老娘含悲离窑门，
如同钢锥刺我心，
并非宝钏心肠狠，
我立誓不进相府门。
……
一去不觉十八载，
书不捎来信不通。
老娘回去对我父讲，
就说女儿我丧残生。

徐龙听得入神，看得入神，虽然婕好唱得声泪俱下，却也泪人可娇，徐龙情不自禁道："婕好，你真美！"接道："嗨，我儿婕好唱得真好！让娘情何以堪，真是：我儿婕好刚烈性，孤居寒窑受苦情。他若不把相府进，老身陪伴在窑中。"

夏婕好听后，破涕为笑道："又贫嘴。"徐龙赞道："师姐唱得好。"夏婕好道："怎道世事一个妙字，好些事情，都这般似曾相识。"徐龙道："我也有同感！正如佛法所言：世上之事，莫不前定！包括师姐你，我都感觉在哪见过。"夏婕好道："那是当然，其实你我早都见过，还同你言语过，只是你贵人多忘事罢了。"徐龙突然抓住婕好的手，问道："你当真在哪见过我？"夏婕好道："你不就是那个整日徘徊在武学院门口的小和尚吗？"徐龙万分惊讶，只见夏婕好又道："徐师父深夜才回来。"徐龙恍然大悟道："想不到我要找的恩人竟是你！"

夏婕好望着火苗出神，不禁失口道："造化啊……"徐龙看向窗外，窗外月如钩，忽闻徐龙道："若是徐海在，今晚便热闹了。"夏婕好不解问道："为何？"徐龙道："前些日子，徐海大晚上给义父送去了好些西瓜。一问才知，都是偷来了。"夏婕好笑道："果真如此？"徐龙道："徐海千叮咛万嘱咐不要告诉若雨妹妹。"夏婕好道："他家有包子铺，没少吃，没少穿，干吗偷偷摸摸。"徐龙道："开始我也纳闷。不过有一次同他偷葡萄，算是大开眼界。"夏婕好打趣道："想不到大名鼎鼎的徐大将军也会跟着小喽啰偷鸡摸狗，以后该不会打家劫舍吧？"徐龙笑道："不会，不会，有这么厉害的将军夫人我哪敢？""少贫嘴，还不如实招来。"见徐龙故作声势道："在一个月黑风高的夜晚，——有两只狐狸闲来无事，萌生偷葡萄之念。小狐狸初来乍到，不问世故，却在大狐狸的教唆下，偷的葡萄竟然多于大狐狸。战果颇丰，回到洞里却大失所望。"夏婕好问道："却是为何？""当时天黑，伸手不见五指，结果偷回来的葡萄一个都不能吃。但奇怪的是，大狐狸偷的葡萄又甜又香。""葡萄还认人？""葡萄哪里认得人！小狐狸就不解地问大狐狸。大狐狸且说，多偷几次自然便知。""后来呢？果真又去偷盗？""岂敢？在小狐狸的再三请求下大狐狸终于说出了原因。"夏婕好好奇的眸子盯着徐龙。徐龙故作深沉道："嗯……大狐狸说……"忽然徐龙不说了。夏婕好急了，嗔怪道："快说！休要卖关子。"徐龙道："其实很简单，你用手一抓便知生熟。"夏婕好闻声一愣，顿了片刻方才领悟，继而大笑不止，道："你好无趣，又在耍嘴皮。"

说话之际，火光渐渐暗淡，夏婕好的话语渐渐含糊，眼皮也渐渐发重，片刻便睡了过去。徐龙怕她着凉，脱去身上的长衫披在婕好身上，守在她身边，寸步不敢离去。

徐龙望着夏婕好微微飞动的秀发，正自出神，忽听得婕好轻轻叫了一声："龙哥，你在吗？我好冷——"徐龙一怔，见婕好双目兀自紧闭着，知道她刚才在说梦话，眼眶不禁一热，随即躺下，将夏婕好拥入怀中。

屋外，有残月西挂，有零星闪烁，有虫喞啾。徐龙伴夏婕好而眠。待二人醒来，天已大亮。二人收拾了一番，便驾马直接回了武学院。

回到武学院第二日，夏婕好便邀请徐龙同她前往夏府。徐龙尚未做好十足准备，却也细细收拾一番，同夏婕好拜见家母去了。一路上徐龙心情忐忑、左右不安，又故作镇定，一副若无其事的神态。待到了夏府，二人下了马车。徐龙抬眼望去，见是一处府邸，门外几个小厮丫鬟陪护着一位妇人。那妇人穿着华丽、体态丰满，也是一副和善面容。那妇人见夏婕好同徐龙走过来，紧忙上前笑道："我的儿啊，可让娘好生想念。"说罢从头到脚打量一番夏婕好，又道："总算回来看娘了，这次怎去了这么久？"夏婕好笑道："这不回来看娘来了吗？身子可好？"夏母笑道："好，好着呢。"夏婕好又指着徐龙道："娘，这便是我给你提及的徐龙。"夏母细细瞅一眼徐龙，见徐龙身形健壮、眉清目秀，倒也觉得十分喜欢。徐龙行礼道："徐龙拜见伯母。"夏母应了声，也不再理会，便偕了夏婕好进了宅院。

几人到厅堂坐定，夏婕好问道："爹爹呢？"夏母道："你爹爹公务繁忙，哪得空回府？你回来，在府上多住几日，陪娘叨叨，这几日府上一个亲人不在，把娘快闷死了。"夏婕好道："听娘便是了。"夏母看一眼徐龙，问道："听我儿讲徐公子是一介俊才，不知府上尊姓？家住何处？府上可还有姊妹弟兄？"徐龙一时语塞，不知如何回答。夏婕好紧忙解围道："龙哥文武双全，在学院深得徐师父赏识，今年武选盛会，龙哥必然争得先锋将军。"夏母乐道："好好好！徐公子不必客气，权把这里当作自己家，日后得空多来府上坐坐。"徐龙紧忙谢道："承蒙伯母厚爱，徐龙荣幸之至。"夏婕好道："弟弟可回来探望过？"夏母叹了口气道："你弟弟在王府拜师求学，难得回来一次，却说先前盼着正儿有出息，如今真离了家，为娘倒有点不舍得。"说罢，隐隐啜泣几声。夏婕好看着心疼，劝慰道："娘不必难过，日后我同弟弟多回来看你。"夏母忽而又笑道："如今你回来了，提这些伤心事做什么？"又唤来丫鬟着备些酒菜。

夏婕好拿来备好的礼品，递给夏母道："听说娘近来身子不适，这是龙哥特意给你备的补身子的补品。"徐龙闻声一怔，看一眼夏婕好，悔恨自己只顾着来，倒是忘记了备礼，还是夏婕好想得周到，不觉心中更是惭愧。夏母笑道："徐公子有心，这次既然来府上，便多住些时日，不知贵府尊上，改日一定备厚礼登门造访。"徐龙紧忙道："岂敢岂敢！徐龙代家父家母谢过伯母。伯母好生休养身子，得空我一定转达伯母挂念。"

众人吃过便饭。徐龙同夏婕妤陪夏母叙了一会儿话，便离开在府上游走。徐龙看罢夏府，虽说亭台楼阁、假山绿水，应有尽有，也只不过是简单修饰罢了，不想这巡抚宅邸并没有意念中那般奢华，不禁赞道："令尊为政清廉，可敬可佩。"夏婕妤闻声，笑道："龙哥不曾见我爹爹，如何得来爹爹为政清廉?"徐龙便将所见所闻说于夏婕妤，又道："师姐有所不知，我在徽州刘府时，单那沁园则堪比人间天宫，宅院之大、铺设之精华，岂是一般大户能比得。不想堂堂巡抚府邸，装饰却这般精简，岂不是夏大人为人清廉，叫徐龙好生敬佩。"夏婕妤道："龙哥说的是，爹爹虽说位高权重，却从未贪得朝廷半文俸禄，克扣百姓半日口粮，勤俭持家，也时常训诫我和弟弟，不可骄纵奢华，铺张浪费。"夏婕妤又叹口气道，"虽说家父为人清廉，只因不肯攀附权势，直言进谏，受小人谗言排挤，圣上龙颜大怒，才贬黜家父为西北巡抚。"徐龙也叹道："常人说伴君如伴虎，稍有不慎，便不知惹出什么事端。不过师姐放心，夏大人为官正直申明，百姓拥护，不会有什么事。"夏婕妤听徐龙一番话，心情才稍稍平复。

徐龙正面看着夏婕妤，感激道："方才多谢师姐替徐龙解了围，若是伯母知晓我无名无分，恐也难容徐龙！"夏婕妤劝慰道："龙哥不可妄自菲薄。婕妤相信龙哥日后一定可以仕途大展，至于荣华富贵，不过过往云烟，龙哥不必放在心上。"徐龙知夏婕妤虽是这般想，但是日后真若无名无分，怎配得上婕妤。

徐龙本想多陪陪夏婕妤，在夏府多住几日，不料武学院传来急报，边疆告急，武选盛会日程提前。徐龙不得已才拜别夏婕妤，只身回了武学院。

　　　　　※　　　　　※　　　　　※

说这明朝初年，元朝残余势力从大都退守上都，后分裂三部，自东向西，即兀良哈、鞑靼和瓦剌。三个部落长年互相斗争，经常侵扰明朝边境。巴图蒙克登上蒙古汗位之后，自称达延汗，击溃蒙古各部，统一蒙古。正德十二年，达延汗逝世，其子孙又复各据一方，蒙古再次分裂，战乱不安。达延汗之孙俺答汗是蒙古十二土默特万户领主，数次征讨北方兀良哈和青海瓦剌等部，后统一右翼蒙古，控制漠南，势力日强，于嘉靖二十三年，拥兵十万侵略明朝边境。边关告急。

朝廷命兵部尚书毛伯温、浙闽巡抚朱纨前往陕西，同西北巡抚夏言、陕西巡抚翁万达会商御敌之策。适逢三年一度的"武学盛会"，几人商议完毕，便一同亲临武学院比武盛会。

这日武学院校场异常肃穆。骑兵、步兵、弓箭手各自成阵，军容肃杀威武。几百名旗手，手打虎豹战旗，环立于方阵四周。徐斌站在校场前方高台，一身藏蓝军装，外罩红色罗袍，从容地视察着整个校场。校场的正中央坐落着一个大理石砌成的圆形擂台。擂台四周兵架上插满了刀枪剑戟各式兵器。

几位大人依次坐于校场正廊下。徐斌回身领命，得夏言指令，继而高喊一声道："擂鼓！"

"咚咚咚……"校场两面几十名赤膊壮汉，发力擂响战鼓。见个兵阵营得令，依次排开，尽显阵术。林、冯、陈三位教头各立一处高台，发号施令。

见骑射兵阵，控马疾驰，甩开阵阵扬尘，行至一百五十步开外，弯弓拉箭，齐齐射向靶心。待兵阵演练完毕，又闻校场上三通鼓响。忽见一名手举令字红旗的兵士策马出阵，高喊一声道："比武弟子出列！"

话音刚落，单间几十名学院武生应声出列，各自骑了战马。战马中见一白衣黑马，马上之人正是孙廷文。又见一黑衣白马，马上之人乃是徐龙。二人威风凛凛，格外扎眼。比武第一项乃是守擂。众武生摩拳擦掌，跃跃欲试。待一轮比试下来，只剩得五名武生。比武的第二项则是马上射箭。众武生取了弓箭，驾马百步开外，号令一发，众武生依次手持弓箭，驾马奔去。孙廷文取了弓箭，策马疾驰而去，多于其他武生百步，见他弓满如月，轻轻一松手，那箭稳稳射中了靶心。一旁观战的张松等人齐齐喝彩。徐龙也驾了马，两百步开外，拉满弓，也射中了靶心。耿直在一旁见状，高呼为徐龙助威。

林教头刚要施令进行下一项，却见徐龙驾马喊道："我再来一试。"徐龙策马三百步开外，一手举弓，另一手从背后箭筒里抽出三支箭来，夹在五指之间。众人看得殷切，不敢言语。校场顿时悄无声息。见徐龙双足一弹马腹，一手持弓，疾驰而去。手中箭矢如流星般"簌簌"射向靶场。第一支箭刚刚插入靶心，紧来的两支箭破空而至，直直劈开前一支箭翎羽尾部，插入靶心。众人竟似看得痴呆，少时便爆发震天喝彩声。

"徐龙，好样的！"欢呼声中忽而传来一位女子喝彩。见一袭红衣白马飞驰而出，马上女子青丝如瀑，宛若仙子，虽说蒙了面纱，但旭日之下，飒爽英姿，不逊色于任何热血男儿。徐龙纵马掠过女子身旁，瞥了一眼女子，回到列队中，再看那女子时，已不见了踪影。几位大人看得纷纷称道。夏言唤来徐斌，笑道："你带出的高徒果然非同一般，方才骑射，妙不可言，此乃大明之将才！"

比武进入第三项乃是马上斗武。擂台上红旗招动，两边金鼓齐鸣，徐龙跑马入阵内，藏在门旗下；孙廷文也从阵前跑马入军中，直到门旗背后，将台上又把黄旗招动，发了一通擂。两军齐呐一声喊，校场中静荡荡的。再一声锣响，扯起净平白旗，高台上众官员全都不在言语。

三通鼓过，徐龙骑着白马，孙廷文驾着黑马，各自勒马以待。旗牌官拿着销金"令"字旗，驰马上前，喝道："奉大人钧旨，教你两个各自用心。如有违规，定行责罚；若是赢时，多有重赏！"

二人得令，纵马出阵，来到校场中心。两马相交，二人兵器并举。孙廷文怒吼一声，抡起手中大斧，控马疾驰，对着徐龙冲杀而来；徐龙手挺长枪，跃马来迎，大喝一声："看枪！"说话间徐龙手中的神枪就到了孙延文跟前，这一枪刺得速快力猛，孙廷文自是不敢怠慢，用斧子护住自己顺势往外一推，大喊一声："嗨！"徐龙手中的枪遂即滑斧而过，孙廷文心里暗自叫道："好厉害的枪法！"两人在擂台中间，一来一往，一去一回，斗了五十个回合，不分胜负，擂台两边众军官看了，喝彩声此起彼伏，一浪高过一浪。高台上众官员感慨道："我朝武考一来，如此精湛打斗真是罕见！"

忽见孙廷文勒紧马缰，对着徐龙桀骜地喊道："今日射箭，让你抢了先机，你敢追我再战？"即刻，跃下擂台飞奔而走。徐龙应声道："有何不敢？"亦骤马紧追而去。孙廷文待徐龙相近，一连放出三箭，皆被徐龙闪过。徐龙道："让你再领教一下我的箭法！"复回马，引孙廷文赶来，拈弓在手，扣弦射向孙廷文，其箭正中盔缨。此刻，旗牌官只恐两人误伤了对方，慌忙跑出阵来，叫道："胜负已出，二位莫要再战！"徐龙和孙廷文斗到是处，各自要争功，哪里肯回马。徐斌见状，飞驰而至，立战马于徐孙二人之间，厉声喊道："两位歇了，休得相并！"二人方才收了手中军器，勒坐下马。

比武选将，胜负已出。夏言令徐斌将徐龙同孙廷文二人点入名册，交付于兵部尚书刘伯温，呈奏圣上。

徐龙胜了孙廷文，耿直等人自是要庆祝一番。皆取了酒来，见耿直道："大哥威猛，今日叫弟子们大开眼界。我等恭祝大哥升迁先锋将军。"众弟子举了酒，一饮而尽。徐龙谢道："承蒙众师兄师弟抬爱，徐龙侥幸获胜，不胜感激，敬众师兄师弟一杯。"众人吃了酒，一时兴起，便你一言我一语夸赞徐龙今日精彩比武，又说一番诸如"升了大官，莫要忘记师兄师弟"，"日后跟随龙哥南征北战"的话。徐龙答笑应了，心思却在孙廷文身上，暗想："虽说今日险些胜了师兄，但师兄武艺精湛，招招不露破绽，若是能够与他共同驰骋疆场，杀敌卫国，定是人生快事。"

孙廷文输给了徐龙，虽说心中气愤，却也心服口服。只是这张松在一旁煽风点火，碎舌道："没想到叫徐龙那臭小子赢了，得了将军名衔。料他也是侥幸，怎能比得我家主子。"旁人也附和道："徐龙不过是学了些妇人拳脚，大哥只是一时疏忽，才叫徐龙抢了先。若再比一场，大哥准赢。"张松八字眉挑逗一下，问道："想必徐龙那臭小子现在正忘乎所以，吃酒庆祝呢，哼！主子，要不要我等去教训他一顿？"孙廷文本因比武一事，正心烦，叫张松等人一阵聒噪，气愤道："还嫌给我惹的祸端不够？滚一边儿去！"众人落个没趣，灰溜溜地离开了。孙廷文暗自道："没想到往日小觑了徐龙那小子，今日交手，却是输得可敬，只是没能争得先锋将军，颜面尽失！"

不想翌日一早，朝廷便下来告谕，册封徐龙为先锋将军，即日回京领命。当下徐龙是一半喜，一半忧，喜的是终于如愿以偿，争得先锋将军，日后可以名正言顺地同夏婕好在一起；忧的是即日便要出征，来不及见夏婕好最后一面，征战沙场，出生入死，这一去，生死未卜，却叫徐龙不觉心生遗憾。徐龙临行前，跪拜了徐斌，又寻来孙廷文，道："廷文师兄，虽说你我先前有误会，今日奉命出征，戎马生涯，九死一生，此次前去，生死未卜。只是婕好……你是师姐最信任的人，不管先前你我有怎样误会，我都恳请你照顾好婕好。"孙廷文冷冷一声道："用得着你说？"徐龙从怀中取出那支玉箫，递给孙廷文，道："告诉婕好，勿念我！"孙廷文看着玉箫，没有接手，冷冷道：

"有本事自己送去！"

徐龙一把将玉箫塞进孙廷文手中，道："师兄莫要推辞，好生照看婕好。"孙廷文不知为何，这般处境，竟也生了同情，怒道："我知道婕好心里只有你！你小子好好地去，好好地回来！既然你小子选择了婕好，便要对她负责到底！"徐龙看了一眼孙廷文，叹一声道："若有机会，真希望能够同师兄一起杀敌。"孙廷文不禁又吃了一惊，笑道："只要你小子活着，还恐没机会？"徐龙也笑了声，说罢，徐龙骑马出了武学院。

耿直等人追了出来，喊一声道："龙哥……"徐龙见耿直等人，紧忙下了马，问道："耿直师弟你们怎么来了？"耿直紧握徐龙双手，两眼泪光，道："龙哥此次前去，万万要小心，众师兄师弟等龙哥凯旋。"徐龙应了声，上了马，拱手谢道："众师兄师弟，徐龙别过，保重。"即掉转马头，同随身侍卫前往京师赴命去了。

※　　　※　　　※

徐龙赴命京师，不得几日，便从边塞传来告急，蒙古骑兵进犯西北重镇庆阳城。朝廷急命夏言调集重兵驰援。徐龙得令赴任先锋将军，亲率三千人马出了京师，西进庆阳城。这时的徐龙一身银色铠甲，胯下骠骑战马，右手持一把丈余长枪，左系齐腰斩剑，见他面目俊朗，骨骼分明，神情肃穆。一马当先，身后骑兵百余骑，骑兵后步兵千人。浩浩荡荡，煞是威风。

忽见中将詹蓉策马上前，说道："徐将军，过了乾州，便是我军粮草大营。"徐龙道："素闻鞑子兵，善于骑射，来无影去无踪，铁骑所到之处，生灵涂炭。这次我等奉命讨伐，定要让鞑子兵知晓我将士的厉害！"偏将秦雷笑道："早闻徐将军威名，此次北上讨伐，必然打得鞑子兵溃不成军，取了俺答贼子首级，扬我大明边威。"偏将秦风道："只是那仇松乃是平虏大将军仇鸾的侄子，掌管军营大权，此人阴险狡诈，畏敌如虎，恐不肯应战。"秦雷也道："哥哥说的正是，仇鸾得首辅大臣严嵩提拔，权高位重。仇松身为仇鸾侄子，更是为虎作伥，此人心胸狭窄，唯利是图，整日贪图享乐，纵酒食色，徐将军日后须当提防才是。"

徐龙静默片刻，才道："无妨，如此小人，本将军自有办法。"又问詹蓉道："詹将军征战沙场多年，屡建奇功，平定大同兵乱，徐龙早闻威名。此次西去抗虏，还望詹将军倾心相辅佐，共退大敌。"詹蓉道："承蒙徐将军抬爱，此次俺答大兵入侵，庆阳、河套、大同均受敌犯。边疆硝烟战火，民不聊生，着实可恨！周尚文老将军同总督翁万达固守大同。总督曾铣镇守河套。甘肃有巡抚赵锦接应，因此徐将军不必多虑，此次退敌，必胜券在握。"

徐龙悬着的心方才落定，又道："先前探的消息，周老将军镇守前卫，与鞑靼兵激战黑山，杀吉囊子满汗歹，击退了鞑靼，叫我三军士气大振，可喜可贺。"詹蓉也赞道："周老将军征战一生，威名远扬，鞑子兵闻之丧胆。固大同军情稍缓。此次庆阳城告急，皆是因为如仇松等人贪生怕死，不肯御敌。"

众将领正说之际，见迎来一队人马，打着大明旗号。见领头将军身形彪悍，黑面长臂。徐龙紧忙纵马上前，双手抱拳道："在下徐龙，奉命驰援庆阳，敢问将军大名？"见那人端坐马上，只顾细细打量一番徐龙，忽而朗笑一声，紧忙下马，一面上前行礼，一面笑道："果真是兄台！"徐龙不禁一怔，再看去时，见是宗礼，也紧忙跃下马，诧异道："上次一别，已是多年，不想能在此与贤弟相会，实乃万幸！贤弟别来无恙？"宗礼伸展双臂，示意徐龙看去，意在明释一切安然。见宗礼又笑道："一日相别，如隔三秋，先前贤弟听闻新任的先锋将军前来镇守庆阳，不想竟是兄台，可喜可贺！"徐龙打量一番宗礼，也笑道："贤弟不也做了将军？"二人会意笑罢，又见徐龙问道："贤弟这是何往？"宗礼指着身后囚押之人，道："我奉命送粮草辎重抵达庆阳城，不想有奸细同鞑子兵勾结，被我捉住了。"宗礼回身喊道："押上来！"见那奸细被五花大绑地押到队伍前。

徐龙不看则已，一看着实吃了一惊，眼前犯人不是别人，竟是徐洪！徐龙暗想："这徐洪怎么会做了奸细？多日不见，怎又会落个这般地步？"正想着，身后诸位将军赶马过来。徐龙一一述于宗礼，又将宗礼引荐给诸位将军。众人拜了礼。徐龙改口问道："宗将军，可确认他是奸细？"宗礼道："不错！奸细正是这贼子。煽动兵士哗变，想趁机营救主犯徐海，徐将军到达营寨，自然明白。"徐龙一听"徐海"二字，心里一怔，只是不知这究竟怎么一回事，随即说道："宗将军请——"

徐龙同众将士随宗礼进了先锋军营寨，刚坐定，忽闻帐外兵士通报道："报——"宗礼喝道："进！"见兵士单膝跪地，道："报告将军，操练场有人滋事！仇大人命你速速处置。"宗礼怒道："反了！"又对众人说道："众将军一路劳顿，暂且歇息，我去去就来。"徐龙起身道："我等同宗将军前去看看。"说罢众将来到操练场，见百名兵士同军帐外的护卫拔刀相持。中军大帐两侧，几只恶狗吐着鲜红舌头，发出阵阵凶猛吼声。但闻宗礼呵斥一声道："放肆！休得作乱！"众兵士见宗礼，忙收了兵器，退开一条路来。宗礼怒道："尔等不勤加操练，为何在此喧哗闹事？"一兵士哭丧道："仇大人克扣我们军饷，弟兄们吃不饱，哪儿有气力训练！"宗礼闷哼一声，道："本将军知晓了，尔等速速回营，休要造事！"众兵士闻声一一退了去。

宗礼同徐龙及众将进了中军营帐，见满地秽物，案头上杯盘狼藉，满帐内一股浓浓酒味。再看榻上昏睡了一个体态肥硕之人，那人胯下夹一美妾。二人半裸半遮，毫不知羞耻。徐龙见状，苦叹一声道："将士饭都吃不饱，这个腌臜狗官却在这里山珍海味、美酒佳肴，全然不顾将士死活。如此奢靡淫欲，怎可领兵御敌？"众将见状也纷纷抱不平。宗礼冷道："若不是这狗官亲叔父乃是仇鸾，本将军早将他拉出去砍了。"说着同众将出了营帐。詹蓉担忧道："仇大人无心御敌，如何是好？"徐龙回身看一眼中军营帐，又看一眼众将，笑道："今日一路辛苦，诸位且回去歇了，明日再做商议。"众将各自散了去。徐龙对宗礼道："宗将军同我入帐说话。"

二人进了营帐，徐龙道："仇松无心应战，整日酒肉相欢，荒淫无度，又克扣兵士军饷，不得人心，不知宗将军有何之策？"宗礼苦笑道："仇松这般已不是一日两日，若是有办法整治，岂会挨到今日？怎奈仇松亲叔父仇鸾在朝为官，位高权重，又受严嵩严大人护庇，旁人动他不得。"徐龙听出宗礼欲除仇松之意，只因不便行事，稍作思略，缓缓道："大音无声，大象无形，急切之间，谁又能分得清！"看一眼宗礼，又道："如今鞑靼兵临城下，庆阳告急，正是用兵之时，仇松不得人心，不如……"徐龙拉长声音，欲探宗礼口气。宗礼紧忙问道："徐将军是要把仇松——"二人眼神相交，不言而喻。

徐龙忽而笑道："我等身为朝廷将领，自应誓死效忠，杀敌卫国。仇大人虽说作恶多端，可怎么说也是朝廷命官，我等忍让便是，只是日后贻误了战机，将士们怎么做？是否保全仇大人，也不是你我说了算的。"徐龙又视一眼宗礼。宗礼直勾勾地看着徐龙，不想徐龙年纪轻轻，却智谋过人。

徐龙端起一杯酒，吃了一杯，又道："仇松行为狡诈，宗将军日后留心一些为好。"宗礼行礼道："多谢徐将军提醒，宗礼定会注意。"二人吃了酒，相视一眼，不禁心领神会。宗礼道："真不想能有这一日，能与兄台同战杀敌，真乃人生一件幸事。"徐龙也道："果真是了，念当年我等在魁星楼饮酒作诗，赋闲游玩，好不自在。"徐龙忽而想起什么，又问道："近来可听得文豪、刘森贤弟消息？"宗礼道："自上次一别，往来不甚频繁，只探得小道新闻，文豪贤弟科考中进士二十一名，调浙江府赴任，森贤弟生性不羁，不贪功名，做侠士云游四海去了。"徐龙长叹道："古来聚少离多，盛况难再，你我驰战沙场，生死未卜，哎……"宗礼敬酒道："兄台不必感怀，生死由命。当下与兄台做伴，岂不是人生快事？只管吃酒。"家宝道："同饮！"二人畅饮，高谈阔论，直至深夜方休。

翌日众将坐在营帐商议退敌之策。宗礼派人请了仇松。谁料仇松昏睡到午时方才晃晃悠悠地走进来。徐龙见仇松，起身拜道："在下徐龙拜见仇大人。"众将也一一拜见了仇松。仇松不加搭理，径自坐了正堂，慢条斯理道："哦——你便是那徐龙，圣上发来告谕，说要一个新上任的领兵打仗，笑话！新兵蛋子，别说领兵打仗，见了鞑子兵，尿一裤子。"众将一听，不觉咬牙切齿，暗骂这仇松目中无人，可气可恨。徐龙闻声笑道："徐龙赴命前来，敬遵大人之命，万死不辞。"仇松打一哈欠，不再言语。徐龙问道："不知大人有何御敌之策？"仇松睡眼惺忪，瞅一眼徐龙，慢吞吞道："要说这退敌之策吗——本官倒有一计。"徐龙闻声道："还请大人明示。"仇松吃了一口酒，笑道："鞑靼兵为何入侵我边防，一个字——穷。想我大明圣朝，物阜民丰，万世太平。鞑靼兵皆是些马背上的流氓，吃不饱，穿不暖。不如送些银两、马匹、锦帛安抚，打发去了。何必动刀动枪，劳民伤财。你们说岂不是这个道理？"徐龙拳头紧握，脸部抽搐，想这仇松小人，果然是个腌臜流民。众将听了也无不愤慨，却也不敢说个不字。

宗礼道："鞑靼兵屡次侵犯，故圣上发出告谕，禁贡严市，若是派送钱粮，劝其罢战，岂不显得我大明无能，皆是些贪生怕死之人。"仇松闻声猛然拍案，叫道："大胆宗礼！辱我军威，来人！拉出去，杖打三十。"众将闻声紧忙劝阻，谁料这仇松执意刑罚。无奈宗礼吃了几杖，忍痛回到营帐，不再言语。徐龙恶狠狠地瞅一眼仇松。见仇松又道："尔等一介莽夫，只知道领兵打仗，殊不知受苦的都是百姓。本官体恤黎民，为苍生着想，若是重金能够让鞑子兵休战，岂不是功德一件？"众将不敢语。徐龙也只得附和道："大人说的是！按照大人的吩咐妥办便是了。"仇松又打一哈欠，懒懒道："本官困了，尔等散去吧。"说罢摇摇晃晃起身，离开了军帐。

宗礼突然怒骂道："狗官！贪生怕死的小人！"徐龙紧忙上前劝道："宗将军受苦了，仇大人向来如此，你何必同他计较，受这般冤屈！"宗将军起身道："这狗官不得人心，人人得而诛之，——我等愿听从徐将军吩咐！"众将也起身说道："仇松尽失人心，我等皆听徐将军调遣，万死不辞。"

正说间，突闻帐外兵士通报，"报——"宗礼喝道："进来回话！"通报士兵跪在中军帐中说道："宗将军，大事不好了，操练场上士兵哗变杀死了仇大人的护卫，士兵们冲进帐中将仇大人团团围住了，仇大人的性命危在旦夕，你快去看看吧。"宗礼闻听此言，面露威色，大声喝道："大胆！我军将士都是忠义之士，怎么会哗变？休要在此胡言乱语，下次胆敢再说这样的话，动摇我军心，定斩不饶，下去吧！"待通报士兵下去之后，宗礼会意地看了一眼徐龙。

却说徐宗二人，过了一盏茶的工夫，才不紧不慢地赶往操练场。校场兵士大呼："杀死仇松！杀死仇松！"此时，仇松早已被吊死在操场上。不远处几条呲牙咧嘴的大狼狗，瘫软在地，口吐白沫，皆已一命呜呼。

徐宗二人紧忙上前。见徐龙站在高处，喊道："兄弟们，本将军知道你们都是被逼的。仇松小人贪生怕死，唯利是图，不但克扣众将士军饷，又串通鞑子兵，谋取私利，人人得而诛之。如今边疆危难，正是我等报效朝廷、建功立业之时，圣明之下，军令如山。为了我大明子民免遭屠杀凌辱，众将士要齐心协力，共同杀敌卫国。"众将士听罢，齐齐高呼："杀！杀！杀！"

徐龙走下高台，见被绑在柱子上的半遮半露的女子，知是仇松爱妾，上前说道："把她放了，我大明将士，从不欺辱女人！"说罢同众将回了营帐，共商御敌大策。

仇松被杀，徐龙巧释哗变，众将士无不敬佩。时日，徐龙想起徐海还关押在狱中，便在狱吏引领下前往营中大牢。狱吏打开牢门，从窗台取下一盏灯，交给徐龙，说道："徐将军，大牢里面漆黑，请将军留心脚下。"徐龙道："你可以走了，我叫你时再过来。"徐龙擎了灯，附身走进低矮的牢房，迎面扑鼻的恶臭，熏得徐龙一阵干呕。

牢房几进石室，倒不宽敞，前厅放置一张破损桌子，厅壁挂了横七竖八的刑具。再朝里走，是铁栏隔开的刑房，刑房内也是哄臭无比，干草铺地，再无他物。徐龙径直来到一刑房前，见一人蜷缩在地上，蓬头垢面，两眼紧闭。借着微弱灯光，见那人脸色苍白，一动不动，竟似个死人般。徐龙上前，附身辨去，不敢相信昔日的徐海竟成了这般模样，不禁心痛，轻轻喊了声，道："徐海弟……"

徐海闻声，深深吸了一口气，缓缓抬起头，艰难地睁开双目，瞅一眼眼前之人，见是徐龙，不禁心头一颤，想说什么却因喉咙干燥，一时把话咽了去。徐龙扶起徐海，见他这般模样，不觉哀恸，质问道："徐海，真的是你！你怎么——成了这个样子？你不是在重阳宫，如何被抓来牢里了？"徐海也万万没想到竟然在这种地方遇见了徐龙，不禁感慨万千，沙哑道："龙哥，怎么会是你？我以为再也见不到你了。"徐龙轻声道："我是来救你出去的。"徐海见徐龙一身戎马装束，吃惊问道："莫不是龙哥已经……"说罢重重咳嗽了几声。徐龙道："正是，我现在是征北军先锋将军，奉命驰援庆阳危机。"徐海笑道："弟弟真替你高兴，龙哥终于有了出头之日。"徐龙扶徐海起身，关切道："身子可受得住？"徐海点点头，深吸一口气，道："死不了，没杀得仇松，憋了一口气！"徐龙搀扶徐海出了刑房，来到前厅坐下。

徐龙问道："究竟发生了什么事？你怎会被囚禁在这里？"徐海叹口气道："说来话长。自上次与龙哥别过，在重阳宫修学多日，后因朝廷征兵，我便入了伍。本想一展仕途，谁料仇松那奸诈小人，贪图享乐，我直言相谏，不想惹怒了他，将我囚禁于此。真是可恨！咳咳……"徐龙叹道："真是世事难料，一别如隔三秋。"徐海望一眼徐龙，好生打量一番，笑道："没想到龙哥真成了将军，若雨和伯伯若是知道，一定替你高兴。"徐龙叹道："赴命急切，竟也不曾回去探望，说来徐龙心里愧疚。"徐海也叹一声道："我悄然入伍，若雨和爹爹尚且不知，若是知道，指不定怎么难过。"徐龙道："来时撞见了徐洪，他把一切都告诉我了。事情远没有你想象得简单。即使你们真杀得了仇松，朝廷一定会追查下去。听龙哥一言，回去好生照看若雨同伯父，安安稳稳生活。"徐海冷笑一声道："我这般回去吗？有何颜面见故亲？"顿了顿又道："我一定要杀了仇松，大不了一死。"徐龙怒道："你死了，那爹爹、伯父和若雨妹妹怎么办？"

徐海长叹一声，道："龙哥，其实人世冷暖，我已感触良多，想想少时，你我还有若雨，无忧无虑，不甚快活。如今各奔前程，散落天涯，有家难聚，亲友不闻。哎——"徐龙苦笑道："古来征战几人回？南征北战，岂是你我说了算的。"徐海继而说道："龙哥，有时候挺羡慕嫉恨你的，你能从一个乞丐翻身做了将军。而我呢？本想闯一片天地，封侯拜相。谁料仕途艰辛，比登天还难。如今奸臣当权，官官相护，恐这辈子也难能登第。"

徐龙劝慰道："徐海弟不必忧虑，如今我奉命解围庆阳之困，缺少贤能之人，不如你随我一同杀敌卫国，如何？"

徐海轻笑一声道："徐将军该不是叫徐海归顺吧？"徐龙闻之一怔，随即也笑道："以徐海弟的才能，怎会甘心屈人之下？"徐海摇摇头，笑道："以前无数次想着能够有朝一日，同龙哥并肩杀敌，共谋千秋大业，谁料如今却是一个天上，一个地下。叫人可叹呐……"徐龙拍拍徐海肩膀，肃然说道："有何不可？徐海弟若愿意，我定兄弟相待，绝无将士之别。你我二人并肩作战，建功立业。"徐海又摇摇头，笑道："今日已不同往日，龙哥言笑了。"徐龙道："若是加上仇松一颗狗头呢？"徐海吃了一惊，怔怔看着徐龙，少时，便道："徐海愿意听从龙哥差遣，效犬马之劳。"

徐龙遂将徐海纳入麾下，作随身侍卫，兄弟相称。

不等众将久留，庆阳城便传来急招，称庆阳城被鞑靼铁骑围困两月，请先锋军速速驰援。徐龙等将不敢怠慢，即刻启程，奔赴庆阳。

此时的庆阳城外硝烟未消，人声悄寂，战火余迹，随处可见。庆阳城上旌旗翻卷，哨兵肃立。夕阳余晖普照，孤城一座，显得格外苍凉。庆阳城乃西北要塞，兵家必争之地。两月被困，若不是城内守备苦守不战，恐早已落入敌手。静谧声中，忽闻一声嘹亮号角，继而见东门徐徐拉开，一支百人队伍策马而出，与奔赴前来的征北军打了个照面。

"众将士一路辛苦！"见一位双鬓斑白的老将翻身下马，双手抱拳大声道："在下陈林，萧大人命我在此恭迎各位入城。"众将也纷纷下了马。徐龙同宗礼上前，拜了礼，各自道："在下徐龙。""在下宗礼。"陈林回礼道："萧大人等候多时，二位将军请。"众将上了马，同陈林回到庆阳城内，继而又随陈林来到大厅。

萧汉听见马声，早已离座出门，见徐龙等将领，忙上前道："哎呀呀，终于把诸将军盼来了。一路辛苦，厅内叙话。"众将进了厅堂，依次而坐。见萧汉又道："来人，快快备酒。"又对众将道："怎料敌军人雄马壮，若不是我等苦守城池，恐早已成了敌军刀下之鬼。今日众将前来，不知有何妙策解围？"徐龙道："来得正是时候，我等定要杀他个片甲不留。"萧汉细细观摩一番眼前之人，见此人年轻俊朗，浓眉虎目，说话不卑不亢，此乃青年俊杰，忙问道："阁下莫不是徐龙徐将军？"徐龙拜礼道："在下徐龙拜见大人。"萧汉笑道："果然英雄豪杰！勇猛可嘉！本官得尔等猛将，何患鞑子兵侵犯。"

忽而见哨兵来报，道："报告大人，蒙古骑兵又来叫阵了！"徐龙霍然起身，道："大人，待我探他一探！"说罢率领众将登上北楼，放眼望去，只见城下旌旗飘动、战鼓雷鸣。敌方方阵层层叠叠，弯刀箭束，细密如麻。阵前一彪悍坐骑，马上之人头戴红缨圆帽，云图披肩，一身宽松布衣，腰挂一把弯月刀。徐龙看去，料定那便是鞑靼小王子。

但闻敌将耶律汗列于阵前，大呼一声道："嘉靖小儿，速来受死！"喊声如虎啸狼吼，唬得萧汉在一旁颤道："如何是好？众将谁人迎战？"徐龙上前正声道："末将前去迎战！"说罢下了城楼，驾一骠骑，出了城门，冲敌将喊道："天兵已到，蠢贼还不滚回去！"耶律汗见徐龙，大笑道："莫非嘉靖小儿损兵折将，没了将领，又派你个小娃娃前来受死！"徐龙大喊一声："蠢贼！"拍马舞刀，杀将过去。

耶律汗见状，急忙举枪迎战。两马相交，战了三十回合。耶律汗心有余而力不足，紧忙策马回阵。徐龙赶马杀去。忽见敌军趁势围攻过来。宗礼见大事不妙，即刻令秦雷、秦风分左右两翼攻入敌阵，接应徐龙。

敌将乌哩汗、师盖汗绕出助战，正迎着秦雷、秦雷，四马相交，斗过十个回合，不分胜败。是时，杀声震地，金鼓连天。徐龙见机，率劲兵横冲敌营，手持白刃，如入无人之境，恰遇敌将刘坷汗来到，交马只一个回合，便被徐龙斩落马下。

"龙哥，徐海来也！"见徐海一马驰骋，随后杀将过来。敌将乌达汗来战徐海。怎料这乌达汗好生勇猛，徐海敌战不过，掉马回防。乌达汗喊杀一声道："明贼休走！"徐龙见徐海危难，深色一凝，策马上前，拈弓搭箭，"嗖"的一振，便将敌将乌达汗射落马下。老将耶律信见乌达汗中箭，赶忙杀出救之而去。敌将耶律汗料不能胜，暗藏马后，射杀徐龙。徐龙持刀追之马前，趁其不备，只是一刀，便结果了耶律汗的性命。敌将师盖汗正想来救，宗礼杀到，将其生擒于马上。守城老将陈林，见机打开城门接应夹击，敌军倒旗弃甲，如风卷落叶而逃。徐龙领兵长驱追击，杀得敌兵尸横遍野，血流成河。鞑靼小王子见抵挡不住，只好率残骑，败退至彭原郡大营。

庆阳城首战告捷，萧汉大喜，摆酒相庆。萧汉持一碗酒，对众人说道："今日之战，徐将军勇猛杀敌，功不可没，本官敬徐将军一碗。"二人各自饮了酒。徐龙道："杀敌卫国乃是徐龙之幸，只是恐那鞑靼兵今日兵败，不肯罢休，因此大人不可大意。"萧汉笑道："那鞑靼贼子吃了败仗，自是不敢再来讨饶，况且有徐将军这等猛将，还怕那贼兵再来不成？"说罢又是同徐龙吃了一碗酒。众人把酒庆祝，笑语相交。这时，徐海也持了一碗酒，对徐龙道："今日若非龙哥相救，徐海恐早已被斩落马下，敬龙哥一碗。"徐龙道："徐海弟见徐龙深陷敌阵，冒死前来搭救，应该是我谢你才对。"二人皆饮了酒。徐海笑道："能够与龙哥阵前杀敌，痛快！"徐龙却暗自道："两兵交战，不是你死便是我亡，今日若非及时，徐海恐怕……"想到此，徐龙便念到徐若雨和徐彪，不禁觉得后悔把徐海带入军中，若是徐海出个差池，日后怎么面对他们。

众人吃了酒，直至深夜方才散去。鞑子兵吃了败仗，一时也不敢前来叫阵。庆阳城难得一日安定。

第二日，京师忽然传来密函。萧汉看了书信，长叹一声，随即唤来心腹贺国生，商议计策。

殊不知这八百里加急密函正是总兵仇鸾所写。仇鸾已得知侄子仇松被害一事，急忙发来密函，令副总兵萧汉着办此事。萧汉见信上所述，不禁左右为难，唤来心腹贺国生，同他看了密函，难为情道："你看如何是好？仇大人信上说是宗礼和徐龙害死了仇松。可庆阳城若是没有徐龙众将及时驰援，恐怕现在还被围困着。捷报刚呈明圣上，这个时候，怎能除掉徐龙？"

贺国生看了信函，捋捋两簇八字胡须，道："大人，小人认为庆阳之围已解，鞑靼一时还不敢轻举妄动，耽误之时，应该考虑如何离开这里。"萧汉无奈道："我每日都在想要离开这里，你以为我愿意做缩头乌龟，只是君命难违！若仇大人能在圣上面前美言几句，兴许你我才能离开。"贺国生道："除去徐龙又有何难？"萧汉眉头一凝，道："哦——不知你有何办法？"贺国生奸笑一声道："我有一计，可先除徐龙，再除宗礼。"萧汉忙道："公有何妙策？"贺国生对萧汉耳语一番，说如此如此，又道了这般这般。萧汉听罢，点头道："此计极妙！"二人再做商议，方才散去。

鞑靼小王子木想一举攻克庆阳城，却逢徐龙率领的征北军驰援，吃了败仗，心有不甘，遂又引大军围攻庆阳城。一时间庆阳城再次陷入困境。萧汉同众将正聚大厅商议对策，见萧汉道："鞑靼此次又率数万大军前来索战，诸将有何退敌之策？"徐龙起身道："兵来将挡，水来土掩，末将这次定要让鞑靼蠢贼有来无回！"徐龙所言正中萧汉下怀，见萧汉道："好！徐将军神勇，本官令你出战，征讨鞑靼敌军。本官率大军后应。"宗礼起身道："末将与徐将军同去！"萧汉道："不可，宗将军留在城内策应，徐将军做先锋，威慑敌军，待敌军大乱，我等再出城接应，一举歼灭敌军。"又对徐龙道："前几日徐将军英勇，轻而易举便斩杀敌军头领数众，早已令鞑靼贼子胆寒心颤，此次做先锋冲阵，不知徐将军可有难处？"徐龙道："蠢笨贼子不过一介莽夫，皆是徐龙刀下之魂。"萧汉大喜道："如此甚好！我等伺机接应，静候徐将军佳音。"

翌日清晨，天降霜雾，可见之处不过百步。徐龙趁势扬旗呐喊而出，身后紧随百名精骑，正遇鞑靼耶律骏出战。徐龙大骂一声道："贼兵速退！免遭屠戮！"耶律骏怒斥回道："明贼口出狂言，吃我一刀！"即舞刀跃马，直杀过来。徐龙举枪迎战。两马相交，二人战至八十回合。耶律骏力怯，回马便走。徐龙驰马急追，四下敌军散而复聚。徐龙回头，不见大军接应，冲徐海喊一声道："你杀将出去，请大军接应。"徐海得令，奋力杀出一条血路，回到庆阳城请援军支援。谁料萧汉却道："今日大雾弥漫，恐敌军有埋伏，不可轻举妄动。"徐海骂道："贪生怕死之人，我龙哥性命危矣！"遂率了数众，重新杀回敌阵。宗礼起身道："徐将军孤军奋战，恐难抵敌军，请大人发兵驰援。"萧汉怒道："敌军数万铁骑，不知隐藏何处，若是本官冒失发兵救援，别说救不了徐将军，连众将士的性命也白白搭进去了。庆阳若是失守，尔等担当得起吗？"宗礼怒道："分明是萧大人贪生怕死，不肯出兵！"遂对众将喊道："欲救徐将军的随我杀回敌阵。"说罢，引来战马，飞驰而出。秦雷、秦风二兄弟也策马随了去。詹蓉见状也引了一匹战马，唤来心腹，率了数众将士杀出城门。

萧汉气急败坏，怒道："反了反了！竟敢违抗本官的命令！"贺国生煽风点火道："宗将军同徐将军明摆着没有把大人放在眼里，除掉徐宗二人迫在眉睫，不然日后必是后患。"

说这徐龙孤军奋战，不见大军来援，恐吃埋伏，遂回马进入林中。忽见一彪悍军马，尽打红旗，当头来到，截住去路，此人乃敌将耶律乂，叫道："贼将，快快投降，免你一死。"徐龙大怒，说道："丑贼，拿命来！"说着，徐龙提枪刺向耶律乂。正战时，四下火起，伏兵杀出。徐龙部下折伤大半。徐龙刚想从小路而走，校骑道："小路多有埋伏，徐将军走大路。"徐龙奋力脱困，杀奔大路。耶律骏复兵赶来。徐龙前后受敌，听得弓弦响，抬手去挡，一箭正中右臂。徐龙暗想道："吾命危矣！"猛然拔掉臂上之箭，遂率残部奋力冲杀。

两军激战之时，忽闻林中杀声震天，又杀出一列彪悍军马，马上悍将提刀叫道："敌贼休走！"却说这人竟是孙廷文！鞑靼部将贺猛，纵马迎敌，战不数合。孙廷文手起刀落，斩贺猛于马下。正逢此时，宗礼等将率兵赶到。一时间敌军溃不成军，溃退西遁。

徐龙持枪回马，见是孙廷文，不禁吃了一惊，不可思议道："廷文师兄，怎么是你？"孙廷文正要说话，见宗礼等众将策马而来。众将见徐龙，声声喊道："徐将军！徐将军！徐将军！"宗礼引马上前，问道："我等救援来迟，徐将军恕罪。"徐龙托着右臂，道："无妨。"宗礼这才发现徐龙右臂受伤，紧忙道："速速护送徐将军回城。"

众将护送徐龙回到庆阳城内，一面请了大夫疗伤，一面查看伤亡将员。大夫替徐龙包扎好伤口，又吩咐了几句，退了去。宗礼上前关切问道："徐将军感觉怎么样？"徐龙笑道："多谢宗将军及众将及时搭救，徐龙才险些捡回一条性命。"秦雷在一旁怒道："都是萧大人贪生怕死，害徐将军差点丢了性命！"宗礼见一生疏面孔，好生俊朗，不禁问道："不知阁下是？"孙廷文拜礼道："在下孙廷文，奉命前来支援庆阳城。"徐龙惊诧道："师兄，你为何也来了？"宗礼惊讶道："徐将军同孙将军认识？"徐龙道："孙将军乃是徐龙同门师兄。"宗礼笑道："既是同门师兄，失礼失礼。"徐龙又问道："廷文师兄如何也到这里来了？"孙廷文苦笑一声道："说来话长。日后再慢慢给你说。"

"哎呀呀，是本官的罪过！是本官的罪过啊！"众将闻声看去，见萧汉同贺国生踏门而入。萧汉凑近徐龙床榻，关切地问道："徐将军伤情如何？"徐龙淡淡道："小伤，死不了。"萧汉谢罪道："都是本官的罪过！本官倒不是贪生怕死，只是因这浓雾笼罩，若是冒失发兵，恐遭埋伏，故而耽搁了驰援徐将军，本官也是为三军将士考虑，还望徐将军莫要怪罪。"徐龙道："徐龙不敢。"萧汉见身边那清秀将领，好奇地问道："不知这位是？"孙廷文道："在下孙廷文，奉命前来驰援。"随即拿出报到信函交给萧汉。萧汉看过，笑道："真是可喜可贺，我军又添一员猛将，大破敌贼，指日可待啊。"说罢大笑一声。众将愤恨在心，无人附和。萧汉落个没趣，又同众将说了些客套话，便借公事离开了。

宗礼冷哼一声道："好个人面兽心！奸诈小人，徐将军日后可要小心提防。"徐龙应了声，对孙廷文道："今日若非廷文师兄救得及时，徐龙恐早丧命敌贼刀下。"孙廷文笑道："你欠了我一条命，日后慢慢还。"众人听得出二人关系非同寻常，皆笑了。徐龙忽然问道："徐海呢？"众将才发现不见了徐海。徐龙紧忙起身质问道："徐海哪里去了？"宗礼道："徐海回来请求援兵，不料萧大人不答应，又杀回敌阵，径自救你去了。徐将军没有遇上徐海吗？"徐龙沉声道："坏了坏了！徐海莫不是被敌贼擒了去？"忙唤来手下，军中打探徐海消息。少时，探子来报，称徐海率数众杀回敌阵，不料被鞑子骑兵冲散了，无人知晓徐海的下落。

徐龙闻之一怔，哀恸一声，叹道："都是我害了他啊！回去怎么跟若雨和伯父交代？"坐在床榻上怅然若失。宗礼劝慰道："徐将军不必过虑，或许徐海已经杀出重围，径自去了。我等定派人继续打探，一有消息及时报来。"徐龙点点头，暗暗道："但愿如此，万万不可出什么事情。"众将又叙了话，叮嘱徐龙好生休养，便各自散去操持军务去了。

萧汉回到厅堂，不禁勃然大怒，本想趁此一除徐龙，再除宗礼，却不晓得半路杀出个程咬金，叹道："徐龙这小子真是命大福大，如今又添了一个孙廷文，这可如何是好？"贺国生进言道："大人不必忧虑，我再施一计，必会除掉徐龙！"萧汉道："快快说来。"贺国生道："军中缺少粮草，可令宗礼前去催运，若得机会，半路可……徐龙身负箭伤，料短日内不能出战。可由孙廷文代替出战迎敌。此次鞑靼兵大败，必然会卷土重来。我们不妨借贼兵之手，诱孙廷文孤军深入，取孙廷文性命。如此徐龙两翼尽失，如若再犯令，谁复保哉？"萧汉大赞妙计，即发帖书，责令宗礼前去运粮。

徐龙得此消息，闷闷不乐。孙廷文道："军粮实乃重事，非宗将军前去，他人不能当此大任。"宗礼道："我非不愿前去，只是萧汉狼子野心，常有迫害徐将军之心，万一我去后，徐将军遇到不测，谁能保他？"孙廷文道："有我在，宗将军大可放心。再说敌军亦是劲敌，大敌当前，谅他萧汉也不敢轻易加害徐龙。"宗礼道："此去不知几时粮到，徐将军务必坚守东营，待我复来，再议出兵。"徐龙应诺。宗礼即日领轻骑三千，回京催粮去了。


※ ※ ※


鞑靼再度围攻庆阳城，不料大败，不敢再轻犯。庆阳城才得以一时休整。说这庆阳城以西、陇山以东有一顷一望无际的山原，名曰："董志原"。这董志原远看是山，登上山头却是一马平川，有书曰："八百里秦川，不及董志原一边。"历来董志原"控镇萧关，襟带秦岭"，乃兵家必争之地。

徐龙为防贼兵来袭，每隔几日便要上原上窥探敌情，又在原上安插了哨兵，一有军情，便放狼烟示警。这董志原上有座崆峒山，乃是丝绸之路西出关中之要塞。山上有十二景：香峰斗连、仙桥虹跨、笋头叠翠、月石含珠、春融蜡烛、玉喷琉璃、鹤洞元云、凤山彩雾、广成丹穴、元武针崖、天门铁柱、中台宝塔。既有北国峰林耸峙，危崖突兀，幽壑纵横，涵洞遍布，怪石嶙峋，翁岭郁葱之雄，又兼南方之秀，乃是道教圣地。远道而来的文人墨客、风流才俊皆会到此或求仙，或隐去，抑或一睹崆峒山之容。

时日，徐龙得空，再次前往崆峒山，拜访道教高人。孙廷文得知徐龙前往崆峒山，遂也赶了来。见崆峒山雄秀之貌，不禁叹道："没想到这块儿险要残垣沟壑上，竟有如此美景！"见景生情，随即吟诗道，"崆峒仙山招人醉，花荣水意留香客。"碰巧在山路上遇到了徐龙。二人便登山览景，小酌一番。

孙廷文从身上取下一个包裹，递给徐龙道："来了这么久，一直不得机会，这次总算可以完璧归赵了。"徐龙接过包裹，打开看去，见一份书信，书信用一卷手帕包裹。书信下是一些崭新衣衫。徐龙展开手绢，正是上次见到的未绣完的手绢。手绢上绣了两只鸳鸯，左右两角分别绣着一个"龙"字，一个"好"字。徐龙再读了书信，不禁颤颤道："婕好她还好吗？"不想孙廷文一拳打过来，怒斥道："你是什么东西！如今高飞了，理都不理她？"徐龙没有避让，低下头拭去口角的血，看了看怒气的孙廷文，轻声道："你不是也来了吗？"孙廷文道："难道我不该来？"孙廷文顿了顿，又道："不错，我是想驰骋沙场，可是你不一样！你不是一个人！你还有婕好！你来了，她怎么办？你考虑过她吗？"徐龙叹道："我也是有苦衷的。"看了一眼孙廷文，意味深长道："其实师兄不该来。"孙廷文领会了徐龙的话，不禁苦笑道："是的，我不是也来了！"

徐龙吃了一杯酒，又道："师兄看这崆峒山如何？"孙廷文扫视一眼山脉，见远处云雾缭绕，胜似仙境，不禁叹道："董志原上之瑰宝。"徐龙道："师兄，有一件事想拜托你。"孙廷文打量一眼徐龙。又见徐龙道："若是这次我不能杀死鞑靼老贼，你便将我埋在这里！"孙廷文大骂一声道："负心之人！难道你真的舍得下婕好？"徐龙道："人终会要散的，像我等整日冲锋杀敌，九死一生，不如早散了，也了无牵挂。"孙廷文也叹道："不见了也好，我是见不得婕好伤心！"徐龙道："师兄，若是徐龙这次真的没能回去，一定要照顾好婕好。"孙廷文骂道："自己的女人自己照顾去！"徐龙苦笑道："青山处处埋忠骨，何须马革裹尸还。"孙廷文接道："醉卧沙场君莫笑，古来征战几人回。"徐龙持一杯酒，道："不说那么多了，好长时间没有这般尽兴了，来，吃酒。"孙廷文擎了酒，道："和你同战沙场，也是人生一件快事！吃酒。"

这日，众将正在厅堂商议军事，忽闻探兵来报，鞑靼再次集合大军来犯。萧汉紧张问道："敌军行至何处了？"探兵道："报告大人，敌军已行至大昌原。"萧汉问徐龙道："却是如何是好？"徐龙起身道："大人不用担心，我亲率一路人马，前去应战。"萧汉道："好！本官令你统领千骑精锐，前去迎战！"孙廷文紧忙道："大人不可，徐将军伤情尚未痊愈，宗将军又东去催粮，尚未归来，若是徐将军遭遇不测，谁人救援？"萧大人道："孙将军放心，徐将军前去迎战，本官自会派大军接应，况且以徐将军神勇，鞑子兵只会望风而逃，怎么会遭遇不测呢，岂不是杞人忧天，灭我军威？"孙廷文又道："如此冒失之策，大人……""大胆！孙将军是要违抗本官的命令吗？"孙廷文道："末将不敢，只是……"徐龙紧忙道："孙将军不必再说。"继而又道："秦雷、秦风同我出战。"秦雷、秦风领命。徐龙又对孙廷文道："师兄，你也同我出战如何？"孙廷文道："末将领命。"徐龙又对詹蓉道："詹将军，你领千骑精锐同大人做后应。"

萧汉看一眼贺国生，见贺国生点头示意，忙道："大昌原乃是一望无际的平原，素闻鞑子兵善于骑射，在平原交战，恐对我军不利。大昌原西便是西峰谷，不如分派孙将军绕到昌原西口，徐将军东口杀入，逼鞑子兵退守谷内，二人来个瓮中捉鳖，徐将军认为如何？"徐龙不知是计，见萧汉所说不无道理，便道："末将敬听大人部署。"

萧汉见徐龙部署妥当，持一杯酒，道："本官亲自为徐将军送行，等将军胜利凯旋。"徐龙同众将吃了酒，便引马出战。

大昌原上，旌旗翻卷，战鼓如雷。徐龙、秦雷、秦风列阵于前，身后千余精骑。孙廷文同率千骑精锐从大昌原南悄然绕道，围堵西峰谷西口。鞑靼兵将耶律骏、耶律叉充当先锋，鞑靼小王子坐镇指挥。两军交战，忽闻鞑靼猛将耶律骏手持大斧，立马阵前，厉声道："明将速降，免动干戈。不然，此处便是尔等的葬身之地。"徐龙大骂道："背逆蠢贼，大难临头，胆敢来拒天兵？"言罢，持枪跃马，直取耶律骏。耶律骏大喊两声，提斧迎战，二人战上数合，耶律骏拨马便走，徐龙控马急追。秦雷、秦风催动后军，乘势杀入，顿时两军陷入混战。

耶律骏见徐龙赶来，且战且走。徐龙料平原之地，定无伏兵，拼命追击。将近西峰谷口，鞑靼小王子在土原高处放起号炮，耶律叉领伏兵杀起，敌军四下围绕而来。

徐龙知孙廷文已在谷西口待命，回望不见秦雷、秦风赶来，忙回马杀去，却被耶律叉截住谷口。敌众万弩齐发，一时漫天箭雨，明军死伤不计其数。秦风、秦雷拼死冲杀，但遇敌军矢石交下，不能靠近。耶律骏回兵杀入阵中，正遇徐龙部将张盖。二马相交，战不十合，被耶律骏一斧劈于马下。明军残部尽被敌军所杀。秦雷大呼道："哥哥快快杀出去，回城请萧大人驰援，我保护徐将军。"秦风闻言，奋勇冲出重围，驰马而去。

孙廷文久待西口不见徐龙攻入，料他已陷入敌困，心想若是再折路返回驰援，恐是来不及，便率军直入谷中。谁料刚入谷中，行不多远，便闻山上喊杀声起。鞑子兵倏尔冒出千众，冲山谷放箭，一时间山谷箭雨铺天盖地，明军死伤无数。孙廷文见中了埋伏，紧忙道："大军随我来！"遂疾马冲出箭雨，却被冲下山来的鞑子兵前后围截。孙廷文率了精锐，同鞑子兵厮杀一处。

东口厮杀的徐龙听闻谷中杀声震天，又多时不见孙廷文救援，知他定是遭遇贼兵，紧忙引部将杀入谷口。鞑子兵部将耶律哥迎面来战，被徐龙一枪刺死。敌兵败走。徐龙杀入谷中，又被一队鞑子兵截住，为首的乃是敌将焦炳汗。徐龙喝问道："明军何在？"敌将道："已杀尽矣！"徐龙大怒，骤马一枪，又刺死焦炳汗，率部将杀散敌军，直入谷中，见耶律骏、耶律叉围住孙廷文苦战。徐龙大喝一声，挺枪骤马，杀入重围，左冲右突，如入无人之境。耶律骏、耶律叉心惊胆战，不敢迎敌。徐龙救出孙廷文，且战且走；所到之处，无人敢阻。鞑靼小王子于高处望见，惊问老将耶律信："此将何人也？"耶律信飞马下山大叫道："来将可留姓名？"徐龙道："爷爷正是你们找的徐龙！"孙廷文急喊道："敌军甚众，你我不可双双被擒。"徐龙道："我冲开血路，你杀出去。"即举枪迎战耶律信。敌军一拥而上，兵分两路，将徐龙和孙廷文断为两处。徐龙回望孙廷文未出，欲复杀入，不想部下死尽，只得奔入林中，以待救兵。

孙廷文见敌军势众，精锐已经折伤大半，不宜久战，遂率精锐杀出重围，奔之原上。众将士登原而望，见四下皆是劲敌。孙廷文不禁叹道："我欲驰骋沙场，精忠报国，不想今日竟陷绝境，我死不足惜，恐被贼擒去，辱我名声！"孙廷文望着身边百余将士，又道："众将士不必同我战死，可四散密林中，等待驰援。"一将士道："将军为国尽忠，我等怎敢苟且偷生？"孙廷文见敌军已围攻而来，遂率了众将迎战而去。终因寡不敌众，孙廷文随身部将皆被敌军所杀。

孙廷文遍体鳞伤，手持单剑，双眼怒睁，见敌军团团围来，大喊一声道："徐龙，来生再与你并肩作战！"说罢，举剑砍去。鞑子兵吃了一惊，举弩射之。孙廷文身中数箭，应声倒地。耶律信近前，砍下孙廷文首级，收军还营。

※　　　※　　　※

将士在阵前冲锋杀敌，中军大营中却莺歌燕舞。萧汉正同贺国生等人饮酒作乐。营妓在一旁跳舞助兴。忽见秦风揭帐踏入营中，跪拜道："徐将军被敌军困于西峰谷，望萧大人速速发兵驰援，不然，徐将军性命危矣。"萧汉令舞妓退去，冷笑道："徐将军素来勇猛善战，今日刚与敌军交锋，怎就招架不住，前来搬救兵？军马本官自有打算，大营一时难以发兵。叫徐将军再抵挡几时。"秦风大惊道："徐将军为国赴死，大人怎能见死不救？"不等秦风再说，萧汉便令左右将把秦风拉出了帐外。秦风怒骂道："大哥有眼无珠，替这个缩头乌龟卖命！真是我大明不幸啊！"萧汉闻言，大怒道："本官本想饶你不死，不想你同徐龙一样狂妄自大、目中无人。来人，军法处治！"秦风立地大骂道："无端匹夫！我若得生还，定与你这个老贼势不两立！"萧汉冷笑道："乳臭未干！不知天高地厚，违抗军令？"遂令左右缚于高处，将秦风射杀而死，丢弃原下。

不多时，便见探兵惊慌来报："贼军围困徐将军于董志原，又斩了孙将军首级，现在杀奔大营来了。"萧汉大惊道："敌兵援军甚众，若不急退，必遭所擒。"即下令拔营起行，连夜撤回庆阳城。

谁料敌军大败徐龙，又斩获孙廷文首级，知庆阳城精兵强将所剩无几，遂乘胜追击，直逼庆阳城。萧汉等人畏敌如虎，固守不战。怎料敌军凶猛如虎，云梯手、攻门手、炮手、弓箭手……齐齐攻来。詹蓉战死。敌军大军进攻，不久便攻陷了庆阳城。贺国生被杀，萧汉遁逃。明军残余部将丢盔弃甲，不计其数。

鞑子兵攻陷庆阳城，烧杀抢掠，无恶不作。一时间固若金汤的庆阳城硝烟弥漫，生灵涂炭，哀鸿遍野。

被鞑子兵冲散的明军部将死的死，伤的伤，活着的皆四散于密林中，等待援军驰援。秦雷见哥哥秦风引援军驰援，久去未归，待敌兵退去，便沿河岸而出。不料行不多远，忽见上流漂来一具尸体，近岸看去，不是别人，正是哥哥秦风。秦雷下河捞起哥哥尸首，痛哭一声道："我哥为何竟遭乱箭所射？"泣声未止，忽闻林中策马之声，随即隐于树后，拔刀以待。来者不是别人，正是徐龙。秦风见是徐龙紧忙上前拜道："将军……"话未说完，便已泣不成声。徐龙下马问道："你怎么一个人在这里？秦风将军呢？"秦雷仰天号哭，道："怎料敌将凶猛，我抵战不过，避在这里，等哥哥回大营请萧大人发兵驰援，谁想……"说罢，秦雷引徐龙来到秦风尸体前，哭道："我哥哥为国尽忠，何以遭此劫？必是萧汉老贼所害！"徐龙见秦风满身是箭，叹了声道："我等在前线冲锋杀敌，怎料萧汉老贼贪生怕死，不肯发兵，陷我等于敌手，致我军将士几近覆亡！真是可恨！"遂同秦雷将秦风尸首埋讫在岸上。

秦雷问道："将军我们现在该怎么办？"徐龙道："回去肯定是不能了，只是不知庆阳城安危，命你速去安塞大营通报敌情。我去探听孙廷文消息，他若有不测，我须去救他。"秦雷得令，挥泪而别。

徐龙策马赶到董志原上，只见死尸遍野，细细看去，多半是部卜将士，嗟叹良久。又朝前行不多远，见一将领被砍去头颅，手段极为残忍。徐龙从那将领手中拿过剑来，见上刻有"廷文"二子，不禁"扑通"跌倒在地，痛哭道："皇天不佑，致使师兄丧命兵戈！你答应徐龙日后还要并肩杀敌，怎先我去了？"恸哭过后，徐龙遂用腰中佩剑，掘开沙土埋之，上留断戈为记，刻"飞龙将军之墓"。遂回马出原口，直奔庆阳城。

谁料徐龙刚出西峰口，便被敌将拦住。敌将高呼道："来将何不下马受降，免你一死。"徐龙大怒，挺枪直取敌将。二人交锋，战上数合。四周敌兵围绕而来。徐龙虽勇，但因寡不敌众，身中数伤，暗自道："杀敌为国，我死亦不足惜！"遂弃了长枪，持剑砍去。徐龙渐渐不支。正待徐龙危难被困之时，见贼兵身后一将杀来，手起一斧，劈敌将于马下，又复杀来。贼兵无首，顿时慌了手脚，四散逃去。那抡斧之人正是宗礼，见他下马，跪拜道："末将救护来迟，徐将军受惊了！"徐龙紧忙扶起宗礼，哀恸于心，不禁相拥而哭。

宗礼道："孙将军头颅被贼兵挂在庆阳城头示众。末将拼死抢了回来。"徐龙接过装有孙廷文头颅的包裹，又惊讶地问道："怎么，庆阳城失守了？"宗礼叹声道："末将迟了一步，待末将赶到时，萧汉那老贼早已弃城逃去，鞑子兵已经攻陷了城池。詹将军战死。"徐龙看着手中的包裹，目光竟似呆滞，长叹一声，道："师兄死的不值啊！"

二人便赶往崆峒山，遂请来道人，主持了法事，焚化了孙廷文首级。后人痛惜孙廷文一代豪杰，咏诗颂道：矢尽兵亡战力摧，董志原上马难回。武穆碑下成大节，千古行人为感悲。

庆阳失守，徐龙同宗礼只得率残部前往安塞城，投奔三边军务总督曾铣。征北军一路行进，奔波多日，才终于到达安塞城。众人见城门紧闭，城墙上兵士肃立。徐龙对宗礼说道："看来秦雷已经通知曾大人，我等见了曾大人，再作商议。"

城头上忽而传来一声道："来者何人？报上名来。"徐龙喊道："我等是庆阳守军，遭遇鞑子军袭击，此刻鞑子军正大军南下，特来报警，望曾大人及时布防。"少时，城门大开，城内驰出三骑。一人正是秦雷。另外二人，一人生的虬髯铁面，身形健硕。另一人三十开外年纪，全身甲胄，十分精悍。秦雷引马上前，喜道："将军，你们终于来了。"虬髯铁面抱拳道："在下王环。"另一人抱拳道："游击军李珍奉曾大人之命，恭迎众位入城，共商御敌之事。"

众人随参将李珍、王环进了安塞城帅府。徐龙见安塞城守兵个个精神饱满，肃穆可威，暗暗道："看来这曾大人颇有治军手段，手下将士如狼似虎，全不似那萧汉老贼！"众人行至堂前，忽闻门内一阵爽朗笑声，继而见几名卫兵簇拥着一名将军走了出来，此人四十上下，赤面黑发，银甲铁盔，周身透着肃杀之气，不怒自威。来人正是西北总兵官曾铣。此人进士出身，官授福建长乐知县，后升御史，巡按辽东。初入辽东，即平定辽阳兵变，将辽阳的赵剧儿、广宁的于蛮儿及抚顺叛卒等头目，悉斩众首恶，悬首边城，全辽大定。又因曾铣多与北方蒙古人交战，颇有战功，坐镇安塞，颇为蒙古各部忌惮。

且说曾铣从门口出来相迎，双手抱拳道："早闻各位将军大名，今日得见，果真是英雄出少年！劳烦众位相助，真是庆幸。"徐龙还礼，道："曾大人言重了，抗击外患，乃我辈应尽事务，再则鞑靼凶狠，若让其南下，中原必将生灵涂炭，但请大人吩咐，我等在所不辞。"曾铣打量一番众人，虽说长途奔波，却看不出丝毫疲乏怠意，大悦道："我早闻庆阳恶战，众将士冲锋杀敌，誓死御敌，萧大人却不战而降，真是有辱我三军将士，有负皇恩。众将士一路劳顿，本官定要好生相待。"随即转身对一名护卫道："速带众位去厢房休息，吩咐厨房准备饭菜，好生招待。"徐龙忙道："不劳大人费心，还是着手准备御敌，我估算鞑子兵应有十万之众，不知大人可有破敌之策。"

曾铣吃了一惊，忙道："随我进去商议。"众人依次而坐。曾铣惊道："看来我们探知的两万敌军只是前军，目前安塞守军不过两卫，总兵力约一万二千人，攻城之战，易守难攻，我军守城当非难事。"又说道："只是后面的鞑靼援军一到，十万大军合兵一处攻城，安塞危矣。不过，我已命人用八百里加急，将安塞军情上报兵部，朝廷不日当有援军赶到。"徐龙道："大人，鞑靼自小捕猎，精于骑射，如果正面迎敌，以如今的兵力，恐怕很难御敌。以末将之见，鞑靼兵在攻城方面经验不足，我军可坚守不出，鞑靼久攻不下，必会丧失斗志，待朝廷援兵发至，再绝地反击，自会击退鞑靼兵。"曾铣点头道："徐将军与我不谋而合，只是担心朝廷何时增派援兵，鞑靼军后援何时赶到？你我皆不知晓。"

正商议间，突闻府外有流星探马来报，曾铣喝道："快传！"一名小校大步走入帅府，单膝跪地道："大人，细作探明，两万鞑靼军仅为先锋，离安塞城不足二十里，其后有八万大军集结而来，离安塞城不足五十里。"曾铣和徐龙闻言，不禁愕然。众人亦大惊失色，均想："难道鞑靼倾族势力，决心南下了吗？"

曾铣惊诧道："看来这次俺答老贼是铁了心要攻城。不知众将有何退敌之策？"宗礼起身道："末将觉得徐将军所言极是，安塞城易守难攻，援军未到，我等不可轻举妄动。"众将纷纷点头称是。曾铣道："如今也只有先固守城塞，再伺机行事。"随即责令，道："众将听令，李珍、秦雷固守南门，王环固守北门，徐龙、宗礼东门御敌，其他将领随时候命，若有危情，及时来报。"众将得令，各自部署去了。

时逢十月寒秋，边塞早已天寒地冻。安塞城笼罩在一片沉寂肃杀之中。夜色降临，城头上将士颜色凝重，紧紧盯着城外。城外，鞑子兵十万之众，手持火把，围得塞门水泄不通。徐龙同宗礼站在墙头上，静观敌情。宗礼问道："不知今夜鞑子兵是否会攻城？"徐龙道："看鞑子兵虎视眈眈，恐怕……"宗礼又问道："此次守城徐将军有多少把握？"徐龙看一眼宗礼，忽而笑道："怎么，宗将军怕了？"宗礼道："末将驰战沙场多年，出生入死。从不知什么叫怕。"徐龙道："鞑子兵虽说势众，但因长途征战劳顿，贼兵个个已经神疲力倦，又逢寒秋之季，只要我等固守边城，到时候鞑子兵便会不攻自破。"宗礼道："只要将士们肯齐心杀敌，定能守得住。"

二人听见脚步声，回身看去，见是曾铣，紧忙上前行了军礼。曾铣立在墙头，扫视一眼黑压压的鞑子兵，叹道："大明军情闭塞，十万大军，如此浩然举动，我等竟不知情，若不是徐将军告之及时，叫鞑靼突袭得手，塞门危矣。"徐龙道："俺答汗发兵十万攻我安塞，抱有志在必得之心，恐将士们要经历一场恶战了。"曾铣道："徐将军放心，本官皆已部署妥当，后营粮草丰腴，兵强马壮，只要我等齐心御敌，安塞城定能守得住。"徐龙道："大人放心，我等定誓死固守！"

忽闻鞑子兵阵营一声号角，嘹亮夜空。宗礼叫道："不好，贼兵要攻城了。"说话间，见鞑子兵炮声大起。随后，鞑子兵大军涌动，朝塞门攻来。曾铣道："鞑子兵欲乘夜色一举攻城，真是不自量力！"遂号令各自阵营做好御敌准备。见鞑子兵梯队，兵分数路，各自为营，直奔城墙。徐龙随即喊道："弓箭手准备。"鞑子兵搭云梯，架城墙，如一条条蜈蚣般攀梯而上。徐龙见势，突然喊道："放箭！"箭雨忽然落下，鞑子兵犹如墙皮脱落，纷纷跌下天梯。一波刚息，忽而又上来一波。徐龙沉着应敌。鞑子兵死伤无数。鞑靼首领见攻城不得，速令梯队回撤。

宗礼见敌军撤退，不禁笑道："真没想到，这两下便把鞑子兵吓怕了。"徐龙担忧道："恐这只是鞑子兵试探一试，我担心……"不等徐龙说完，又闻一声号角吹响。众将看去，见鞑靼阵前忽然出现数门大炮。徐龙大叫一声道：

"不好！"随即便听见"轰然"一声，城墙挨了一炮，炸死了两名士兵。后来兵士速速补上。一连又是数发炮弹，城墙各处相继炸开了缺口。宗礼一把按住徐龙，叫道："徐将军，小心。"话音刚落，眼前两名士兵就被炸飞了数丈高。徐龙看去，骂道："蠢贼的炮火好生凶猛！"说罢遂令炮手点炮回击。一时间鞑靼阵地也多处爆开。炮声刚落，鞑靼兵开始了第二次进攻。云梯手、攻门手，各尽其责，朝塞门攻来。徐龙一面令弓箭手退敌，一面又唤兵士搬来巨石投注。鞑子兵折兵损将，再次退了回去。

曾铣部署完城墙各处守备，速速赶来找徐龙商议对策。徐龙道："末将愿意率敢死之士，杀入敌营，乱其阵脚。待贼军大乱，曾大人率大军一举攻克。"曾铣道："敌军十万之众，断不可轻易涉险，此计不妥。"又望一眼鞑靼兵阵营，道："虽说鞑子兵作战勇猛，但只善野外奔战，论攻城战，还颇有不足。"言语间曾铣显得颇有底气。正说间，鞑子兵中又响起号角，众人只见东门城外鞑靼阵营中一阵骚动，火把照耀下，突见鞑靼阵中出现一辆辆高架木车，竟有数十之具。曾铣一看，大吃一惊。徐龙看去，也不由得吃了一惊，惊呼道："投石车！"

曾铣击掌恨恨道："想不到狗鞑子竟有如此利器！"随即冲众将士喊道，"大家注意防备！"见那投石车需数十人牵动。谁料那投石车投来的不是石块儿，乃是一团火球。火球重重砸在城头上，又突然爆开，炸得城墙石块儿飞溅，炸得人身四分五裂。被火溅在身上的，也都烧成了焦炭。所经之人之物，霎时灰飞烟灭。徐龙、宗礼紧忙护了曾铣，回到楼台躲避。

鞑子兵在投石车的助攻下，大军逼近。城头多处因被巨石重击，皆已失守。塞门守将张涛见鞑子兵攻了上来，立刻率领兵士，倾力死战。城头上的尸首越积越高。曾铣见状，顿时暴跳如雷，持了刀同徐龙、宗礼砍杀过去。忽而一哨兵来报："曾大人，南门、北门均遭到敌军投石车攻击，我军伤亡惨重。"曾铣看一眼徐龙，问道："徐将军可有何良策？"徐龙见将士死伤惨重，又见那投石车距城一百步开外，远在炮火射程之外，略一沉思，已有算计。当下对曾铣道："大人，末将欲试一试。"转身对宗礼道："尔等随我来，但有敌军攻至，立刻射杀。"转即又对守城偏将周群说道："你去组织敢死之士，速到火炮前集结。"说完俯首在宗礼耳边低语几句，便转身向城头奔去。

徐龙刚至墙头，正飞来一块儿巨石。徐龙迅疾一闪，幸而躲过了石头。

迎面鞑子兵攀上城头。徐龙弹脚便踢。那鞑子兵惨叫一声，摔下城墙。众将士再次集结炮前。徐龙望一眼投石车，估莫离城墙之距，忙令兵士将炮筒抬高，随即发了一响。谁料火炮正中鞑靼投石车。众将士见此情景，大声叫好。徐龙命令下去，一一调高炮口，连连发响。见敌军的投石车皆被飞来的炮弹炸得粉碎，一时间鞑靼投石车失去了威力。鞑子兵没有了投石车做助攻，失去了庇护。徐龙身先士卒，一刀毙命一个鞑子兵。众将士士气大振，将登上墙头的鞑子兵一通砍杀。徐龙趁势反击，命令所有炮手齐齐发响。鞑靼阵营瞬时遍地开火，军阵大乱。鞑靼首领急忙命令大军后撤。

鞑靼头领本想趁夜色一举破城，不想连攻数次都被抵退了回来，攻城将士也死伤无数，只得下令停止攻城，安营扎寨，暂作休整。

曾铣见贼兵已退，一面令众兵士清扫战场，救抚伤员，修缮工事；一面回到帅府，摆酒设宴，犒劳众将士缓解安塞燃眉之急。徐龙退敌，功不可没，备受众将士敬慕。众将士交口称赞徐龙智勇过人，不想只调整下炮筒，便破了投石车阵。酒过三巡，曾铣叹道："不知塞门之困，何时能解，十万鞑靼大军，倾力攻城，即使没有投石车相助，破城也是早晚之事，鞑靼凶残，破城必将屠城，可怜百姓如何能逃得此劫难。不知诸位将军有何破敌之策？"徐龙道："鞑子兵此次攻城失利，必搓了贼兵的锐气，一时恐难再发兵。时逢深秋，气候愈发寒冷，料贼兵长途跋涉，粮草不足，不妨大人拖延战事。到时候贼兵定会不破自乱，再一举歼灭，便能易如反掌。"曾铣点点头，表示赞同。宗礼起身道："今日血战，我军也是损伤惨重，不如趁机让将士们好生休整，修缮工事，以备敌军再犯。"

曾铣采用徐龙、宗礼谏言，修缮工事，秣马厉兵。转眼又是一月有余，期间鞑靼兵数次攻城，都被明军击退回来。鞑靼头领恼羞成怒，准备养精蓄锐，率大军倾力攻城，破釜沉舟，作最后攻坚战。

这日，曾铣召集众将于帅府议事，见曾铣道："探来消息，鞑靼兵正欲率大军，准备最后一战。这样固守也不是办法。"众将面面相觑，也想不出个万全之策。又见曾铣道："本官倒有一计，或许能够退敌。"徐龙道："大人请讲。"曾铣说道："今日看来，鞑子兵虽然勇猛，但不懂谋略，又因天寒地冻，连连耽误一月战机，想必贼军人人心身倦怠，粮草已匮乏。"曾铣看徐龙道："素问徐将军勇猛过人，不知徐将军可敢偕一队精锐夜袭鞑靼粮草大营？"徐龙起身赫然道："有何不敢？哪怕是天罗地网，末将也不怕！"曾铣又对宗礼道："宗将军，本官命你亲率一队精骑接应徐龙。"宗礼领命。曾铣又道："徐将军此次夜袭万万小心。待贼军大乱，本官便亲率大军出城，一举攻克贼营。"

是夜，月黑风高，万籁俱寂，塞北一片苍茫。徐龙亲率八百精骑，携带柴草、硫黄、硝石……打着敌军旗号，从小道直奔榆林县北敌军大营——马梁山。时经三更，夜沉入睡。徐龙同参将李珍潜伏在马梁山上，看着不远处敌军粮草大营。少时，徐龙沉声说道："不知老天爷会不会帮咱们？"李珍道："自古邪不压正，徐将军放心，老天一定会帮咱们的。"

徐龙见夜风呼啸，越发大了，见时机已到，遂唤数名精锐之士，吩咐了几句。这几名精锐之士悄然摸进敌军大营。负责看守粮草大营的鞑子兵，皆已呼呼睡去。负责巡逻的鞑子兵，也因寒风刺骨，草草视察一下周边，也径自睡去了。那几名精锐之士躲在粮垛后面，少时，各尽其责四散开来。忽然几名巡逻鞑子兵说着话走了过来，其中一名精锐之士紧忙示意同伴止步。一名鞑子兵举着灯笼，刚要朝一辆大车下面看去，不料一柄短刃已刺入他的胸口。不等他发出声响，一只大手紧紧捂住了他的口，拖到垛后去了。其他的巡逻鞑子兵也无不这样被悄然毙命。

待精锐之士发来信号。徐龙紧忙令李珍率兵士把准备好的硫黄、硝石、木炭和火油灌入各处。不多时，各处柴草粮垛忽而全部燃烧开来。恰逢此时，西北风呼啸，火势猛涨，势不可当。顿时，敌军粮草大营，火光冲天，烧得军中大乱，纷纷前来救火。这时，徐龙率领精骑策马杀来。鞑子兵见徐龙率领精骑冲杀过来，顾不得救火，四散逃命，皆被徐龙众将士斩杀于马下。得以逃命的鞑子兵，冒死速报去大营。鞑靼头领慌了神，紧忙撤军回援。不料负责策应的宗礼得令半路截杀。与此同时，曾铣得知徐龙夜袭得胜，便亲率大军大开城门，直冲杀敌军大营。

鞑子兵粮草军营被烧，军心动摇，又因回援不利，军阵涣散。鞑子兵见明军大军杀来，四散逃遁。明军兵分三路，徐龙、李珍率一队精骑回马杀来；宗礼、秦雷率一队精骑将鞑子阵容半腰折断；曾铣、王环同众将亲率大军从正面攻杀。一时间鞑靼十万大军，溃不成军，死伤无数。安塞之围被解。

次年，曾铣上疏朝廷收复河套。嘉靖准奏，拨银二十万两，并罢免反对收复河套的延绥、陕西、宁夏巡抚。徐龙跟随曾铣，同前卫巡抚周尚文修筑边城，出兵河套，大败吉囊。俺答汗见求和不成，难以通贡互市，只好移营过河，退回大漠，漠北的威胁终于得到缓解。总兵仇鸾、副总兵萧汉被曾铣所劾，夺职入狱。

　　真是：

　　　　　　贼虏铁骑踏青州，将士出征玉门关。
　　　　　　烽火沙场声又起，金鼓号角震龙鞍。
　　　　　　萧萧大漠南归雁，瑟瑟孤城月半寒。
　　　　　　雪月风华难再有，多情儿女泪先干。